# 『英雄伝』の挑戦

## 新たなプルタルコス像に迫る

小池 登・佐藤 昇・木原志乃

編

# 目　次

序章（小池　登）……………………………………………………………… 1

第1部　過去を語る、過去を作る

第1章　伝記と歴史の境界を越えて
　　――英雄伝というジャンルの誕生（松原俊文）…………………… 15
はじめに　15
第1節　伝記と歴史の境界　19
第2節　伝記の伝記　32
第3節　「対比列伝」の背景　47
おわりに　57

第2章　「英雄」アレクサンドロス
　　――人物像に込められた同時代の思いと後世への影響（澤田典子）
　　……………………………………………………………………………… 65
はじめに　65
第1節　シンボルとしての「アレクサンドロス」　66
1.　ローマにおける「アレクサンドロス」　66
2.　プルタルコスにとっての「アレクサンドロス」　70
第2節　プルタルコスの描く「アレクサンドロス」　73
第3節　プルタルコスの思い　80
第4節　プルタルコスの影響　85
1.　アレクサンドロス　85
2.　ピリッポス2世とオリュンピアス　88
おわりに　92

第3章　陶片追放と民衆の妬み
　　——情報源の利用と同時代への配慮（佐藤　昇）……………………103
はじめに　103
第1節　問題の所在——陶片追放と民衆の妬み　105
第2節　古典期ギリシア人の陶片追放理解　109
第3節　メガクレスの陶片追放とピンダロスの妬み　112
第4節　前4世紀、ヘレニズム時代のギリシア人著作家とプルタルコス　116
第5節　同時代への配慮　121
おわりに　126

## 第2部　伝記を綴る哲学者

第4章　〈受容〉する女性
　　——プルタルコスの女性論・結婚論の哲学的背景（近藤智彦）‥133
はじめに　133
第1節　女性の徳と男性の徳　137
第2節　女性的なるもの　141
第3節　夫婦の愛情　148
おわりに　156

第5章　可知と不可知のはざま
　　——自然の不可思議現象と知的探究のはじまり（木原志乃）……161
はじめに　161
第1節　『英雄伝』で語られる自然の不可思議現象　163
第2節　『モラリア』で語られるナフサ現象——目から流出する光線の自然学　169
第3節　自然現象の驚きから始まる原因探究——『モラリア』（及び『英雄伝』）に通底する哲学的態度　174
おわりに　180

第6章　実践的な生と伝記の執筆
——『英雄伝』の指導者像と哲人統治の思想（瀬口昌久）………183
はじめに　183
第1節　政治的生と哲学的生　184
第2節　中期プラトン主義者としてのプルタルコス　188
第3節　哲人統治の思想は放棄されているのか——『モラリア』と哲人統治思想　190
第4節　『英雄伝』と哲人統治の思想　196
1.『ヌマ伝』と『キケロ伝』における哲人統治の実現　196
2.『ディオン伝』——実現できなかった哲人統治　201
おわりに——実践倫理と哲人統治思想　208

第3部　表現技法の模索

第7章　対比の技法を探る
——「比較（シュンクリシス）」の独自性と効果（中谷彩一郎）……………………215
はじめに　215
第1節　『英雄伝』の構成　217
第2節　デモステネスとキケロ　218
第3節　テセウスとロムルス　222
第4節　ペリクレスとファビウス・マクシムス　225
第5節　デメトリオスとアントニウス　230
第6節　コリオラヌスとアルキビアデス　236
第7節　「比較（シュンクリシス）」の役割　240
おわりに　246

第8章　語り手の自己呈示と読み手の形成
——読者を引き込む語りの仕掛け（勝又泰洋）……………………249
はじめに　249
第1節　低姿勢な語り手　253

第２節　「教師」および「生徒」としての語り手　256
第３節　語りの相手としてのセネキオ　262
第４節　語り手による読み手への要求　266
第５節　積極的な読み手　270
おわりに　274

第９章　『英雄伝』の発表順序
　　　——循環する相互参照が伝えるもの（小池　登）……………………279
はじめに　279
第１節　問題の概要　281
第２節　同時出版の可能性　285
第３節　改訂挿入の可能性　292
第４節　得られる見取り図と今後の展望　300
おわりに　303
付・『英雄伝』の自己言及一覧　304

あとがき　311
索引（固有名詞・事項・出典箇所）

# プルタルコス『英雄伝』の略号一覧

| | | |
|---|---|---|
| *Aem.* | *Aemilius* | 『アエミリウス』 |
| *Ages.* | *Agesilaus* | 『アゲシラオス』 |
| *Agis* | *Agis* | 『アギス』 |
| *Alc.* | *Alcibiades* | 『アルキビアデス』 |
| *Alex.* | *Alexander* | 『アレクサンドロス』 |
| *Ant.* | *Antonius* | 『アントニウス』 |
| *Arist.* | *Aristides* | 『アリステイデス』 |
| *Brut.* | *Brutus* | 『ブルトゥス』 |
| *Caes.* | *Caesar* | 『カエサル』 |
| *Cam.* | *Camillus* | 『カミルス』 |
| *Cat. Ma.* | *Cato Maior* | 『大カトー』 |
| *Cat. Mi.* | *Cato Minor* | 『小カトー』 |
| *CG* | *Gaius Gracchus* | 『ガイウス・グラックス』 |
| *Cic.* | *Cicero* | 『キケロ』 |
| *Cim.* | *Cimon* | 『キモン』 |
| *Cleom.* | *Cleomenes* | 『クレオメネス』 |
| *Comp.* | *Comparatio* | 『比較』 |
| *Cor.* | *Coriolanus* | 『コリオラヌス』 |
| *Crass.* | *Crassus* | 『クラッスス』 |
| *Dem.* | *Demosthenes* | 『デモステネス』 |
| *Demetr.* | *Demetrius* | 『デメトリオス』 |
| *Dion* | *Dion* | 『ディオン』 |
| *Eum.* | *Eumenes* | 『エウメネス』 |
| *Fab.* | *Fabius* | 『ファビウス』 |
| *Flam.* | *Flamininus* | 『フラミニヌス』 |
| *Luc.* | *Lucullus* | 『ルクルス』 |
| *Lyc.* | *Lycurgus* | 『リュクルゴス』 |

| | | |
|---|---|---|
| *Lys.* | *Lysander* | 『リュサンドロス』 |
| *Marc.* | *Marcellus* | 『マルケルス』 |
| *Mar.* | *Marius* | 『マリウス』 |
| *Nic.* | *Nicias* | 『ニキアス』 |
| *Num.* | *Numa* | 『ヌマ』 |
| *Pel.* | *Pelopidas* | 『ペロピダス』 |
| *Per.* | *Pericles* | 『ペリクレス』 |
| *Phil.* | *Philopoemen* | 『ピロポイメン』 |
| *Phoc.* | *Phocion* | 『ポキオン』 |
| *Pomp.* | *Pompeius* | 『ポンペイウス』 |
| *Publ.* | *Publicola* | 『プブリコラ』 |
| *Pyrrh.* | *Pyrrhus* | 『ピュロス』 |
| *Rom.* | *Romulus* | 『ロムルス』 |
| *Sert.* | *Sertorius* | 『セルトリウス』 |
| *Sol.* | *Solon* | 『ソロン』 |
| *Sull.* | *Sulla* | 『スラ』 |
| *TG* | *Tiberius Gracchus* | 『ティベリウス・グラックス』 |
| *Them.* | *Themistocles* | 『テミストクレス』 |
| *Thes.* | *Theseus* | 『テセウス』 |
| *Tim.* | *Timoleon* | 『ティモレオン』 |

# 序章

小池　登

プルタルコスは、ギリシア中部のボイオティア地方にある小さな町カイロネイアで、比較的裕福な家系に生まれた。紀元後45頃のことと推定される。当時ギリシアはローマ帝国の一地方であり、テミストクレスによるペルシア王クセルクセスの撃退や、ペリクレスの指導のもとのアテナイの繁栄、あるいはアレクサンドロス大王の遠征とその余波といったギリシア史上の華々しい出来事は、既に遙か遠い過去である。「ローマの平和」とも称される平穏の中、プルタルコスは青年期にアテナイで弁論術や哲学を学び、その後首都ローマに渡って有力者との知遇も得る。そして故郷カイロネイアに帰った後、50歳も過ぎた頃であろうか、執政官も務めるローマの有力者クィントゥス・ソシウス・セネキオに献じて『英雄伝』を執筆し始める。いにしえの政治家や軍人などを、ギリシアとローマで一人ずつ対にしてそれぞれの生涯を綴る伝記集は、書き連ねられて20編を超えることになる。この一連の著作こそ、本書で検討する作品である。

この『英雄伝』を含めたプルタルコスの著作は、西洋古典作品の中でも近代ヨーロッパ文化に最も影響を与えたものに含まれる。ジャック・アミヨの仏語訳やその重訳であるトマス・ノースの英語訳が広く読まれたのみならず、文学・思想史上においても、シェイクスピアの『アントニーとクレオパトラ』『ジュリアス・シーザー』や、モンテーニュの『エセー』等、直接に影響を受けた作品は枚挙にいとまがない。あるいはフランス革命に身を投じた活動家やナポレオン・ボナパルト、さらにはアレクサンダー・ハミルトンをはじめとするアメリカ合衆国建国当初の指導者など、多くの政治家たちもプルタルコスの作品、とりわけ『英雄伝』に親しんでいたとされる。作品が現実の政治に与えた影響も、決して小さくないのかもしれない。

本邦においてもとりわけ『英雄伝』の認知度は高く、西洋古典作品の中でも広く親しまれているものと言って良かろう。20世紀初頭から森晋太郎をはじめとするいくつもの翻訳が英語からの重訳ながら出版されており、その後も何人もの訳者によっていくつもの翻訳が出されるなか、1950年代には古典ギリシア語原典からの本格的な全訳が河野与一によって岩波文庫から公刊される。その後も、現在刊行中の京都大学学術出版会による全訳シリーズに到るまで、年代を超え訳者を変えながら繰り返し翻訳が出版されていることからだけでも、この作家の浸透度の高さがうかがえよう。

人気の理由を詳らかにすることは容易ではないが、なかでも『英雄伝』で取り上げられる人物群が、決して体系的・網羅的ではないながらも、神話世界にはじまり、古典期のアテナイやスパルタ、アレクサンドロス大王の時代、そして共和政ローマの初期から末期までと、西洋古典古代の幅広い部分を視野に収めながら格別に関心を集める人物を数多く含んでいることは見逃せないだろう。作品が全体として倫理的な色彩を強く帯びつつそれだけにとどまらない豊かな人物描写を含んでいることとあわせて、『英雄伝』は憧憬とともに古典古代の大きな見取り図を与えることとなったのである。

加えて学術面から見ても、その作品の重要性は極めて大きい。古典古代に何らかの関わりのある研究分野でプルタルコスの恩恵に浴していないものはない、という言葉は決して誇張ではない。彼は哲学者として伝記作家として、広範な関心から大量の著作を残した。周知の通りその作品は『英雄伝（対比列伝)』ならびに『モラリア（倫理論集)』の名で呼ばれるが、これは実際には双方合わせて100を越える膨大な作品群の総称である。前者は１編毎にギリシアとローマの人物伝を組にして対比する、伝承上22編からなる壮大な伝記集であり、後者はその通称とは裏腹に、哲学、政治、故事蒐集、修辞学、文芸批評、自然科学その他、多岐に渡る内容・形式を含む諸作品の一大集合である（現在刊行中の京都大学学術出版会による全訳シリーズは、両作品を合計して20巻を擁し7000頁を超えようとしている）。そのように量的にも質的にも多くを含む著作の中で、プルタルコスは著者本人にとっても既に遠い過去となっていた世界を伝える多くの記事を残した。それは残存資料の限られる古典研究において貴重な、そして往々にして唯一の、証言を伝えるものなのである。

このように重要な作家でありながら、これを主題とする専門研究となると、少なくともある時期までは低調であった。貴重な証言を伝える資料としての価値を認められこそすれ、それは記述の対象となる時代からときに百年以上を経た証言であって信頼性が疑われなければならない。よってプルタルコス研究は、作家がいかなる資料を基にして記述しているのかという、情報源の検討（Quellenforschung）にもっぱら重きを置くこととなった。対するに作品をそれ自体としてみた場合、概して文学的な深みにも哲学的な独自性にも欠けるとして、研究対象としての主題的な価値を認められることは稀であった。

しかしこの傾向は大きく変わることとなる。作品の再評価の気運が高まると同時に新たな課題が見いだされ、とりわけ前世紀末からプルタルコス研究は活況を見せている。この再評価の動きは、哲学・史学・文学におよぶより広い研究動向と連動したものでもあることは注意すべきだろう。すなわち歴史学におけるいわゆる「小さな物語」としての伝記形式の再評価、哲学におけるプラトン・アリストテレス哲学に比したヘレニズム哲学の再評価、あるいは文学研究における古典期・前古典期文学に比した帝政ローマ期文学の再評価等は、当然ながら帝政ローマ下のギリシアにおける伝記作家としての、そして中期プラトン主義の哲学者としてのプルタルコスの再評価と連動する。

そしてこの再評価の動きの中で作品自体の入念な再検討とともに特に強調されるのは、プルタルコスの作品理解においてローマ帝政下のギリシア世界の知的環境、あるいは同時代の政治的・文化的背景を視野に入れ直す必要性である。プルタルコスの作品中に見られる引用からは、彼が哲学、史書、文学、弁論、医学その他、広範な分野におよぶ大量の古典文献に接していたことがうかがわれる。それらの知的伝承を、作家はいかに継承し、いかに利用したのか。あるいは彼の生きた時代にギリシア世界は帝政ローマの統治下にあり、時期としてはクラウディウス帝からハドリアヌス帝までの期間にあたる。その間、例えばネロ帝の死に続くいわゆる「四皇帝の年」の激動があり、暴君と呼ばれたドミティアヌス帝の言論弾圧があった一方で、トラヤヌス帝の治世においてローマ帝国は最大の版図を得る。哲学的にはエピクロス派、ストア派、アカデメイア派といったヘレニズム哲学の諸派が学派の垣を越えて活発な議論の応酬をしている。文化的には程なくしていわゆる「第二次ソフィスト運動」が活発となり、ギリシア人の知識層は遠い過去を理想としながら自らの文化的アイデンティティの再定義を試みることになる。そういった同時代の政治的・文化的状況が、作家・作品にいかなる影響を及ぼしたのか。新たなプルタルコス理解のためにはこれらの問題を考慮することが必須である。

近代以降の研究の動向はDuff（1999）3-9によく示されている。近年の再評価はとりわけZiegler（1951［1949］）、Jones（1971）、Russell（1972）、Dillon（1977）等に始まるが、『英雄伝』の再評価の決定的な契機となったのは前述のDuff（1999）である。研究をリードしてきた主要な研究者の論集としては、例えばPelling（2002）、Stadter（2014）を見よ。プルタルコス研究の現状の俯瞰図はBeck ed.（2014）に見て取れる。また1987年に第１回国際大会が開催された国際プルタルコス学会（International Plutarch Society）の活動の盛況ぶりはそのウェブサイトで確認できる（〈http://ips.ploutarchos.org/〉2018.9.20閲覧）。

以上のように刺激的な課題を得て活況を見せる近年のプルタルコス研究であるが、それはまさしく現在進行形であり、定説とよべるような新たな作家像・作品理解を確立するに到ったとは未だ言い難い。加えて上述のような課題を全て勘案しつつ新たな理解に達するには、哲学・史学・文学といった諸専門分野を横断する総合的な知見が必要であることは論を待たないが、そのような分野横断的な研究は実のところ、国際学会やシンポジウムの報告や単発の論文集に概ね限られている。それどころか本邦においては、海外の盛んな研究状況とは対照的に、プルタルコスの本格的な専門研究書は未だ著されてすらいないのが現状である。

こうした状況の中で、欧米を中心とする近年の再評価を適切に反映させつつ、西洋古代史、古代哲学、西洋古典文学の専門的知見を集め、もってプルタルコスに関する本邦初の本格的な専門研究書を著すことは、喫緊の課題と言えよう。本書は、考察の対象をその作品の中でも世に広く知られる代表作である『英雄伝』に絞ったうえで、この課題に応えようとするものである。ここに集められた9本の論考はいずれも古典語原典の実証的読解に基づく高度に専門的な個別研究であり、それぞれがその立論によってプルタルコス研究の進展に貢献をなすことを目指している。

しかし本書は、互いに無関係な論考を寄せ集めたものでは決してない。むしろ本書の狙いは、個別論考の分析を合わせることで、統一性をもった新たなプルタルコス像を描き出すことにある。誤解を恐れずに言うなら、それは挑戦者としてのプルタルコスと言えるのではないだろうか。その要点は概ね次の3つになる。すなわち、プルタルコスは過去の哲学・歴史・文学といった西洋古典世界の知的伝統によく通じているのみならず、これを積極的に取捨選択し活用しているのだということ、そして彼の作品は帝政ローマ下のギリシアという同時代の歴史状況を考慮しそれに応えるかたちで書かれているのだということ、さらにその作品には新たな文学ジャンルや表現形式を開拓しようとする模索が随所に見られるということである。言い換えれば、歴史情報の信憑性が疑わしく、哲学的な独自性を欠き、文学的な深みにも乏しいといった従来しばしば見られたプルタルコスの低評価に反して、『英雄伝』は過去を引き受け、現在に応え、未来を切り開くというそのいずれの面においても挑戦の書と言えるのではないだろうか。

プルタルコスのもう一つの主著である『モラリア』に関しては弁明の必要があろう。この作品は考察の過程においては当然ながら随所で論じられるものの、本書の主たる考察対象からは外された。これはひとえに研究の散漫を防ぐ必要から生じた処置である。本来的に考えるなら、プルタルコスの新たな理解のためにはその全ての作品を考察の対象に含める必要があるが、しかしこの作品は周知のとおり内容的にも形式的にも多様極まる諸作品の集合であり、これを考察対象に含めるにはさらに多くの議論が必要となる。『モラリア』の扱いについては、今後の課題としたい。

このような新たなプルタルコス像を描き出すために、本書は9本の個別研究によって全体像を浮かび上がらせるという手法を取っているのである。改めて指摘するまでもないことだが、『英雄伝』は過去を伝える書という意味で史書であり、中期プラトン主義の哲学者によって綴られた書として哲学的性質を帯び、古典作品として紛う方なき文学である。よって統一的な全体像を得るためには、まずもって歴史・哲学・文学という3つの側面から分析を加える必要がある。さらに本書においてはこの3つの側面が、より精密な分析のために専門的観点から各々3つの課題に分割される。すなわち史書としての性質は、作品全体の叙述形式、作品に描き出される人物像、作品中の各々の記事の情報性という3つの課題に、哲学的な性質は、伝記叙述の背景をなす哲学的議論、他の哲学的著作に比した叙述の共通性と差異、伝記執筆における哲学者としての意図という3つに、文学作品としての特質は、伝記各篇の構成、全体を通底する語りの基調、そして伝承22編の伝記集の全体構想という3つの課題に分割されて考察が行われる。

本書における各章の構成は、次のようなものとなる。

第1部「過去を語る、過去を作る」においては、遠い過去の語りである『英雄伝』の史書として諸相が、主として歴史学の立場から考察される。

第1章「伝記と歴史の境界を越えて――英雄伝というジャンルの誕生」は、『英雄伝』が伝記というかたちで書かれていることそのものに含まれる挑戦を明らかにする。作品の執筆当時において、伝記という表現形式は一般にどのようなものであったか。その中で『英雄伝』はどこまで伝統を継承し、どのような企図のもとに、どのような新機軸を打ち出しているのか。それを明らかにすべく本章では、まずは古典古代における文学ジャンルとしての伝記の特質を、歴史叙述と対比しつつ検討する。次いで伝記の通史をその源流にまで遡りながら俯瞰し、そのうえで『英雄伝』が今あるかたちをしていることに含まれる意味を、ギリシアとローマの人物を対比しながら政治的・軍事的指導者を対象として伝記を書くことに含まれる選択を、考察する。そこに浮かび上がるのは、今となっては当たり前のようにも見えるこの作品の伝記形式に含まれる実験的な試行錯誤であり、ひいてはこの作品の成立による新たなジャンルの誕生である。

第2章「「英雄」アレクサンドロス——人物像に込められた同時代の思いと後世への影響」は、作品に描き出される人物像を考察する。歴史は解釈であると言われるが、同様に伝記を綴り一人の人物を描き出すという営為においても、そこに創出される人物像は決して「事実」に基づく純粋な再現ではあり得ず、そこには時代の中に生きる作者のさまざまな思いが込められる。それでは『英雄伝』に描かれる人物像はいかなる特質を持つか。本章はプルタルコスの人物像の中でも特にアレクサンドロス大王に注目し、同時代のローマにおける政治的・文化的シンボルとしてのアレクサンドロス像と、プルタルコスのそれとを突き合わせつつ、そこに込められた作者の思いを、紀元後1世紀後半から3世紀半ばまで続いた文化的潮流、いわゆる「第二次ソフィスト運動」と関連づけながら読み解くことを試みる。加えて本章では、ここで生み出された人物像が、古典として時代を超えて近現代にまでいかなる影響を与えたかについても目を向ける。

第3章「陶片追放と民衆の妬み——情報源の利用と同時代への配慮」で考察されるのは、過去を伝える記事一つ一つの執筆過程である。作者はいかなる情報源を使い得たのか。そして記事の執筆にあたってそれをどのような意図のもとに、どのように利用したのか。それは対象からときに数百年を経た伝記文学である『英雄伝』に含まれる記事が、史料としてどこまで信用できるのかという問いに関わる問題でもある。本章ではこの問題に迫るためのケーススタディとして、陶片追放というよく知られた、しかし詳細については不明な部分も大きい制度を取り上げる。そして作品中の記述の特質を、プルタルコスが利用した情報源との間の共通性と差異を浮き彫りにしながら検討するとともに、その由来が同時代の歴史状況に対する作者の問題関心にあった可能性を指摘する。そこに見いだされるのは、遠い過去を語るにあたって、広く古典を継承しながらこれを墨守するのでなく、同時代的な関心をもって批判的に分析する史家の姿である。

続く第2部「伝記を綴る哲学者」においては、中期プラトン主義の哲学者によって綴られた書としての『英雄伝』の哲学的諸相が、主として哲学研究の立場から考察される。

第４章「〈受容〉する女性――プルタルコスの女性論・結婚論の哲学的背景」は、『英雄伝』において叙述の底流をなすヘレニズム哲学の議論の伝統を考察する。考察の切り口となるのは、伝記中に描き出される女性像である。そして印象鮮やかでありながらも現代の目には多少奇異にも映るその描写の哲学的背景を問うことを通じて、一見何気ない叙述の中にもヘレニズム哲学の伝統が息づいていることが示される。すなわち本章は、「男性の徳と女性の徳は同一である」という古代哲学の伝統的テーゼをめぐる議論に立ち返ったうえで、プルタルコスの叙述をヘレニズム哲学の伝統の中で捉え直し、一方で特にストア哲学の女性論と比較し、他方で中期プラトン主義の形而上学的世界観も視野に入れることで、その女性論の特質を明らかにしようとするものである。このようにして本章は、叙述の背景をなす哲学的議論を考察しながら、同時にプルタルコスの女性論についての試論ともなっている。

第５章「可知と不可知のはざま――自然の不可思議現象と知的探究のはじまり」は、『英雄伝』の叙述の哲学的な特色を、同じ著者による他の哲学的著作との共通性、ならびに伝記作品であるがゆえの特殊性という観点から考察する。その際に特に取り上げられるのは、作品中に繰り返し見られる不可思議現象（自然界における合理的な説明が困難な現象）をめぐる脱線話である。それらのいわば奇譚の挿入は、一方では古典作品における伝統的な手法であり、あるいは伝記中の人物描写に寄与する文芸上の技巧でもある。しかし本章は、その叙述を分析しこれを『モラリア』中の自然学関連の著作における記述と比較することを通じて、そこに単なる文学的手法にとどまらない哲学的姿勢を読み取り、同時に伝記形式の中に込められた哲学者としての工夫を指摘する。ここに示唆されるのは『英雄伝』と『モラリア』に一貫する哲学者像であり、加えて哲学への誘いの書としての『英雄伝』の一側面である。

第６章「実践的な生と伝記の執筆――『英雄伝』の指導者像と哲人統治の思想」は、政治的指導者を主題に人物伝を書くことに含まれる哲学者としての意図を考察する。その第一としてよく指摘されるのは「徳の涵養」であるが、本章はそれとは別の角度から、プルタルコスをプラトン・アリストテレス哲学と直接に照合することを通じてこの問題に迫る。すなわち『英雄伝』に表される指導者像に着目し、これを哲人統治の思想と突き合わせるとともに、ローマ帝政下のギリシアという同時代の政治・社会状況を踏まえ、それに応える実践の哲学として『英雄伝』を読み解くことを試みる。この作品はローマ帝国の支配に対して直接的に物申すような性質の作品ではないが、他方でプルタルコスは哲学者が支配者に対していかに語り得るのか、いかに語るべきかという問題を常に意識していた。ここに見いだされるのは、ローマ帝国の支配に対して間接的に語る、すなわち遠い過去の人物の言動に託して伝記を綴る哲学者である。

そして第3部「表現技法の模索」においては、文学作品としてみた『英雄伝』の特質が、主として文学研究の立場から考察される。

『英雄伝』の最大の特徴はギリシア・ローマの人物をペアとして比較するその形式にあり、作品解釈にあたっては常にこの対比を意識する必要がある。このことは建前としては常に強調されながら、実際においては等閑に付されがちである。ひとは一つの記事の情報に、人物描写の鮮やかさに目を奪われがちで、作品の全体形式がいかに細部の叙述にまで浸透しているかは意識しにくいのである。第7章「対比の技法を探る――「比較（シュンクリシス）」の独自性と効果」はこの問題を正面に据え、具体例の分析を通じて比較の技法の実相を明らかにすることを目的としている。『英雄伝』の各篇は原則として序言部、ギリシア人の伝記、ローマ人の伝記、比較部という4部構成を取るが、その各部を通じて対比の視点はいかに一貫し、いかに変様するか。対比を意識することがいかに各部の内容解釈に影響を与えるか。そしてとりわけ軽視されがちな比較部の特質はいかなるものであるか。それらの分析を通じて、作品形式における作者の新機軸があぶり出される。

第8章「語り手の自己呈示と読み手の形成――読者を引き込む語りの仕掛け」は、『英雄伝』の語りの基調に含まれる作者の工夫に注目し、同時代文学との差異を通じてこの作品の特質を明らかにする試みである。考察の切り口となるのは、作品中において語り手（＝「私」）と読み手（＝「あなた（たち）」）の関係性がいかに表されるかである。語り手はどのように自己呈示をおこない、そして読み手とどのような関係性を構築しようとしているのか。本章では、同時代の文化的潮流であるいわゆる「第二次ソフィスト運動」を念頭に他の帝政ローマ期の諸作品との比較を交えながら、作品本文の一人称・二人称表現を注意深く読み解く作業を通じてこの問題の解明が試みられる。そしてその過程で示される、読み手と一体となって思考を進める語り手という関係性は、『英雄伝』の文章のある種の親しみやすさの理由にもなっていることが示唆される。

第9章「『英雄伝』の発表順序――循環する相互参照が伝えるもの」は、『英雄伝』が伝承上散逸した1編を含む23編からなる壮大な（恐らく未完の）プロジェクトであったことを俎上に載せる。全体構想が最初からあったわけではなく、逐次的に進められる刊行過程において作者はその都度状況に応じた挑戦をしたはずであるが、その具体的なさまは全23編の前後関係が未解明であるために未だ論じることができていない。そこで本章は『英雄伝』の発表順序の解明を新たなプルタルコス理解の礎となるべき重要課題と位置づけたうえで、改めてこの問題に挑むこととなる。立証のための最大の指標とされてきた相互参照（作品中で一つの伝記から別の伝記へと参照させる箇所は数多い）の有効性と限界が検証され、とりわけ難点となる相互参照の循環という問題に対して作品本文の伝えるところを具体的に読み解く作業を通じて現状で可能な限りの見取り図が示される。ここで目指されているのは、プルタルコス研究の立つべき新たな出発点の提示である。

これらの考察をもって、何かしら確定的な答え、最終的な『英雄伝』理解を提示したと言うことまでは当然ながらできないだろう。本書において試みられるのは、多分に問題の決着というよりも示唆と刺激である。それでもプルタルコスがいかに過去を引き受け、同時代に思いを巡らせ、未来を模索する挑戦者であったのか、その一端は示せたのではないかと思う。新たなプルタルコス理解に向けた動きは、今なお緒についたばかりである。今後のさらなる研究の進展に向けて、本書がわずかでも呼び水となることがあれば幸いである。

**・参考文献・**

Beck, M., ed. (2014), *A Companion to Plutarch*, Chichester.

Dillon, J. (1977), *The Middle Platonists: A Study of Platonism, 80 B.C. to A.D. 220,* London.
Duff, T. E. (1999), *Plutarch's Lives: Exploring Virtue and Vice*, Oxford.
Jones, C. P. (1971), *Plutarch and Rome*, Oxford.
Pelling, C. B. R. (2002), *Plutarch and History: Eighteen Studies*, Swansea.
Russell, D. A. (1972), *Plutarch*, London.
Stadter, P. A. (2014), *Plutarch and His Roman Readers*, Oxford.
Ziegler, K. (1951), 'Plutarchos 2', *RE* 21.1.636-962 [=*Plutarchos von Chaironeia*, Stuttgart, 1949].

# 第 1 部　過去を語る、過去を作る

第 1 章

# 伝記と歴史の境界を越えて
## ――英雄伝というジャンルの誕生

松原　俊文

なぜなら私が書くのは歴史(ヒストリアイ)ではなく伝記(ビオイ)であり、また最も よく知られた業績の中に必ずしも美徳と悪徳の証しがあるというわけではなく、むしろささいな振舞いや片言や戯言といったようなものの方が、幾万という兵が倒れる戦や最大級の軍容や都市の攻防戦よりも、性格(エートス)を明らかにすることが多いのである。(『アレクサンドロス伝』1.2)

### はじめに

20世紀のはじめ、E・マイヤーは自身の史学論の最後に伝記文学に言い及び、「私たちの時代において……伝記は主として歴史家が扱っている」と評した。しかし続けて彼は、こう断ずる。「だがそれは本来的に歴史の仕事ではない」。19世紀から20世紀中葉にかけて、伝記は史学から締め出されるか、せいぜいその周縁に追いやられていた。この史学全般における風潮――マコーリーいわく伝記に向けられた歴史家の「貴族的な蔑み」――の根底には、学問としての歴史と伝記は、関心、対象、方法、ないしは目的において異なる、とする意識があったと言ってよかろう。人の生と死でその境界が定められる伝記は「非歴史的であるばかりか、反歴史的な原理に基づく」とコリングウッドは説き、ベルンハイムは特定個人をもって歴史全体の発展を表象する伝記の手法に苦言を呈した。また国内に目を転じると、内村鑑三が「日本を学ばんが為めに富士山を攷究する、是れ史学研究の方に倣ひしなり、富士山を攷究せんが為めに日本全土の構造に及ぶ、是れ伝記学的研究法なり」と両者の相違を論じている(1)。

けれども過去半世紀、伝記を取り巻く状況は着実に変化したように思われる。1960年代末にモミリアーノが「プルタルコスが生粋のマルクス・レーニン主義史家の寵児になりつつある」現象に目を留めて以来、多くの歴史家が伝記の「死からの復活」(L・ストーン) を感じ取ってきた。その変化の背景には、いわゆる歴史の「大きな物語」の解体に伴い、過去を語る一形式としての伝記に歴史叙述――「記録」と「言説」双方の意味における――としての有効性が再認識されたことがあるのは疑うべくもない。カーライル流の偉人列伝的な歴史理解を「名君暗君論」「歴史意識の原始的段階」などと揶揄し、ルネサンス以来のプルタルコス人気を嘆じたE・H・カーでさえ、歴史と伝記を峻別する立場は明確に退けている(2)。そしていまや「伝記的転回」が喧伝され、ドロイゼンの『アレクサンドロス大王史』が『伝記・アレクサンドロス大王』と名を変えて再刊されるほど、伝記と歴史はその距離を狭めた(3)。この転回の余波は、社会史的視点を取り入れた人物研究から、伝記的手法を取り入れたミクロストリア、さらにはモミリアーノが「多数の小さな伝記集」と呼んだプロソポグラフィに至るまで、現代史学の隅々にわたって窺うことができる。R.サイムの「伝記は歴史に対する手軽なアプローチ」

(1) Meyer (1910) 66; Macaulay ([1828] 1871) 155; Collingwood (1946) 304; Bernheim (1908) 69, 492-494, 499-501; 内村鑑三 (1898) 158-159. むろんマイヤー自身が認めているように、すべての歴史家が伝記に対してこのような認識を共有していたわけではない。19世紀以来の代表的な肯定的評価については、Macaulay, *ibid.*; Carlyle ([1830] 1972²) 93f.; id. ([1840] 1972²) 101-107; Burckhardt (1860) 188-195; cf. McGing and Mossman (2006) xviii n. 14; Pelling (2007) 81 n. 23; Caine (2010) 11-19.

(2) Momigliano (1971) 5-7; Stone (1979) 21-24; Hobsbawm (1980) 86; Carr (1987²) 44-55; Evans (1997) 186-190. 伝記に対する20世紀前半の社会史的アプローチはマルクス自身にさかのぼる：cf. Caine (2010) 17f.; Croce (1917) 134, 174, 253.

(3) *Alexander der Große. Die Biographie*, Frankfurt/M: Insel-Verlag, 2004. 伝記的転回については、Caine (2010) 1, 23; Renders et al. (2017) 3-6. プルタルコスのドロイセンに対する影響については、第2章[澤田]85-94頁参照。

という有名な寸評も、カーと同様、少なくとも伝記を歴史の一手段と認めている風にも読める。何よりも、サイムその人が英語圏における20世紀のプロソポグラフィ研究を代表する存在であり、このことばが現れるのが、タキトゥスという一人の作家に向けられた彼の主著であるのは興味深い(4)。むろんこの動向は、歴史と伝記の関係をめぐる活発な議論も生み出している(5)。

伝記に対するこうした評価の変遷は、プルタルコスの『英雄伝』に対する評価のそれと奇妙に符合する。ある意味で、両者は同時進行の過程であると言ってもよい。他ならぬマイヤーが「理想的な伝記の型」と評したように、『英雄伝』はまさしくこのジャンルの古典であり、モミリアーノとカーが正反対の立場から引き合いに出したように、その代名詞とも見られてきたからである。史学における近年の『英雄伝』再評価の潮流も、過去半世紀にわたる歴史叙述としての伝記の復権と無関係ではあるまい（序章3頁参照）。けれどもプルタルコス自身が執筆していた時代、伝記は歴史とみなされていなかった。否、正確には、近代史学におけると同様に、両者の間に何らかの線引きをしようとする意識があった。それは冒頭に挙げた『アレクサンドロス伝』の有名な一節や、別の伝記での「あらゆる出来事について正確に伝えるのは政治史（πραγματικὴ ἱστορία）に属すること」（『ガルバ伝』2.5）といったプルタルコス自身のことばにも示唆されている。それだけではない。ややもすると伝記は、歴史より下位の文学様式、少なくとも歴史とは異なり、偉人すなわち政治的・軍事的指導者の姿を描くには不適切な媒体と見られる風潮すらあったようである。そうした当時の両者の関係は、悲劇と喜劇のそれにもたとえられる(6)。プルタルコスより一世紀以上前に伝記を著したネポスは、自身の著述について次のような所感を漏らしている。

> 私がこの人（ペロピダス）の美徳についてどのように説明すべきか思い迷うのは、もし業績（res）の詳述を始めたら、私は彼の伝記（vita）を綴ってい

---

（4）Syme (1958) 91f.; cf. 501f. ただしプロソポグラフィは伝記的手法を用いてるとはいえ、それ自体が伝記の一形式と一般に認められているわけではない：cf. Caine (2010) 57f.

（5）いわゆる個人史と歴史をめぐる近年の議論については、Sonnabend (2002) 14f.; Caine (2010) 1-5, 19-23, 58-84, 111 ad fin.; Steinberg (2011);『歴史評論』(2015); 長谷川 (2016) 第4章; Renders et al. (2017).

（6）Russell (1972) 102; cf. Gallo (2005) 13; Caine (2010) 7f.

るのではなく、歴史（historia）を書いているように思われはしまいかと案ずるためである（『ペロピダス伝』1.1）。

この種類の書き物（hoc genus scripturae）が浅薄で、偉人（summi viri）の人格にふさわしい価値に欠ける、とみなす人々が数多くいるであろうことは疑うべくもない（『異邦名将伝』序文1.1; cf. 『エパメイノンダス伝』1.1-2）。

けれどもここで注意すべき点は、伝記と歴史の相違性の主張が、伝記の側から発せられているという事実である。それはちょうどヘロドトス、トゥキュディデス以来の歴史叙述が、叙事詩や他の同時代の散文学に対して自身の独立性と価値を訴えていたことと重なる。このアナロジーから浮かび上がるのは、黎明期の歴史叙述と同様に、プルタルコスの時代の伝記も、歴史叙述を基準とした上で、いわばその反対項――歴史ではない（οὐχ ἱστορίαι）――としてみずからを差別化しようとしていたことである[7]。しかしなぜその主張は（たとえばポリュビオスが先人の歴史家をこきおろしたように）同ジャンルの先行作品ではなく、歴史に向けられたのだろうか。言い換えるならば、なぜプルタルコスの書いていたような種類の伝記は、同じ伝記ではなく歴史をライバルと目したのだろうか。そもそも、なぜことさらそうした差別化の言明を行ったのだろうか。もし自身の独立性や価値の領域が自明であるならば、そのような主張は不要だったはずである。その理由は、歴史叙述と叙事詩、頌歌、歴史劇、弁論といった他の過去についての語りがそうであったように、伝記と歴史の境界が、実際上は曖昧になりがちだったからではないだろうか。あるいは、『英雄伝』という作品自体が両者を曖昧にしうるものだったことを、プルタルコス自身が強く意識していたからではないだろうか。

本章ではこれらの問いを出発点に、特に伝記と歴史との関係から古代における『英雄伝』のジャンル的位置づけを試み、いわゆる歴史偉人伝の古典とされる本作が誕生した背景を提示する。第1節では、ギリシア・ローマの伝記文学と歴史叙述を形式と内容の面から比較し、両者の間にはいかなる理念

---

（7）　cf. Geiger (1985) 21-25.; Späth (2005) 28; McGing and Mossman (2006) xii. むろんネポスとプルタルコスは異なった文脈と理由で、異なった読者層に対してこれらの言明を行っている点にも留意しなければならない：Tuplin (2000) 134; Sonnabend (2002) 109f.; Hägg (2012) 194f.

上の区分が存在したのか、そしてどの程度まで実際上の相違が認められるのかを検証する。中心となるのは、政治的・軍事的指導者の伝記として代表的なプルタルコス、スエトニウス、ネポス、タキトゥスの作品である。第2節では、そのような伝記と歴史の理念的区分と実際的相違（あるいは相似）が生まれた理由を、プルタルコスの時代までの伝記文学の歴史から探る。第3節では、プルタルコス自身はそうした伝統をにらみつつ、いかなる企図のもと、いかなる選択を行なって『英雄伝』を世に問うたのか考察する。それらを通じて、『英雄伝』はどこまでジャンル的な伝統を継いでいるのか、どこまでプルタルコス自身の作意や時流を反映してジャンル的に発展させているのか、といった問題に迫りたい。

## 第1節　伝記と歴史の境界

ギリシア・ローマにおいて過去を物語化した最初の文学は、叙事詩である。形式上、それは常に六脚韻で語られた。叙事詩から分化して発展した歴史は、散文体ではあったものの、叙事詩と同様、全体の枠組みにおいては通時的な物語の形式で綴られた。はたして伝記には、そのような固有の形式上の作法はあったのだろうか。またそれは、同じ散文学の歴史とはどう異なるものだったのだろうか。この伝記の形式については、古代人による明確な定義は何も知られていない。したがって、実際の作品に見られる特徴から、その背後にいかなる決まり事ないし慣例があったのか、そもそもそういったものが存在したのかを探り出さなければならない。

今日に伝わるギリシア・ローマの伝記作品と歴史書の形式を比べた時、おそらく最初に目に留まる相違は、その構成法だろう。すなわち歴史が一般的に通時的な構成（κατὰ χρόνον）を取るのに対して、伝記の多くがカテゴリー別あるいはトピック別の記述（κατὰ γένος）を採用している事実である。このタイプの伝記が「スエトニウス型」と呼ばれることがあるように、その代表例とされるのがスエトニウスの『皇帝伝』である。個々のエピソードを時系列的（per tempora）に述べるのではなく、しばしば「軍事」「催事」「交友」「寛恕」「残忍さ」などの「見出し語」に導かれるトピックごとにまとめる、彼の「類別（per species）」（『神君アウグストゥス伝』9.1; cf.『神君ユリウス伝』44.4）による構成法はよく知られたところであろう(8)。しかし『皇帝伝』を詳しく見てみると、そこにはコリングウッドの言う「自然の過程」、すなわち個人の身体やそれを取り巻く状況の変化を反映した、大きな時系列も存在することに気づく(9)。たとえば個々の皇帝伝には、次のような共通する構成パターンが認められる。

（1）　出自、生い立ち、教育、即位前の経歴
（2）　皇帝としての事績、性格等
（3）　死の描写、結び

これら三つに大別される各部のうち、「類別」に記述されるのは中央を占める（2）のみであり、そこでも各々のトピック内ではしばしばエピソードが時系列順に紹介される。同様に、（1）と（3）の内部もそれぞれ時系列に沿って構成されており、さらに全体として（1）-（2）-（3）と通時的に進行する(10)。つまり『皇帝伝』も、厳密にトピック別の枠組みを有するわけではなく、実際には複合型と言うべきものである。同様の三区分構成は、エウナピオスの『ソフィスト列伝』中の比較的長いものや、ルキアノスの『デモナクス伝』『偽予言者アレクサンドロス』などにも見られる特徴であり、後述するヘレニズム文人伝に由来する型のひとつかもしれない（本章33-35頁参照）。しかし死をクロージャーとする全体として通時的な構成が、必ずしも普遍の法則だったというわけでもない。たとえばネポスの『カトー伝』や、偽プルタルコスの『十大弁論家列伝』中の伝記の多くは、出自から死までの生涯を追った後に、著作、逸話、寸言などをまとめる構成になっている。

プルタルコスの『英雄伝』もスエトニウスや他の多くの伝記と同じく、厳

（8）　Leo (1901) 2-10 et passim; Townend (1967) 84-87; Wallace-Hadrill (1983) 13, 44, 128f., 158; Sonnabend (2002) 180f.; McGing and Mossman (2006) xif.; Stadter (2007) 535f.; Hägg (2012) 233f.

（9）　Collingwood (1946) 304.

（10）　Wallace-Hadrill (1983) 11f.; Lewis (1991) 3641, 3664f.; Sonnabend (2002) 180; Hägg (2012) 4f., 233f.

密な時間の記述（クロノグラフィ）は稀である。最長を誇る『アレクサンドロス伝』にしても、具体的な日付が現れるのは、主人公の誕生（3.5-9）、ガウガメラの決戦（31.8）、病没（75.6-76.9）という物語上の重要局面にすぎない。他方で形式の観点からは、ネポスの伝記の多くがそうであるように、個々のエピソードが大まかに時系列に沿って配置される。その点で、これらのいわゆる「プルタルコス型」伝記と、歴史との間に大きな違いはない。ただし『英雄伝』は個々の伝記ごとに差異が見られ、記述の焦点や文脈に応じて時系列が大幅に省略されたり、無視されることも少なくない(11)。極端な例では『リュクルゴス伝』のように、上記のスエトニウスの（2）と似たトピック別の構成が大部（5.10-28.13）を占める場合もある。さらにシリーズ全体を通じて、比較部（シュンクリシス）は必然的にトピック別の分析となっている（第7章[中谷]参照）。ここから『英雄伝』の各々の書は、通時的に語られる二人一組の「伝記叙述部」と、トピック別の「比較部」からなる二部構成と見ることもできる。この通時的記述とトピック別記述の組み合わせは、ネポスの現存する伝記中で最長の『アッティクス伝』にも共通するものである（本章53頁参照）。最後にタキトゥスの『アグリコラ伝』であるが、こちらは「プルタルコス型」の通時的枠組みをもつだけでなく、事件の主要部が詳細なクロノグラフィとともに綴られている(12)。

上記の諸作品に見られる構成の多種多様さから、ジャンル固有の形式といったものを帰納的に導き出すことは難しい。プルタルコスやネポスは歴史を基準として自身の伝記を定義したが、実はその歴史にしても、明確な形式上の定義らしきものは伝わっていない。テオプラストス（cf. キケロ『弁論家』39）やプラクシパネス（F18 Wehrli）といった理論家が散文学としての歴史に一家言あったとしても、もはやそれを知るすべはなく、現存する唯一の手引書とも言うべきルキアノスの『歴史はいかに記述すべきか』でさえ、叙述の均整や滑らかさといったことを漠然と説くのみで（23, 30, 51, 55）、具体的な助言は「なるべく時間に合わせて（ὡς δυνατὸν ὁμοχρονείτω）」（49）程度しかし

(11)　Erbse (1956) 420f.; Gossage (1967) 53f.; 57f., Russell (1972) 115f.; 柳沼 (1976) 44-45; Pelling (1980) 127-129 = (1995a) 127-129 = (2002b) 92f.; Hamilton (1999$^2$) xlv-xlvii; Stadter (2007) 539; 内林 (2008) 82-83, 85.

(12)　e.g. *Agr.* 7.1, 9.5, 18.1-2, 20.1, 21.1, 22.1, 23.1, 24.1, 25.1, 28.1, 29.1, 44.1.

ていない。伝記の前提となる歴史に関して伝わる理論的考察のこうした乏しさは、歴史自体がきわめて定義しにくい、曖昧なジャンルであったことの証左でもある[13]。そしてもちろん、実際の歴史の語りがルキアノスの助言どおり「時間に合わせて」進行するとは限らなかった。ロラン・バルトが「ジグザグの歴史」と評したヘロドトスは言うまでもなく[14]、トゥキュディデスやポリュビオスといった歴史家であっても、外的・内的（演説など）ナラティブの要請に応じて、錯時法や円環構成などの手法を用いているのは広く知られたところである。加えて歴史には、地誌や民族誌などの共時的記述が差し挟まれることも多い。つまり、通時的か否かの相違は伝記と歴史を区分する指標とはならず、実際は作家ごとに、さらには個々の作品ごとにかなりの幅が認められる。こうした事実も併せると、形式の点で伝記と歴史の間に概念的な区分があったとは考えにくい。近年T.ヘーグが「伝記とは形式よりも内容の問題である」と論じたように、作品の形式は所与のものではなく、内容によって定められるところが大きかったのではなかろうか[15]。その観点に立脚し、以下では内容面から古代における伝記と歴史の境界を探ってみたい。

伝記に特徴的な内容とは何だろうか。ベルンハイムによると、それは「一個人を中心点とした出来事の収斂」であり、柳沼重剛によれば「個人の中に集約された歴史」である[16]。出来事の因果の連鎖が特定個人の意志や行動に帰せられる度合が大きくなるほど、必然的に叙述の焦点は全体から部分へ、集団から個人へと絞り込まれる。もしその出来事が「歴史的事件」とみなされるものならば、歴史は限りなく伝記的性格を帯びることとなる。こういった考えは今日広く共有されるところであり、あらためて述べるまでもないだろう。けれども古代人にとって、そうしたいわゆる叙述の「焦点化」の度合いは、必ずしもそれ自体では歴史と伝記を分ける指標にならなかったようである。本来、個人の言行を軸に物語を構成するのは伝記に固有の特性ではな

(13)　Fox and Livingstone (2007), esp. 542-544.

(14)　Barthes ([1967] 1984) 155.

(15)　Hägg (2012) 3, 380f.

(16)　Bernheim (1908) 493; 柳沼（1976）45. 古典歴史叙述における焦点化の幅については、Marincola (1999) 303f., 305, 316f.

く、叙事詩から受け継がれた歴史の手法であった。それゆえアリストテレスの有名な「アルキビアデスが何を行ったか、何をこうむったか」(『詩学』1451b)、あるいはキケロの「ある傑出した人物の危うい運命の変転」(『友人宛書簡』5.12.4f.)は、プルタルコスの『アルキビアデス伝』や『テミストクレス伝』のような著作の内容を定義したものではなく、ヘロドトスやトゥキュディデスの歴史書を念頭に置いたものである。同様に、サルスティウスの『カティリナ戦史』やアリアノスの『アレクサンドロス大王東征記』が伝記とみなされた形跡も、ヘロドトスの『歴史』が歴代ペルシア王の列伝と呼ばれた形跡もない。どれほど個人に焦点化されていようと、これらは歴史の領域に属するものだった。

他方で古代ギリシア人がビオス（複数形ビオイ）と呼び、ローマ人がウィータ（複数形ウィータエ）と訳した書き物も、ここではひとまず「伝記」と和訳しているが、今日の私たちが伝記について抱く典型的な観念——マイヤーいわく「当該人格それ自体の全体を対象とする」、モミリアーノの言を借りるなら「一個人の誕生から死までの記述」——と完全に合致するわけではない[17]。第一に、「生き方」「生涯」を原義とするビオスは、個人だけでなく集団を対象とする記述についても、単数形で用いられる名称であった(本章34-36頁参照)。そしてたとえ一個人を扱ったものであっても、必ずしも「全体を対象とする」「誕生から死までの記述」とは限らなかった。ネポス、ピロストラトス、エウナピオスの伝記集は、その人の全生涯ではなく一部のみを切り出したものが少なくない。他ならぬプルタルコスのビオイも、こうした「不完全」な伝記を含んでいた。『英雄伝』に先行する『皇帝伝』である。この著作群に対するビオイという呼称はランプリアス・カタログ（nos. 26, 30）に伝わるのみであるが、プルタルコスが実際にそうみなしていたのは、政治史（πραγματικὴ ἱστορία）との対比（『ガルバ伝』2.5）からも明らかである。けれどもその現存部に目を向けると、まず『ガルバ伝』は散逸した『ネロ伝』の末尾を引き継ぐ形で始まり（2.1:「すでに述べられたように」)、中盤でオトーが登場し、その前歴が回想される（19.2-20.7)。そして続く『オトー

(17)　Meyer (1910) 66; Momigliano (1971) 11; cf. Radicke (1999) x; Sonnabend (2002) 17f.; Stadter (2007) 529; Hägg (2012) 2, 4.

伝』は、前置きも序文もなく帝位簒奪の瞬間で幕を開ける。つまり二つのビオイの間にはナラティブの途切れがなく、連続しているのである。語りの焦点も主役たる皇帝だけでなく、その周囲、とりわけ軍と兵士に向けられている。その意味で、私たちの目にはそれぞれが独立した伝記というより、列伝体の歴史のように見える[18]。現存部が四人皇帝の時代という特異なケースのため、『皇帝伝』の他の書が同じアプローチを取っていたとは言えないが、スエトニウスの『ガルバ伝』と『オトー伝』がいずれも完結した「誕生から死までの記述」であるのとはきわめて対照的である。

それでは古代人自身は何をもって、伝記特有の内容と捉えていたのだろうか。それに関して伝わる唯一の定義らしきもの、冒頭に挙げたプルタルコスとネポスの「歴史ではない」という主張を切り口に考えてみよう。ここで両者は、伝記と対比して歴史の内容を「最もよく知られた業績（ἐπιφανέσταται πράξεις）」「幾万という兵が倒れる戦や最大級の軍容や都市の攻防戦」「業績の詳述（res explicare）」としている。古代人が「業績（πράξεις, res gestae）」や「記録に値する事績（ἄξια λόγου ἔργα, res memoria dignae）」といった定型句をもって表した主題、すなわち政治的・軍事的事件こそが、歴史の扱うべき内容である——叙事詩の伝統に由来するこの観念が、ヘロドトス、トゥキュディデスを経て数多くの古代史家に明示的に、あるいは暗黙のうちに継承されているのは言うまでもないだろう[19]。キケロはそうした歴史の典型的な内容を、こう簡潔に説明する。

> 歴史における語りは技巧的であり、また多くの地域や戦闘が描写される。さらに、演説や勧告のことばも挿入される。（『弁論家』66; cf. 同書37; 『弁論家について』2.63）

---

(18)　Leo (1901) 125f.; Gossage (1967) 71; Geiger (1985) 50f.; id (1988) 246; Duff (1999) 19f.; Lamberton (2001) 23; Sonnabend (2002) 148; Morgan (2006) 272, 285f.; Pelling (2006) 269; Matthews (2007) 292; Georgiadou (2014) 256-260. 実際ランプリアス・カタログの写本の一系統（Neapolitanus III B29）は『ガルバとオトー伝』と一組で記載しており（no. 32）、写本伝承も一続きのテクストとして伝わる：cf. Georgiadou (2014) 256, 258; Stadter (2014b) 56f.

(19)　歴史叙述における政治史と軍事史の重視：e.g. Plb. 1.1-2, 12.25g; Diod. 1.1.5; Sall. *BJ* 4.5; Liv. *pr.* 3-10, 21.1-3; Str. 1.1.23; Tac. *Hist.* 1.2; *Ann.* 4.32, 4.33; Luc. *De hist. conscr.* 28; Cass. Dio 1.F1.1; Amm. Marc. 26.1.1; Eutrop. *pr.*

翻ってみると、この歴史の定義と反対対当の関係にあるのが伝記ということになるが、その位置にしっくり収まるのは、やはりスエトニウスである。彼の『皇帝伝』は冒頭の序文が欠落しているため、作者自身が伝記の性格についてどう定義していたかはわからないが、本作が演示弁論としての歴史叙述とは対照的に、修辞的技巧を排した平易で解説的な文体を特徴としているのはよく知られたところである。また地誌的記述や修辞的演説を含まず、個々の戦闘は背景として触れられるにすぎない。何より作者の関心は、政治的・軍事的事件よりも逸話的なディテールに向けられている。その一方で、タキトゥスの『アグリコラ伝』はどうだろうか。こちらはスエトニウスの『皇帝伝』と同じくウィータと呼ばれている（1.4: vitam defuncti hominis）にも拘わらず、地誌、戦闘場面、演説といった歴史叙述の要素をすべて備えており、かつ全体として政治と戦争の物語が軸となっている[20]。彼らと時期を同じくするプルタルコスは、いわば両者の中間に立つ。彼の文体はスエトニウスのそれほど平明ではないが、タキトゥスの技巧的なラテン語よりは読みやすい。また『英雄伝』で最も活気に溢れる描写のひとつが、「幾万という兵が倒れる戦や最大級の軍容や都市の攻防戦」であるのは万人の認めるところだろう（本章30-31頁参照）。さらに古典伝記作品としては、著者自身の現地取材も含めて空間の描写に富んでいる[21]。

他方で演説の扱いについては、プルタルコスは控えめであり、歴史家が好んで登場人物に揮わせる過度に修辞的な長広舌を避ける傾向にある[22]。テ

---

(20)　地誌・民族誌：*Agr.* 10-13, 24. 戦闘の描写：18, 25-26, 35-38. 修辞的演説：30-32, 33-34. 『アグリコラ伝』の歴史叙述（および頌辞／弾劾）との近似性については、Leo (1901) 231-233; Steidle (1951) 6; Syme (1958) 121-125; Sonnabend (2002) 143-145; Stadter (2007) 534; Hägg (2012) 208-213, 233; Sailor (2012) 37-39. その作意については、Marincola (1999) 318-320; Whitmarsh (2006); Sailor, *ibid*.

(21)　地理的記述：e.g. *Thes.* 27.1-9; *Rom.* 5.4-5, 11.2-5; *Publ.* 15.3-6; *Them.* 8.3-6, 10.10, 22.2-3; *Cam.* 16.1-3; *Per.* 13.6-14; *Fab.* 6.2-4; *Aem.* 6.1-3; *Pel.* 16.4-7; *Cat. Ma.* 13.1-4; *Flam.* 1.1; *Mar.* 11.5-12; *Sull.* 14.1-6, 16.1-15, 17.5-8, 19.10, 21.8, 27.1-2; *Crass.* 4.5; *Sert.* 8.2-5, 17.2-3; *Pomp.* 34.1-4; *Alex.* 7.4, 9.3, 17.4-6, 26.6-7, 35.1-15; *Phoc.* 18.8, 22.2; *Dem.* 19.2-3; *Arat.* 16.5-6. これらは生地カイロネイア周辺（*Pel.* 16.4-7; *Cat. Ma.* 13.1-4; *Sull.* 16.1-15, 17.5-8, 19.10, 21.8; *Alex.* 9.3; *Dem.* 19.2-3）や実見した土地（e.g. *Them.* 8.4-6; *Per.* 13.6-14; *Phoc.* 18.8, 22.2）についての詳細な報告を含む。これらの描写については、Lamberton (2001) 79f.; Beck (2014) 2-4.

(22)　ただし比較的短い演説は折々効果的に挟まれる：e.g. *Rom.* 7.6-8, 19.4-7, 28.2-3; *Num.*

ィベリウス・グラックスの雄弁術を例示する場面では、「この人の説得力と如才のなさを推し量れるよう、（その演説の）論法を少々紹介するのは場違いではあるまい」（『ティベリウス・グラックスとガイウス・グラックス伝』15.1）と前置きしたうえで、彼の民会演説を一部抜粋し、間接話法で伝えている。同様に、史料として利用したとおぼしき歴史書に登場する演説も、『英雄伝』ではしばしば間接話法に置き換えられ、要約され、あるいは別の形で示唆されるに留められる。前者の例としては、サルスティウスにおけるマリウスの演説（『ユグルタ戦史』85）、後者の例にはトゥキュディデスにおけるペリクレスの3つの演説が挙げられる。これらはいずれも、『英雄伝』では簡潔に言い換えられるか（『マリウス伝』9.2-3）、その思想や政策を記述の随所に埋め込む形で表現されている（e.g. 『ペリクレス伝』17.1, 18.1-3, 21.1, 22.1, 33.5-6, 34.1-5）[(23)]。

演説に代わって『英雄伝』で大きな役割を演じているのが、これもスエトニウスと同じ特徴であるが、「ささいな片言や戯言」あるいは寸言（ἀπόφθεγμα）である。上記のペリクレスの例を見ると、直接話法で引用される彼のことばは、すべてそうした片言隻句の類であることに気づく（『ペリクレス伝』8.8, 10.6, 14.1, 28.7, 35.2, 38.4）。プルタルコスにとって、これらは「最もよく知

---

5.4-8, 6.2-4; *Sol.* 27.7-9; *Them.* 16.2-4, 27.3-8, 28.2-5; *Cam.* 17.3-5, 24.1-2, 26.4-5; *Fab.* 13.2-8; *Alc.* 14.8-10; *Cor.* 16.5-7, 23.3-10, 33.5-10, 35.2-9, 36.2-3; *Tim.* 20.7-9; *Aem.* 27.2-5, 31.6-10, 36.4-9; *Pel.* 33.7-10; *Marc.* 7.4; *Arist.* 8.3-5, 12.2-3, 15.3-4; *Pyrrh.* 19.1-4; *Mar.* 16.7-10; *Luc.* 14.5-8; *Nic.* 5.4-6; *Crass.* 26.6-9; *Eum.* 17.6-11; *Ages.* 12.5-9, 37.5-6, 38.3-4, 39.4-6; *Pomp.* 74.5-6, 75.1-2; *Alex.* 30.3-13; *Caes.* 35.7-8; *Phoc.* 17.1-4; *Cat. Mi.* 45.5-7, 69.2-5; *Agis et Cleom.* 17.5-10, 52.3-11; *TG et CG* 24.6-7, 36.3-4; *Ant.* 84.4-7; *Dion* 43.2-5, 51.2-4; *Brut.* 13.7-10, 37.2-6, 40.6-9, 50.5-8; *Arat.* 15.2-3; *Art.* 9.2.

(23)　もちろんこうした暗示的な言及は、読者がすでに元の歴史家の著作に親しんでいることを前提としており、プルタルコスは読者の予備知識を自身の作意にあわせて利用している、とも考えられる：cf. Pelling (1992) 17-21 = (2002b) 122-125. 他方でサルスティウスについて、プルタルコスは一度も名指しで言及していない。よって『マリウス伝』9.2-3は『ユグルタ戦史』に直接基づくのではなく、共通の伝承に由来する可能性もあるが（cf. Steidle (1958) 70 n. 1; Syme (1964) 169 n. 37; Paul (1984) 207）、ここで重要なのは、同一素材の利用法における両者の相違である。プルタルコスによるサルスティウスの『歴史』利用については、Geiger (1981) 96 = (1995) 180; Moreno (1992) 141f., 151; Scardigli (1995) 22. 『カティリナ戦史』利用については、Pelling (1985) 314f. = (2002b) 46f.; Schettino (2014) 423f. 同様の演説の省略は、ディオニュシオス『ローマ古史』を主史料とした『コリオラヌス伝』にも見られる：柳沼（1977）3-4, 6-7, 10-12参照。

られた業績」よりもその人の「性格(エートス)を明らかにする」ものであった[24]。本章冒頭の引用を含め、彼が度々表明するこの思想は、後述する哲学の伝統に由来すると考えられる（本章33-35頁参照）。と同時に、彼の主張は、歴史に寸言を挟むことについてクセノポンが行った弁明を思い起こさせるものでもある。いわく、「私はこれらが記録に値しない寸言（ἀποφθέγματα οὐκ ἀξιόλογα）であると知らないわけではないが、こうしたことこそがこの人（テラメネス）の誉むべき点であると考える」（『ギリシア史』2.3.56）。つまり寸言は徳性を明らかにするには良いが、歴史にはふさわしくない、と言っているのである。クセノポンを情報源として多用しているプルタルコスは、もちろんこのことばも強く心に留めていたことだろう。それを意識してかせずしてか、彼は同じ歴史叙述の定型句を用いて、自身の記述内容が「記録に値すること（ἄξια λόγου）」「記憶に値すること（ἄξια μνήμης）」であると再三強調している[25]。裏を返せば、こうした言明は、彼が常に歴史叙述を意識し、それを基準に自身のアプローチを定義していたことのあらわれでもある。

実際プルタルコスは、彼の調査の認識論的な範囲が歴史のそれと同じであること、すなわち事実（πράγματα）であることを強く主張する[26]。それだけでなく、自らの記述そのものをヒストリアーと呼び、「この人たちのビオイにはこうしたヒストリアーがある」といった具合にビオスとヒストリアーを並列的に用いる場合もある[27]。これらの例は、プルタルコスがヒストリアーということばを文脈に応じて、多義的に使用していることを示す。本章冒頭の『アレクサンドロス伝』序文でビオスと対比されるヒストリアーが、ジャンルとしてのプラーグマティケー・ヒストリアー、すなわち「戦争と政治の歴史」の提喩として使われているのは言うまでもあるまい[28]。対して

(24)　片言隻句と性格(エートス)：*Cat. Ma.* 7.3; *Ages.* 29.2; *Alex.* 1.2; *Dem.* 11.7; cf. *Tim.* 15.1; *Cat. Mi.* 24.1, 37.10.

(25)　「記録／記憶に値すること」の用例：*Thes.* 28.1; *Comp. Thes. et Rom.* 1.1; *Num.* 1.7; *Cam.* 21.3; *Comp. Alc. et Cor.* 1.1; *Fab.* 1.1; *Comp. Arist. et Cat.* 1.1; *Luc.* 42.1; *Crass.* 13.1; *Comp. Eum. et Sert.* 1.1; *Comp. Dem. et Cic.* 1.1; *Brut.* 33.1; *Art.* 8.1; *Galb.* 2.5.

(26)　e.g. *Thes.* 1.2, 27.6; *Lyc.* 1.1; *Per.* 13.16; *Aem.* 1.6; *Dem.* 2.3.

(27)　ヒストリアー：*Thes.* 1.2; *Per.* 2.4; *Fab.* 1.1; *Aem.* 1.1-5, 5.10; *Comp. Tim. et Aem.* 1.1; *Cim.* 2.5; *Nic.* 1.1, 1.5; *TG et CG* 1.1. ビオスとヒストリアーの併用：*Comp. Per. et Fab.* 1.1; *Aem.* 1.1; *TG et CG* 1.1; cf. *Per.* 2.4-2.5; *N. p. s. v. s. Ep., Mor.* 1093B-C.

(28)　プラーグマティケー・ヒストリアーについては、Plb. 1.1.1-4, 1.2.8, 1.3.1-5, 1.35.6-10,

他の用例は、「調査」、「知識」、なかんずく「真実の語り（ἀληθὴς ἱστορία）」の意と解すべきであろう[29]。プルタルコスが自身のヒストリアーの真実性に思い巡らせていたことは、『真実の語りをいかに判断すべきか（Πῶς κρινοῦμεν τὴν ἀληθῆ ἱστορίαν;）』なる一書をしたためていることからも窺われる（Lamprias no. 124, 散逸；cf.『ヘロドトスの悪意について』855A-856D）。『英雄伝』や古代歴史叙述一般における「事実」「真実」の指示内容が私たちのそれとどこまで符合するか、という問題にここで立ち入る余裕はないが――場合によっては、テセウス率いるアテナイ軍とアマゾン族との戦いも「記憶に値する」「歴史的事件」になりうるのである（『テセウス伝』27.6, 28.1）[30]――上記の事例からは、少なくとも扱う対象の点で、彼がビオスと呼ぶものとヒストリアーの間に違いを認めていなかったことがわかる。

それではいったい、ジャンルとしてのビオスとヒストリアーを区別するものは何だったのだろうか。ひとつの手がかりは、やはりプルタルコス自身の言明にある。彼は、自分の取り上げる「事実」が、性格を考察するうえで他の歴史家が「見落とした」、あるいは「看過した」情報を補うような種類のものであると述べている。

> ともあれ、トゥキュディデスとピリストスが公にした事績を省くことはできないので［…］簡潔かつ必要なことだけなぞりつつ［…］私は多くの人が見落としている事柄、他の人々が稀にしか述べなかった事柄、あるいは古の奉納碑文や決議碑文の中に見出された事柄などを、無用な知識を寄せ集めるのではなく、性格や気質を考察するための知識（ἱστορία）を伝えるべく収集し

---

6.5.2, 9.1.2-2.7, 12.25e-g. プルタルコスのポリュビオス利用と影響の程度については、Zecchini（2005）514-520; Schettino（2014）421, 429.

(29)　たとえば*Thes.* 1.2; *Cor.* 38.4; *Cim.* 2.5におけるヒストリアーは、明確にこの意味で用いられている；cf. Duff（1999）18f. ヒストリアーの「虚偽の語り（ψευδής）」「真実らしい語り（ὡς ἀληθής）」「真実の語り（ἀληθής）」への三区分については、Sex. Emp. *Adv. math.* 1.252-253を参照。クィンティリアヌスによる同様の三区分（2.4.2: fabula, argumentum, historia）では、すべての「真実の語り」がhistoriaに含意される。

(30)　『英雄伝』における「真実」と「真実らしさ」のゆらぎについては、*Thes.* 1.5:「願わくば神話的な物語（τὸ μυθῶδες）が洗い浄められ、理性に屈してヒストリアーの装い（ἱστορίας ὄψις）をまとわんことを、けれどもかたくなにもっともらしい姿（τὸ πιθανός）を拒み、ありそうな事柄（τὸ εἰκός）と相交わろうとしない場合は、読者が理解を示してくれるよう、そして古い時代の話（ἀρχαιολογία）として静かに許容してくれるよう願いたい」。; cf. Pelling（1990）29 ad fin. =（2002b）148 ad fin.; id.（2002b）171-178, 185-189.

ようと試みた。(『ニキアス伝』1.5)[31]

プルタルコスはこうした知識(ヒストリアー)を得るための情報源として、碑文、公文書、書簡といったたぐいの資料をしばしば引用している。けれどもそれらを、たとえばトゥキュディデスのように性格描写や語りの一要素として用いるだけではない。ある個所では、こう宣言している。

> クセノポンはアゲシラオスの娘の名を書き残しておらず、そしてディカイアルコスは、私たちがアゲシラオスの娘もエパメイノンダスの母も知らないことに憤りを露わにした。けれども私はといえば、スパルタの公式記録の中に、アゲシラオスの妻の名がクレオラと、そして娘の名がエウポリアとヒッポリュタとされているのを発見したのである(ἡμεῖς δ' εὕρομεν)(『アゲシラオス伝』19.9-10)。

プルタルコスの得意満面の顔が浮かぶ一節であるが、アゲシラオスの「性格や気質を考察するため」に、妻や娘の名前は「無用な知識」のようにも見える。この例が明らかにするのは、狭義の性格描写という目的を超えて、当該人格にまつわる未知の「事実」をひとつでも多く掘り起こそうとする姿勢と、その背後に見え隠れする他の歴史家に対する対抗心である。こうした古文書から情報を拾い集める手法それ自体は、古典期のヘラニコスやヒッピアスに始まり、ヘレニズム期の人文学で隆盛する古史研究(ἀρχαιολογία)の特徴であったと考えられるが(本章36頁参照)、ヒエロニュモス、ティマイオス、ポリュビオス、ディオニュシオス、リウィウスといったこの時代以降の歴史叙述においても比重を増している。たとえば上記のプルタルコスのことばは、奇しくも南イタリアでハンニバルの碑文の「発見」を伝えるポリュビオスの有名な一文と酷似している[32]。この点で、プルタルコスとこれらの歴史家

(31)　プルタルコスは同様の意図を他の箇所でも表明している：e.g. *Art.* 8.1:「(クセノポンが)語らずに看過した、記録に値する事柄以外を詳述するのは無意味である」。; *De Herod. malign., Mor.* 866B:「これ以外に(ヘロドトスが)看過した、スパルタ人のその他の大胆な行動や発言については、レオニダス伝に記されるだろう」。Pelling (1990) 25-29 = (2002b) 146-148; id. (1992) 10f. = (2002b) 117は、こうした姿勢を「真実の追求に向けられた真摯な歴史研究」と評する；cf. Stadter (2007) 538; id. (2014b) 124f.; Hägg (2012) 270f. 先人の歴史家に対するプルタルコスの修辞的謙遜については、第8章［勝又］267-268頁参照。

(32)　Plb. 3.33.18:「私はといえば［...］発見したからである(ἡμεῖς γὰρ εὑρόντες)」; cf. 3.56.4; Liv. 28.46.16.

の間に手法上の違いはない。彼もポリュビオスと同様、このような文書を他の伝承に対する補完、証明、そして多くは反証のための、いわば今日的な意味での「史料」として用いているからである[33]。

以上の考察から浮かび上がるのは、プルタルコスの時代におけるヒストリアーとビオスの相違は、集団か個人か、全体か部分か、あるいは事実か創作か、といった扱う対象それ自体にあったのではない、ということだろう。あえて図式的に線引きするなら、両者の違いは同じ対象について取り上げる「事実」の性質ないし比重――「よく知られた業績」か妻子の名か、大演説か寸言か――にあったと言えるかもしれない。けれども上掲のスエトニウス、タキトゥス、プルタルコスの比較が示すように、実際の比重の置き方には三者三様の違いがある。さらにプルタルコス自身が、「もちろんあらゆる出来事について正確に伝えるのはプラーグマティケー・ヒストリアーに属することではあるが、皇帝たちの事績（ἔργα）や彼らに起こったこと（πάθη）で記録に値するもの（ἄξια λόγου）を省くというのは、私のすべきことではあるまい」（『ガルバ伝』2.5）と述べたりする場合もあり、必ずしもその態度は一貫しない。むしろ『アレクサンドロス伝』の冒頭でビオスとヒストリアーの間に引いた自らの境界線上に立ち止まり、右顧左眄している風にも見える。否、もし向こう側に隙間が残っていれば、すすんで踏み込もうとしているのかもしれない。たとえば『アレクサンドロス伝』と対をなす『カエサル伝』に目を転じると、こちらは大部が「最もよく知られた業績」と「幾万という兵が倒れる戦」で占められている事実に気づく[34]。もちろんこれは、カエサルの「ささいな言動」を伝える記録が残っていなかった、というわけではない。やや後に書かれたスエトニウスの伝記は、そうした逸話をふんだんに盛り込んでいるからである。したがって、プルタルコスの用いた史料が、それらを伝えていたであろうオッピウスの伝記（的）著作[35]よりも、カエサルの戦記

(33)　補完：e.g. *Ages.* 13.5, 19.9-10; *Alex.* 76.1-77.1; *Dion* 20.4. 証明：*Alex.* 46.1-3. 反証：*Sol.* 19.3-4; *Arist.* 5.9-10, 10.9-10; *Cim.* 13.4-5; *Alex.* 46.1-3; *Dem.* 15.5-6; *Brut.* 53.5-7; cf. *Arist.* 26.3-4. プルタルコスによる先行文献の利用法については、第3章［佐藤］第3-4節、第6章［瀬口］第4節2参照。

(34)　Pelling (1980) 136f., 139 = (1995a) 145-148, 150 = (2002b) 103-105, 106; id. (2002a) 221 = (2002b) 260; id. (2006) 266-268; id. (2014b) 255f.; Duff (1999) 20f., 97f.

(35)　cf. *Caes.* 17.5-7 = Oppius F6 Peter = F7 Cornell; *Caes.* 17.9-10; Suet. *DJ* 53.1 = Oppius F7

やアシニウス・ポリオの同時代史、リウィウスの歴史といったプラーグマティケー・ヒストリアーに偏重していたとするならば、それはまぎれもなくプルタルコス自身の随意に基づく選択である。彼がそのような題材をあえて選び、ビオスとヒストリアーの境界を大きく踏み越えた理由は何だろうか。アレクサンドロスの場合と異なり、彼の時代にあってはカエサルのビオスを軸として構成されたヒストリアーが依然として隙間市場であり、補完すべき、あるいは修正すべき競合品が稀であったことと無関係ではあるまい。

同様の「越境」は、プルタルコス自身の時代に比較的近い、他のローマ人伝にも認められる。彼が『アレクサンドロス伝』と同様に『ニキアス伝』でも、トゥキュディデスやピリストスといった先達との差別化を図っているのは先に見たとおりである。ところがこれと対になる『クラッスス伝』では、そうした競争意識も潜在的ライバルの存在も示唆されない。さらに記述の半分以上が、主人公の生涯の最後のただひとつの軍事的事件、文字どおり「幾万という兵が倒れ」たパルティア遠征に割かれている。その熱の篭った行軍と戦闘の描写では、外的・内的焦点化の対象が頻繁にクラッスス個人を離れ、せわしなく移動し、押し寄せる出来事の波が彼の存在感をかき消している(e.g. 21.5-21.9, 23.8-25.14, 27.7-28.3)。これは状況に抗えず呑み込まれてゆく主人公の柔弱なエートスを巧妙に描き出す伝記的手法とも取れるが、それと同時に、プルタルコス自身が『ニキアス伝』では「ソフィスト的」で「まったく馬鹿げたこと」と否定した「模倣できないものへの対抗」(1.4)、すなわちトゥキュディデスの歴史叙述に迫る臨場感（エナルゲイアー）(cf. 1.1;『アテナイ人の名声は戦争によるか知恵によるか』347A）を、異なる場面で狙った演出とも読める[36]。

こうした例にとどまらず、『英雄伝』は形式と内容の双方の点で、たとえ

---

Peter = F8 Cornell.

(36)　あるいは、その悲喜劇的結末とあわせて、トゥキュディデスのシケリア遠征記のパロディのようにも読める。カラエの戦いに関するプルタルコスの情報源としては、アシニウス・ポリオ、リウィウス（*Per.* 106)、ニコラオス（*FGH* 90 F79; cf. Plut. *Crass.* 29)、ティマゲネスなどが考えられるが、Pelling (1979) 87f. n. 96 = (1995a) 294 = (2002b) 38は、他の伝承（e.g. Flor. 1.46.10; Cass. Dio 40.16-26）と大きく異なるプルタルコスの詳細の多くは、彼自身の潤色と推測する。またid. (1992) 17 = (2002b) 122f. は、『アントニウス伝』におけるアクティウムの海戦と、トゥキュディデスにおけるシュラクサイの大港での海戦との描写の相似を指摘する。

ばスエトニウスよりも歴史叙述との近似性を有することが広く認められてきた[(37)]。プルタルコス自身、情報の希薄な初期ローマ人伝の一節では、自らの記述が「最もよく知られた業績」の列挙であることを明言している（『カミルス伝』38.5）。対照的に、彼がアレクサンドロスやペロポネソス戦争といったことに先学のひしめく題材を扱う文脈で、むしろそうした文脈に限って、ことさら上記のような差別化に腐心するのは、ビオスのジャンル的な境界を明確にしようとしているというより、他の歴史家との違いを際立たせるのが狙いであり、それらへの対抗心の発露と解すべきだろう。

ここまでの考察からは、プルタルコスの時代の伝記は――少なくとも政治的指導者の伝記は――固定的な輪郭をもたず、常に歴史叙述の伝統に目を向けながら、それとさまざまに距離を取りつつ、実験的な試みを行っていた様子が浮かび上がる。なぜこのような曖昧さ、あるいはアプローチの多様性が生まれたのだろうか。次節ではギリシア・ローマ伝記文学の歴史をひもとき、それがプルタルコスの時代までにどの程度まで独自のジャンル的領域を確立していたのか、その領域の裾野はどのような広がりを持っていたのかを探りたい。

## 第2節　伝記の伝記

古代伝記文学の源流は、前6世紀頃からギリシアで流布していたホメロス伝説や、テアゲネスのホメロス批評を嚆矢とする文人研究[(38)]、さらには『オデュッセイア』のような英雄譚や神話的『名婦列伝』にまでさかのぼって求めることができよう。また後述するように、すでに前5世紀には同時代の政治的指導者に関する何らかの著述が存在していたことも知られる（本章

---

(37)　e.g. Leo (1901) bes. 146-156; Momigliano (1971) 19f.; id. (1990) 65; Wallace-Hadrill (1983) 8; Burridge (1997) 373; Duff (1999) 17-22; Hägg (2012) 269f.; Pelling (2006) 269; id. (2010); id. (2014b) 254f., 259; cf. Wallace-Hadrill, *ibid.*: 'Plutarch's *Lives* are shot through with this ambivalence.'

(38)　テアゲネス（DK$^6$ 8 T1）、ステシンブロトス（*FGH* 107 T3; FF21-25）によるホメロスの伝記的記述（ホメリダイ起源？）、ダマステス（*FGH* 5 T1）、グラウコス（*FHG* II 23-24）による初期の抒情詩人、ソフィスト、音楽家についての研究など：cf. Momigliano (1971) 23-28; Schepens et al. (1998) xv-xviii; Gallo (2005) 19f.

39-40頁参照)。けれども、ネポス、プルタルコス、スエトニウス等、その全体または一部が現存する古典伝記作品の原型になったと考えられているのは、前4世紀のソクラテスを主題としたプラトンとクセノポンの著作、および後者の手になる『キュロスの教育』のような半フィクションを経て、ヘレニズム期に発展した諸系統の「伝記的」文学である。

その第一は、哲学の伝統から生まれ、後の『英雄伝』と同じくビオス／ビオイの名を冠した著作群である。特に、前節で挙げた多くの伝記作品に共通する特徴は、前4世紀から前2世紀にかけて編纂された哲学的伝記集に由来する、とするのがひとつの定説となっている。20世紀初めにF.レオの古典的研究が提唱した「ペリパトス学派型伝記」と「アレクサンドリア学派型伝記」の二系統への図式的分類はその後大きく修正されたとはいえ、この学識の二大拠点と実際的、あるいは思想的つながりをもつ人々が、ヘレニズム期の伝記的著述の一翼を担っていたことは現在も広く認められている(39)。これらのいわゆる「ペリパトス派伝記集」は、サテュロスのエウリピデス伝の一部（本章42頁参照）を除いてすべて散逸し、多かれ少なかれその流れを汲むとおぼしきローマ帝政期の著作——スエトニウスの文人伝、ルキアノス、ディオゲネス・ラエルティオス、ピロストラトス、ポルピュリオス、エウナピオス等——が伝わるに過ぎない。しかし現存する断片的な証拠から、概してこれらの伝記集の多くは、アリストテレスとテオプラストスの衣鉢を継ぎ、次のような手法と博物学的関心を有したことが指摘されている。

- 4世紀以前の著作に比して、観察、証言、記録に基づいた実証性の重視
- 若年時の教育や身体的特徴に対する関心（e.g. プルタルコス『アレクサンドロス伝』4.4＝アリストクセノス F132 Wehrli）
- 逸話や寸言を用いた性格描写（cf. アリストテレス『ニコマコス倫理学』

(39)　Leo (1901), cc. 5-6, 316-319; Steidle (1951) 2-9, 166-168; Gossage (1967) 47f.; Jenkinson (1967) 3f.; Momigliano (1971) 66-89; id. (1990) 64-66; Wallace-Hadrill (1983) 12, 50, 70, 107f.; Geiger (1985) 51-55; Rawson (1985) 229f.; Burridge (1997) 375f.; Schepens et al. (1998) xivf.; Duff (1999) 6-8; Mellor (1999) 135f., 148; Sonnabend (2002) 18f., 63-79; Gallo (2005) 23-35; Stadter (2007) 529-531; Hägg (2012) 67-98. ただしMomigliano (1971), *ibid*.は、ペリパトス派の影響を過大評価しないよう注意を促す。

1127a）

・個人よりも集団、個別性よりも普遍性の重視（cf. テオプラストス『性格論』）

『列伝』や『名士伝（Περὶ ἐνδόξων ἀνδρῶν）』と題されたこの時代の伝記的著作は、ゆえに個人の経歴や生涯を描いた今日的な意味での伝記というより、哲人・詩人・劇作家・芸術家といった人間の類型を蒐集・分類した集合的伝記であり、一種のプロソポグラフィであった(40)。その主たる機能は、文人や哲人の「生き方」を通じた作品の解釈、ジャンル的歴史の理解、あるいは哲学諸派の思想解説と宣伝にあった。言い換えると、これらのビオイは文学史・哲学史・美術史などを、その担い手たちの列伝（διαδοχαί）の形で表現したものであった(41)。ディオゲネス・ラエルティオスやピロストラトスの哲人・文人列伝は、その伝統を今に伝える代表作と言える。さらに別の見地からは、さまざまな人間集団の出自・生活様式・行動様式などを体系的に記述することで、たとえば「哲学者」というゲノスの生き方や性格はいかなるものか、といったテーマを敷衍した社会学、ないし文化人類学としての側面も有していた。そうした広義の集合的伝記としては、クレアルコスの『ビオイ』（FF37-62 Wehrli）が例に挙げられる。これはスパルタ人・リュディア人・ペルシア人・スキュタイ人・シケリア人といった集団の「生き方」、すなわち文化や慣習をまとめたエスノグラフィ（もしくはエスノグラフィを含んだ著作）だったようである。同様に、ディカイアルコスの『ギリシアの生き方（Βίος Ἑλλάδος）』（FF47-66 Wehrli）や、それをモデルにしたウァロの『ローマ人の生き方について（*De vita populi Romani*）』も、断片の大多数は慣

---

(40)　Momigliano (1971) 69-73, 79-82; id. (1990) 64-66; Geiger (1985) 18f.; Rawson (1985) 229f.; Lewis (1991) 3666; Schepens et al. (1998) 293-295 (J. Engels); Tuplin (2000) 129f.; Sonnabend (2002) 73; Gallo (2005) 24-26, 28-33; Hägg (2012) 93-97. ネアンテス（I）、アンピクラテス、ニュサのイアソンのビオイは『名士伝（Περὶ ἐνδόξων ἀνδρῶν）』の書題で伝わる（*FGH* 84 F13; *FHG* IV 300 Amphicrates; *Sud.* s. v. Ἰάσων）。他に知られているΠερὶ ἐνδόξων ἀνδρῶνや類書の作者は、いずれもローマ帝政期か年代不詳である（*FGH* 790 = 1060 T1; FF15-18; *FGH* 1073; *FGH* 1077; *FGH* 453 = 1078）：cf. Geiger (1985) 39f.; Radicke (1999) ad loc.; Tuplin (2000) 130.

(41)　Momigliano (1971) 71f., 84; Sonnabend (2002) 69-71; Gallo (2005) 30-35; Pitcher (2005) 225-230; Stadter (2007) 529f.; Geiger (2014) 296.

習や制度の起源を扱った古史研究である。その一部が残るスエトニウスの文人列伝『名士伝』が、同じビオイの伝統に連なるものであることは言うまでもないが、冒頭を除いて完全に現存する彼の『皇帝伝』も、原題が写本に伝わるとおり'De vita Caesarum'と単数形であるならば、ウァロの'De vita populi Romani'と同じく、「皇帝」というゲノスの生き方(ウィータ)を論じた文化人類学的研究だったのかもしれない[42]。

したがって、現代の社会学や文化人類学がそうでないのと同様に、これらのビオイが必ずしも時系列に沿って記述された「プルタルコス型」の構成だったとは限らない。ピロストラトスの『ソフィスト列伝』など、後代の作品に多く見られるトピック別の「スエトニウス型」、スエトニウス自身の『皇帝伝』のような複合型、あるいはルキアノスの『デモナクス伝』のような、ほぼ全体（12-66）が雑多な逸話や寸言からなる道徳的範例集（παραδείγματα）なども多かったのではないだろうか。もちろん上記の叙述上の手法すべてが、ペリパトス派哲学の専売特許だったわけではない。プルタルコス自身の演示弁論『アレクサンドロスの運または徳について』（326D-345B）が物語るように、トピック別の構成や逸話・寸言は、当時の修辞学でも好んで用いられたからである[43]。けれども断片的な情報からおぼろげながらも見えてくるのは、この時代の学問の中心地で行われていたさまざまな人文学的研究が、哲学と修辞学の手法を取り込みつつビオイという枠組みの中にまとめられ、次第に固有のジャンル的特徴を発展させていった、という構図だろう。

プルタルコスの伝記的関心が、スエトニウスと同じくヘレニズム以来の人

(42)　スエトニウスとヘレニズム期のビオイの伝統については、Leo（1901）35f., 134f., 139-142, 319f.; Wallace-Hadrill（1983）10-12, 50, 70, 107f.; Rawson（1985）230.; Lewis（1991）3666f.; Mellor（1999）148; Sonnabend（2002）73f., 171f., 179f.

(43)　トピック別の記述は、クセノポンの『アゲシラオス』やネポスの『エパメイノンダス伝』のような頌辞の一形式にも通ずる（本章53頁参照）。修辞学における逸話・寸言の重要性については、Burridge（1997）381; Heath（1997）95-98; Martin（1997）718f.; Hamilton（1999²）xxviii; Lamberton（2001）143-145; Beck（2002）169. さらにスエトニウスやタキトゥスのようなラテン語作家の場合は、ローマ的伝統も考慮する必要があるかもしれない。たとえばトピック別構成は、ローマの法廷弁論やアウグストゥスの『業績録』のような貴族の墓碑銘にも一般的な形式であり、また『皇帝伝』と『アグリコラ伝』に見られる身体的特徴に対する関心については、「祖先の面」の影響が指摘されている：cf. Steidle（1951）120f.; Townend（1967）82, 85; Lewis（1991）3661f., 3670f.; Sonnabend（2002）180.

文学的ビオイの伝統から（少なくとも部分的には）出発していることは、彼自身が詩人伝、哲人伝、『名士伝』を著している事実からも明らかである（Lamprias nos. 35-37, 168; FF9-10 Sandbach）。いずれも散逸しているため具体的な思想的系譜は確かめるすべがないが、現存する『英雄伝』および『モラリア』の全体にわたる引用数が7千とも1万以上とも言われるいわゆる「モザイク手法」、『英雄伝』にちりばめられた数多くの逸話、寸言、詩人や劇作家の引用、古史、民族誌的挿話、自然学的知識、そして「古の奉納碑文や決議碑文」のたぐいが、ヘレニズム期の人文学における資料蒐集の手法と博物学的アプローチ、すなわち本来的な意義でのヒストリアー（調査、知識）に由来するものであることは間違いない（第5章[木原]参照）[44]。たとえば『リュクルゴス伝』は、一個人のビオスを軸としつつも、全体としては「スパルタのビオス」とも言えるほどエスノグラフィに近いさまを呈している。そもそも、複数の個人を組み合わせて対比するという『英雄伝』の構想そのものが、類型（ゲノス）の分類、そして分析というヘレニズム的ビオイの手法に通ずると言えるかもしれない。実際、「ティモレオンとアエミリウス・パウルスのビオス」といったように、二人一組で単一の「生き方」を表しているかのごとく単数形ビオスが用いられる例も見られる。ただしその一方でビオイと複数形の場合もあり、この点でも必ずしも一貫しない[45]。またプルタルコスの組み合

(44)　Russell (1972) 46; Sonnabend (2002) 165f.; Payen (2014) 238. プルタルコスの膨大な「引用」をめぐる問題——どこまでが一次引用なのか、アンソロジーなどの孫引きなのか、記憶から掘り起こしているのか、覚書（ὑπομνήματα）のたぐいを活用しているのか、等——については、Gossage (1967) 51f.; Russell (1972) 46f.; Pelling (1979) 74f., 83-96 = (1995a) 265-268, 285-312 = (2002b) 1f., 11-26; id. (2002b), c. 3; Brunt (1980) 479f.; Geiger (1985) 58-61; Duff (1999) 6-9; Hamilton (1999$^2$) xlix-lii; Lamberton (2001) 13-21; Hägg (2012) 251f., 256f.; Schettino (2014) 418f.; Stadter (2014b), c. 9; id. (2014c); 森谷 (2017) 455-457; 第5章[木原]175-176頁参照。

(45)　単数形の用例：*Comp. Lyc. et Num.* 1.1: τὸν Νομᾶ καὶ Λυκούργου [...] βίον; *Aem.* 1.6: τὸν Τιμολέοντος τοῦ Κορινθίου καὶ Αἰμιλίου Παύλου βίον; *Comp. Lys. et Sull.* 1.1: τὸν τούτου [...] βίον; *TG et CG* 1.1: τὸν Τιβερίου καὶ Γαΐου βίον. 複数形の用例：*Per.* 2.5: περὶ τοὺς βίους [...] τὸν Περικλέους βίον καὶ τὸν Φαβίου Μαξίμου; *Pel.* 2.9: τὸν Πελοπίδου βίον καὶ τὸν Μαρκέλλου; 2.12: αὐτῶν τοὺς βίους; *Demetr.* 1.7: τὸν Δημητρίου τοῦ Πολιορκητοῦ βίον καὶ τὸν Ἀντωνίου τοῦ αὐτοκράτορος; *Dion* 1.1: τόν τε Βρούτου [...] βίον καὶ τὸν Δίωνος; 2.1: τῶν ἀνδρῶν τοὺς βίους. cf. Diog. Laert. 2.59 (*FGH* 111 = 1118 T1): Βίον ʼΕπαμεινώνδου καὶ Πελοπίδου. いずれの場合であれ、プルタルコスが二人一組で単一の伝記とみなしていたのは間違いない：cf. *Per.* 2.5; *Alex.* 1.1; *Dem.* 3.1; *Demetr.* 1.7 (βιβλίον); *Dion* 1.1 (γραφή).

わせは、経歴や取り巻く状況程度の表面的な近似性のみに基づいている場合が少なくなく、比較の尺度も組み合わせによってまちまちである[46]。

さらに、シリーズ全体の構成を見た場合、『英雄伝』が他の集合的伝記と大きく異なる点がある。ヘレニズム文人伝の流れを汲むビオイ、たとえばディオゲネス・ラエルティオスの『哲学者列伝』を構成する哲学諸学派の各部、ピロストラトスの『ソフィスト列伝』中の哲人伝・ソフィスト伝各部、偽書『十大弁論家列伝』などは、すべて人物が時系列順に配列されている。同様に、ミルティアデスに始まりティモレオンに終わるネポスの『異邦名将伝』(初発表時)、カエサルに始まりドミティアヌスに終わるスエトニウスの『皇帝伝』といったローマのウィータエも、全体として時代を追う形の構成となっている。対して『英雄伝』は、ギリシア人伝、ローマ人伝のいずれを軸にしても、人物の順序は完全にランダムだったようである（第9章[小池]279-280頁参照)。それがどういう形で発表されたにせよ、ここからも『英雄伝』は、形式的にはあくまで二人一組で完結した、限定的な意味での集合的伝記として企画されたものであることが窺われる。

いずれにせよ、ヘレニズム期に知られているビオス／ビオイと呼ばれた著作の例はほぼすべて哲人や文人を対象としたものに限られており、帝政末期のヒエロニュムスが自身の『名士伝』の序文で（おそらくスエトニウス経由で）ギリシア伝記文学の古典として挙げる人々――アリストクセノス、ヘルミッポス、サテュロス、アンティゴノス――も、皆そうした哲人・文人伝の作者であった。その点で、『英雄伝』の圧倒的に政治史に向けられた関心とは対照的である。それでは『英雄伝』の主題となっている政治的・軍事的指導者は、どのような伝記的媒体が取り上げていたのだろうか。この時代、そうした人々に焦点を当てていたことが知られるのは、主に他の二系統の記述であった。その第一が、修辞学の一分野としてイソクラテスに始まる散文の頌辞(ἐγκώμιον）である。彼の頌辞『エウアゴラス』と、それに続くクセノポンの『アゲシラオス』は、政治家個人の生涯を大まかな時系列順に追った記述としては、現存する最初の著作と言える。またポリュビオスの散逸したピロポ

(46)　Erbse (1956) bes. 404-406; Jones (1971) 104f.; Russell (1972) 113f.; Geiger (1981) 88 = (1995) 169; Duff (1999) 249f.; Stockt (2014) 323f.

イメンに関するモノグラフは、プルタルコスの『英雄伝』各伝のいずれをも凌ぐ全3巻の浩瀚な伝記的著作であったが、著者自身の言によれば、「頌辞に属する（ὑπάρχων ἐγκωμιαστικός）」ものであった（10.21.5-8 = *FGH* 173 T1）。こうした頌辞文学はギリシアのみならず、ローマの追悼演説にも影響を与え、『英雄伝』でも時折触れられている[(47)]。

そして第二に、「個人を中心点とした出来事の収斂」、すなわち歴史そのものの伝記化が挙げられる。その代表が、同時代史の一種として発展した業績録（πράξεις）である。プルタルコスを含む後代のアレクサンドロス伝承すべての核となったアレクサンドロスの諸業績録、そしてそれらを下敷きにしたとおぼしきヘレニズム世界の君主やローマの有力者の業績録が、こうした歴史叙述の例として知られている[(48)]。プルタルコスが『アエミリウス伝』で引用する『ペルセウスについての歴史』（19.4 = *FGH* 169 F1; 20.3 = F2; 21.7 = F3）なども、その一例であろう。歴史叙述で起こったこの変化の背景には、歴史の動因が「アテナイ人」や「ラケダイモン人」といった集団から、次第にピリッポスやアレクサンドロスといった個人に求められるようになったことがあるのは疑いない。したがって、伝統的な歴史叙述もまた伝記化するのは自然の流れであった。たとえばヘレニズム初期のテオポンポスの『ピリッポス史』は通史的な普遍史であったことが断片から知られるが、その書名やポリュビオスの皮肉（「ピリッポスの歴史の中にギリシアの事績を含めるより、ギリシアの歴史の中にピリッポスの事績を含める方が、はるかに威厳ある真っ当なやり方だったのに」）からは、君主の事績が構成の軸となっていたことが窺える

(47)　頌辞と追悼演説の例：*Fab.* 1.9, 24.6: *Caes.* 5.2, 54.5; *Dem.* 9.1; *Cic.* 39.5; *Ant.* 14.6.

(48)　e.g. ティマイオス『ピュロスについて』（*FGH* 566 TT9a, 9b, 19; F36）；ドゥリス『アガトクレスについての歴史』（*FGH* 76 FF16-20, 56-71）；プトレマイオス『ピロパトルについての歴史』（*FGH* 161 FF1-4）；ティモカレス『アンティオコスについて』（*FGH* 165）；ポセイドニオス『ペルセウスについての歴史』（*FGH* 169）；ネアンテス（II）『アッタロスについての歴史』（*FGH* 84 F4 = 171 F1）；シレノス、ソシュロス、エウマコス、クセノポンのハンニバル業績録（*FGH* 175 TT2-3; F2; *FGH* 176 TT1-3; F1; *FGH* 178 F1; *FGH* 179）；イアソンのユダ・マカバイ史（*FGH* 182）；ポリュビオスのヌマンティア戦史（小スキピオ）（*FGH* 173 T2）；ポセイドニオス『ポンペイウスについての歴史』（？）（*FGH* 87 T11 = F79 EK）；メトロドロス『ティグラネスについての事柄』（*FGH* 184 F1; cf. T3 = Plut. *Luc.* 22.1-5）；ヘラクレイデス、テウクロスのミトリダテス業績録（*FGH* 187; *FGH* 274 T1）：cf. Momigliano (1971) 82f.; Geiger (1985) 15f., 19f.

(Plb. 8.11.3-4 = *FGH* 115 T19; cf. T20a)。また末期のティマゲネスの『列王（について)』(*FGH* 88) は、全体として列伝体で書かれた普遍史だったと推測される。君主列伝的な歴史叙述は、ヘレニズム世界で地域的な伝統とも融合しつつ（たとえばマネトンのエジプト王朝史やデメトリオスの『ユダヤの列王について』など)、プルタルコスの時代に至るまで書かれていたらしい[(49)]。彼の『皇帝伝』に見られる列伝体形式（本章23-24頁参照）は、ヒストリアーに非ず、という著者自身の言明にも拘わらず、むしろこうしたヘレニズムの列王史の流れを汲むものだったのかもしれない。

ヘレニズム期に発展した上記の伝記的媒体のうち、政治家や軍人の業績録はプラーグマティケー・ヒストリアーの一分野とみなされていた。他方で文人や哲人のビオイは、こうした狭義のヒストリアーに属さない過去に関する調査、古史学（ἀρχαιολογία）とか文献学（φιλολογία）などと呼ばれた人文学的研究の一種であり、今日の文芸批評や思想史の役割を果たすものであった。私たちに馴染みのある歴史偉人伝、すなわち政治的・軍事的指導者の伝記の起源を、既知のヘレニズム期のビオイに直線的に求めることの難しさは、こうした事情が少なからず関係している。それではそのような伝記は、いったいいつ生まれたのだろうか。より正確に言えば、現在の古典的偉人伝の観念を形成した『英雄伝』のような作品——単なる政治史のサブジャンルとしての業績録ではなく、カテゴリー分けされた逸話集でもない、政治的指導者の生き方（ビオス）の記述——は、いかなる経緯から生まれたのだろうか。

ヘレニズム期以前から、ギリシア世界には政治家個人を対象とした著述が存在していた。すでに前5世紀には、民衆指導者や僭主といった政治層の人々を扱った書物に関する証言が残っている[(50)]。けれども、それらが現代

(49)　エウポレモス『ユダヤの列王について』(*FGH* 723 F1b)；ユストス『ユダヤ列王の系譜別編年史』(*FGH* 734 T2; ?F1)；メナンドロスのテュロス列王史（*FGH* 783 T3c: τὰς ἐφ' ἑκάστου τῶν βασιλέων πράξεις)；エウアゴラスのエジプト列王史（*FGH* 619 = 1055)；テレポス『ペルガモンの列王について』(*FGH* 505 = 1071 T1)；アテナイオス『シュリアに君臨した列王について』(*FGH* 166 = 1074) など。ただしヤコービによるこれらの著作の'Spezialgeschichten'や'Autoren über einzelne Städte / Länder'への区分は多分に図式的である。他の伝記的著作と同様、これらも作品全体の性格は決して明白ではない（注52参照)。

(50)　スキュラクス『ミュラサの王ヘラクレイデスについての事柄』(*FGH* 709 = 1000 T1)；クサントスによるエンペドクレスに関する記述（*FGH* 765 F33 = 1001 F1)；イオン『滞在誌』または『覚書』(*FGH* 392 T2; FF4-7, 9, 11-16, ?22-23)；ステシンブロトス『テミストクレ

的な理解における政治家伝だったと断定するには、あまりにも情報が乏しい。たとえばプルタルコスが前5世紀アテナイの政治家にまつわる同時代の伝記的情報の典拠とした作家たちのうち、ステシンブロトスの作品の性格については今も説が定まらず、アンティステネスの伝記的著述の多くは（政治的？）対話編だったようである（e.g. *FGH* 1004 TT2, 4; F4）。他方で詩人イオンの『滞在誌』もしくは『覚書』は、その（後代の？）呼称（*FGH* 392 T2; FF4-7）からも、伝わる断片からも、伝記ではなく見聞録ないし随筆のようなものを想起させる。そもそもヘロドトスやトゥキュディデスが活躍していた時代、換言すると、後に「歴史」とされるジャンルの輪郭がようやく定まり始めた時代に、イオンやステシンブロトスらが、歴史のオルタナティブ・ジャンルとしての「伝記」を書いていたか否かを議論することは、それ自体がアナクロニズムなのかもしれない[(51)]。

前4世紀以降になると、政治的指導者を主題とした著作に関する証言は増加し、またそれらがしばしば文人や哲人のビオイを著した同じ人々の手になることも知られている。他方で、作品の構成はおろかその性格も判別できないほど散逸してしまっている点では、それ以前の時代と事情はさほど変わらない。はたしてプルタルコスの典拠となったパ（イ）ニアス、イドメネウス、バトン、ネアンテスといった人々の著作は、個人の（文人・哲人としてではなく）政治的・軍事的指導者としての側面を扱ったビオイ、すなわち『英雄伝』やスエトニウスの『皇帝伝』に連なる直系の祖先だったのだろうか[(52)]。

---

スとトゥキュディデスとペリクレスについて』（*FGH* 107 FF1-11 = 1002 T2; FF1-11）；アンティステネス『アスパシア』『アルキビアデス』他（*FGH* 1004）：cf. Momigliano (1971) 28-38; Schepens et al. (1998) ad loc.; Tuplin (2000) 128f.; Gallo (2005) 20f.; Hägg (2012) 10-19.

(51)　Schepens et al. (1998) 52-58 (J. Engels); Pelling (2007) 80-88; cf. Marincola (1999) 292.

(52)　プルタルコスが『ソロン伝』（14.2 = F14; 32.3 = F15）『テミストクレス伝』（1.2 = F17; 7.5-7 = F18; 13.2.5 = F19; 27.2-8 = F20; 29.10-11 = F22）で引用するパ（イ）ニアスは『シケリアの僭主について』『エレソスの執政官について』他の伝記的（？）著作（*FGH* 1012 FF1-2, 7-22）で知られ、『アリステイデス伝』（1.8 = F5; 4.4 = F7; 10.9 = F6）『ペリクレス伝』（10.7 = F8; 35.5 = F9）『デモステネス伝』（15.5-6 = F10; 23.4 = F11）『ポキオン伝』（4.1 = F15）で引用するイドメネウスは『（アテナイの）民衆指導者に（ついて）』（*FGH* 338 FF1-15: 〈Περὶ τῶν Ἀθήνησι〉ν Δημαγωγῶν）、『アギスとクレオメネス伝』（15.4 = F7）で引用するバトンは『エペソスの僭主について』（*FGH* 268 FF2, ?3）『ヒエロニュモスの僭主政について』（F4）の書名が伝わる。また『テミストクレス伝』（1.2 = F2b; 29.10-11 =

それとも業績録だったのか、列伝体歴史叙述だったのか、行政官表などを基にした単なる編年史だったのか。あるいは頌辞や弾劾といった修辞学の作品だったのか。もしくはパレロンのデメトリオスの「七賢人寸言集」のような、逸話・寸言集だったのか。それとも後代の『十大弁論家列伝』のような、政治史とさまざまな人文学的研究のコラージュだったのか[(53)]。はたまたアレクサンダー・ロマンスのような歴史フィクションだったのか。

このギリシア語政治家伝の起源をめぐる問題に関しては、議論がやや堂々巡りをしている感が否めない[(54)]。それはローマ帝政初期以前の著作の断片的な残存状況はもちろんのこと、伝記の定義に対する解釈の違いに起因する部分も少なくない。結局のところ、「伝記とは形式よりも内容の問題である」ならば、そうした伝記的内容を記述する手段は、その時々に存在するあらゆる媒体と形式にわたって可能だからである。もちろんその種の記述が必ずしもビオスと呼ばれていたわけでも、みなされていたわけでもない。上述の業績録や頌辞はその好例である。反対に、たとえビオスと称されている作品であっても、私たちが一般的に想像する伝記であったと決めつけることはできないのである。例として、前3世紀のヘルミッポスとサテュロスの著作を取り上げてみよう。ヘルミッポスは、プルタルコスの『リュクルゴス伝』『ソロン伝』『デモステネス伝』の出典のひとつであり、七賢人、哲学者、立法者、弁論家、「僭主に変貌した哲学者」といった、文人だけでなく政治家と

---

F17a）で引用されるネアンテス（I）は、『名士伝』（*FGH* 84 F13：注40参照）の他に『ギリシア史』（FF1-3）『編年史』（F5）も著しており、プルタルコスの引用がいずれの著作に由来するかは定かでない。その他に証言や断片の残る伝記的著作は、ピリストス『ディオニュシオスについて』（『シケリア史』の一部？）（*FGH* 556 TT11b, 12, 17a）；ポリュクリトス『ディオニュシオスについての事柄』（*FGH* 559 F1）；ピリスコス『リュクルゴス伝（？）』（*FGH* 1013 F1: τὸν βίον γράφων τοῦ Λυκούργου）；年代不詳のニカンドロス『プルシアスの不運』（*FGH* 700 F1）；カロン『（ヨーロッパとアジアの）僭主／君主』『名士列伝（Βίοι ἐνδόξων ἀνδρῶν）』『名婦列伝』（*FGH* 1077）；立法者伝（リュクルゴス？）を含む（F1a）テセウス『名士列伝（Βίοι ἐνδόξων）』（*FGH* 453 = 1078）；クセノポン『エパメイノンダスとペロピダス伝（？）』（*FGH* 111 = 1118 T1: Βίον 'Επαμεινώνδου καὶ Πελοπίδου）：cf. Leo（1901）109-117, 124-128, 316-320; Steidle（1951）142-144; Momigliano（1971）77-81; Schepens et al.（1998）ad loc.; Radicke（1999）ad loc.; Gallo（2005）28f.; Hägg（2012）232f.; Georgiadou（2014）259f.

(53)　『十大弁論家列伝』の出典の性格については、Pitcher（2005）216-225.

(54)　e.g. Steidle（1951）7f., 140-145; Geiger（1985）esp. c. 2; Pelling（1990）26-28 =（2002b）147f.; Tuplin（2000）; Hägg（2012）232-234.

しての側面も持つ人々を含めた伝記的記述を行ったことで知られる[55]。ディオゲネス・ラエルティオスはそれらをビオイと総称しているが（*FGH* 1026 T6）、プルタルコスが『リュクルゴス伝』の典拠にしたと思われる『立法者について』の断片（T5; ?F1; FF2-8）は、むしろこの著作が『リュクルゴス伝』と同様に、個人を軸として諸地域の慣習と制度を綴ったエスノグラフィに近い性格のものだったのではないかと思わせる[56]。サテュロスもまた、詩人や哲人のみならず、軍人（アルキビアデス）、僭主（ディオニュシオス2世）、君主（ピリッポス）、弁論家（デモステネス）といった政治的指導者を含む多彩なビオイの作者として、長らく二次引用のみで伝存していた作家である（*FHG* III 159-166; cf. *FGH* 20 Komm.）。けれども彼のビオイの第6巻「三大悲劇詩人伝」の一部、エウリピデス伝（*P. Oxy.* 9.1176）が、対話編の形式で書かれた半フィクションであると二十世紀初頭に明らかになったことで、私たちの無知はいっそう浮き彫りとなった。プラトンの対話編やクセノポンの著作が似たような状況、つまり作品が失われ、二次的な証言のみが残る状況にあったとしよう。おそらくこれらの著作は、「ソクラテスの伝記」とか「キュロスの頌辞」（cf. ディオゲネス・ラエルティオス『哲学者列伝』6.84: ἐγκώμιον Κύρου）とされていたのではなかろうか。

この政治家伝の前史の不透明さが、ひいてはネポスのかの著作に対する評価を二分させている所以である。はたして彼の『名士伝』は、画期的な「ギリシア・ローマ最初の政治家伝」だったのだろうか。それとも独創性に乏しいローマの作家による、ヘレニズム世界の先例の焼き直しにすぎないのか[57]。証拠の不在に立脚した議論には限界があるため、ここでは断片的な手がかりから確実な点だけを述べるに留めたい。まず本作は、ヘレニズム期

(55)　*Lyc.* 5.4-9 = *FGH* 1026 F7; 23.3-4 = F8; *Sol.* 2.1 = F14; 6.1-7 = F17; 11.1-2 = F15; *Dem.* 5.7 = F49; 11.4 = F52; 28.3 = F54; 30.1-2 = F51.

(56)　ここで言う「立法者（νομοθέτης）」とは、政治的指導者のみならず、ピュタゴラス（F1）を含む広義の「ノモスの制定者」ととらえるべきかもしれない：cf. Bollansée (1999) 111-113.

(57)　最初の政治家伝とする立場は、Geiger (1985) esp. 84-116; Mellor (1999) 139-142; Schmidt (2001) 174-177. ヘレニズム伝記文学の焼き直しとする通説は、Steidle (1951) 141; Russell (1972) 106. この議論については、Tuplin (2000) による再考: Erbse (1956) 423f.; Bollansée (1999) 95f.; Sonnabend (2002) 109f., 113; 松原（2006）5-6 注14; Stadter (2007) 530f.; Hägg (2012) 188-197, 196 n. 25, 232f. も参照。

のビオイと同じく対象のゲノス別に分類された集合的伝記であった。集団に対する単数形ウィータの用例（序文1.8;『エパメイノンダス伝』4.6）や、ラテン文学で常に集合的に用いられる「名士たち（viri illustres）」を冠した『名士伝（*De viris illustribus* = Περὶ ἐνδόξων ἀνδρῶνの直訳か？）』という書名自体が、そうしたヘレニズム文人伝を想起させるものである。ところが、文人のみならず、マルケルス（FF48-49 Marshall）、小スキピオ（FF50, 60 Marshall）、ルクルス（F52 Marshall）といった、政治的・軍事的指導者としか認めえない人物の伝記をも含んでいた。実際、『異邦名将伝』の写本名で伝わりネポスの『名士伝』の一部と広く認められているテクストでは、著者自身が「偉人」（序文1.1: viri summi;『エパメイノンダス伝』4.6: excellentes viri）「将軍」（『列王伝』1.1）を主題としていることを明言している[58]。それだけではない。『ラテン歴史家伝』からの抜粋と写本の伝える『カトー伝』も、実際には記述の大部分が政治的・軍事的事績で占められており、主人公の文筆活動に充てられているのは全体の三分の一にすぎない。そしてこれらの現存テクストは、個々の人物ごとに大きく異なる雑多な形式で書かれており、彼がウィータと呼ぶ書き物もしくはジャンル（序文1.1: hoc genus scripturae）に、単一のモデルが存在しなかったらしい様子が窺われる[59]。なにより興味深いのは、『名士伝』が後のプルタルコスの『英雄伝』と同じく、ギリシアとローマの人物例を組み合わせて構成されていたらしいことである。この最後の点については、あらためて取り上げたい。

ネポスの『名士伝』に限らず、ローマ共和政末期から帝政初期に書かれた作品は、ジャンル的性格が見定めがたいものが少なくない。それらは、全体、一部、または証言が伝わるものだけでも、サテュロスのエウリピデス伝と同

(58)　『異邦名将伝』の作者をネポスではなくヒュギヌスとする説（近年の代表的な例では Schmidt (1978), cols. 1641-1654; id. (2001) 177-183; *NP* s. v. 'Hyginus, C. Iulius'）は主流とは言えず、本章の議論の本質に関わるものでもないため、ここでは立ち入らない：cf. Fugmann (1990) 59f.; id. (2004) 240f.; Cornell, *FRH* I, 477f.

(59)　全生涯の時系列的記述（*Them.; Cim.; Alc.; Dion; Dat.; Ages.; Eum.; Han.; Cat.; Att.*）、その一部（*Mil.; Arist.; Paus.; Lys.; Thras.; Conon; Iph.; Chab.; Timoth.; Pelop.; Phoc.; Tim.; Ham.*）、逸話集（*Iph.; Timoth.; Ep.; Phoc.; Tim.; Att.*）、頌辞（*Iph.; Ep.; Att.*）、弾劾（*Lys.*）など：cf. Leo (1901) 201-216; Jenkinson (1967) 6-10; Tuplin (2000) 143-151.『カトー伝』と同じく『ラテン歴史家伝』に属する『アッティクス伝』は、同時代史の要素も盛り込まれている。

じく対話篇の形式で書かれたキケロの弁論家列伝『ブルトゥス』や、彼の秘書ティロの『キケロ伝』（*HRR* II 5-6 = *FRH* 46）のように、文人伝か政治家伝か判然としないもの、ネポスが「ヒストリア」と評したウォルタキリウスの手になるポンペイウス父子の業績録やウァロの『ポンペイウスについて』[60]のように、伝記か同時代史か判然としないもの、オッピウスの大スキピオ伝、カエサル伝、カッシウス伝（*HRR* II 46-49 = *FRH* 40）、そしてヒュギヌスの『名士伝』（*HRR* II 72-73 = *FRH* 63 FF1-4）のように、まぎれもなく政治的指導者の私的逸話、寸言、身体的特徴を含むウィータを描いたとおぼしき著作など、多岐にわたる。他方でローマの指導者を軸にした同時代のギリシア語作品に目を向けると、テオパネスのポンペイウス遠征記（*FGH* 188）はアレクサンドロス業績録をモデルとした同時代史の性格が強かったようであり、ティマゲネスの普遍史も「アウグストゥスの業績録」（*FGH* 88 TT2-3: res gestae, acta）を含めていたと伝えられる[61]。比較的まとまった断片が伝わるニコラオスのアウグストゥス伝（*FGH* 90 FF125-30）は、前3世紀のヘルミッポスやサテュロスと後2世紀のプルタルコスの間に横たわるギリシア語政治家伝のミッシング・リンクをつなぐテクストともされるが[62]、これはネポスの『アッティクス伝』と同じく、頌辞とも伝記とも歴史とも読みうるものである[63]。

個人の人となりの描写において、「ささいな振舞いや戯言」よりも「歴史的」な主題、すなわち公的経歴と政治的・軍事的業績に重きをおく風潮が、ラテン伝記（的）文学全般に元来存在していたことは、本章冒頭に挙げたネ

(60)　ウォルタキリウス（またはオタキリウス）: Suet. *Gr. et rhet.* 27; cf. Macrob. *Sat.* 2.2.13; Hieronym. *Chron.* ad ann. 81 a. C. ウァロ『ポンペイウスについて』: Hieronym. *Ep.* 33.2; Ioann. Lyd. *De mag.* 1.5.

(61)　Bowersock (1965) 125; Sordi (1982) 777は、ティマゲネスのアウグストゥス業績録と『列王』は別個の著作であったと解釈する。しかし「彼は後になって著した歴史書を人々に朗読したが、カエサル・アウグストゥスの事績を含む巻（libros acta Caesaris Augusti continentis）は火にくべて〈焼いてしまった〉」（T3）という言い回しから、前者は最終的に後者の一部として統合されたと考えるべきだろう。

(62)　Hägg (2012) 204.

(63)　これらの作品については、松原（2006）3-6参照。スエトニウスによる2引用（*DA* 79.2, 94.3）のみが伝わるユリウス・マラトゥスの著作（*HRR* II 70-71 = *FRH* 65）は、アウグストゥスの「伝記」とされることがあるが（e.g. Sonnabend (2002) 123f.; Cornell, *FRH* I, c. 65)、その全体的性格は不明である。

ポス自身の弁明からも窺える（本章17-18頁参照）。そしてこの風潮は、しばしばローマの追悼演説や墓碑銘の伝統、あるいはそうした媒体を政治宣伝に利用する記念文化といった、固有の文化的背景から説明されてきた(64)。けれども、とりわけローマの地中海支配が確立したこの時代に、ラテン語圏・ギリシア語圏双方にわたって同じ伝記の歴史化（あるいは歴史の伝記化）の現象が見られる理由は――文献の時代的・言語的偏重は斟酌しなければならないが――むしろその時代背景に求めるべきだろう。共和政末期、公職者の有する権限の集中化と長期化は、ヘレニズム世界と同様にローマにも「一個人を中心点とした出来事の収斂」をもたらした。加えて、ローマではおそらくギリシア世界以上に、そうした公職者と文人が重複していた。そのような知的環境にあって、生き方の記述（βίος, vita）と政治的・軍事的業績の語り（πράξεις, res gestae / ἱστορία, historia）との線引きが実際上困難であったことが、ヘレニズム的文人伝と政治家の業績録の境界を曖昧にし、結果的に伝記と歴史のジャンル的融合を進める大きな要因となったのではないだろうか。

ローマ帝政初期からプルタルコスの時代までに知られる伝記的著作は、二、三のギリシア語文人伝を除いてローマのものに限られる。だが、これらの多くはそうしたヘレニズム世界の人文学的研究とはほど遠い代物だったようである。たとえばプルタルコスの典拠のひとつであるトラセア・パエトゥスの小カトー伝（『小カトー伝』25.2 = F2 Peter = F2 Cornell; 『小カトー伝』37.1 = F1 Peter = F1 Cornell）、タキトゥスの友人クリアティウス・マテルヌスの悲劇『カトー』および『ドミティウス』（タキトゥス『弁論家についての対話』2.1-2, 3.4）、「暴君」ドミティアヌスにより焚書となったヘレンニウス・セネキオのヘルウィディウス・プリスクス伝（*FRH* 89 TT2-4）、ガイウス・ファンニウスによるネロの犠牲者たちに関する著作（*FRH* 93 T1）、そしてブルトゥス、カッシウス、小カトーを崇拝したと伝えられるティティニウス・カピトの（おそらくネロやドミティアヌスの犠牲者を含む）「名士たちの最期（exitus inlustrium virorum）」（*FRH* 95 TT3, 5）など、総じてある種の殉教者伝を思わ

(64)　cf. Steidle (1951) 8f., 109-133; Jenkinson (1967) 2; Baldwin (1979) 102f., 105, 109-112; Rawson (1985) 229; Lewis (1991) 3641-3643, 3654-3657; Stadter (2007) 530; Hägg (2012) 234-236.

せる著作が目を引く(65)。他ならぬプルタルコスのローマの友人でもあったアルレヌス・ルスティクスが命を落とす羽目になったのも、彼のものしたトラセア伝が原因であったと伝えられる（*HRR* II 116 = *FRH* 88 TT2-4）(66)。こうした小カトー伝やトラセア伝といった書き物が、単なる文学者やストア哲学者の伝記であったとは考えにくい。共和政末期の伝記と同じく、多分に政治家としての姿を描いたものだったろう。そして政治家伝というだけでなく、きわめて政治色の強い著作だったことは明らかである(67)。この時代の「伝記」の多くは、頌辞や追悼演説に源をもちつつ、直接にはキケロの小カトー伝にさかのぼる一種の反専制文学の様相を呈していた。タキトゥスの『アグリコラ伝』も究極的にはこの伝統に連なるものであり、これらの政治的「殉教者」に向けられた文学的追悼演説でもあった(68)。トラセアの支持者たちと繋がりのあったプルタルコスが『英雄伝』に先駆けて著した『皇帝伝』が、

(65)　これらの作者については、Peter, *HRR* II, clxxii-clxxiiii; Syme（1958）91f.; Momigliano（1971）99; Baldwin（1979）107-111; Geiger（1979）61f.; Lewis（1991）3658-3661; Burridge（1997）376; Hägg（2012）236-238; Sailor（2012）25; Cornell, *FRH* I, cc. 81, 89, 93, 95. プルタルコス『小カトー伝』から読み取れるトラセアの作品の性格については、Geiger（1979）57-72. 人物の死にざまを主題としたいわゆるexitus文学は、おそらくヘレニズム期に起源をもち（e.g. *FGH* 1012 FF3-?6: パ（イ）ニアスの『復讐による僭主殺害』）、後のキリスト教殉教者伝やラクタンティウスに連なる伝記のサブジャンルをなしていたようである（cf. Cic. *Div.* 2.22）。

(66)　プルタルコスとアルレヌスの関係については、*De cur., Mor.* 522D-E; 第6章[瀬口]193頁参照。アルレヌス・ルスティクスが出席したプルタルコスのローマでの講義の時期については、Jones（1971）23, 51; Russell（1972）7; Lamberton（2001）10-12; Stadter and Stockt（2002）10.

(67)　帝政初期のラテン語伝記作品には、他にも親族や近しい友人に捧げられた著作（e.g. アウグストゥスのドルスス伝（Suet. *DC* 1.5）、セネカの大セネカ伝（*HRR* II 98 = *FRH* 74 T1）、大プリニウスのポンポニウス・セクンドゥス伝（Plin. *Ep.* 3.5.3; *HRR* II 109 = *FRH* 80 T1; F1）、アクィリウス・レグルスの亡息の伝記（Plin. *Ep.* 4.7.2）、クラウディウス・ポリオのアンニウス・バッスス伝（Plin. *Ep.* 7.31.5 = *FRH* 91 T2）、ヘレニズム的な文人伝とおぼしきもの（e.g. アスコニウスのサルスティウス伝（*HRR* II 109）、ユリウス・セクンドゥスのユリウス・アフリカヌス伝（Tac. *Dial.* 14.4））などが知られるが、これらが伝統的な近親者の宣伝以上の政治目的を有していたかは疑わしい。

(68)　ゲリウスはキケロの『カトー』を「伝記にして頌辞／追悼演説（vita laudibusque）」と評している（*NA* 13.20.14）。他方でJones（1970）は、この著作が単にカエサル批判を意図した頌辞だったわけではなく、小カトーに対する中立的評価を含んだ伝記（もしくはサテュロス同様の対話形式による伝記）であった可能性を提起する。プルタルコス『小カトー伝』に対する同書の影響についてはJones, *ibid.* 191f.『アグリコラ伝』の複合的性格については、注20および99参照。

もし『アグリコラ伝』と同時期に属するとすれば、こうした政治の時流を受けたものだったのかもしれない(69)。

以上の経緯からは、プルタルコスの時代までには単に政治家の伝記を書く土壌が十分に醸成されていただけでなく、そのアプローチに関して——ヘレニズム文人的な伝記集から同時代史的な業績録、そして頌辞的な政治冊子まで——さまざまな選択の幅が生まれていたことがわかる。にも拘わらず、プルタルコスが最終的にライフワークとして選んだ形は、遠い過去に属するギリシアとローマの政治的指導者を対比したビオイであった。最終節ではその選択の背景を、文学的伝統と同時代的文脈の両面から検証する。

## 第3節　「対比列伝」の背景

言うまでもなく『英雄伝』の最大の特徴は、ギリシアとローマそれぞれから選ばれた「類型」二人一組の生き方（ビオスあるいはビオイ）が通時的に語られる伝記叙述部と、その対がトピック別に対比される比較部（シュンクリシス）で一書（ビブリオン）をなす独特の構成にある（第7章［中谷］参照）。ギリシアとローマの比較自体はポリュビオスや大カトーの時代以来の古典的トポスであり、ラテン文学においてはローマ人が「自己」を規定する上で中心的な役割を果たしてきた。またティマイオス以来のギリシア人観察者にとって、ローマは賞賛、批判、畏怖、蔑み、さらには知的好奇心の対象であった。そして過去の人物同士の比較も、イソクラテス以来、あるいはさかのぼってホメロス以来の伝統的な文学手法であった(70)。けれども作品全体がギリシア・ローマの政治的指導者の並置と比較で構成された著作となると、『英雄伝』の現存する先例は知られていない。そうした先例に近い作品としてしばしば挙げられるのは、ネポ

(69)　トラセアとプルタルコスの関係については、Jones (1971) 51-53; Stadter (2014a) 16; id. (2014b) 8.『皇帝伝』の執筆時期については、Syme (1958) 674; Geiger (1985) 117; id. (1988) 245f.; id. (2002) 93-95; id. (2005) 232がネルウァ期に帰する一方、Jones (1966) 71 = (1995) 116f.; id. (1971) 72f.; Baldwin (1979) 107, 115; Pelling (2002a) 213f. = (2002b) 253f.; Schettino (2014) 433らはドミティアヌス時代、Stadter (2007) 537; id. (2014a) 17-19; id. (2014b) 65-69, 134f.はウェスパシアヌス時代の作とする。cf. Georgiadou (2014) 252f., 257.

(70)　Leo (1901) 149f.; Jones (1971) 105; Duff (1999) 243f.; Tatum (2010) 7; Larmour (2014) 407; 内林 (2008).

スの『名士伝』である。『名士伝』は、それが最初の政治家伝か否かはさておき、おそらく最初のローマとギリシア両方の政治的指導者を扱った伝記集であった。ネポスはプルタルコスの情報源のひとつであり（『マルケルス伝』30.5;『ルクルス伝』43.2;『ティベリウス・グラックスとガイウス・グラックス伝』21.3)、また冒頭に挙げた伝記と歴史をめぐる両者の所見にはまぎれもない類似点が認められる。こうした所から、『英雄伝』は『名士伝』を下敷きにしている、とする説もある[71]。

しかし、そうした説を実際に立証するのは難しい。第一に、『名士伝』の伝存部には随所に一般的なギリシア・ローマの比較文化論、啓蒙的批評、世評などが織り込まれている一方[72]、作品全体としてプルタルコスの比較部（シュンクリシス）のような体系的な比較分析を含んでいた形跡はない。そもそも、すべてのカテゴリーについてローマと非ローマの対応があったとも限らない[73]。その点は、後のウァレリウス・マクシムスも然りである。おそらくネポスの『名士伝』は、同時代のウァロの『肖像集』[74]と同様に、あるいはそれに触発されて、ローマと非ローマ（主にギリシア）の名士（文人、哲人、芸術家等）お

(71)　Geiger (1981) 95-99 = (1995) 177-183; id. (1985) 105f., 117-120; id. (2005) 232, 238. 対してErbse (1956) 423 n. 2; Russell (1972) 106-108; Geiger (1988) 249-256; Pelling (1990) 28 = (2002b) 147; Duff (1999) 247, 290f.; Hägg (2012) 241f. は、プルタルコスに対するネポスの影響の可能性を否定しないまでも、過剰視しないよう注意を促す。ギリシア文学ではメガクレスの『名士伝』(*FGH* 1073) が、ギリシア・ローマの政治的指導者を並置した伝記集だった可能性があるが、作品の執筆年代も性格も定かではない：cf. Steidle (1951) 142; Geiger (1985) 39; Radicke (1999) ad loc.

(72)　*Pr.* 1.1-7; *Mil.* 6.2; *Ep.* 1.1-2, 2.3; *Pel.* 1.1; *Ages.* 4.2; *Eum.* 8.2-3; F58 Marshall.

(73)　ネポスの『名士伝』が、本文内で言及されるローマ名将伝 (*Han.* 13.4)、ギリシア歴史家伝 (*Dion* 3.2)、および列王伝（？）(*Reg.* 1.1; contra Geiger (1985) 89f.) 以外にどのようなカテゴリーを含んでいたかは諸説ある。『ラテン歴史家伝 (De historicis Latinis)』は写本伝承で書題が伝わるのみであるが、ギリシア歴史家伝の対として存在していたことは疑いない (FF58-59 Marshall; cf. F56 = Suet. *Gr. et rhet.* 27: L. Voltacilius Pilutus; F57 = Gell. *NA* 11.8.5: L. Postumius Albinus)。さらに、アンペリウスの『覚書 (*Liber memorialis*)』15章 ('Clarissimi reges et duces Atheniensium') が『異邦名将伝』からの抜粋と思われるところから、ローマ人を扱った同書17-29章 ('Romani qui in toga fuerunt illustres', 'Qui pro salute se optulerunt' etc.) も、ネポスの『名士伝』を出典とする、との見方がある：Geiger (1985) 90, 104, 106-108; cf. Schmidt (1978), cols. 1643-1654; id. (2001) 180-185. もしアンペリウスの分類が『名士伝』の構成をなぞったものならば、それはネポスが必ずしもカテゴリーごとにローマと非ローマを対置させていなかったことの証左になる。

(74)　『肖像集 (*Imagines*)』に関する証言は、Gell. *NA* 3.10.1; Plin. *NH* 35.11; Auson. *Mos.* 305-307; Symm. *Ep.* 1.2.2, 1.4.1-2; Ioann. Lyd. *De mag.* 1.12.

よび偉人（君主、政治家、軍人等）を分類し並置した範例集（exempla）の一種として編まれたものであり、彼我の対比は明示的ではなく暗示的だったのではないだろうか。第二に、仮にネポスが何らかの体系的な分析を行っていたとしても、それはカテゴリー分けされた集団同士の比較であり、ヘレニズム文人伝的な「集団」への志向を反映したものだったはずである(75)。ゆえにもしプルタルコスがネポスから着想を得た部分があるとすれば、それはギリシアとローマの範例の並置というフォーマットのみであろう。ただしその場合、『名士伝』が直接のモデルである必然性は失われる。このフォーマットには、よりプルタルコスに近い時代の先例として、やはり『英雄伝』の情報源であるウァレリウス・マクシムスの範例集が存在するからである（『マルケルス伝』30.5;『ブルトゥス伝』53.5）(76)。加えて、ギリシア・ローマの人物比較も、すでにネポスの時代には修辞学のトポスとして確立していたようである。この時代、カイキリオスがデモステネスとキケロの弁論比較論を著しており（『デモステネス伝』3.2; cf.『スーダ』の「カイキリオス」の項）、またアレクサンドロスとローマの将軍の比較（cf. リウィウス『ローマ建国以来の歴史』9.17.7-17, 18.8-19）、なかんずくカエサルとの比較（ウェレイウス『ローマ史』2.41）が流行していたらしい様子が窺えるからである（第2［澤田］67-69頁参照）。

ヘレニズム期からローマ帝政初期にかけて、逸話や寸言を集めた範例文学と伝記（的）文学が同じ人文学的研究の伝統から発展してきたこと（上述のウァロの『肖像集』に添えられたエピグラム集、ネポスやヒュギヌスの『範例集』など）、そうした研究がギリシア・ローマを包括した「普遍的」性格を帯びつつあったこと、そして何よりプルタルコスその人が、このジャンルの著作

(75)　Nep. *Han.* 13.4:「けれどもそろそろこの巻を締めくくり、ローマの将軍たちについて語るとしよう。双方の偉業を対置することで、いずれの人々（qui viri）が勝っているとみなすべきか、よりたやすく判断できるからである」。

(76)　ウァレリウス・マクシムスの『著名言行録』自体が、ネポスの『範例集』を下敷きにしている可能性はある：cf. Geiger (1985) 74; Scardigli (1995) 21. だがネポスの『範例集』の逸文とされる断片は（e.g. *HRR* II 26-34）、実際のところ多くが帰属不明であり、この著作がウァレリウス・マクシムスやネポス自身の『名士伝』のようにローマ以外のexemplaを含んでいたかは明らかでない。同じことはヒュギヌスの『名士伝』にも言えるが、彼の『範例集』の唯一の断片（*HRR* II 72）は、ギリシアの話題（テオデクテスの悲劇評）を扱っている：cf. Cornell, *FRH* I, 396-398, 477-481.

(『王と将軍たちの名言集』172B-208A；『スパルタ人たちの名言集』208B-242D；『女性たちの勇敢』242E-263C；『ローマをめぐる問答集』263D-291C；『ギリシアをめぐる問答集』291D-304F）や比較文学論（『アリストパネスとメナンドロスの比較論』853A-854D）を著していることを考慮すると、ギリシア・ローマの範例（παραδείγματα）の並置と比較という『英雄伝』の基本構想自体は、特定のモデルに基づいたものではなく、こうした発展の上に生まれた自然な選択肢のひとつだったと考えられる[77]。

その構想にどのような文学的先例があったにせよ、プルタルコスの行った対比のスケールが先例のないものであったことはまぎれもない。それでは彼自身が「対比列伝（παράλληλοι βίοι）」と呼んだこのプロジェクトには、いかなる企図があったのだろうか[78]。二つの文化の比較には、彼我の相違や相似を通じた自己認識、自己規定、自己主張、あるいは自己批判といったサブテクストが往々にして存在する。けれども『英雄伝』の特徴的な点は、そうしたたぐいの比較文化論にありがちな言説がほとんど見られないことにある。たしかに、伝記叙述部では集団としてのローマ人の描写にある種の他者像が見え隠れし[79]、また個々のエートスをいわば「ギリシア化」の程度を尺度として評価することも少なくない[80]。たとえばシュラクサイの征服者マルケルスを、その当時のローマでは異例の開明人として称えつつ、プルタルコスはこう述べる。

> ローマ人は戦争の遂行に優れ、剣を交えるには手強い相手と外国の人々から見られていたが、思いやりや仁愛の心といった、要するに文明人らしい美徳については、その例を示したことがなかった。けれどもこの時のマルケルス

(77)　cf. Larmour (2014) 408.『英雄伝』と『王と将軍たちの名言集』『スパルタ人たちの名言集』の関係をめぐる議論については、Beck (2002) 167f.; Pelling (2002b), c. 3; Stadter (2014c).『英雄伝』と『ローマをめぐる問答集』『ギリシアをめぐる問答集』については、Payen (2014) 241-247が、両者は同じ構想に基づき同時期に書かれた著作であるとする。逸話・寸言と伝記文学の関係については、本章34-35頁参照。ネポスとヒュギヌスの『範例集』については、注76参照。

(78)　παράλληλοι βίοιの用例：*Thes.* 1.2; *Pel.* 2.12; *Cim.* 2.2; *Dem.* 3.1; *Dion* 2.7.

(79)　文化的「他者」としてのローマ：e.g. *Num.* 8.1-4; *Cor.* 1.6; *Marc.* 1.3-5, 3.6-7, 20.1, 21.2-3; *Flam.* 1.4, 11.7; cf. *Comp. Lyc. et Num.* 1.9-11, 4.11-13.

(80)　ギリシア文化の性格（エートス）への影響：e.g. *Comp. Lyc. et Num.* 1.9-10; *Marc.* 1.3; *Cat. Ma.* 23.3; *Flam.* 2.5, 5.7; *Brut.* 1.2-3; *Mar.* 2.2-4.

は、ローマ人がきわめて正義を重んじる民であることをギリシア人に教えた最初の人であったと思われる。(『マルケルス伝』20.1)

しかしこうした例における「ローマ人」は、多くの場合「昔のローマ人」と置き換えることも可能である。「過去は異国」と言った人がいるように、プルタルコスのローマに対する距離感以上に、過去に対する距離感をあらわしているのかもしれない(81)。他方で比較部(シュンクリシス)は、その強い修辞（学校）的性格にも拘わらず、ローマを扱った初期のギリシア歴史叙述やラテン文学全般に見られる「ナショナル」な類型化、たとえば「ギリシア人は説教に優れ、ローマ人は実例で勝る」「ギリシア人は口先から語り、ローマ人は心から語る」といった類型化はほとんど感じられない(82)。あくまでも普遍的な人間観や指導者観に基づいた性格比較、および一般的な状況比較に限定されている。それは『リュクルゴスとヌマの比較』のような、実質的にはスパルタとローマの比較文化論の場合でも然りであり、その対比から筆者の帰属意識がいずれに存するのかを読み取るのは難しい。『政治家になるための教訓集』でローマを「頭上の靴」（813E）になぞらえ、徹底的に他者化する同じ著者の姿勢とは、きわめて対照的である（第6章[瀬口]191-192頁参照）。

こうした『英雄伝』のアプローチには、ウェルギリウス（『アエネイス』6.847-853）やユウェナリス（『諷刺詩集』3.60-125）のようなローマ人作家の文化的類型化に対する、ギリシア側の修正主義や対抗意識がひそんでいる、とする見方がある(83)。すなわちギリシアの過去は、文芸だけでなく政治的業績でもローマと対等である、との主張である。けれども政治面からギリシアとローマを対比するレトリックは、大カトー（キケロ『国家論』2.2）から

(81)　他方で「昔のギリシア人」に対しては、こうした距離感が感じられない点にも留意すべきだろう。Swain (1990) 131-145 = (1995) 239-264; id. (1996) 139-145は、プルタルコスが主人公のエートスを分析するさい、ローマ人の場合のみギリシア的パイデイアの有無を重視している点を指摘する：cf. Duff (1999) 287-309; Pelling (1995a) 352f. = (2002b) 224f.; id. (2014a) 150f.; Tatum (2010) 16-18; Stadter (2014a) 21f.

(82)　類型化の代表的な例としては、Plb. 6.56.6-15; Cat. *Orig.* F83 Peter = F76 Cornell; ap. Cic. *Rep.* 2.2; ap. Plut. *Cat. Ma.* 12.7; Afranius ap. Gell. *NA* 13.8.1-5; Cic. *Sest.* 141; *De or.* 2.4; Verg. *Aen*.6.847-853; Quintil. 12.2.30; Tac. *Ann.* 11.24; Juv. *Sat.* 3.60-125: cf. Gruen (1992), cc. 2, 6.

(83)　Russell (1966) 141 = (1995) 78; Gossage (1967) 60f.; Lamberton (2001) 60-69; Sonnabend (2002) 161-163; cf. Tatum (2010) 16; Pelling (2010) 231 n. 8; Hägg (2012) 242f.

タキトゥス（『年代記』11.24）に至るまでのラテン文学にも存在しており、特にプルタルコスや彼の時代のギリシア知識人に限定されるものではない。もしそこにプルタルコス独自の寄与を認めるならば、そのような伝統を「対比列伝」という形に仕上げ、アラン・ポーの『ヘレンへ』に至る「ギリシア・ローマ」が対になった古典古代像を完成したことにあると言えるかもしれないが(84)、『英雄伝』のテクスト自体に強い政治性や、ローマに対する対抗意識といったものを見出すことはできない。むしろ本作における同一地平からのギリシアとローマの指導者の比較は、この時代のギリシア知識層の一部が、あるいはローマ市民として二重のアイデンティティを持つプルタルコス自身が、ローマの過去を一種の共有財産としてある程度まで内面化していたことのあらわれと解釈すべきだろう。若き日の習作と見られることの多い『ローマ人の運について』（316C-326C）が、同時代のディオン・クリュソストモスやアイリオス・アリステイデスの弁論などと比べて、ローマ人自身が範例（exempla）とみなしていた具体的な人物やエピソードに彩られている点にもそれは窺われる(85)。それゆえ『英雄伝』全体として見ると、ギリシアとローマの対比は、文化的もしくは政治的な動機に基づくというより、様式上の選択であり、さらに言えば「対比」という演示弁論の古典的手法(86)を用いて読者を引き込む効果を狙った面が強いと思われる(87)。人物の組み合わ

(84)　*To Helen* (1845): 'On desperate seas long wont to roam, / Thy hyacinth hair, thy classic face, / Thy Naiad airs have brought me home / To the glory that was Greece, / And the grandeur that was Rome.'

(85)　Jones (1971) 67-71; Swain (1989) 516; id. (1995) 229; Martin (1997) 720; Stadter (2014a) 14f.; id. (2014b) 11, 161. 『ローマ人の運について』の執筆時期については、Swain (1996) 159f.; Pelling (2002b) 30 n. 5, 90 n. 63; Lamberton (2001) 44, 97f.; Stadter, (2014a) 26 n. 17. 本作に対するやや異なった見方については、Duff (1999) 245, 300f. 第2章[澤田]80-83頁参照。

(86)　Arist. *Rhet.* 1368a; Quintil. 2.4.20-21; Men. Rhet. II. 372.21-25, 376.31-377.9, 380.9-381.5 et passim.

(87)　cf. Leo (1901) 149-152; Russell (1966) 150 = (1995) 89; Gossage (1967) 60; Jones (1971) 103-109; Heath (1997) 96-98; Martin (1997) 724f.; Duff (1999), c. 8; Lamberton (2001) 65f.; Gallo (2005) 39; Zecchini (2005) 514; Tatum (2010) 10-16; Larmour (2014) 407f.; Stockt (2014) 322f.; 第7章[中谷]第7節。「ソフィスト嫌い」で知られたプルタルコスであるが（e.g. Philostr. *Ep.* 73)、プラトニストとしては修辞学に教育的な価値を認めている：cf. Pelling (2014a) 155f.; Hamilton ($1999^2$) xxviiif. Lamberton, *ibid.* 143-145はさらに踏み込み、『英雄伝』の主目的はそうした教育にあったと唱える。プルタルコスの著作全般の修辞的性格については、Martin (1997); 第8章［勝又］252-253頁参照

せの基準が表面的で、一貫した理念のようなものが見出せないのは、そこにも理由があるかもしれない。

ギリシアとローマの対比が主に文学的技巧であるとしたら、プルタルコスのいわば思想的な狙いはどこにあったのだろうか。『英雄伝』がヘレニズム的文人伝、ネポス、そしてウァレリウス・マクシムスやプルタルコス自身の範例集と大きく異なるのは、記述の主眼が類型の蒐集や分析ではなく、あくまで行為（πράξεις）に基づいた個人（あるいは個人の対）のエートスの掘り下げと解明に置かれている点である。その限りにおいて、やはりイソクラテスに始まり、アリストテレス以降定式化される頌辞の手法に通ずる（『弁論術』1367b）。実際、『英雄伝』は先述したように、通時的な伝記叙述（＝個々のビオス／ビオイ）にトピック別の分析（＝比較部（シュンクリシス））を加えた二部構成とみなすことも可能であり、その点で同じ構成をもつクセノポンの『アゲシラオス』やネポスの『アッティクス伝』のような頌辞のひとつの型に準じている[88]。それではプルタルコスは、ある種の頌辞／弾劾を書こうとしていたのだろうか。ポリュビオスのピロポイメン伝のように、政治家の伝記的記述と頌辞には、歴史と頌辞の間に（少なくとも理念上は）引かれていたような区分（cf. ポリュビオス『歴史』10.21.5 8; ルキアノス『歴史はいかに記述すべきか』7, 9-12, 14, 17, 38-41, 61-63）がおよそ存在せず、常に表裏一体の関係にあった[89]。タキトゥスの『アグリコラ伝』は、ウィータの形式を用いた岳父に対する頌辞であると同時に（3.3）、ドミティアヌスに対する死後の弾劾でもあった。その中で彼は遠い過去と近い過去を対比して近い過去を弾劾し（1-2）、そして近い過去と現在を対比して現在を称えた（3, 44.5）。『英雄伝』も同様に、ギリシアとローマの先例の明示的な対比という形を取りながら、過去の指導者と現在の指導者を暗示的に対比した著作である、と解釈することは可能だろうか[90]。

---

(88)　通時的：Xen. *Ages.* 1-2; Nep. *Att.* 1-12. トピック別：Xen. *Ages.* 3-11（cf. 11.1: ἐν κεφαλαίοις）; Nep. *Att.* 13-20. 頌辞におけるこれら2種の構成法については、Quintil. 3.7.15; Leo（1901）207-212, 215; Steidle（1951）129-133 et passim; Townend（1967）82, 85; Wallace-Hadrill（1983）71, 144; Tuplin（2000）145; Sonnabend（2002）48f., 51; Stadter（2007）529.

(89)　cf. Syme（1958）125; Burridge（1997）378; Sonnabend（2002）5; Gallo（2005）11f., 24; Hägg（2012）95-97; Sailor（2012）40.

(90)　Lamberton（2001）81f.; Desideri（2002）323-326; Geiger（2002）98f.; Schettino（2002）;

もちろん、過去は常にさまざまな形での現在との対比により構築されるものであり、その意味で歴史は言うまでもなく、あらゆる伝記も現在との対比によって書かれ、そして読まれるものである（第2章[澤田]70-71頁、第3章[佐藤]第5節参照）。ゆえにプルタルコスの『アレクサンドロス伝－カエサル伝』を、トラヤヌス時代におけるアレクサンドロス＝カエサルの「記憶の復権」と結びつけて読むことは不可能ではない。学者然としたスエトニウスの『皇帝伝』の解説的な記述であっても、それをハドリアヌスに対する暗示的な助言、賞賛あるいは擁護ととらえる見方もできるかもしれない[91]。もしそうした解釈が成り立つなら、タキトゥスとプルタルコスとスエトニウスは、それぞれまったく異なった伝記的アプローチを取りながらも、同じ方角を向いているということになる。

けれども、「すべての歴史は同時代の歴史」といった一般論は、個々の事例を解釈するうえでひとつの物差しとはなっても、濫用すべきものではない。実際、『英雄伝』で挿話的に挟まれる同時代の支配者たちに対する言及のうち、プルタルコスが名指しで批判的な論評を加えているのは二箇所にすぎず、かついずれも作品執筆時には知識人の間で定型化していたものである[92]。よって私たちは、『英雄伝』のテクストから、あまりに多くの同時代的なメッセージを読み取ろうとすべきではあるまい。プルタルコスはタキトゥスやスエトニウスと異なり、権力の中枢から離れた位置にいた。また彼が『英雄伝』で取り上げた主題は、少なくとも政治的には「遠い過去」であった。作家は古の時代に目を向けている限り、心を不安にさせうるあらゆる懸念を気にせずにいられる、という緒言（『ローマ建国以来の歴史』序文5）で始まるリウィウスの歴史書がそうでないのと同様に、『英雄伝』の主目的が特定の政

---

Stadter (2002) 227-239 = (2014b) 165-178; id. (2014a) 19; id. (2014b) 50-55, 241f., 253-256; Zecchini (2005) 519f.; 第6章［瀬口］第4節はそうした読み方を試みる例である。これに対してPelling (1995b) 208-217 = (2002b) 239-247; id. (2002a) 214-223 = (2002b) 254-262; id. (2014b) 253f., 265; Duff (1999) 66-71は、プルタルコスが意識的に同時代的な暗示を避けているとする。

(91)　Wallace-Hadrill (1983) 24, 140f., 198-203; Sonnabend (2002) 182は、そのようにスエトニウスの『皇帝伝』を解釈する。対照的にTownend (1967) 90は、ハドリアヌスに対する批判を読み取る。

(92)　同時代の支配者への言及：*Num.* 19.7; *Publ.* 15.2-6, 21.10; *Aem.* 25.5-7; *Flam.* 12.13; *Cic.* 2.1; *Ant.* 87.7-9. 批判：*Publ.* 15.5-6（ドミティアヌス）; *Ant.* 87.9（ネロ）.

治状況の批判、ないし擁護にあったとは考えにくい。プルタルコスの関心は、あくまでも過去に属する指導者のビオス——「生き方」と「生き方の記述」の双方を含意する——を規範とした、あるいは彼自身の好んだ比喩を用いるならば、模倣すべき徳を写す「鏡」とした(93)人間教育に向けられている(94)。換言すると、『英雄伝』が試みているのは、ギリシアとローマの空間的固有性だけでなく、過去と現在の時間的固有性をも越えた地平からの対比である。その点で、いわゆる第二ソフィスト期に「遠い過去」との対話を模索していたギリシアの知識人であっても、69年の内戦やドミティアヌスの圧政の記憶がまだ生々しいローマの支配者層であっても、プルタルコス自身のような属州都市の安寧に腐心する地方政治家であっても、あるいはそうした人々を夫にもつ女性であっても(95)、あるいはひょっとするとトラヤヌスその人であっても、各々の読者が各々の意味を見出せる作品であったのかもしれない(96)。

過去の範例に基づいた教育は、決して歴史という手段でも果たせないものではなかった。人物の性格や置かれた状況に対するスタティックな解釈、それに付随する歴史的文脈を無視した善悪評価等々は、プルタルコスの、ひいては古典伝記文学全般の「弱点」として槍玉に挙げられることが少なくな

(93)　*Aem.* 1.1:「歴史をいわば鏡として（ὥσπερ ἐν ἐσόπτρῳ τῇ ἱστορίᾳ）、かの人々の美徳に向かってみずからの生き方（τὸν βίον）を磨き、それを模倣する何らかの術を探ってみる」; cf. *Q. q. s. in v. s. p.*, *Mor.* 85B:「たとえるなら鏡に向かってみずからを磨き（οἷόν τι πρὸς ἔσοπτρα κοσμοῦντας ἑαυτοὺς）」; *Reg. et imp. ap.*, *Mor.* 172D:「いわば鏡に映すかのように（ὥσπερ ἐν κατόπτροις）」; *De gl. Ath.*, *Mor.* 345E:「業績はことばを通じて、いわば鏡の中に映し出される（ἐμφαινομένης διὰ τῶν λόγων τῆς πράξεως ὡς ἐν ἐσόπτρῳ）」。

(94)　Russell (1966) 140–144 = (1995) 76–81; Gossage (1967) 48–51; Swain (1990) 145 = (1995) 264; id. (1996) 137f.; Duff (1999) esp. cc. 1–2; Lamberton (2001) 73f.; Sonnabend (2002) 165f.; Pelling (2002b) 268–273 = (2004) 405–413; Gallo (2005) 39; Stadter (2007) 538; id. (2014a) 21–25; id. (2014b) 10–12, 39f., cc. 15–16; Hägg (2012) 272–277; Geiger (2014) 296–298; Stockt (2014) 323; 森谷 (2017) 454–455.

(95)　『英雄伝』は妻や母といった女性が夫や子に向けて語る演説の多さでも、現存する古典的歴史叙述と一線を画する：e.g. *Rom.* 19.4–7; *Cor.* 33.5–10, 35.2–9, 36.2–3; *Pomp.* 74.5–6; *Agis et Cleom.* 17.5–10; *TG et CG* 36.3–4; *Ant.* 84.4–7; *Dion* 51.2–4; *Brut.* 13.7–10. 第4章[近藤]133–135頁参照。

(96)　第2章[澤田]第3節、第3章[佐藤]第5節、第4章[近藤]、第6章[瀬口]第3–4節、第8章[勝又]第2節参照。『王と将軍の名言集』に付された、いわゆる「トラヤヌス帝への献辞」(*Mor.* 172B–E) の真贋をめぐる議論については、Beck (2002).

い[97]。だが、これらも本来は歴史の流儀であった。人間性を不変の本性（φύσις）に帰する思考や道徳的評価それ自体は、ヘロドトス以来の歴史叙述に見られる一般的特徴であり、また個人の徳性を範例化する傾向も、少なくともトゥキュディデスまでさかのぼる。彼の歴史書に登場するペリクレスは、ステシンブロトスやイオンを拠り所にプルタルコスが描き出すやや人間臭い人物よりも、「史的ペリクレス」に「忠実」であると誰が断言できるだろうか。偽ディオニュシオスの有名な「歴史は範例から学ぶ哲学である」ということばは、まさにトゥキュディデスの理想化された人物像が有する教育的効果を説いたものであり、エウナピオスの「日付によって何がソクラテスの叡智やテミストクレスの慧敏に加えられるというのか」は、そうした古典歴史叙述の非歴史（主義）的側面を突きつめた極論とも言える[98]。しかしながら、叡智や慧敏といった抽象概念のメタファーとして個人の「生き方」を記述し、それらの価値を説く、というプルタルコスの目的により適した彼の時代の媒体は、おそらく歴史ではなく、頌辞／弾劾であった（第7章［中谷］第7節参照）。実際『英雄伝』の中には、ほぼ頌辞に等しい記述が往々にして見受けられ、ある一節では、ギリシアとローマの一対の「生き方」に対して、そうした頌辞にお決まりの美辞麗句が並べられている。

> この人たち（ポキオンと小カトー）の美徳は、微細な相違点の隅々に至るまで、同じ形と姿と色の性格がともに混ざり合うさまを明らかにしており、言うなればまったく同じ程度まで、厳格さに仁愛の心が、沈着さに剛毅の精神

(97)　e.g. Russell (1966) 141-143 = (1995) 78-80; id. (1972) 102f.; Gossage (1967) 64-66; 柳沼 (1976) 35, 37-38, 44-46, 47 注15, 50 注35; 同 (1977) 3-4, 6-8, 15-18; Burridge (1997) 384f.; Hamilton (1999²) liif.; cf. Pelling (1995b) 211-213 = (2002b) 242f.; Sonnabend (2002) 2f., 11f., 166-168. 他方でSpäth (2005) は、歴史と伝記の違いはそうしたスタティックな性格描写そのものにあるのではなく、それらが物語の中で演ずる役割にあると論ずる。

(98)　Ps.-Dion. Hal. *Ars Rhet.* 11.2:「したがって性格（ἦθος）を学ぶことは教育である。トゥキュディデスもまた、歴史について語るとき、このことを言っているように思われる。すなわち歴史も範例による哲学なのである（ἱστορία φιλοσοφία ἐστὶν ἐκ παραδειγμάτων）」。; Eunap. F1 Müller:「日付によって何がソクラテスの叡智やテミストクレスの慧敏に加えられるというのか。この人たちは夏の間は美徳に優れていた、などということがどうしてあろうか」。ただし以下に続く、「読者が歴史研究から教訓を得るうえで、誰それはこの日に生まれて、第一級の詩人ないし悲劇作家になった、といったことが何の役に立つというのか」という節から、エウナピオスは歴史叙述だけでなく、文人伝的な作品も念頭に置いているのかもしれない。

が溶け合い、そして他者を思いやる心と自らを顧みない豪胆さと、不名誉を避けようとする節度と正義を貫こうとする気骨が、互いに等しく釣り合っていた。（『ポキオン伝』3.8）

しかしプルタルコスのこうした一見教科書的な頌辞には、常にある種の多義性が伴う。彼はポキオンと小カトーの四角四面の高潔ぶりが、結局は国家を危機に陥れる羽目になったのだ、と結論づける（『ポキオン伝』32.6-10;『小カトー伝』30.9-10）。自身が他国支配下の政治家として「頭上の靴」に目を尖らせていた著者らしい現実的視座ではあるものの、このような是々非々織り交ぜた評価は、頌辞というジャンルでは考えられない。むしろポリュビオス的な解釈におけるプラーグマティケー・ヒストリアーのそれに近いと言えよう(99)。プルタルコスの『アゲシラオス伝』はクセノポンの頌辞『アゲシラオス』を拠り所のひとつとしているが（4.2, 19.7）、両者を同じジャンルの作品と考える人は、今も当時もいないだろう。『英雄伝』が頌辞や弾劾にならずに、現在あるような形になったのは、そうした頌辞／弾劾を書くには彼の目があまりにも歴史叙述の伝統に向いており、また歴史を書くには、あまりにも多くをヘレニズム的ビオイの伝統に負っていたからではないだろうか。

## おわりに

『英雄伝』が明らかに大きな好評を博し、少なくともギリシア語世界では古代を通じて愛読されたにも拘わらず、政治的・軍事的指導者の対比列伝というプルタルコスの伝記モデルの模倣者、あるいは後継者は、直後のわずか一例しか知られていない(100)。ギリシア語伝記文学の中心は依然として伝統

---

(99)　cf. Späth (2005) 36f.; Pelling (2010) 228-230; Stadter (2014b) 311-313. この姿勢は、同時代のタキトゥスの『アグリコラ伝』(42.4-5) における「空虚な自由の誇示」や「国家に何の益もない」「これ見よがしの死」に対する批判（もしくは自己弁明）とも通ずる：cf. Syme (1958) 24-29; Baldwin (1979) 103f.; Sonnabend (2002) 142f.; Whitmarsh (2006); Sailor (2012) 32-37, 41f. ポリュビオスのプラーグマティケー・ヒストリアーの用法については、注28参照。

(100)　マルクス・アウレリウス時代にアミュンティアノスが著した対比列伝は、少なくともディオニュシオス（1世？）とドミティアヌス、ピリッポスとアウグストゥスが対になっていたことが知られる（*FGH* 150 = 1072 T1）。いずれにせよ、『英雄伝』の波及効果が人気に比

的な文人・哲人伝や頌辞的な君主伝であり、他方ラテン語世界で主流になったのは、むしろ彼の『皇帝伝』のような列伝体歴史叙述か、スエトニウスの『皇帝伝』のような皇帝伝記集であった[101]。その意味において『英雄伝』は孤高の山嶺であり続け、それ自体が無類（スイ・ゲネリス）のジャンルであった[102]。

けれどもルネサンス以降の近代伝記文学の性格と観念の形成に最も強い影響を与えたのは、中世ヨーロッパで流行していたスエトニウス型の伝記ではなく、「再発見」されたタキトゥス型の伝記でもなく、このプルタルコス型の伝記であった。その理由の一端は、『英雄伝』の取り上げる主題自体が時代の要請にかなっていたことにもあるだろう。「多くの者がプルタルコスを読んで陰謀や暴君殺害を企て」（クローチェ）、「自由の熱烈な信奉者たちは……プルタルコスの英雄をみずからの手本として掲げた」（マコーリー）からである[103]。ともあれ『英雄伝』は、結果的にあまりにもなじみのある伝記の型となった。そのことから私たちは、それが本来は「生き方（ビオス）の対比」として二人一組で構想されたものである事実を忘れ、片方のビオスだけを、良く言えば違和感なく、悪く言えば古くさい歴史偉人伝として読んでしまいがち

---

して限定的だった原因としてGeiger (2002) 100; Hägg (2012) 281の提示する理由――帝政期の人物を扱う危険性、『英雄伝』を模倣することの困難さ、等――は満足のゆく説明とは言いがたい。

(101)　プルタルコスの時代以降、皇帝の事績を軸として政治家伝と歴史がますます距離を縮めていったのは、万人の認めるところであろう：e.g. マリウス・マクシムス (*HRR* II 121-129 = *FRH* 101)、いわゆるエンマンの*Kaisergeschichte*, 『ローマ皇帝群像（ヒストリア・アウグスタ）』、『皇帝列伝』の通称で知られるアウレリウス・ウィクトルの『概略史』、作者不詳の通称『皇帝略伝 (*Epitome de Caesaribus*)』、『ローマ共和政偉人伝 (*De viris illustribus urbis Romae*)』など。あえて列伝的な歴史叙述を避けたタキトゥスの史書ですら、帝政末期に至って「アウグストゥス後からドミティアヌスの死までの皇帝列伝 (vitae Caesarum) 十二巻」(Hieronym. *Comm. ad Zach.* 3. 14) と評されたのは、この傾向の皮肉な帰結である：cf. Syme (1958) 144f., 266-270, 305, 358f.; id. (1968) 94f. et passim; Pelling (2006) 257f.; 松原 (2006) 7; Matthews (2007) 291.

(102)　古代からルネサンスまでのプルタルコス受容については、Duff (1999) 3; Lamberton (2010) 747f.; Pade (2012) 346 col. 2-348 col. 2; id. (2014) 531-543. 『アレクサンドロス伝』の受容については、第２章[澤田]第４節参照。

(103)　Russell (1972), cc. 9-10; Pelling (1995b) 206 = (2002b) 237f.; Duff (1999) 3f.; Gallo (2005) 41; Lamberton (2001) 189-195; id. (2010) 748-750; Sonnabend (2002) 146; Pade (2012) 349 col. 1-350 col. 1; Hägg (2012) 389; Beck (2014), cc. 37-42; Stadter (2014b), cc. 21-22; 序章１-２頁参照。本文中の引用はCroce (1917) 33; Macaulay ([1825] 1843) 53; cf. id. ([1828] 1871) 143-145.

である。しかし『英雄伝』は実際には多くの面で、ビオイを冠する著作に対する当時のジャンル的通念の枠に収まらない、今日想像する以上に実験的な試みだったのではないだろうか。博覧強記のプルタルコスが渉猟した膨大な先行文献のほとんどが散逸した今、作品の独自性といったものを正確に推し計ることは難しいかもしれない。けれども『英雄伝』の各伝ごとにしばしば大きく異なるアプローチ、そしてプルタルコス自身がそれに対して行うあれこれの言明や弁明は、ビオスの境界を押し広げようと模索する著者の姿を物語っているように思われる。そうした試行錯誤の軌跡を辿るには、『英雄伝』をなすそれぞれの書の相対・絶対年代を確定し（第9章[小池]参照）、内容や文体を詳細に比較した上で、シリーズの初期と後期における目的や構想の変化、さらには時代背景や知的環境の変遷を考察した分析的な研究が必須であろう。この『英雄伝』という富士山の伝記を書き上げる作業は、いまだ私たちに残された課題である。

**・参考文献・**

Baldwin, B. (1979), 'Biography at Rome', in: *Studies in Latin Literature and Roman History I*, (ed. C. Deroux), Collection Latomus 164, Brüssel, 100-118.

Barthes, R. (1984), 'Le discours de l'histoire' (orig. 1967), in: *Le Bruissement de la langue*, Paris, 153-166.

Beck, M. (2002), 'Plutarch to Trajan: The Dedicatory Letter and the Apophthegmata Collection', in: Stadter and Stockt eds. (2002), 163-173.

———, ed. (2014), *A Companion to Plutarch*, Chichester.

Bernheim, E. (1908), *Lehrbuch der historischen Methode und der Geschichtsphilosophie*, Leipzig.

Bollansée, J. (1999), *Die Fragmente der griechischen Historiker Continued, IV A: Biograhy, Fasc.* 3. *Hermippos of Smyrna*, (ed. G. Schepens), Leiden.

Bowersock, G. W. (1965), *Augustus and the Greek World*, Oxford.

Brunt, P. A. (1980), 'On Historical Fragments and Epitomes', *CQ* 30, 477-494.

Burckhardt, J. C. (1860), *Die Kultur der Renaissance in Italien*, Basel.

Burridge, R. A. (1997), 'Biography', in: Porter ed. (1997), 371-391.

Caine, B. (2010), *Biography and History* (*Theory and History*), Basingstoke/New York.

Carlyle, T. (1972), 'On History' (orig. 1830), and *On Heroes, Hero-Worship, and The Heroic in History* (orig. 1840), in: *The Varieties of History: From Voltaire to the Present*, (ed. F. Stern), 2nd ed., New York, 90-107.

Carr, E. H. (1987), *What is History?: The George Macaulay Trevelyan Lectures Delivered in the University of Cambridge January-March 1961*, 2nd ed., London/New York.

Collingwood, R. G. (1946), *The Idea of History*, Oxford.

Cornell, T. J., ed. (2013), *The Fragments of the Roman Historians* (*FRH*), Oxford.

Croce, B. (1917), *Teoria e storia della storiografia*, Bari.

Desideri, P. (2002), '*Lycurgus*: The Spartan Ideal in the Age of Trajan', in: Stadter and Stockt eds. (2002), 315-327.

Dorey, T. A., ed. (1967), *Latin Biography*, London/New York.

Duff, T. E. (1999), *Plutarch's* Lives*: Exploring Virtue and Vice*, Oxford.

Erbse, H. (1956), 'Die Bedeutung der Synkrisis in den Parallelbiographien Plutarchs', *Hermes* 84, 398-424.

Evans, R. J. (1997), *In Defence of History*, London.

Fox, M., and N. Livingstone (2007), 'Rhetoric and Historiography', in: *A Companion to Greek Rhetoric*, (ed. I. Worthington), Malden/Oxford, 542-561.

Fugmann, J. (1990), *Königszeit und Frühe Republik in der Schrift 'De viris illustribus urbis Romae': Quellenkritisch-historische Untersuchungen, I: Königszeit, Studien zur klassischen Philologie* 46, Frankfurt am Main.

——— (2004), *Königszeit und Frühe Republik in der Schrift 'De viris illustribus urbis Romae': Quellenkritisch-historische Untersuchungen, II.2: Frühe Rebublik* (4./3.*Jh.*), *Studien zur klassischen Philologie* 142, Frankfurt am Main.

Gallo, I. (2005), *La biografia greca: profilo storico e breve antologia di testi*, Soveria Mannelli.

García Moreno, L. A. (1992), 'Paradoxography and Political Ideals in Plutarch's *Life of Sertorius*', in: Stadter ed. (1992), 132-158.

Geiger, J. (1979), 'Munatius Rufus and Thrasea Paetus on Cato the Younger', *Athenaeum* 57, 48-72.

——— (1981), 'Plutarch's *Parallel Lives*: The Choice of Heroes', *Hermes* 109, 85-104 = Scardigli ed. (1995), 165-190.

——— (1985), *Cornelius Nepos and Ancient Political Biography*, Historia-Einzelschriften 47, Stuttgart.

——— (1988), 'Nepos and Plutarch: From Latin to Greek Political Biography', *Illinois Classical Studies* 13, 245-256.

——— (2002), '*Felicitas Temporum* and Plutarch's Choice of Heroes', in: Stadter and Stockt eds. (2002), 93-102.

——— (2005), 'Plutarch's Choice of Roman Heroes: Further Considerations', in: Jiménez and Titchener eds. (2005), 231-242.

——— (2014), 'The Project of the *Parallel Lives*: Plutarch's Conception of Biography', in: Beck ed. (2014), 292-303.

Georgiadou, A. (2014), 'The *Lives of the Caesars*', in: Beck ed. (2014), 251-266.

Gossage, A. J. (1967), 'Plutarch', in: Dorey ed. (1967), 45-77.

Gruen, E. S. (1992), *Culture and National Identity in Republican Rome*, Ithaca/New York.

Hägg, T. (2012), *The Art of Biography in Antiquity*, Cambridge.

Hamilton, J. R. (1999), *Plutarch: Alexander*, 2nd ed., London.

Heath, M. (1997), 'Invention', in: Porter ed. (1997), 89-119.

Hobsbawm, E. J. (1980), 'The Revival of Narrative: Some Comments', *Past and Present* 86, 3-8.

Humble, N., ed. (2010), *Plutarch's Lives: Parallelism and Purpose*, Swansea.

Jenkinson, E. (1967), 'Nepos: An Introduction to Latin Biography', in: Dorey ed. (1967), 1-15.

Jiménez, A. P., and F. Titchener, eds. (2005), *Historical and Biographical Values of Plutarch's Works: Studies Devoted to Professor Philip A. Stadter by the International Plutarch Society*, Málaga.

Jones, C. P. (1966), 'Towards a Chronology of Plutarch's Works', *JRS* 56, 61-74 = Scardigli ed. (1995), 95-123.

——— (1970), 'Cicero's "Cato"', *Rheinisches Museum für Philologie*, Neue Folge 113, 188-196.

——— (1971), *Plutarch and Rome*, Oxford.

Lamberton, R. (2001), *Plutarch*, Hermes Books Series, New Haven.

——— (2010), 'Plutarch', in: *The Classical Tradition*, (eds. A. Grafton, G. W. Most and S. Settis), Cambridge Mass./London.

Larmour, D. H. J. (2014), 'The *Synkrisis*', in: Beck ed. (2014), 405-416.

Leo, F. (1901), *Die griechisch-römische Biographie nach ihrer literarischen Form*, Leipzig.

Lewis, R. G. (1991), 'Suetonius' "Caesares" and their Literary Antecedents', *ANRW* II. 33.5, 3623-3674.

Macaulay, T. B. (1843), 'Milton' (orig. 1825), in: *Critical and Historical Essays: Contributed to the Edinburgh Review*, vol. I, London, 1-61.

——— (1871), 'History' (orig. 1828), in: *The Miscellaneous Writings and Speeches of Lord Macaulay, The New Edition*, London, 133-159.

McGing, B., and J. Mossman, eds. (2006), *The Limits of Ancient Biography*, Swansea.

Marincola, J. (1999), 'Genre, Convention, and Innovation in Greco-Roman Historiography', in: *The Limits of Historiography: Genre and Narrative in Ancient Historical Texts*, (ed. C. S. Kraus), Mnemosyne Suppl. 191, Leiden, 281-324.

———, ed. (2007), *A Companion to Greek and Roman Historiography*, Malden/Oxford.

Martin, H. M., Jr. (1997), 'Plutarch', in: Porter ed. (1997), 715-736.

Matthews, J. (2007), 'The Emperor and his Historians', in: Marincola ed. (2007), 290-304.

Mellor, R. (1999), *The Roman Historians*, London.

Meyer, E. (1910), *Kleine Schriften zur geschichtstheorie und zur Wirtschaftlichen und politischen Geschichte des Altertums*, Halle.

Momigliano, A. D. (1971), *The Development of Greek Biography*, Cambridge Mass./London.

——— (1990), *The Classical Foundations of Modern Historiography*, Sather Classical Lectures 54, Berkeley.

Morgan, G. (2006), *69 A.D.: The Year of Four Emperors*, Oxford.

Pade, M. (2012), 'Plutarch (Plutarchus of Chaeronea)', in: *Brill's New Pauly Supp. I.5 : The Reception of Classical Literature*, (ed. C. Walde), Leiden, 346-351.

——— (2014), 'The Reception of Plutarch from Antiquity to the Italian Renaissance', in: Beck ed. (2014), 531-543.

Paul, G. M. (1984), *A Historical Commentary on Sallust's Bellum Jugurthinum*, ARCA 13, Liverpool.

Payen, P. (2014), 'Plutarch the Antiquarian', in: Beck ed. (2014), 235-248.

Pelling, C. B. R. (1979), 'Plutarch's Method of Work in the Roman Lives', *JHS* 99, 74-96 = Scardigli ed. (1995), 265-318 = Pelling (2002b), 1-44.

——— (1980), 'Plutarch's Adaptation of his Source-Material', *JHS* 100, 127-140 = Scardigli ed. (1995), 125-154 = Pelling (2002b), 91-115.

——— (1985), 'Plutarch and Catiline', *Hermes* 113, 311-329 = id. (2002b), 45-63.

——— (1990), 'Truth and Fiction in Plutarch's *Lives*', in: *Antonine Literature*, (ed. D. A. Russell), Oxford, 19-52 = id. (2002b), 143-170.

——— (1992), 'Plutarch and Thucydides', in: Stadter ed. (1992), 10-40 = id. (2002b), 117-141.

——— (1995a), 'Plutarch and Roman Politics', in: Scardigli ed. (1995), 319-356 = id. (2002b), 207-236.

——— (1995b), 'The Moralism of Plutarch's Lives', in: *Ethics and Rhetoric: Classical Essays for Donald Russell on his Seventy-Fifth Birthday*, (eds. D. C. Innes, H. Hine and id.), Oxford, 205-220 = id. (2002b), 237-252.

——— (2002a), 'Plutarch's *Caesar*: a Caesar for the Caesars?', in: Stadter and Stockt eds. (2002), 213-226 = id. (2002b), 253-265.

——— (2002b), *Plutarch and History: Eighteen Studies*, Swansea/London.

——— (2004), 'Plutarch', in: *Narrators, Narratees, and Narratives in Ancient Greek Literature: Studies in Ancient Greek Narrative*, vol. 1, (eds. I. J. F. de Jong, R. Nünlist and A. Bowie), Mnemosyne Supp. 257, Leiden/Boston, 403-421 = id. (2002b), 267-282.

——— (2006), 'Breaking the Bounds: Writing about Julius Caesar', in: McGing and Mossman eds. (2006), 255-280.

——— (2007), 'Ion's *Epidemiai* and Plutarch's Ion', in: *The World of Ion of Chios*, (eds. V. Jennings and A. Katsaros), Mnemosyne Suppl. 288, Leiden/Boston, 75-109.

——— (2010), 'Plutarch's "Tale of Two Cities": Do the *Parallel Lives* Combine as Global Histories?', in: Humble ed. (2010), 217-235.

——— (2014a), 'Political Philosophy', in: Beck ed. (2014), 149-162.

——— (2014b), 'The First Biographers: Plutarch and Suetonius', in: *A Companion to Julius Caesar*, (ed. M. Griffin), Chichester.

Peter, H. (1906-1914), *Historicorum Romanorum Reliquiae* (*HRR*), Leipzig.

Pitcher, L. V. (2005), 'Narrative Technique in *The Lives of the Ten Orators*', *CQ* 55, 217-234.

Porter, S. E., ed. (1997), *Handbook of Classical Rhetoric in the Hellenistic Period, 330 B.C. — A.D. 400*, Leiden.

Radicke, J. (1999), *Die Fragmente der griechischen Historiker Continued, IV A: Biograhy, Fasc. 7. Imperial and Undated Authors*, (ed. G. Schepens), Leiden.

Rawson, E. (1985), *Intellectual Life in the Late Roman Republic*, London.

Renders, H., B. de Haan and J. Harmsma, eds. (2017), *The Biographical Turn: Lives in History*, London.

Russell, D. A. (1966), 'On Reading Plutarch's *Lives*', *Greece & Rome* 13, 139-154 = Scardigli ed. (1995), 75-94.

——— (1972), *Plutarch*, London.

Sailor, D. (2012), 'The *Agricola*', in: *A Companion to Tacitus*, (ed. V. E. Pagán), Chichester, 23-44.

Scardigli, B., ed. (1995), *Essays on Plutarch's Lives*, Oxford.

Schepens, G., et al. (1998), *Die Fragmente der griechischen Historiker Continued, IV A: Biograhy, Fasc.* 1. *The Pre-Hellenistic Period*, (ed. G. Schepens), Leiden.

Schettino, M. T. (2002), 'Trajan's Rescript *De bonis relegatorum* and Plutarch's Ideal Ruler', in: Stadter and Stockt eds. (2002), 201-212.

——— (2014), 'The Use of Historical Sources', in: Beck ed. (2014), 417-436.

Schmidt, P. L. (1978), *Das Corpus Aurelianum*, *RE Suppl.* XV, 1583-1676.

——— (2001), 'Die *Libri de viri illustribus*: Zu Entstehung, Überlieferung und Rezeption einer Gattung der römischen Historiographie', in: *L'invention des grands hommes de la Rome antique/ Die Konstruktion der grossen Männer Altroms. Actes du Colloque du Collegium Beatus Rhenanus, Aug. 16-18 Sept. 1999*, (edd. M. Coudry & T. Späth), Paris, 173-187.

Sonnabend, H. (2002), *Geschichte der antiken Biographie: Von Isokrates bis zur Historia Augusta*, Stuttgart.

Sordi, M. (1982), 'Timagene di Alessandria: uno storico ellenocentrico e filobarbaro', *ANRW* II. 30.1, 775-797.

Späth, T. (2005), 'Das Politische und der Einzelne: Figurenkonstruktion in Biographie und Geschichtsschreibung', in: *The Statesman in Plutarch's Works, Vol. II: The Statesman in Plutarch's Greek and Roman Lives*, (eds. L. de Blois, J. Bons, T. Kessels and D. M. Schenkeveld), Mnemosyne Suppl. 250/2, Leiden, 27-42.

Stadter, P. A., ed. (1992), *Plutarch and the Historical Tradition*, London.

———, and L. Van der Stockt, eds. (2002), *Sage and Emperor: Plutarch, Greek Intellectuals, and Roman Power in the Time of Trajan* (*98-117A.D.*), Leuven.

——— (2002), 'Plutarch and Trajanic Ideology', in: id. and Stockt eds. (2002), 227-241 = id. (2014b), 165-178.

——— (2007), 'Biography and History', in: Marincola ed. (2007), 528-540.

——— (2014a), 'Plutarch and Rome', in: Beck ed. (2014), 13-31.

——— (2014b), *Plutarch and his Roman Readers*, Oxford.

——— (2014c), 'Plutarch's Compositional Technique: The Anecdote Collections and the *Parallel Lives*', *Greek, Roman, and Byzantine Studies* 54, 665-686.

Steidle, W. (1951), *Sueton und die antike Biographie*, Zetemata 1, München.

——— (1958), *Sallusts historische Monographien: Themenwahl und Geschichtsbild*, Historia-Einzelschriften 3, Wiesbaden.

Steinberg, J. (2011), 'Is Biography Proper History?', OUPblog, 10th February 2011 (http://blog.oup.com/2011/02/biography/).

Stockt, L. Van der (2014), 'Compositional Methods in the *Lives*', in: Beck ed. (2014), 321-332.

Stone, L. (1979), 'The Revival of Narrative: Reflections on a New Old History', *Past and Present* 85, 3-24.

Swain, S. C. R. (1989), 'Plutarch's *de Fortuna Romanorum*', *CQ* 39, 504-516.
——— (1990), 'Hellenic Culture and the Roman Heroes of Plutarch', *JHS* 110, 126-145 = Scardigli ed. (1995), 229-264.
——— (1996), *Hellenism and Empire: Language, Classicism, and Power in the Greek World, A.D. 50-250*, Oxford.
Syme, R. (1958), *Tacitus*, Oxford.
——— (1964), *Sallust*, Sather Classical Lectures 33, Berkeley.
——— (1968), *Ammianus and the Historia Augusta*, Oxford.
Tatum, W. J. (2010), 'Why *Parallel* Lives?', in: Humble ed. (2010), 1-22.
Townend, G. B. (1967), 'Suetonius and his Influence', in: Dorey ed. (1967), 79-111.
Tuplin, C. (2000), 'Nepos and the Origin of Political Biography', in: *Studies in Latin Literature and Roman History X*, (ed. C. Deroux), Collection Latomus 254, Brüssel.
Wallace-Hadrill, A. (1983), *Suetonius: The Scholar and his Caesars*, London.
Whitmarsh, T. (2006), '"This In-Between Book": Language, Politics and Genre in the *Agricola*', in: McGing and Mossman eds. (2006), 305-333.
Zecchini, G. (2005), 'Polibio in Plutarco', in: Jiménez and Titchener eds. (2005), 513-522.
内林謙介（2008）「プルタルコス『対比列伝』と英雄伝承——『テミストクレス・カミルス伝』の統一的解釈の試み」、『西洋古典学研究』56、77-88
内村鑑三（1898）「傳記學の研究」、『小憤慨録・上』所収、156-160
長谷川貴彦（2016）『現代歴史学への展望　言語論的転回を超えて』、岩波書店
松原俊文（2006）「ローマ共和政偉人伝*De viris illustribus urbis Romae* 解題・訳」、『地中海研究所紀要』4、1-64
森谷公俊（2017）『新訳 アレクサンドロス大王伝——『プルタルコス英雄伝』より』、河出書房新社
柳沼重剛（1976）「シシリー島のニキアス——プルタルコスの伝記記述の方法について とくにトゥキュディデスとの対比において」、『文藝言語研究・文藝篇』1、33-50
———（1977）「プルタルコスの『コリオラヌス伝』」、『文藝言語研究・文藝篇』2、1-20
『歴史評論 2015年1月号——伝記・評伝・個人史の作法を再考する』（2015）、歴史科学協議会

# 第 2 章

# 「英雄」アレクサンドロス

## ——人物像に込められた同時代の思いと後世への影響

澤田　典子

> ピリッポスの周囲にいた人々は最初ははらはらして黙っていたが、アレクサンドロスが正しく馬を乗り回して堂々と笑いながら戻ってくると、他の人々は皆一斉に歓声をあげた。父は喜びのあまり涙を流して、馬からおりた息子の頭に接吻し、「おお我が子よ、お前にふさわしい王国を探すがよい。マケドニアにはお前のいる場所はない」と言ったと伝えられる。(『アレクサンドロス伝』6.8)

### はじめに

『英雄伝』の現存する48篇の人物伝でプルタルコスがとりあげたギリシア・ローマの英雄たちのうち、後世におけるその歴史的評価にプルタルコスの筆が絶大な影響を与えた人物と言えば、まずもってアレクサンドロスであろう。近代歴史学が確立した19世紀以降のアレクサンドロス研究にプルタルコスが及ぼした影響は、まさに巨大である。

言うまでもなく、プルタルコスが『英雄伝』のなかで創出した人物像は決して忠実な「史実」の再現ではなく、プルタルコスの生きた時代の政治的・文化的潮流と彼自身の思いがさまざまな形で反映された「創造物」に他ならない。本章では、そうしたプルタルコスの人物造型のケーススタディとして、後世において絶大なる影響力を持つことになった彼のアレクサンドロス像をとりあげる。まずは、プルタルコスが『アレクサンドロス伝』のなかでどのようなアレクサンドロス像を描き出しているかを、彼の論説『アレクサンドロスの運または徳について』（326D-345B）と対比しながら探り、プルタルコスはなぜそのようなアレクサンドロス像を創出したのか、彼の生きた時代に位置づけて読み解くことを試みたい。そのうえで、現代まで続くプルタルコスの「影響」についても、あらためて考えてみることにしたい。

## 第1節　シンボルとしての「アレクサンドロス」

アレクサンドロスがローマにおいてどのように認識され、受容されたのかという問題は、とりわけ1970年代以降、アレクサンドロス研究においてもローマ史研究においても、重要なテーマとして関心を集めている[1]。プルタルコスのアレクサンドロス像を探る前に、まずは、そうした近年の研究を参照しながら、ローマにおいて「アレクサンドロス」とは何だったのか、そして、プルタルコスにとって「アレクサンドロス」とはどのような存在だったのかを概観しておきたい。

### 1．ローマにおける「アレクサンドロス」

西洋古代史においてアレクサンドロスほど豊かな史料に恵まれた人物は稀だが、それらの史料は、300年以上ものちのローマ共和政末期から元首政期にかけて書かれたものが殆どである。まとまった形で現存するアレクサンドロス伝としては、プルタルコスの『アレクサンドロス伝』のほか、ディオドロスの『歴史叢書』（全40巻）の第17巻、ポンペイウス・トログスの『ピリッポス史』（全44巻、3世紀のユスティヌスの抄録によってのみ知られる）の第11・12巻、クルティウスの『アレクサンドロス大王伝』、アリアノスの『アレクサンドロス大王東征記』がある[2]。これら5篇のうち、ディオドロス、プ

（1）　代表的な研究として、e.g. Wirth (1976); Sordi ed. (1984); Croisille ed. (1990); Carlsen et al. eds. (1993); Spencer (2002), (2009); den Hengst (2010).

ルタルコス、アリアノスの作品はいずれもアレクサンドロスを「英雄」として称え、他方、ポンペイウス・トログスとクルティウスの作品はアレクサンドロスの人間的堕落を強調し、彼を「暴君」として非難する論調が顕著である。こうした二極分化したアレクサンドロス像を読み解くには、作品が成立した時代背景に留意しなければならない。

ヘレニズム時代には、ポリュビオスの作品に見られるように、アレクサンドロスの軍事的功業を称える傾向が一般的であり(3)、5篇のうち最も早く成立したディオドロスの作品は、そうしたヘレニズム時代以来のアレクサンドロス賛美の系譜に位置づけられる。しかし共和政末期以降、ローマの権力者がアレクサンドロスの功業に崇拝とも言える憧憬を抱き、こぞって彼を模倣するようになると、アレクサンドロス像は大きな分裂を見せる。アレクサンドロスの軍功に憧れ、彼を「世界征服者」の象徴として熱烈に模倣する「アレクサンドロス模倣（imitatio Alexandri）」は、すでにエペイロス王ピュロスやセレウコス朝のアンティオコス3世など、ヘレニズム諸王にも見られた現象であるが、自らの支配の正統性を示すために現実のアレクサンドロスとの直接・間接のつながりを喧伝したヘレニズム諸王と異なり、彼と何の接点もないローマの為政者の「アレクサンドロス模倣」は、アレクサンドロスがローマにおいて新しい政治的・文化的シンボルとして再生されたことを意味する(4)。ポンペイウスやアントニウスなどの共和政末期の政治家やアウグ

---

（2） Baynham (2003). これらの作品はいずれも、カリステネス、プトレマイオス、アリストブロス、オネシクリトス、クレイタルコスといったアレクサンドロスと同時代の著作家（「失われた歴史家たち」と総称される）の作品を参照して執筆されたものだが、そうした同時代作品は今日ではほぼ全て失われている。そのため、現存する5篇がこれらの同時代作品のいずれに依拠したのかを個々の記述ごとに丹念に解明し、それぞれの記述の信憑性を検証しなくてはならず、19世紀以来、そうした史料批判に基づく実証研究が盛んに進められてきた。代表的な史料研究として、e.g. Pearson (1960); Hammond (1983), (1993); Bosworth (1988).

（3） Errington (1976); Stoneman (2003) 326-327. アレクサンドロスに関するヘレニズム時代の史料は断片を除いて殆ど残っておらず、ポリュビオスの作品が現存する最古の史料である。ポリュビオスは、アレクサンドロスの功績を父ピリッポス2世や側近たち、さらには幸運に帰し（e.g. 8.10.5-10; 29.21.2-6）、アレクサンドロスによるテバイの破壊を批判してはいるものの（38.2.13-14）、概ね好意的なアレクサンドロス像を描いている。Billows (2000); Bosworth (2000); 柴田 (2011).

（4） 「アレクサンドロス模倣」については、Green (1978); Stewart (2003) 56-62; Spencer (2009); den Hengst (2010); Asirvatham (2010a) 114-115.

ストゥス以降の多くの皇帝が熱狂的な「アレクサンドロス模倣」を繰り広げ、こうした動きが知識人のアレクサンドロス観に大きく影を落とした(5)。修辞学者や哲学者は現実の権力者の姿をアレクサンドロスに重ね合わせ、アレクサンドロスは支配者のさまざまな美徳・悪徳のエクセンプラ（範例）となった。現存する作品においては、温情・寛容・礼節といった美徳のエクセンプラとして現れる一方で、独裁政治に対する警戒心から、専制・驕慢・残忍・虚栄・貪欲・怠惰といった種々の悪徳のエクセンプラとして引かれる例が多く、ローマ人の文人たちの間でアレクサンドロスの名前が「暴君」「独裁者」の代名詞として定着していったことがうかがえる。帝政初期にカリグラやネロといった暴君が熱狂的にアレクサンドロスを模倣したことも、そうした野蛮で残忍な専制君主というアレクサンドロス像の形成に一層拍車をかけた(6)。ポンペイウス・トログスとクルティウスの作品はこうした潮流の

---

（5）　共和政期の政治家で「アレクサンドロス模倣」が明確に見られる最初の例はポンペイウスであり、カエサルに関しては確たる証拠はない。カエサルは自身の著作のなかで一度もアレクサンドロスに言及しておらず、カエサルがヒスパニアでアレクサンドロスについて書かれたものを読んで涙を流したというプルタルコスの伝える有名な逸話（*Caes.* 11.5-6. cf. Suet. *Iul.* 7.1; Dio Cass. 37.52.2）も、その信憑性を疑問視する見解がある。Pelling (2011) 183-184. Green (1978) とden Hengst (2010) は、「アレクサンドロス模倣」としてひとくくりにされる現象をaemulatio、imitatio、comparatioに区別し、カエサルの場合はポンペイウスやアントニウスのようなimitatioではなく、プルタルコスが『英雄伝』においてそうしたように、文人たちによるcomparatioである、と論じている。『英雄伝』のみならず、帝政期の作品においてアレクサンドロスとカエサルの比較はしばしば見られる。e.g. Strabo 13.1.27 (C594-595); Vell. Pat. 2.41.1-2; Luc. *Phars.* 10.20-52; App. *B Civ.* 2.21.149-154. cf. Spencer (2002) 86-89, 179, 198-199.

（6）　セネカもルカヌスも、62年のネロとの断絶以降の著作において、より苛烈なアレクサンドロス批判を展開している。セネカはほぼ一貫してアレクサンドロスを誹謗しているが、とりわけ晩年の作品に、「少年の頃から盗賊であり、諸民族の破壊者であり、敵にも味方にも破滅の元凶」(*Ben.* 1.13.3)、「気の狂った、仰々しいこと以外は何も思いつかない王」(*Ben.* 2.16.1)、「その暴虐はどこまでも倦み疲れて立ち止まることはなかった」(*Ep.* 94.62) などの痛烈な批判が目立つ。ルカヌスも、『内乱』の最終巻でアレクサンドロスを「幸運児の侵略者」(10.21)、「狂乱の王」(10.42) と呼んで批判している。Spencer (2002) 69-79, 89-94, 97-117, 160-161. cf. Celotto (2018). なお、20世紀初頭以来、セネカやルカヌスを含むストア派の哲学者は一致してアレクサンドロスを敵視・誹謗したと考えられていたが、Fears (1974) は、ストア派の文人に共通する統一的なアレクサンドロス像は存在しない、と論じている。cf. Stoneman (2003) 336-338; Burliga (2013) 41-43. ペリパトス派についても、かつてTarn (1939) が、アレクサンドロスによるカリステネスの処刑ゆえに一致して彼を敵視したと唱えたが、これに対する批判は、Badian (1958b); Mensching (1963). cf. Stoneman (2003) 328-329; Burliga (2013) 58-60.

なかで生まれたもので、キケロ(7)やリウィウス、セネカらと同様、アレクサンドロスを敵視する論調が目立つ。リウィウスの第9巻（17-19）で展開される「もしアレクサンドロスがイタリアに攻めてきたとしたら」というトポスがローマ人の愛国心を鼓舞する一種の常套句として定着したように(8)、アレクサンドロスはローマを脅かす仮想敵の代名詞ともなり、「歴史的」なアレクサンドロスからますます遊離していったのである(9)。

しかし1世紀末、五賢帝時代を迎えて皇帝支配が安定すると、「第二次ソフィスト運動」と呼ばれるギリシア文化高揚の風潮のなかで、これまでの野蛮で残忍な専制君主という像にかわって、善き王のモデルとしてのアレクサンドロス像が浮上することになる。この時期、トラヤヌスがネロ以来下火になっていた「アレクサンドロス模倣」を復活させたことも追い風となり(10)、プルタルコス、ディオン・クリュソストモス、アリアノスといったギリシア人の文人の手によって、アレクサンドロスは「英雄」として復権を果たした(11)。とりわけ、アリアノスの大著『アレクサンドロス大王東征記』は、アレクサンドロスの功業を正しく伝えて広く世に顕彰することをめざす、と明言しているように（1.12.2-5）、アレクサンドロスを「暴君」として誹謗する風潮に反発し、彼を不世出の王・将軍として称揚する作品である(12)。

---

（7） キケロの初期の作品にはアレクサンドロスについての好意的あるいは中立的な言及も見られるが、晩年の作品は、カエサルに対する憎悪・敵意からアレクサンドロスを「傲慢で残酷で節度をなくした」（*Att.* 13.28.3）、「醜悪きわまりない」（*Off.* 1.90）などと形容し、痛烈に非難している。Fears (1974) 120-121; Green (1978) 12-13; Spencer (2002) 53-64.

（8） Spencer (2002) 41-53; den Hengst (2010) 68-69. プルタルコスも、『ピュロス伝』（19.2）と『ローマ人の運について』（326A-C）でこのトポスに論及している。

（9） ただし、ローマ人の文人による作品は、クルティウスの作品を除いては、アレクサンドロス自身を主題とするものではなく、統一的なアレクサンドロス像を呈示しているわけではない。彼らは修辞学や哲学の主題の各々の文脈における倫理的・道徳的なエクセンプラとしてアレクサンドロスを用いているにすぎず（さまざまな美徳・悪徳のエクセンプラとしてアレクサンドロスを引いているウァレリウス・マクシムスの『著名言行録』がその好例である。Wardle (2005); Bellemore (2015)）、そうした記述に彼ら自身の一貫したアレクサンドロス観が反映されていると見るべきではない。

（10） トラヤヌスの「アレクサンドロス模倣」については、den Hengst (2010) 77-78; 大牟田 (1996) 47-48.

（11） ディオンの全8巻の大著『アレクサンドロスの器量について』は現存しないが、彼のアレクサンドロス賛美論は『王政論』の第1～第4論説からうかがうことができる。

（12） 近年プルタルコスの再評価が急速に進んでいるのと同様に、アリアノスについても1970年代以降多くの研究があり、その評価は大きく変化している。Bosworth (1976), (1988),

このように、ローマ時代は、知識人の間でアレクサンドロスを「英雄」として称える論調と「暴君」として敵視する論調がせめぎ合っていた時代である。アレクサンドロスは絶えず賛美と誹謗の的となり、美徳・悪徳の両方のシンボル、パラダイムとして想起され、彼のイメージは果てしなく増幅していくことになった。現存するローマ時代のアレクサンドロス伝は、こうした風潮のなかで生まれたものなのである(13)。

## 2．プルタルコスにとっての「アレクサンドロス」

そうしたローマにおけるシンボル「アレクサンドロス」は、プルタルコスにとって、どのような存在だったのか。修辞学・哲学のさまざまなエクセンプラであったアレクサンドロスに、ローマ帝政下のエリート知識人として、プルタルコスは当然のことながら強い関心を抱いていたであろうが、マケドニアの覇権の確立に至った前338年の決戦の場カイロネイアで生涯の大半を過ごしたという彼のバックグラウンドからも、アレクサンドロスに対する並々ならぬ関心がうかがえよう(14)。また、よく知られているように、プルタルコスの作品に最も多く登場するのもアレクサンドロスである(15)。さら

(2007); Stadter (1980). 近年は、エピクテトスの弟子としての哲学者アリアノスに焦点を当ててその作品を読み解こうとする傾向も目立つ。e.g. Burliga (2013). そうしたなかで、正確で冷静な記録と見なされてきたアリアノスの記述にも彼自身の倫理的判断や脚色が多く含まれること、彼の作品はこれまで考えられていたほど賞賛一色ではなく、アンビヴァレントなアレクサンドロス像が描かれていることが強調されている。なお、アリアノスの作品の史料的価値に疑義を呈し、アリアノスの再評価の流れの先鞭をつけたボスワース（A.B. Bosworth）は、自身の数十年の研究を経て、アレクサンドロスの複雑さを反映したバランスのとれた叙述であるとしてアリアノスの作品を高く評価するに至っている（esp. (2007) 452-453)。

(13)「大王（magnus)」というアレクサンドロスの添え名が現存史料に初めて現れるのは、前3世紀末〜前2世紀初のプラウトゥスの喜劇『幽霊屋敷』(775) である。この添え名がいつ頃から用いられるようになったかは不明だが、この添え名を定着させ、アレクサンドロスを真にmagnusたらしめたのは、まぎれもなくローマ人であったと言えよう。den Hengst (2010) 68-69; Beard (2013) 51-52; Gilley (2018) 304-305.

(14)『アレクサンドロス伝』には、カイロネイアに残る「アレクサンドロスの樫」と呼ばれる古い樫の木についての記述（9.3）もある。カイロネイアは、第一次ミトリダテス戦争における決戦（前86年）の場でもあるが（*Sull.* 16-19)、この戦争でローマと戦ったポントス王ミトリダテス6世も「アレクサンドロス模倣」で知られる支配者である。

(15)『モラリア』に最も頻繁に登場するのはアレクサンドロス、次いでカエサルであり、『英雄伝』においても言及が圧倒的に多いのはアレクサンドロスである。Harrison (1995) 92-93.

に、「アレクサンドロス模倣」を復活させたトラヤヌスの存在も、プルタルコスのアレクサンドロスへの関心を裏付けるものと言えよう。近年の研究はプルタルコスとトラヤヌスの関係を強調する傾向が強いものの(16)、両者の直接的な関係は、実はよくわからない(17)。しかし、二人の直接的な関係や交流がどうであれ、アレクサンドロスの熱烈な崇拝者であり、その積極的な対外遠征によりアレクサンドロスの軍事的功業を想起させたトラヤヌスの治世において、プルタルコスがそのトラヤヌスという存在を強く意識して『アレクサンドロス伝』を執筆したことは確かであろう(18)。

では、『英雄伝』のなかで『アレクサンドロス伝』はどのような位置づけにあったのか。『アレクサンドロス伝』は、アレクサンドロスの復権をその執筆動機として明確に掲げるアリアノスの大著と異なり、モラルエッセイとしての巨大な伝記群のなかの一篇である。『英雄伝』がめざしたのは、プルタルコス自身がたびたび述べているように、華々しい事績や戦功よりも日常的な言行を綴りながら人物の性格や美徳・悪徳を浮彫りにし、それによって読者の徳性錬磨を促すことである(19)。とはいえ、ローマにおける「アレクサンドロス」というシンボルの重要性、上で見たアレクサンドロスに対するプルタルコス自身の並々ならぬ関心、そして『アレクサンドロス伝』の異例

(16) esp. Stadter & Van der Stockt eds. (2002).

(17) 作品のなかでたびたびトラヤヌスに言及しているディオンと異なり、プルタルコスの膨大な作品群において、トラヤヌスの名前は『王と将軍たちの名言集』の書簡（172B-E）に一度現れるにすぎない。その『王と将軍たちの名言集』をはじめ、『哲学者はとくに権力者と語り合うべきことについて』や『教養のない権力者に宛てて』といった論説を彼がトラヤヌスに献じたものと見る見解もあるが（e.g. Zecchini (2002); Beck (2002); Stadter (2014) 19）、いずれも確たる証拠はない。トラヤヌスがプルタルコスに執政官級の栄誉（ornamenta consularia）を与えたというスーダの記事（Suda π 1793 *s.v.* Πλούταρχος）についても、その信憑性をめぐっては説が分かれている。トラヤヌスの信任の厚いソシウス・セネキオを通じてプルタルコスもトラヤヌスと親交を深める機会があったであろうこと、プルタルコスがプラトンと同様に君主の教化に大きな関心を抱いていたであろうこと（Beck (2002) 169-170; Roskam (2002) 175-176）、プルタルコスが神官を務めていたデルポイを通じて両者が接触する機会があったであろうこと（Stadter (2002) 11-12）なども二人の直接的な関係の証左として挙げられているが、いずれも情況証拠にすぎない。

(18) 『アレクサンドロス伝』の執筆時期は110〜115年と見るのが通説である。Hamilton (1999) xliii; Pelling (2002) 255, (2011) 2. 第9章[小池]も参照。

(19) 『英雄伝』全体の構想については、第1章[松原]、第6章[瀬口]も参照。

の長さ[20]は、『アレクサンドロス伝』が巨大な伝記群の一篇であるのみならず、アリアノスと同種の動機に根ざす特別な作品だったことを示唆する。「私が書くのは歴史ではなく伝記である」という『アレクサンドロス伝』の冒頭の有名な一節（1.2）も、とりわけこの『アレクサンドロス伝』を書くにあたってのマニフェストととらえることもできる[21]。さらに、近年の『英雄伝』をめぐる研究においては、比較部（シュンクリシス）についての考察や複数の人物伝のクロスリーディングが重視される傾向が強いが[22]、そうした研究のなかで、他の人物伝にたびたび登場するアレクサンドロスが人物の行動や性格を評価する基準になっていることが指摘され、『英雄伝』全体における『アレクサンドロス伝』の中心性がことに強調されている[23]。これらのことから、アレクサンドロスがローマにおいて特別なシンボルだったのと同様に、『アレクサンドロス伝』がプルタルコスにとって特別な作品だったことは確かであろう。

では、そうした特別な作品である『アレクサンドロス伝』においてプルタルコスはどのようなアレクサンドロス像を描き出しているのかを、『アレクサンドロスの運または徳について』と対比しつつ見ていきたい。

---

(20)『アレクサンドロス伝』は、ペアになっているローマ人の人物伝よりも長い唯一のギリシア人の人物伝であり、また、ギリシア人の人物伝のなかでは最長である。Stadter (2000) 509; Badian (2003) 26.

(21) Duff (1999) は、他の文人によるアレクサンドロスについての作品との違いを際立たせるために、プルタルコスは『アレクサンドロス伝』の冒頭でことさらこうした言明を行った、と推測している（20-21）。

(22) 比較部（シュンクリシス）については第7章[中谷]、クロスリーディングについては第9章[小池]を参照。

(23) Pelling (1979) は、クラッスス、ポンペイウス、カエサルなどの共和政末期のローマ人6人の人物伝が同時に執筆されたという見解を呈示したが、Stadter (2010) はそれをさらに発展させ、これら6人とペアになっているニキアス、アゲシラオス、アレクサンドロスら6人のギリシア人も含めて12人の人物伝が同時に準備され、アレクサンドロスがそれらの人物伝における人物評価や比較の軸になっていた、と論じている。第9章[小池]292-293頁も参照。同様に他の人物伝と『アレクサンドロス伝』との関連を重視する近年の研究は、e.g. Harrison (1995); Beneker (2005); Buszard (2008); Nevin (2014).

## 第2節 プルタルコスの描く「アレクサンドロス」

まず、『アレクサンドロスの運または徳について』(第1：326D-333C、第2：333D-345B。以下、『運または徳』と略す)におけるアレクサンドロス像に目を向けてみたい。この作品は、アレクサンドロスの功業を彼の運(τύχη)によるものにすぎないとする従来の論調に対し、その功業を彼自身の卓抜な器量(ἀρετή)のなせる業として熱烈に称揚する、極めてレトリカルな論説である。アレクサンドロスの功業を不断の幸運に帰す見方は、とりわけリウィウスやクルティウスによるアレクサンドロス批判において顕著に見られるが[(24)]、こうした見方に対し、プルタルコスは、運は常にアレクサンドロスを妨害したものの、彼は卓抜なる徳によってそれを克服し成功に至ったことを、レトリックの妙技を駆使して論証しようとしている。

そうした論証の過程で、プルタルコスはアレクサンドロスを「完璧な哲人王」として描き、さらに、その数々の功績を列挙するなかで、「アレクサンドロスはヒュルカニア人に結婚することを奨励し、アラコシア人には土地を耕すことを教え、ソグディアナ人には親を殺すのではなく扶養するように、ペルシア人には母親と交わるのではなく敬うように説いた。哲学の教えの驚くべき力により、インド人はギリシアの神々を信仰し、スキュタイ人は死者をむさぼり食うのではなく葬るようになった」(328C)、「アレクサンドロスがアジアを教化するにつれ、ホメロスが広く読まれ、ペルシア人やスシア人やゲドロシア人の子供たちはソポクレスとエウリピデスの悲劇を歌うことを学んだ」(328D)、「アレクサンドロスのおかげでバクトリアとコーカサスはギリシア人の神々を敬うようになった。プラトンは一つの理想国家を描いたが、その厳正さゆえにそれを採用するよう誰も説得できなかった。しかし、

(24) Livy 9.18.1, 8-9; Curt. 10.5.35. クルティウスは、その作品のなかで運(fortuna)という語を128回用いている。アレクサンドロスが不断の幸運に恵まれていたという見方は、すでにヘレニズム時代に見られる。ポリュビオスもアレクサンドロスの功業を幸運に帰しており(29.21.2-6)、これは神々の加護を受けた王としてアレクサンドロスを称える主旨であったが、ローマ時代には彼を非難する論調へと変化した。Billows (2000) 297-299; Stoneman (2003) 338-339.

アレクサンドロスは異民族の地に70以上の都市を建設し、アジア全土にギリシア的な国制を植えつけ、未開かつ野蛮な暮らしぶりを克服した」(328D-E)と述べ、彼が野蛮な異民族にすぐれたギリシア文化を広める「文明化の使徒」であったと力説している。

プルタルコスはさらに、「アレクサンドロスは、自分が神から遣わされた万人の統治者であり、全世界の調停者であると信じ、説得できなかった者たちを武力で征服した。そして人々の暮らしと慣習と結婚と生活様式を、さながら『友愛の杯』のなかで混ぜ合わせ、あらゆるものを一つに統合した」(329C)、「アレクサンドロスの遠征の計画は、まず第一に、万人に和合協調と平和と協同をもたらすことをめざした」(330E) として、彼が「全世界の諸民族の統一者」であったかのように描いている。

この論説の執筆時期については諸説あるが、プルタルコスの修辞学への関心は年齢とともに薄れていったとされるので、極めてレトリカルなこの論説は彼の若い頃の作品であったと見るのが有力である(25)。プルタルコスの執筆動機をめぐっては、かつては、ストア派、ペリパトス派、犬儒派によるアレクサンドロス批判に真剣に反駁することが目的であったと考えられていたが(26)、近年は、この論説を「運に対する徳の優越」という修辞的主題を論証するための遊戯的な演示弁論と見なすのが、ほぼ通説となっている(27)。

では、そうした遊戯的な演示弁論であったにせよ、プルタルコスはなぜアレクサンドロスを「完璧な哲人王」「文明化の使徒」として描き出したのか。

---

(25)　Badian (1958a) 436-437; Hamilton (1999) xx, xxviii-xxix, xxxv n.1. この論説を同じく非常にレトリカルな論説『ローマ人の運について』(316C-326C) と対をなす作品と見なし、この2作品はギリシアとローマの対比という『英雄伝』のプロジェクトの先例であったとする見解もある。Duff (1999) 245, 298-301; Whitmarsh (2002) 176, (2005) 69. ただし、『ローマ人の運について』も執筆時期は不明であり（初期の作品と見るのが有力だが、ローマ史についての知識の深さから後年の作品とする見解もある)、『運または徳』の執筆時期を探る手がかりにはならない。Swain (1989) 504-505, (1996) 159-160. なお、この論説は、前述の「もしアレクサンドロスがイタリアに攻めてきたとしたら」というトポスを暗示して終わっているが (326A-C)、プルタルコスがこの掉尾の一節においてアレクサンドロスとローマのどちらを称えているのかについては、説が分かれている。cf. Wardman (1955) 99-100; Whitmarsh (2005) 69-70.

(26)　Hirzel (1895) II 78; Tarn (1939) 56, (1948) II 298.

(27)　e.g. Badian (1958a) 436-437; Schröder (1991); Bosworth (1996) 2-5; Hamilton (1999) xxxv-xxxvii; Whitmarsh (2005) 68-69.

この論説で繰り返される「哲人王」というモチーフは、アレクサンドロスを武人哲学者（「武具に身を包みながら哲学を探究している人」）と形容したオネシクリトスの記述（*FGH* 134 fr. 17a = Strabo 15.1.64［C715］）を借用したものと見るのが一般的だが(28)、オネシクリトスの記述には、異民族にギリシア文化を広める「文明化の使徒」というイメージは一切ない。これは、ローマが支配下の属州に恩恵として「文明」を与えるという、当時のローマの属州支配を正当化するための「ローマ的」イメージであり、異民族を含む全ての民族の統一者というイメージと同様、「ローマ的」なアレクサンドロス像である(29)。プルタルコスは、第1弁論の序盤においてアレクサンドロスを哲学者と明言し（328B）、第1弁論はそれ以降、彼が単なる哲学者であるのみならず、最高の哲学者であることの論証に当てられている。「哲学者たちが人々の未開で粗野な性質に文明の光を当てることにとりわけ誇りを見出すなら、数々の異民族の野蛮な本性を教化したアレクサンドロスは最高の哲学者と見なされるべき」（329A）とされ、ここに「哲人王」と「文明化の使徒」のイメージが結びつき、ソクラテスやプラトンやゼノンが言葉で述べたにすぎないことを実践したアレクサンドロスが、「全世界の諸民族の統一」をめざす最高の哲人王として熱烈に称揚されているのである（328A-329D; 330E; 332E-333A）。ハミルトン（J.R. Hamilton）は、「運に対する徳の優越」を論証しようとする本論説において、哲人王として描くこと自体が本来の目的ではなく、哲人王はまさしく徳を体現する存在であるから、プルタルコスは「徳の優越」を証明するための手段として哲人王たるアレクサンドロスを創造した、と指摘する(30)。この見方に従うならば、「哲人王」も、そして「文明化の使徒」「全世界の諸民族の統一者」も、「徳の優越」を論証するための後付けのイメージにすぎないということになろう(31)。

(28) Bosworth (1996) 2; D'Angelo (1998) 29-30; Whitmarsh (2002) 179; Burliga (2013) 74-75.

(29) Asirvatham (2005) 113, (2010a) 114.

(30) Hamilton (1999) xxxv.

(31) プルタルコスがアレクサンドロスを「哲人王」として描いた意図については、第6章[瀬口]194頁も参照。ローマ皇帝のなかでもとりわけ熱狂的であったとされるカラカラ帝の「アレクサンドロス模倣」について論じたLangford (2017) は、帝国内のほぼ全ての自由人にローマ市民権を賦与したアントニヌス勅法などに見られる彼の政策は、プルタルコスの『運または徳』におけるこうした「全世界の諸民族の統一者」としてのアレクサンドロスを模倣

他方、『アレクサンドロス伝』におけるアレクサンドロスは、こうした『運または徳』の描き方とは異なり、二面性を持つ、アンビヴァレントで複雑な人物である。『アレクサンドロス伝』では、『運または徳』の主題であった「運に対する徳の優越」も殆ど触れられておらず(32)、「哲人王」「文明化の使徒」「全世界の諸民族の統一者」というモチーフも完全に影をひそめている。『アレクサンドロス伝』のアレクサンドロスは、哲学や文化を愛好する王ではあるが、決して哲人王でも哲学者でもない。アレクサンドロスが東方風の衣装や生活様式を採用したことは、『運または徳』においては「全世界の諸民族の統一」という高邁な理想に向けた方策として称揚されているが(329F-330D)、『アレクサンドロス伝』では、「風習を同じくする同族人となれば人々を手なずけるのに大いに役に立つと考えた」(45.1)、「力によるよりも好意を通じての混淆と協同による方が支配は安定すると考えた」(47.5)とされ、統治のための現実的な政策として描かれている。同様に、少年時代のアレクサンドロスがペルシアの使節と交わした会話（342B-C; *Alex.* 5.1-3)やオリュンピア祭への出場を薦められた際の返答（331B; *Alex.* 4.10)、コリントスでのディオゲネスとの出会い（331E-332C; *Alex.* 14.1-5）などの逸話は両作品ともに現れるが、『運または徳』ではいずれもアレクサンドロスが少年時代から「全世界の諸民族の統一」という理想を抱いた哲人王だったことの証左とされているのに対し、『アレクサンドロス伝』では、より現実的に、彼のすぐれた人格やその政策の巧妙さを示す例として引かれる(33)。

アレクサンドロスの伝記を叙述するにあたっては、当然のことながら、セネカやクルティウスをはじめとするローマ人の文人による痛烈な批判の的になっていたアレクサンドロスの周知の「悪行」の数々を省くことはできない。

---

したものである、と指摘している（47-50, 56-62)。「哲人王」「文明化の使徒」としてのアレクサンドロス像は、12世紀末～13世紀初のニザーミーの『アレクサンドロスの書』などのイスラームの教訓文学にも現れる。Asirvatham (2010a) 117-121, (2012) 321; 山中 (2009) 174-249.

(32)　イッソスの戦いの記述において「幸運がこの場所をアレクサンドロスにもたらしたが、彼の指揮ぶりは幸運によって与えられた以上に勝利に貢献した」(20.7) とあるように、アレクサンドロスが運をも凌駕したという描写は見られるが、『アレクサンドロス伝』における運はアレクサンドロスに味方しているものの、彼はそれをも上回ったというロジックであり、運が常に彼を妨害したという『運または徳』の描き方とは異なる。

(33)　Hamilton (1999) xxxvii-xxxix; Asirvatham (2001) 100 n.20; Van Raatle (2005) 76-78, 82.

ペルセポリス宮殿炎上、パルメニオン・ピロタス父子謀殺、クレイトス刺殺、カリステネス処刑といった彼の「悪行」とされる一連の事件は、アレクサンドロスを限りなく賛美する『運または徳』においては全く触れられていないが(34)、『アレクサンドロス伝』では、事件の責任を側近たちに転嫁してアレクサンドロスの行動を正当化したり、事件後のアレクサンドロスの悔恨を強調するなど、彼を擁護する論調が顕著ではあるものの、詳しく語られている(48-55)(35)。『英雄伝』の人物伝がいずれも賞賛もしくは非難一辺倒の単純なモラルレッスンではないことはしばしば指摘されるが(36)、『アレクサンドロス伝』も、人物の長所・短所をありのままに描くという『英雄伝』の方針に沿って、アレクサンドロスの負の側面を率直に綴っている。

さらに、『運または徳』との明確な違いとして、『アレクサンドロス伝』ではアレクサンドロスの激情的（θυμοειδής）な性質と功名心（φιλοτιμία）が彼の性格描写の主軸となっていることが挙げられる(37)。少年時代のアレクサン

(34)　ピロタスの一件のみわずかな言及があるが（339E-F）、ピロタスの陰謀を知ったアレクサンドロスが7年以上も疑念を表に出さなかったとして、アレクサンドロスを称える主旨で触れられている。

(35)　これらの事件は実際には立て続けに起こったわけではないが、アレクサンドロスの暴君的性質を示す一連の事件として48-55章でまとめて扱われている。『アレクサンドロス伝』におけるアレクサンドロスの「悪行」の描き方については、Mossman (1988) 88-90; Hamilton (1999) lxviii-lxx. アリアノスの『アレクサンドロス大王東征記』では、これらの事件の描写は極めて簡潔であり、プルタルコス以上にアレクサンドロスを擁護する傾向が強い。Atkinson (2013) xxxiv-xxxv; 大牟田（1996）1616, 1659, 1722, 2139. なお、アレクサンドロスの過度の飲酒癖は、彼を敵視するローマ人の文人の間では、酩酊したアレクサンドロスによるクレイトス刺殺をセネカが繰り返し痛烈に批判したように（e.g. *De Ira* 3.17.1, 3.23.1; *Ep.* 83.19）、暴君像のトポスとなっていたが、プルタルコスの描き方は、『運または徳』と『アレクサンドロス伝』とで異なる。前者では、アレクサンドロスの飲酒癖を明確に否定しているのに対し（337F）、後者では、彼が酒好き（ποτικός）であることは肯定しているものの（4.7）、酒に溺れることはなく、長い歓談を好んでいた（23.1, 6）、というアリアノス（7.29.4）と同様の説明がされている。アレクサンドロスの飲酒は、ペルセポリス宮殿炎上、クレイトス刺殺、そして彼自身の死という大きな災いの原因となったことはよく知られているが、これらの描写において、「殆ど耐えがたい飲酒癖」（5.7.1）と述べてアレクサンドロスの酩酊状態を克明に記すクルティウスなどとは対照的に、『アレクサンドロス伝』では酒宴の描写はあるものの、アレクサンドロス自身が酔っていたとは述べられていない。Whitmarsh (2002) 186-188.

(36)　Duff (1999) 54-55; Whitmarsh (2005) 78; Buszard (2008) 188.

(37)　Wardman (1955) は、アレクサンドロスの激情的な気質に焦点を当てて『アレクサンドロス伝』を読み解くことを試みた先駆的な研究である。cf. Hamilton (1999) lxix-lxx.

ドロスの気質の描写において、「体の熱気のために酒好きで激情的になった」(4.7)、「功名心が彼の精神を年に比べて重厚で気位の高いものにしていた」(4.8) と述べられ、以降、彼の激情 (θυμός) (13.2; 26.14; 51.10) と功名心 (5.6; 7.8; 34.2; 58.2) がたびたび強調される[38]。『英雄伝』では人物の同じ資質がしばしば長所にも短所にもなりうるが、アレクサンドロスの激情にも功名心にも二面性があり、これらは彼の功業の原動力であるとともに、時として破壊的な怒りを引き起こし、彼の「悪行」とされる種々の事件の原因ともなる[39]。それゆえ、『アレクサンドロス伝』においては、そうした厄災へと至りうる御しがたい激情や功名心をコントロールするアレクサンドロスの節度 (σωφροσύνη) も強調されている[40]。アレクサンドロスは「少年の頃から節度がひときわすぐれていた」(4.8) とされ、彼の日常生活における節度や、朋友・兵士、ペルシア王家の女性に向けられた節度が、自制心 (ἐγκράτεια) および偉大なる精神 (μεγαλοψυχία) と対になって繰り返し語られる (21-23; 30.10-11; 39-42) [41]。アレクサンドロスの節度は、『運または徳』においてもたびたび触れられ (326E; 327E; 328A; 332C; 338D; 343A)、「哲学が遠征のためにアレクサンドロスに偉大なる精神、知性、節度、勇気を与えた」(327E)、「アレクサンドロスの真の支えになったのは哲学の教えであり、恐れを知らぬこと、勇気、節度、偉大なる精神についての論説であった」(328A) とされて、アリストテレスによる教育と密接に結びつけられている[42]。このよ

---

(38) 『アレクサンドロス伝』『カエサル伝』のペアにおいて功名心は対比の軸でもあり、両人物伝には、偉大な指導者が度を超えた功名心ゆえに独裁者と化していくという共通のテーマが現れる。Harris (1970) 193-197; Duff (1999) 85-87, 314; Buszard (2008); Beneker (2012) 140-152. プルタルコスは、カエサルがパイデイア (παιδεία) を欠いていたがゆえに彼の功名心を非難しているが、アレクサンドロスの功名心を一度もあからさまに批判していない。Buszard (2008) 192-193, 211-212.

(39) 『アレクサンドロス伝』の35章で詳しく語られる、非常に発火性が強く消火が難しいナフサについての長い脱線も、アレクサンドロスの激情的な気質とその二面性を象徴的に示すエピソードとされる。Sansone (1980). このナフサについての記述をめぐっては、第5章[木原]を参照。Mossman (1988) は、アレクサンドロスのポジティヴな面を叙事詩的手法で、ネガティヴな面を悲劇的手法で語るという明暗法を用いることによって、プルタルコスは彼の二面性を効果的に描き出すことに成功した、と論じている。cf. Mossman (1992).

(40) Beneker (2012) 103-152, (2014) 506-507.

(41) プルタルコスの作品における節度 (σωφροσύνη) と自制心 (ἐγκράτεια) の区別、および『アレクサンドロス伝』におけるその用法については、Beneker (2012) 15-17, 195-206, (2014) 506-507.

うに、アレクサンドロスの節度というモチーフは両作品に共通するが、『アレクサンドロス伝』では、彼の激情と節度の相剋が中心的なテーマであり、その激情をコントロールする徳としての節度が強調されている[43]。だからこそ、運と徳の相剋が主題であった『運または徳』において、アレクサンドロスの卓抜な徳を際立たせるために運が常に彼を妨害したと描かれたのと同じように、彼の激情の悪しき面も詳述されるのである。冒頭で触れた荒馬ブケパラス馴致の逸話（6）も、そうした激情と節度の相剋を描くためのエピソードである。荒馬は御しがたい激情のシンボルであり、その前後の章で語られるレオニダスやリュシマコス（5.7-8）、そしてアリストテレスによる教育（7）がもたらす節度の力でアレクサンドロスが自身の激情のコントロールに成功する過程が、象徴的に示されている[44]。

このように『運または徳』と『アレクサンドロス伝』におけるアレクサンドロス像はかなり異なるが、どちらの作品においても強調されているのが、上述の節度に加え、アレクサンドロスのパイデイア（παιδεία）とピラントローピア（φιλανθρωπία）である。パイデイアという単語自体は両作品とも殆ど現れないものの（328C; *Alex.* 21.9）[45]、アレクサンドロスを「完璧な哲人王」として描く『運または徳』は言うまでもなく、『アレクサンドロス伝』においても、哲学とギリシア文化への彼の傾倒は随所で強調されている（5.7-8; 7-8; 14.1-5; 17.9; 26.1-7; 27.10-11; 29.1-6; 47.6; 64-65）。アレクサンドロスのピラントローピアは、『運または徳』では9回（330A; 332C; 332D; 333E; 336E; 337B; 338D; 338E; 342F）、『アレクサンドロス伝』では5回言及されている（21.3; 29.9; 44.5; 58.8; 71.8）[46]。つまるところ、両作品に共通するのは、アリストテレスの教えによってギリシアのパイデイアを身につけた英雄、そ

(42) アレクサンドロスの節度は、『モラリア』の他の論説でも扱われている（97D; 246B; 260D）。

(43) Sansone（1980）68, 73; Mossman（1988）85; Buszard（2008）189-191; Beneker（2012）103-152.

(44) Whitmarsh（2002）180-181; Beneker（2012）109-110.

(45) 『アレクサンドロス伝』では、アレクサンドロスの愛人バルシネに関して、「ギリシア風の教育（παιδεία）を受け…」と述べられているにすぎない。

(46) プルタルコスの作品全体におけるピラントローピアの重要性については、Martin（1961）; Stadter（1989）xxiv; Duff（1999）59, 77-78; Asirvatham（2005）117-119.

のパイデイアによって培われた節度とピラントローピアを体現する英雄としてのアレクサンドロスである[47]。「運に対する徳の優越」を論証するために「完璧な哲人王」「文明化の使徒」「全世界の諸民族の統一者」というアレクサンドロスが創造された演示弁論『運または徳』と、美徳・悪徳の両方を浮彫りにする伝記という制約のなかで激情的な気質がことさら強調されてアンビヴァレントなアレクサンドロス像が呈示された『アレクサンドロス伝』では、あたかも全く異なるアレクサンドロスが描き出されているように見えるが、その根底にあるイメージは共通していることに注目すべきであろう。プルタルコスの著作においては、同じ人物の描き方が作品や文脈によって異なることもよく知られているが、先に述べたようなアレクサンドロスに対する彼の特別な関心を考えれば、作品のジャンルや主題の違いにもかかわらず（そして『運または徳』を彼の初期の作品とする通説に従うならば、執筆時期の違いにもかかわらず）、両作品におけるアレクサンドロス像の核の部分は共通しており、この部分こそがプルタルコスの描きたかったアレクサンドロス像と見るべきである。では、プルタルコスはなぜそうしたパイデイアを体現する英雄というアレクサンドロス像を描いたのか、描く必要があったのかを、彼の生きた時代の政治・社会状況に位置づけて考えてみたい。

## 第3節　プルタルコスの思い

プルタルコスの生きた時代は、ローマにおいて古典期のギリシア文化を盛んに模倣する擬古主義・尚古主義が興隆した時代である。1世紀後半から始まり、ハドリアヌスの治世を頂点として3世紀半ばまで続いた「第二次ソフィスト運動」[48]と呼ばれるこのギリシア文化高揚の風潮のなかで、プルタルコスやディオンなどのギリシア人エリートは、ギリシアの「過去」と向き

---

(47)　周知のように、パイデイアはプルタルコスが人物を評価する際の主たる基準である。Swain (1996) 143-144; Duff (1999) 76-77; Whitmarsh (2002) 178; Stadter (2014) 21-22.

(48)　第二次ソフィスト運動については近年多くの研究があるが、その明確な定義は困難であり（Whitmarsh (2005) 4-10; Schmitz (2014) 33-34）、ヘロデス・アッティコスやアリステイデスより一世代上のプルタルコスやディオンをその担い手と見なすかどうかについても見解が分かれる。cf. Schmitz (2014) 32, 40-41. 南川 (1993); 長谷川 (2003) も参照。

合い、ギリシア人としての自らのアイデンティティを確認し再定義する必要性に迫られることになる[49]。ローマの支配下にあるギリシア人がローマに対するギリシアの優越を示すことができるのは文化的な領域のみであり、それゆえ、彼らは自らのアイデンティティの拠り所としてギリシアのパイデイアを前面に押し出したのである[50]。ギリシアの文化的優位といういわば過去の栄光の上に生きるギリシア人エリートにとって、ギリシア文化を愛好する支配者ローマ人に対してその輝かしい過去の栄光を誇示する最も明確かつ有効なシンボルが、共和政末期以降のローマにおいて大きな関心の的となっていたアレクサンドロスだったのであろう。だからこそプルタルコスやディオンは、アレクサンドロスの軍事的功業にフォーカスするよりむしろ、彼を哲学とギリシア文化で染めあげ、ギリシアのパイデイアを体現する英雄として描き出したのである[51]。『運または徳』と『アレクサンドロス伝』に共通して描かれる、パイデイアを体現する英雄としてのアレクサンドロスは、ローマの支配下に生きるギリシア人であるプルタルコス自身のアイデンティティのマニフェストとして読み解くことができる。

ただし、言うまでもなく、プルタルコスはペリクレスやデモステネスと同じような意味でのギリシア人ではない。ギリシアに生まれ、生涯の殆どをギ

(49) ローマ統治下のギリシア人のアイデンティティに関する研究は、とりわけ1990年代以降活況を呈している。e.g. Swain (1996); Goldhill ed. (2001); Goldhill (2002); Ostenfeld ed. (2002). cf. 長谷川 (2003).

(50) Swain (1996) 137-143; Preston (2001) 87-91, 115-117; Whitmarsh (2005) 13-15.

(51) ディオンの『王政論』は王のパイデイアを主題とする君主教育論であり、彼が描くアレクサンドロスは、プルタルコスと同様、パイデイアを体現する英雄である。対照的に、アリアノスは哲学やパイデイアには全く触れておらず、彼の描くアレクサンドロスは哲学を愛好すらしていない。アリストテレスによる教育も全く語られず、彼の名前は遠征に随行したカリステネスとの関連で極めて簡潔に触れられるにすぎない (4.10.1; 7.27.1)。アレクサンドロスの軍事的成功には殆ど関心を示していないプルタルコスとは対照的に、アリアノスの描くアレクサンドロスはまさにアキレウスの化身であり (Asirvatham (2010b) 203)、戦闘場面が詳細に語られ、彼の軍事指揮官としての資質が賞賛されている。こうしたアレクサンドロスの描き方の差異については、依拠した原史料の違いやアリアノス自身の軍人としての経歴、プルタルコスへの対抗心 (アリアノスへのプルタルコスの影響については、Bosworth (1980) 12, (1988) 29; Buszard (2010); 大牟田 (1996) 47-48) といった要因がしばしば指摘されるが、両者のローマに対する眼差しの違いも影響していたのかもしれない。両者のアレクサンドロス像の比較は本章の射程外であるが、ローマ帝政下のギリシア人エリートのアイデンティティを考えるうえでも重要な視点を供するであろう。

リシアで過ごし、現存する全ての作品をギリシア語で書いたプルタルコスであるが、同時に、ローマの有力者に多くの知己を持ち、ローマの支配下でローマの恩恵に浴して生きるローマ市民である。そうした、いわば「ローマ的ギリシア人」としてのプルタルコスの重層的なアイデンティティ[52]が、彼の描くアレクサンドロス像に反映されていると見ることもできる。『運または徳』で繰り返される「文明化の使徒」や「全世界の諸民族の統一者」というモチーフがローマ的なものであることはすでに触れたが、征服された異民族にも等しく向けられたと両作品で描かれるアレクサンドロスのピラントローピアも、純粋にギリシア的なピラントローピアではなく、ローマのフマニタス（humanitas）に近いものである[53]。第二次ソフィスト運動において再生された「ギリシア」はローマ人のギリシア認識に適合したものであり、ローマ時代のギリシア人が求めた「ギリシアらしさ」もローマ人が認識する「ギリシア」を基準としたものであったと言われるが[54]、プルタルコスの描くアレクサンドロスも、ローマ人の認識する「ギリシア」を体現するアレクサンドロスなのである。プルタルコスは、ギリシアの偉大な過去の単なる再現としてではなく、そうしたギリシア的過去をローマ的現在に適応させる格好の手段として、「ローマ的ギリシア」のシンボルたるアレクサンドロスを描き出したのであり、そしてそこには、まぎれもなくプルタルコス自らの「ローマ的ギリシア人」としてのアイデンティティが投影されていると見るべきであろう。ローマ人の文人による「暴君」というネガティヴなアレクサンドロス像が、ローマの独裁的な権力者の「アレクサンドロス模倣」が盛んに見られた共和政末期から帝政初期にかけてのローマの現実のなかで形成されたように、プルタルコスの描くアレクサンドロスも、決して「歴史的」なアレクサンドロスの純粋な再現ではなく、ローマの支配下に生きるギリシア人エリートがローマの現実に合わせて構築したアイデンティティのあり方に大きく影響された創造物だったのである。

これらを踏まえて、『アレクサンドロス伝』における、二面性を持つ複雑

(52)　Preston (2001); Asirvatham (2005) 119-121.
(53)　Asirvatham (2005) 116-119, (2010a) 113, (2018) 368-370.
(54)　長谷川 (2003) 39-43.

なアレクサンドロス像に再び目を向けると、そうしたアンビヴァレンスは、人物の美徳・悪徳の両方を浮彫りにするという『英雄伝』の方針ゆえのみならず、ギリシアの過去の栄光を誇りつつもローマによるギリシア支配という現実と折り合いをつけて生きるプルタルコス自身のアンビヴァレントな心情の現れと見ることもできる(55)。プルタルコスもディオンも、その作品のなかで「アレクサンドロス=トラヤヌス」としてストレートに賞賛しているわけでは必ずしもない。暴君ドミティアヌスの時代を経験した彼らのローマに対するアンビヴァレンスは、同じ第二次ソフィスト運動期のギリシア人エリートのなかでも、世代の異なるアリアノスやアリステイデスがローマをストレートに称えているのとは対照的であると言われるが(56)、そうしたプルタルコスのローマに対するアンビヴァレンスも、ギリシアとローマを対比するという大プロジェクトである『英雄伝』全体の軸とも言える『アレクサンドロス伝』において呈示されたアレクサンドロス像の背景にあるのかもしれない。さらに、プルタルコスが生涯の大半を過ごしたカイロネイアは、マケドニアの手によってギリシアの「自由」が潰えたとされる地であり、現実のアレクサンドロスは、まさに、そのギリシアの「自由」を奪った、当のマケドニアの王である。

そしてまた、プルタルコスやディオン、アリアノスといった第二次ソフィスト運動期のギリシア人の文人による「英雄」としてのアレクサンドロス像がローマにおけるそれまでのアレクサンドロスの評価を一変させたと見るのも、行き過ぎであろう。現存する作品は、共和政末期から1世紀半ば頃までは主としてローマ人の手になるもの、第二次ソフィスト運動期には主としてギリシア人の手になるもの、という大きな偏りがある。さらに、ローマの恩恵に浴し、ローマの支配層に近いギリシア人エリートであるプルタルコスやアリアノスらの見方が当時のローマにおける一般的な見方と一致していたと

(55) 政治的自立を失って久しいギリシアの弱さや無力さを認めたうえで受動的な安定と平和に甘んじて慎重に生きるべきことを説くプルタルコスの『政治家になるための教訓集』(798A-825F) は、そうしたローマの支配下にあるギリシア人エリートのアンビヴァレントな心情が明確に現れた論説である。Swain (1996) 161-186; Hamilton (1999) xxiii-xxiv; Goldhill (2002) 252-254. 第3章[佐藤]、第6章[瀬口]も参照。

(56) Swain (1996) 259-260, 415-416.

は限らず、彼らのアレクサンドロス像が同時代の人々に及ぼした影響も確かめられない。第二次ソフィスト運動の担い手となったギリシア人エリートも、皆がアレクサンドロスを賞賛していたわけではなく、アリステイデスのようにアレクサンドロスをネガティヴに評価する文人もいた(57)。この時期、ギリシアの過去と向き合い、ギリシア人としてのアイデンティティを再定義する必要性に迫られたギリシア人エリートが自らの「ギリシアらしさ」をアピールする方法や手段は、アッティキスモス（アッティカ主義）であったり、アリステイデスのようにアテナイとの絆の喧伝であったり、とさまざまであった(58)。プルタルコスは、その方法として「アレクサンドロス」というシンボルを選びとったのである。

それまでもローマにおいて修辞学や哲学のさまざまな文脈でシンボルやエクセンプラであったアレクサンドロスが、この時期、こうしてギリシア人のアイデンティティを示すシンボルとしても利用されるようになった。これ以降、民族のアイデンティティのシンボルとしてのアレクサンドロスの利用は、ササン朝やイスラーム世界、19世紀以降のバルカン、そして現代のマケドニア共和国とギリシアの紛争に至るまで連綿と続いているが(59)、これはまさに、アレクサンドロスのイメージが後世の人々にとって常に都合のよい形で継承されうる柔軟性を持っていたからである。そうしたイメージの柔軟性ゆえ、後世の人々はその信条や理想、世界観を自分たちに都合のよい形でアレクサンドロスに投影し、自らの権威やアイデンティティのシンボルとしてアレクサンドロスを利用することができた。そしてまた、こうしたシンボルとしてのアレクサンドロスは、そのイメージを育み、操作した人々の信条や理想、世界観を映す鏡の役割も果たす。プルタルコスのアレクサンドロス像から「歴史的」なアレクサンドロスを抽出するのは慎重にならなければいけないが、彼のアレクサンドロス像は、ローマによるギリシア支配という現実と、その現実を受け入れて生きる彼自身の自己認識のあり方を映し出す「鏡」なのである。

(57)　Aristid. *Or.* 26.25-26. cf. Asirvatham (2008), (2010b) 194.
(58)　Swain (1996) 283-284; Asirvatham (2005) 107, (2008) 207, 224-225.
(59)　澤田 (2013) 65-72, 84-88.

## 第4節 プルタルコスの影響

こうしたプルタルコスのアレクサンドロス像は、19世紀から20世紀半ばにかけてのアレクサンドロス研究に、まさに巨大な影響を及ぼすことになる。プルタルコスの作品がアレクサンドロスの歴史的評価に大きく影響したことはよく知られているので簡潔にまとめ、ここでは、プルタルコスの影響がアレクサンドロスの両親ピリッポス2世とオリュンピアスの評価に及んでいることにも目を向けてみたい。

### 1．アレクサンドロス

近代歴史学が確立した19世紀以降、ローマ時代のアレクサンドロス伝の原典研究が進み、そうしたなかで、アリアノスの『アレクサンドロス大王東征記』とプルタルコスの『アレクサンドロス伝』が信頼性の高い史料としてアレクサンドロス研究の中心に据えられ、歴史的信憑性の低い俗伝（Vulgate）とされたディオドロス、ポンペイウス・トログス、クルティウスの作品と明確に線引きされるようになった[60]。アレクサンドロスを「英雄」として描いたアリアノスとプルタルコスの作品に主として立脚する歴史研究は、必然的に彼を英雄視することになる。とりわけ、遠征を詳細に記述したアリアノスの作品がアレクサンドロス研究の「正史」として別格に扱われ、アレクサンドロスの遠征を再構築するための無二の史料として重要視されたが、アレクサンドロス像そのものの形成に多大な影響を与えたのは、むしろプルタルコスの作品である。プルタルコスが『アレクサンドロス伝』と『運または徳』の両作品で描き出したギリシアのパイデイアを体現する英雄、世界文化史上の卓越した英雄としてのアレクサンドロス像が強固に定着していくことになるが、19世紀から20世紀半ばにかけてのアレクサンドロス研究においてより決定的な役割を果たしたのは、『運または徳』であった。

近代歴史学におけるアレクサンドロス研究の礎を築いたプロイセンの歴史家ドロイゼン（J.G. Droysen）は、1833年の著書『アレクサンドロス大王史』

(60) Bosworth (1976); Baynham (2003).

*Geschichte Alexanders des Großen*において、すぐれたギリシア文明を東方に広めて東西民族の融合を図った英雄、世界帝国を打ち立てた卓越した王というアレクサンドロス像を提唱した(61)。アレクサンドロスがすぐれたギリシア文明をアジアに広めたという見方は、ドロイゼンの師であるヘーゲルの『歴史哲学講義』にも見られるが(62)、こうした「文明化の使徒」としてのアレクサンドロス像は、まさに『運または徳』のアレクサンドロスである(63)。ドイツ統一が重要な政治課題であったこの時代、アレクサンドロスの遠征は諸民族の統一を実現した偉業として称揚され、野蛮な東方を文明化する使徒としてのアレクサンドロスは、西欧の帝国主義列強の植民地支配を正当化するシンボルとなったのである。こうした、時代の要請に呼応して生まれ、強い政治性を帯びたアレクサンドロス像は、以後の歴史研究に絶大な影響を及ぼすことになった。

20世紀に入ると、イギリスの歴史家ターン（W.W. Tarn）によって、さらに理想主義的なアレクサンドロス像が出現する。1920年代から1930年代にかけて、ターンは、史料に現れるアレクサンドロスの飲酒癖、同性愛嗜好や愛人関係、激しやすく残虐な性格などを全て否定し、禁欲的で非の打ち所のない聖人君子としてのアレクサンドロス像を呈示した(64)。ターン自身はアリアノスに依拠すべきと明言しているが(65)、彼のアレクサンドロス像は、ドロイゼン以上にプルタルコス的な、まさしく『運または徳』における哲人王そのままのアレクサンドロスである。ターンは、万人に先駆けて民族的差別を乗り越え、全人類が同胞であることを宣言した人物として、アレクサンド

(61)　この著書は、全2巻の『ヘレニズム史』*Geschichte des Hellenismus*（*1. Theil: Geschichte der Nachfolger Alexanders,* Hamburg 1836; *2. Theil: Geschichte der Bildung des hellenistischen Staatensystems,* Hamburg 1843）とともに、1877〜78年に全3巻の改訂版*Geschichte des Hellenismus*（Gotha）として再刊行された。ドロイゼンのアレクサンドロス像については、Bosworth (2009); Wiesehöfer (2018); 大戸 (1993) 2-26.

(62)　ヘーゲル（長谷川宏訳）『歴史哲学講義』（下）、岩波文庫、1994、86-87.

(63)　第2節でも引用した『運または徳』の記述（328C; 329C; 329E）は、アレクサンドロスの功績の説明として、ドロイゼンの著書の地の文でほぼ一語一句そのまま引用されている。Bosworth (2009) 8-11, 24-26.

(64)　Tarn (1927), (1933), (1948). ターンのアレクサンドロス像とその影響については、Badian (1976) 287-290; McKechnie (2014) 29-33; Bichler (2018) 656-660; 大牟田 (1980) 2-11.

(65)　Tarn (1948) II esp. 133, 135.

ロスをイエス・キリストの先駆者にまで祀りあげ、以後の研究に決定的な影響を与えた(66)。国際協調の気運が高揚した戦間期において、アレクサンドロスはドロイゼン流の帝国主義的な色合いを薄め、国際協調や恒久平和を体現する理想的な紳士へと衣替えしたのである。

このように、「運に対する徳の優越」という修辞的主題を論証するための演示弁論においてプルタルコスが創造した「哲人王」「文明化の使徒」「全世界の諸民族の統一者」というイメージが一人歩きし、ドロイゼンとターンの手によって「歴史的」なアレクサンドロスとして現代に蘇り、歴史研究に絶大な影響を及ぼすことになった。「プルタルコスは歴史的なアレクサンドロスの探究におそらく最も大きなダメージを与えた」(67)というワーシントン(I. Worthington)の言葉は、重く響く。

そしてまた、こうしたアレクサンドロス像は、歴史家自身のアイデンティティや信条の表明でもある。プロイセンによるドイツ統一という現実的な政治課題にとりくむ政治家であったドロイゼンは、東西融合をめざす統一者というアレクサンドロス像を呈示し、他方、富裕な名望家の家系に生まれ、貴族的な学究生活を続けたターンは、大英帝国のブルジョワ知識人として、「古き良き時代」のヨーロッパを体現するヴィクトリア朝的紳士のようなアレクサンドロス像を打ち出した。プルタルコスが自らのアイデンティティの拠り所にふさわしいアレクサンドロスを創出したように、ドロイゼンもターンも、自らのアイデンティティやイデオロギーにふさわしいアレクサンドロス像をプルタルコスの作品、とりわけ『運または徳』に見出し、それをそのまま「歴史的」なアレクサンドロスとして呈示したのである(68)。

(66) Tarn (1927) 436-437, (1933), (1948) II 399-449. これは、前324年のオピスの饗宴に関するアリアノスの一節(7.11.8-9)、『運または徳』の記述(329B-C; 330E)、および「アレクサンドロスは、全ての人間の共通の父は神であると言っていた」という『アレクサンドロス伝』の一節(27.11)から紡ぎ出された解釈である。詳しくは、大牟田(1980) 2-11, (1996) 2050-2051.

(67) Worthington (1999) 40.

(68) オーストリアの歴史家シャハーマイア(F. Schachermeyr)の解釈の変化も、象徴的である。第三帝国時代、ナチスの国策に沿った歴史解釈を打ち出した彼は、世界帝国建設を推進するアレクサンドロスを高く評価したが、戦後の苦渋に満ちた自己批判のなかでアレクサンドロス像の見直しを試み、1949年の著書*Alexander der Grosse, Ingenium und Macht* (Graz)において、なかばヒトラーになぞらえたかのような、権力悪を体現する超人・怪物としての

## 2．ピリッポス2世とオリュンピアス

このように圧倒的に「プルタルコスの呪縛」のなかにあったアレクサンドロスのみならず、その両親ピリッポスとオリュンピアスの歴史的評価も、「プルタルコスの呪縛」と無縁ではなかった。上で見たように、アレクサンドロスの評価に絶大な影響を及ぼしたのは『運または徳』であったが、ピリッポスとオリュンピアスの評価に影響したのは『アレクサンドロス伝』の方である。『アレクサンドロス伝』はアレクサンドロスの少年時代についての記述が異例に詳しく(69)、それゆえ、ピリッポスもオリュンピアスも頻繁に登場する。『運または徳』にはピリッポスはごくわずかしか登場せず、オリュンピアスに至っては名前すら触れられていないのと対照的である。

プルタルコスと同様に「英雄」としてのアレクサンドロス像を呈示したディオンとアリアノスは、いずれもアレクサンドロスを父ピリッポスより優れた王として称揚しているが、ピリッポスをネガティヴに描いているわけではない(70)。プルタルコスも、『運または徳』においては、「アレクサンドロスは父ピリッポスよりもアリストテレスから多くのものを得た」(327F) と述べているものの、アレクサンドロスの功業を父と無関係としているにとどまり、それ以上にピリッポスを低く評価してはいない(71)。ところが、『アレクサンドロス伝』では、ピリッポス暗殺 (10.5) に至るまでのアレクサンドロスの少年時代についての章にたびたび登場するピリッポスは、息子のいわば「引き立て役」として描かれている(72)。「アレクサンドロスの求めた名誉は、どこから得ようとどのような種類の名誉だろうとよいのではなく、例えばピ

---

矛盾に満ちたアレクサンドロス像を呈示した。これはターンのアレクサンドロス像のアンチテーゼでもあり、ターンの解釈と同様に極端な解釈である。Badian (1976) 282-286, 299-300, (1996); Baynham (1998) 65-66; 大牟田 (1980) 11-19.

(69) アレクサンドロスの少年時代については、『アレクサンドロス伝』にしか伝えられていない逸話も多い。『アレクサンドロス伝』は、『ピロポイメン伝』と並んで、少年時代に関する記述が例外的に詳しい人物伝である。Pelling (2002) 303-305.

(70) とりわけアリアノスは、有名な「オピス演説」の記述においてピリッポスをアレクサンドロスの先駆者として称えている (7.9.2-5)。ディオンとアリアノスによるピリッポスの描き方については、Asirvatham (2010b) 196-199, 202-204.

(71) 『運または徳』には、ピリッポスのギリシア人に対する戦争はアレクサンドロスに多くの課題を残したという記述 (327C-E) や、戦傷で跛行になったピリッポスをアレクサンドロスが励ました逸話 (331B-C)、ピリッポスが竪琴弾きと口論した逸話 (334C-D) が現れる。

(72) Asirvatham (2001) 100-101, (2010b) 200-202, (2018) 362-363; Beneker (2012) 107-111.

リッポスがソフィストのように演説の巧妙さを自慢するとか、オリュンピア祭での勝利を貨幣に刻印させるのとは違っていた」(4.9) として、二人の求める名誉の質や次元が異なることが強調され、さらに、アレクサンドロスの質問に圧倒されたペルシアの使節が「世に名高いピリッポスの明敏さもこの少年の熱意と大望に比べれば物の数ではない」と考えた、という記事(5.1-3) が続く。本章の冒頭でも引いた荒馬ブケパラス馴致の逸話 (6) では、ピリッポスが全くお手上げであった荒馬をアレクサンドロスがいとも簡単に乗りこなし、それを見たピリッポスが喜びのあまり涙を流して息子に接吻するさまが鮮やかに描かれる。さらに、「ピリッポスは息子を非常にかわいがり、マケドニア人がアレクサンドロスを王と呼び、ピリッポスを将軍と呼ぶのを喜ぶほどであった」(9.4) と、息子の卓抜な器量を手放しで称える父親の姿が綴られる。その後、ピリッポスの婚礼の宴における騒動で、アレクサンドロスに向かって剣を抜いたピリッポスが怒りと酔いのために転ぶと、アレクサンドロスは「ヨーロッパからアジアへ渡る準備をなさっているのに、椅子から椅子へと渡る間にお転びになるとは」と辛辣な言葉を浴びせて父を嘲る (9.9-10)。この父子の不和に際してコリントス人のデマラトスが批判するのは、アレクサンドロスではなくピリッポスである (9.13)。

ただし、これらの記述は、プルタルコスのピリッポス観がネガティヴなものであったことを必ずしも示すわけではない。『エウメネス伝』の冒頭でのピリッポスの描き方は中立的であるし (1.1-3)、『デメトリオス伝』では、おそらくはアンティゴノス・デメトリオス父子とのアナロジーとして、ピリッポスはアレクサンドロスとともにポジティヴに描かれている (25.3; 42.7)。『王と将軍たちの名言集』のなかのピリッポスの章 (177C-179D) では、当然のことながら、ピリッポスは高く評価され、賞賛されている。『アレクサンドロス伝』におけるピリッポスのネガティヴな描き方は、悪徳や弱点も綴るという『英雄伝』の制約のなかでアレクサンドロスを「英雄」として描き出すために、ピリッポスを「引き立て役」にして少年の頃からのアレクサンドロスの卓抜な器量を際立たせるというテクニックだったのであろう。

プルタルコスの時代に至るまでは、ピリッポスはアレクサンドロスよりも高く評価されており、アレクサンドロスを賞賛しているポリュビオスもディオドロスも、それにも増してピリッポスを称えている[73]。アレクサンドロスを痛烈に批判したローマ人の文人も、キケロが「ピリッポスはアレクサンドロスよりも親しみやすさと人間味でまさっていた」、「父は常に偉大であったが、息子は醜悪きわまりない」(*Off.* 1.90) と述べているように、ピリッポスを高く評価している[74]。プルタルコスは、『アレクサンドロス伝』でピリッポスをネガティヴに描き、父を凌駕する英雄としてアレクサンドロスを称えたことによって、こうしたヘレニズム時代からローマ帝政初期までのピリッポス・アレクサンドロス父子のヒエラルキーを、いわば逆転させたのである。同時代におけるその影響は不明だが、19世紀以降の歴史研究のなかで圧倒的な比重がアレクサンドロス個人に置かれ、ピリッポスが息子の巨大な影に隠れて関心を集めず、ピリッポス研究が停滞するに至った一因は、『アレクサンドロス伝』にあるとも言えよう。

そして、『アレクサンドロス伝』がその評価に影響したのは、「悪女」というイメージが定着しているオリュンピアスも同様である。プルタルコスは、古代の著作家のなかで、アレクサンドロスの存命中のオリュンピアスについて誰よりも詳しく語っている[75]。上述のように、『運または徳』にはオリュンピアスは全く登場しないが、『モラリア』の他の論説で言及されるオリュンピアスは、決して「悪女」というイメージではない。『結婚訓』においては、オリュンピアスは夫ピリッポスの愛人をかばう妻のモデルとして賞賛されており (141B-C)、『政治家になるための教訓集』では、ピリッポスがオリュンピアスに宛てた手紙が夫の妻に対する情愛に満ちていたとされ (799E)、

(73)　メガロポリス出身のポリュビオスは、スパルタからペロポネソスを解放した善君としてピリッポスを賞賛し、彼の寛容 (ἐπιείκεια)、偉大なる精神、ピラントローピアを繰り返し称えている (5.10.1-5; 8.10.5-6; 18.14.6; 22.16.2-3)。Asirvatham (2010a) 105-106. ディオドロスも、アレクサンドロスへの賛辞 (17.1.3-4; 17.117.5) はステレオタイプなものであるのに対し、ピリッポスを「運ではなく徳によって成功した、戦術の才と勇気と魂の明敏さにおいて傑出した王」と絶賛している (16.1.6)。ディオドロスのピリッポス観については、Worthington (2010).

(74)　キケロのピリッポス像については、Sprawski (2011). セネカも、「アレクサンドロスのこの欠陥は父ゆずりではなかった」、「ピリッポスには侮辱に対する忍耐があった」(*De Ira* 3.23.2) と述べ、ピリッポスの方を高く評価している。

(75)　プルタルコスによる女性の描き方については、Le Corsu (1981); Blomqvist (1997). 第4章[近藤]も参照。他のローマ時代の文人によるオリュンピアスの描き方については、Carney (2006) 125-132, 135-137.

『アレクサンドロス伝』においては非常に険悪であったと描かれている二人の夫婦仲とは異なるイメージが現れる。『英雄伝』の他の人物伝は、いずれもオリュンピアスを中立的に描写している（*Eum.* 12.3, 13.1; *Demetr.* 22.2）。

しかし、『アレクサンドロス伝』にたびたび登場するオリュンピアスは、終始、極めて激情的で嫉妬深く、残虐な女性である[(76)]。アレクサンドロス誕生前の記述では、密儀にのめりこみ、蛇をそばに侍らせるオリュンピアスの荒々しく激しい性格が強調される（2.6, 9）。さらに、マケドニア王家の不和と混乱が一層悪化したのは、「極めて嫉妬深く癇癪もちな女であるオリュンピアスの気性の激しさがアレクサンドロスを刺激したためである」（9.5）として、オリュンピアスがピリッポスの暗殺に至るお家騒動の根源であるかのように描かれたうえで、ピリッポス暗殺への関与の疑い（10.5）や、ピリッポスの新妻クレオパトラに対する彼女の残虐さ（10.7）が語られる。最後の章は、アレクサンドロスを毒殺した疑いのあるイオラオスの墓をのちにオリュンピアスがあばき、その遺骨を放り出したという逸話（77.2）に触れ、さらに、アレクサンドロスの異母兄弟アリダイオスが障害者となったのは幼い頃にオリュンピアスに毒を盛られたからであるという伝承（77.8）で締めくくられている[(77)]。このように、オリュンピアスは冒頭から終章に至るまで一貫して極めて気性の激しい残虐な女性として描かれているが、これは、『アレクサンドロス伝』で触れざるをえないアレクサンドロスの悪徳や激情的な気質を母ゆずりのものとする、一種の責任転嫁ととらえることができる。さらにまた、オリュンピアスは遠征中のアレクサンドロスにたびたび手紙を書き、アレクサンドロスも遠征先から母に戦利品を贈る、といった母子の情愛に満ちたやりとりが綴られる一方で（16.19; 25.6; 39.7-8, 12-13）、「アレクサンドロスはオリュンピアスに政治や軍事に口を出すことは許さなかった」（39.12）として、母の干渉に抗うアレクサンドロスの節度が強調される[(78)]。母ゆずりの激情的な気質を持つアレクサンドロスであるが、彼はその卓抜な

(76) Blomqvist (1997) 79-81; Asirvatham (2001) 99-101; Carney (2006) 132-135.

(77) オリュンピアスがアリダイオスに毒を盛ったという伝承は、他の史料には一切触れられていない。これは、後継者戦争期にオリュンピアスと対立したカッサンドロスが流した反オリュンピアスのプロパガンダの一環であったらしい。Greenwalt (1984); Hamilton (1999) 217.

(78) Blomqvist (1997) 81.

節度によって、激情的な母の干渉も、そして自身の激情的な面をも巧みにコントロールすることに成功したと描かれるのである。第2節で見たように、『アレクサンドロス伝』では自身の激情をコントロールするアレクサンドロスの節度を際立たせるためにその激情の悪しき面が強調されるが、こうしたオリュンピアスの描き方も、まさに、そのための効果的なテクニックと言えよう。19世紀以降の歴史研究において『アレクサンドロス伝』が重視されたことによって、プルタルコスが英雄的なアレクサンドロス像を描き出すために創造した気性の激しい残虐な「悪女」としてのイメージが、先のピリッポスの場合と同様、「歴史的」なオリュンピアス像として定着することになったのであろう[79]。

## おわりに

最後に、近年のアレクサンドロス研究の動向に触れつつ、結びとしたい。

この数十年、プルタルコスの作品をはじめとするローマ時代の5篇のアレクサンドロス伝の再評価が進み、プルタルコスとアリアノスの作品を他の俗伝とされる3作品と明確に線引きして信憑性の高い史料として重視する19世紀以来の見方も、大きな修正を迫られている[80]。その背景には、ローマ時代のアレクサンドロス伝を著作家の意識や主観から切り離し、その記述が依拠した情報源を探ることで信憑性を吟味しようとした19世紀以来の伝統的な史料批判に基づく実証研究の限界性に、歴史家たちがより自覚的になり、ローマ時代の史料から「歴史的」なアレクサンドロスを探究することの難しさがあらためて強く認識されるようになったことがある。私たちが知りうる「アレクサンドロス」は、ローマに生きる文人がローマの読者に向けて書いた'Roman Alexander'（「ローマ的（な）アレクサンドロス」）であり、ローマ時代の社会的・文化的環境が生み出した産物にすぎないのである。

ドロイゼンとターンの手で強固に定着したプルタルコス的なアレクサンドロス像は、20世紀半ば、ベイディアン（E. Badian）によって根本的な見直し

(79)　cf. Asirvatham (2001) 100-101; Carney (2006) 132-135.
(80)　Bosworth (1976), (2007); Baynham (2003).

を迫られることになった[81]。「ターンのアレクサンドロスほどアレクサンドロスの現実から遠いものはない」[82]と批判する彼は、アレクサンドロスの行動や政策をその時々の状況のなかで個別に細かく検証することにより、ドロイゼンやターンが『運または徳』から導き出した高邁な理念や目的をアレクサンドロスからはぎとる道を開いた。アレクサンドロスの事績をミクロな目で実証的に分析するこうした研究手法はミニマリズム（最小限評価主義）と呼ばれ、1970年代以降のアレクサンドロス研究の主流となっている。そうした潮流のなかで、アレクサンドロスの行動や政策は東西民族の融合や人類同胞などという理念とは無縁であり、その時々の課題に応じた合理的な方策にすぎなかったことが論証され、アレクサンドロスの脱神話化・脱英雄化が進んでいる。20世紀末に至るまでは、マケドニア史研究の泰斗ハモンド（N.G.L. Hammond）らにより、プルタルコス的なアレクサンドロス像もなお健在ではあったが[83]、とりわけ最近は、アレクサンドロスを否定的に評価する研究が目立つ。ミニマリズムの潮流自体は、決してアレクサンドロスを貶めるものではなく、過度に理想化されていたアレクサンドロスから高邁な理念をはぎとり、合理的で現実的な政略家としてのアレクサンドロスを浮かびあがらせるものであった。しかし最近の研究は、彼の欠点をあげつらい、否定的に評価する傾向が強い[84]。こうしたアレクサンドロスの評価の下落は、近年のピリッポス研究の興隆と連動するものと見ることもできる。1970年代以降、マケドニア考古学の輝かしい成果に刺激されて、マケドニア史研究、とりわけピリッポス研究がめざましい活況を呈しており、そうしたなか

(81) Badian (1958a), (1958b). 彼の一連のアレクサンドロス研究は、Badian (2012) にまとめられている。

(82) Badian (1976) 289.

(83) 2001年に没したハモンドは、アレクサンドロスを英雄視・理想視する眼差しは時としてターン以上であり、ミニマリズム的研究が主流になった20世紀末においてもなお、プルタルコスの『運または徳』のアレクサンドロス像に固執した歴史家である。彼は、現存するローマ時代のアレクサンドロス伝の詳細な原典研究を行ったうえでアリアノスの作品の史料的価値を力説し、常にアリアノスが正しいという原則に立ちながらも、その著書や論文においては、「アレクサンドロスはギリシア文明の旗手であった。教育における彼の影響は極めて深く、私たちの時代にまで及んでいる」((1997) 199)、「アレクサンドロスは、人々が平和に暮らし、現代世界に欠けている和合と協同を育むことのできる超国家的な国を作り出した」((1989) 273) と結論づけるなど、『運または徳』そのままのアレクサンドロス像を呈示した。

(84) e.g. Worthington (1999), (2004); Grainger (2007). cf. 澤田 (2013) 75-77.

で、ピリッポスの評価が急速に高まっている。最近は、果てしない征服戦争でマケドニアを犠牲にしたアレクサンドロスよりも、マケドニアを富み栄えさせたピリッポスの方がはるかに偉大であり、「大王」の添え名はピリッポスにこそふさわしい、といった論調の研究も見られる(85)。プルタルコスが逆転させた父子のヒエラルキーは、1900年近い時を経て、再び逆転しつつあると言えよう。同様に、1980年代以降のカーニー（E. Carney）らによるマケドニアの女性史研究の進展のなかで、ローマ時代の史料におけるジェンダーバイアスにもより自覚的になり、残忍な「悪女」という従来のオリュンピアス像も見直しが進んでいる(86)。ドロイゼンやターンを介して絶大な影響を及ぼし続けた「プルタルコスの呪縛」から、21世紀の歴史研究は、ようやく解き放たれようとしているのかもしれない。

とはいえ、小説や映画などのポピュラーカルチャーにおいては、プルタルコス的なアレクサンドロス像が現在も圧倒的な力を持っており、巷間のアレクサンドロスのイメージは、依然として「プルタルコスの呪縛」のなかにある。小説や映画では、「東西融合の理想に向けて邁進する英雄」という、ドロイゼンやターンの手によって現代に蘇ったプルタルコス的なアレクサンドロス像が根強い人気を誇る。メアリ・ルノーのアレクサンドロス三部作(87)やヴァレリオ・M・マンフレディの『アレクサンドロス大戦記』(88)といった世界的ロングセラーも、そうしたプルタルコス的な「英雄」の物語である。阿刀田高の歴史小説『獅子王アレクサンドロス』（講談社、1997年）においても、プルタルコス的なアレクサンドロスは健在である。1956年に公開されたロバート・ロッセン監督の映画『アレキサンダー大王』でリチャード・バートンが演じたアレクサンドロスが、まさしくターンの唱えたような東西融

(85)　e.g. Worthington (2008); Gabriel (2010).

(86)　Carney (2006) は、何重にもバイアスのかかったオリュンピアスについての史料の「歪み」と格闘しながら、彼女の活動を可能な限り同時代のギリシアとマケドニアのコンテクストで考察することを試みた研究である。

(87)　*Fire from Heaven* (1969), *The Persian Boy* (1972)（邦訳『アレクサンドロスと少年バゴアス』堀たほ子訳、中央公論新社、2005), *The Nature of Alexander* (1975). ルノーは、愛人バゴアスの存在を肯定し、アレクサンドロスの同性愛を認めていること以外は、まさにターン的なアレクサンドロスを描いている。

(88)　*Serie di Aléxandros* (1998)（邦訳『アレクサンドロス大戦記』全3巻、草皆伸子訳、徳間書店、2000).

合・人類同胞という理想に向かって邁進する紳士的な英雄であったのは当然としても、それから半世紀を経た2004年公開のオリバー・ストーン監督の『アレキサンダー』においても、ミニマリズム的な要素が多少は見られるものの、コリン・ファレルが演じるアレクサンドロスは、相変わらず東西民族を融合して世界中の人々を一つにするという理想を熱っぽく語っている[89]。

歴史は解釈である、としばしば言われるように、歴史家は自らの生きる時代の信条や価値観を過去に投影し、現在の立場姿勢から過去を解釈する。19世紀から20世紀半ばにかけての歴史家が構築したアレクサンドロス像の変遷は、まさにその絶好の例であるが、それは決して歴史研究に限ったことではない。つまるところ、アレクサンドロスをさまざまな美徳・悪徳のエクセンプラとして想起したローマ人の文人も、彼を「英雄」として称えたプルタルコスやアリアノスも、ドロイゼンやターンも、そして現代の小説家や映画監督も、アレクサンドロスに自らの信条や世界観を投影し、自らのフィルターを通してアレクサンドロスを自在に解釈し、彼をシンボルとして利用しているにすぎない。「アレクサンドロスはどんなワインでも満たすことのできる皮袋である」[90]というホイス（A. Heuss）の言葉は、実に象徴的である。

本章では、『英雄伝』において描き出された人物像のうちアレクサンドロス像に焦点を当て、プルタルコスの「アレクサンドロス」を、ローマによるギリシア支配という現実のなかで生きる彼自身のアイデンティティのあり方に規定された「創造物」として読み解くことを試みた。さらに、そうした自身の思いと同時代の政治的・文化的潮流が色濃く投影され、「歴史的」なアレクサンドロスの純粋な再現からかけ離れたプルタルコスの人物造型が後世に及ぼすことになった絶大な影響について、アレクサンドロスのみならずその両親ピリッポスとオリュンピアスの事例も視野に入れて検討してきた。プ

(89) アレクサンドロスの映画については、澤田（2013）79-84. 映画やテレビドラマなどのポピュラーカルチャーのなかで古代ギリシア・ローマがいかに表象されているかを探るのは、欧米の歴史家が近年好んでとりあげるテーマの一つだが、映画『アレキサンダー』の公開後も、この映画を歴史学的観点から考察する著書や論文集の刊行が相次いだ。e.g. Nisbet (2010); Cartledge & Greenland eds. (2010). Petrovic (2008) は、ストーンの映画におけるプルタルコスの『アレクサンドロス伝』の影響を強調し、プルタルコスとストーンのアプローチには多くの共通点がある、と指摘している。

(90) Heuss (1954) 102.

ルタルコスが『英雄伝』のなかで描いた人物像がいずれも忠実な「史実」の再現ではないことは言うまでもないが、当時のローマにおける「アレクサンドロス」というシンボルの重要性、そしてプルタルコス自身がアレクサンドロスに寄せていた並々ならぬ関心に照らすと、プルタルコスが創出したアレクサンドロス像には彼自身のひときわ強い思いが込められ、だからこそ、後世においても絶大な影響力を持つに至ったと言えるかもしれない。先のホイスの言葉に立ち返るならば、こうしたプルタルコス自身の自己認識を映し出す「鏡」としてのアレクサンドロス像と後世におけるその受容は、アレクサンドロスという「皮袋」の柔軟性・万能性を物語る、まさに格好の事例である。そしてまた、現代に至るまでアレクサンドロスをめぐる言説がさまざまなコンテクストで無限に再生・増幅し、政治・文学・芸術・歴史研究などのあらゆる領域で彼がシンボルやパラダイムとなるに至ったプロセス自体においても、ルネサンス期にその作品が再発見されて以来ヨーロッパで絶大な人気を博したプルタルコスの人物造型が果たした役割は、決して小さいものではなかったと言えるであろう。

### ・参考文献・

Asirvatham, S.R. (2001), 'Olympias' Snake and Callisthenes' Stand: Religion and Politics in Plutarch's *Life of Alexander*', in: *Between Magic and Religion* (eds. S.R. Asirvatham et al.), Lanham, 93-125.

——— (2005), 'Classicism and *Romanitas* in Plutarch's *De Alexandri Fortuna aut Virtute*', *AJP* 126, 107-125.

——— (2008), 'No Patriotic Fervor for Pella: Aelius Aristides and the Presentation of the Macedonians in the Second Sophistic', *Mnemosyne* 61, 207-227.

——— (2010a), 'Perspectives on the Macedonians from Greece, Rome, and Beyond', in: *A Companion to Ancient Macedonia* (eds. J. Roisman & I. Worthington), Chichester, 99-124.

——— (2010b), 'His Son's Father? Philip II in the Second Sophistic', in: Carney & Ogden eds. (2010), 193-204.

——— (2012), 'Alexander the Philosopher in the Greco-Roman, Persian and Arabic Traditions', in: *The Alexander Romance in Persia and the East* (eds. R. Stoneman et al.), Groningen, 311-326.

——— (2018), 'Plutarch's Alexander', in: Moore ed. (2018), 355-376.

Atkinson, J. (2013), *Arrian, Alexander the Great: The Anabasis and the Indica,* Oxford.

Badian, E. (1958a), 'Alexander the Great and the Unity of Mankind', *Historia* 7, 425-444.

——— (1958b), 'The Eunuch Bagoas', *CQ* 8, 144-152.

——— ed. (1976), *Alexandre le Grand: Image et réalité,* Entretiens sur l' Antiquité classique, tome XXII, Genève.

——— (1976), 'Some Recent Interpretations of Alexander', in: Badian ed. (1976), 279-303.

——— (1996), 'In Memory of Fritz Schachermeyr', *AJAH* 13, 1-10.

——— (2003), 'Plutarch's Unconfessed Skill', in: *Laurea Internationalis: Festschrift für Jochen Bleicken zum 75. Geburtstag* (ed. Th. Hantos), Stuttgart, 26-44.

——— (2012), *Collected Papers on Alexander the Great,* London.

Baynham, E. (1998), *Alexander the Great: The Unique History of Quintus Curtius,* Ann Arbor.

——— (2003), 'The Ancient Evidence for Alexander the Great', in: Roisman ed. (2003), 3-29.

Beard, M. (2013), *Confronting the Classics,* London.

Beck, M. (2002), 'Plutarch to Trajan: The Dedicatory Letter and the Apophthegmata Collection', in: Stadter & Van der Stockt eds. (2002), 163-173.

——— ed. (2014), *A Companion to Plutarch,* Chichester.

Bellemore, J. (2015), 'Valerius Maximus and His Presentation of Alexander the Great', in: *East and West in the World Empire of Alexander* (eds. P. Wheatley & E. Baynham), Oxford, 299-316.

Beneker, J. (2005), 'Thematic Correspondences in Plutarch's *Lives* of Caesar, Pompey, and Crassus', in: De Blois et al. eds. (2005), 315-325.

——— (2012), *The Passionate Statesman: Eros and Politics in Plutarch's Lives,* Oxford.

——— (2014), 'Sex, Eroticism, and Politics', in: Beck ed. (2014), 503-515.

Bichler, R. (2018), 'Alexander's Image in German, Anglo-American and French Scholarship from the Aftermath of World War I to the Cold War', in: Moore ed. (2018), 640-674.

Billows, R. (2000), 'Polybius and Alexander Historiography', in: Bosworth & Baynham eds. (2000), 286-306.

Blomqvist, K. (1997), 'From Olympias to Aretaphila: Women in Politics in Plutarch', in: *Plutarch and His Intellectual World: Essays on Plutarch* (ed. J. Mossman), London, 73-97.

Bosworth, A.B. (1976), 'Arrian and the Alexander Vulgate', in: Badian ed. (1976), 1-33.

——— (1980), *A Historical Commentary on Arrian's History of Alexander Vol. I,* Oxford.

——— (1988), *From Arrian to Alexander: Studies in Historical Interpretation,* Oxford.

——— (1996), *Alexander and the East: The Tragedy of Triumph,* Oxford.

——— (2000), 'Ptolemy and the Will of Alexander', in: Bosworth & Baynham eds. (2000), 207-241.

——— (2007), 'Arrian, Alexander, and the Pursuit of Glory', in: *A Companion to Greek and Roman Historiography* (ed. J. Marincola), Chichester, 447-453.

——— (2009), 'Johann Gustav Droysen, Alexander the Great and the Creation of the Hellenistic Age', in: *Alexander and His Successors: Essays from the Antipodes* (eds. P.

Wheatley & R. Hannah), Claremont, 1-27.

Bosworth, A.B. & E.J. Baynham eds. (2000), *Alexander the Great in Fact and Fiction*, Oxford.

Burliga, B. (2013), *Arrian's Anabasis: An Intellectual and Cultural Story*, Gdańsk.

Buszard, B. (2008), 'Caesar's Ambition: A Combined Reading of Plutarch's *Alexander-Caesar* and *Pyrrhus-Marius*', *TAPA* 138, 185-215.

——— (2010), 'A Plutarchan Parallel to Arrian *Anabasis* 7.1', *GRBS* 50, 565-585.

Carlsen, J. et al. eds. (1993), *Alexander the Great: Reality and Myth*, Roma.

Carney, E. (2006), *Olympias: Mother of Alexander the Great*, New York.

Carney, E. & D. Ogden eds. (2010), *Philip II and Alexander the Great: Father and Son, Lives and Afterlives*, Oxford.

Cartledge, P. & F.R. Greenland eds. (2010), *Responses to Oliver Stone's Alexander*, Madison.

Celotto, G. (2018), 'Alexander the Great in Seneca's Works and in Lucan's *Bellum Civile*', in: Moore ed. (2018), 325-354.

Croisille, J.M. ed. (1990), *Neronia IV: Alejandro Magno, modelo de los emperadores romanos*, Brussel.

D'Angelo, A. (1998), *Plutarco: La fortuna o la virtù di Alessandro Magno: Prima orazione*, Napoli.

De Blois, L. et al. eds. (2005), *The Statesman in Plutarch's Works Vol. II*, Leiden.

den Hengst, D. (2010), 'Alexander and Rome', in: *Emperors and Historiography: Collected Essays on the Literature of the Roman Empire by Daniël den Hengst* (eds. D.W.P. Burgersdijk & J.A. van Waarden), Leiden, 68-83.

Duff, T.E. (1999), *Plutarch's Lives: Exploring Virtue and Vice*, Oxford.

Errington, R.M. (1976), 'Alexander in the Hellenistic World', in: Badian ed. (1976), 137-179.

Fears, J.R. (1974), 'The Stoic View of the Career and Character of Alexander the Great', *Philologus* 118, 113-130.

Gabriel, R.A. (2010), *Philip II of Macedonia: Greater than Alexander*, Washington D.C.

Gilley, D.L. (2018), 'The Latin Alexander: Constructing Roman Identity', in: Moore ed. (2018), 304-324.

Goldhill, S. ed. (2001), *Being Greek under Rome: Cultural Identity, the Second Sophistic and the Development of Empire*, Cambridge.

——— (2002), *Who Needs Greek? Contests in the Cultural History of Hellenism*, Cambridge.

Grainger, J.D. (2007), *Alexander the Great Failure: The Collapse of the Macedonian Empire*, London.

Green, P. (1978), 'Caesar and Alexander: Aemulatio, Imitatio, Comparatio', *AJAH* 3, 1-26.

Greenwalt, W.S. (1984), 'The Search for Arrhidaeus', *AW* 10, 69-77.

Hamilton, J.R. (1999), *Plutarch: Alexander*, 2nd ed. London.

Hammond, N.G.L. (1983), *Three Historians of Alexander the Great*, Cambridge.

——— (1989), *Alexander the Great: King, Commander and Statesman*, 2nd ed. Bristol.

——— (1993), *Sources for Alexander the Great: An Analysis of Plutarch's Life and Arrian's Anabasis Alexandrou*, Cambridge.

——— (1997), *The Genius of Alexander the Great*, Chapel Hill.

Harris, B.F. (1970), 'The Portrayal of Autocratic Power in Plutarch's *Lives*', in: *Auckland Classical Essays Presented to E.M. Blaiklock* (ed. B.F. Harris), Auckland, 185-202.

Harrison, G.W.M. (1995), 'The Semiotics of Plutarch's Συγκρίσεις: The Hellenistic Lives of Demetrius-Antony and Agesilaus-Pompey', *RBPH* 73, 91-104.

Heuss, A. (1954), 'Alexander der Große und die politische Ideologie des Altertums', *Antike und Abendland* 4, 65-104.

Hirzel, R. (1895), *Der Dialog: Ein literarhistorisher Versuch*, Leipzig.

Langford, J. (2017), 'Caracalla and *Alexandri imitatio*: Self-Presentation and the Politics of Inclusion', *AW* 48, 47-63.

Le Corsu, F. (1981), *Plutarque et les femmes dans les Vies parallèles*, Paris.

Martin, H. Jr. (1961), 'The Concept of *Philanthropia* in Plutarch's *Lives*', *AJP* 82, 164-175.

McKechnie, P. (2014), 'W.W. Tarn and the Philosophers', *AHB* 28, 20-36.

Mensching, E. (1963), 'Die Peripatetiker über Alexander', *Historia* 12, 274-282.

Moore, K.R. ed. (2018), *Brill's Companion to the Reception of Alexander the Great*, Leiden.

Mossman, J.M. (1988), 'Tragedy and Epic in Plutarch's *Alexander*', *JHS* 108, 83-93.

——— (1992), 'Plutarch, Pyrrhus, and Alexander', in: *Plutarch and the Historical Tradition* (ed. P.A. Stadter), London, 90-108.

Nevin, S. (2014), 'Negative Comparison: Agamemnon and Alexander in Plutarch's *Agesilaus-Pompey*', *GRBS* 54, 45-68.

Nisbet, G. (2010), '"And Your Father Sees You": Paternity in *Alexander* (2004)', in: Carney & Ogden eds. (2010), 217-231.

Ostenfeld, E.N. ed. (2002), *Greek Romans and Roman Greeks: Studies in Cultural Interaction*, Aarhus.

Pearson, L. (1960), *The Lost Histories of Alexander the Great*, New York.

Pelling, C. (1979), 'Plutarch's Method of Work in the Roman Lives', *JHS* 99, 74-96.

——— (2002), *Plutarch and History: Eighteen Studies*, Swansea.

——— (2011), *Plutarch: Caesar*, Oxford.

Petrovic, I. (2008), 'Plutarch's and Stone's *Alexander*', in: *Hellas on Screen: Cinematic Receptions of Ancient History, Literature and Myth* (eds. I. Berti & M.G. Morcillo), Stuttgart, 163-183.

Preston, R. (2001), 'Roman Questions, Greek Answers: Plutarch and the Construction of Identity', in: Goldhill ed. (2001), 86-119.

Roisman, J. ed. (2003), *Brill's Companion to Alexander the Great*, Leiden.

Roskam, G. (2002), 'A Παιδεία for the Ruler. Plutarch's Dream of Collaboration between Philosopher and Ruler', in: Stadter & Van der Stockt eds. (2002), 175-189.

Sansone, D. (1980), 'Plutarch, Alexander, and the Discovery of Naphtha', *GRBS* 21, 63-74.

Schmitz, T.A. (2014), 'Plutarch and the Second Sophistic', in: Beck ed. (2014), 32-42.

Schröder, S. (1991), 'Zu Plutarchs Alexanderreden', *MH* 48, 151-157.

Sordi, M. ed. (1984), *Alessandro Magno tra storia e mito*, Milano.

Spencer, D. (2002), *The Roman Alexander: Reading a Cultural Myth*, Exeter.

——— (2009), 'Roman Alexanders: Epistemology and Identity', in: *Alexander the Great: A*

*New History* (eds. W. Heckel & L.A. Tritle), Chichester, 251-274.

Sprawski, S. (2011), 'Cicero, *The Philippicae* and Philip Son of Amyntas', *Classica Cracoviensia* 14, 287-299.

Stadter, P.A. (1980), *Arrian of Nicomedia,* Chapel Hill.

——— (1989), *A Commentary on Plutarch's Pericles,* Chapel Hill.

——— (2000), 'The Rhetoric of Virtue in Plutarch's Lives', in: *Rhetorical Theory and Praxis in Plutarch* (ed. L. Van der Stockt), Leuven, 493-510.

——— (2002), 'Introduction: Setting Plutarch in His Context', in: Stadter & Van der Stockt eds. (2002), 1-26.

——— (2010), 'Parallels in Three Dimensions', in: *Plutarch's Lives: Parallelism and Purpose* (ed. N. Humble), Swansea, 197-216.

——— (2014), 'Plutarch and Rome', in: Beck ed. (2014), 13-31.

Stadter, P.A. & L. Van der Stockt eds. (2002), *Sage and Emperor: Plutarch, Greek Intellectuals, and Roman Power in the Time of Trajan (98-117 A.D.),* Leuven.

Stewart, A. (2003), 'Alexander in Greek and Roman Art', in: Roisman ed. (2003), 31-66.

Stoneman, R. (2003), 'The Legacy of Alexander in Ancient Philosophy', in: Roisman ed. (2003), 325-345.

Swain, S.C.R. (1989), 'Plutarch's *De Fortuna Romanorum*', *CQ* 39, 504-516.

——— (1996), *Hellenism and Empire: Language, Classicism, and Power in the Greek World, AD 50-250,* Oxford.

Tarn, W.W. (1927), 'Alexander: The Conquest of the Far East', *CAH* VI, Cambridge, 387-437.

——— (1933), 'Alexander the Great and the Unity of Mankind', *Proceedings of the British Academy* 19, 123-166.

——— (1939), 'Alexander, Cynics and Stoics', *AJP* 60, 41-70.

——— (1948), *Alexander the Great,* 2 vols. Cambridge.

Van Raatle, M. (2005), '*More Philosophico*: Political Virtue and Philosophy in Plutarch's *Lives*', in: De Blois et al. eds. (2005), 75-112.

Wardle, D. (2005), 'Valerius Maximus on Alexander the Great', *Acta Classica* 48, 141-161.

Wardman, A.E. (1955), 'Plutarch and Alexander', *CQ* 5, 96-107.

Whitmarsh, T. (2002), 'Alexander's Hellenism and Plutarch's Textualism', *CQ* 52, 174-192.

——— (2005), *The Second Sophistic,*Cambridge.

Wiesehöfer, J. (2018), 'Receptions of Alexander in Johann Gustav Droysen', in: Moore ed. (2018), 596-614.

Wirth, G. (1976), 'Alexander und Rom', in: Badian ed. (1976), 181-210.

Worthington, I. (1999), 'How 'Great' Was Alexander?', *AHB* 13, 39-55.

——— (2004), *Alexander the Great: Man and God,* Harlow.

——— (2008), *Philip II of Macedonia,* New Haven.

——— (2010), '"Worldwide Empire" versus "Glorious Enterprise": Diodorus and Justin on Philip II and Alexander the Great', in: Carney & Ogden eds. (2010), 165-191.

Zecchini, G. (2002), 'Plutarch as Political Theorist and Trajan: Some Reflections', in: Stadter & Van der Stockt eds. (2002), 191-200.

大戸千之（1993）『ヘレニズムとオリエント――歴史のなかの文化変容』、ミネルヴァ書房
大牟田章（1980）「歴史のなかのアレクサンドロス像――W・W・タアンとF・シャッヘルマイル」、『金沢大学文学部論集史学科篇』1、1-19
――――（1996）『フラウィオス・アッリアノス アレクサンドロス東征記およびインド誌』本文篇・註釈篇、東海大学出版会
澤田典子（2013）『アレクサンドロス大王――今に生きつづける「偉大なる王」』、山川出版社
柴田広志（2011）「ヘレニズム時代のアレクサンドロス大王像――ポリュビオス『歴史』を手がかりに」、『古代文化』62-4、74-92
長谷川岳男（2003）「ギリシア『古典期』の創造――ローマ帝政期におけるギリシア人の歴史認識」、『西洋史研究』新輯32、24-55
南川高志（1993）「ローマ帝国とギリシア文化」、『ギリシア文化の遺産』（藤縄謙三編）所収、南窓社、77-108
山中由里子（2009）『アレクサンドロス変相――古代から中世イスラームへ』、名古屋大学出版会

# 第3章

# 陶片追放と民衆の妬み

## ——情報源の利用と同時代への配慮

佐藤　昇

## はじめに

本章では、著作家・思想家プルタルコスが過去の知を引き受け、同時代の読者を意識し、未来に目を向けて作品集『英雄伝』を練り上げていった様子を、歴史学的側面から明らかにする。とりわけこの著作家が過去のできごとを記す際、いかに先人たちの文献に依拠し、それらをいかに利用したのかという点について、一つの事例を掘り下げて検討することにより、プルタルコスの「挑戦者」としての一側面を浮き彫りにしてゆきたい。

プルタルコス『英雄伝』は、過去の偉人の生き様を描く、いわゆる伝記ジャンルに属す一方、歴史叙述と称されるジャンルとも少なからず重なりあう(1)。この揺らぎのうちに現代の我々は、英雄たちの活劇と悲劇を愉しみ、偉人たちの生き様から倫理・道徳を感得する一方、しばしば同作品から歴史的事実を抉剔しようと試みもする。むろんその際、作者の時代錯誤には格段の注意を払わねばならない。後1～2世紀の中部ギリシア、カイロネイア出

(1)　ジャンル論に関しては、たとえばGeiger (2014) から近年の傾向について概観が得られる。さらにこの問題に正面から取り組んだ第1章[松原]も参照。

身のプルタルコスは、神話上の人物は別にしても、実に数百年以上もの歳月を経た過去の偉人たちを主人公に『英雄伝』を著している。同時代の歴史家ですら事実誤認、誤解はあるもの。ましてこれだけ後代の人物ともなれば、彼が生きた時代の価値観、色眼鏡が事実認識を歪めることも少なくない。歴史的事実を実証的に探求する手がかりとしては、とり上げるのに躊躇いを覚えないことの方が稀である。また人物の倫理、道徳的側面を描く『英雄伝』は、いったい史実・事実を描写することにどれだけの関心を払っているのか。この点についても警戒をしなければならない(2)。文学的に彫琢を凝らそうと、史実を歪めていた可能性も当然予期される(3)。

しかしながら、プルタルコスが筆を執るにあたり先行する数多の文献を繙いていること、制約がある中で膨大な調査を積み重ねていたこともまた、決して否定はできない(4)。散逸し、現代にまで伝わらない作品に取材しているケースも数多くあり、『英雄伝』には貴重な情報が豊富に含まれている。かかる状況に鑑みれば、プルタルコスがいかなる情報源から、いかなる態度で、あるいはいかなる先入観を持って『英雄伝』を著述するに至ったのか、関心を持たずにはいられまい。そこで本章では、一つのケーススタディとして「陶片追放（オストラキスモス）」を取り上げ(5)、この制度に関するプルタ

---

（2）　ただし古代ギリシアの歴史叙述は概して倫理・道徳的色合いが濃く、『英雄伝』がそうした性格を格段に強めているとは単純には言えない。『英雄伝』の倫理、道徳的性格に関しては、たとえばNikolaidis (2014) から概観が得られる他、第2章[澤田]、第6章[瀬口]も参照されたい。また同時代の哲学・倫理学的思潮とプルタルコスの関係性については、第4章[近藤]、第5章[木原]も参照。

（3）　この点についても、前注と同じ留保が必要であろう。『英雄伝』における文学的技巧については、たとえばDuff (2014); Larmour (2014); Van der Stockt (2014) から概観が得られる他、本書第7章[中谷]（比較）、第8章[勝又]（自己言及と読者への配慮）及び第9章[小池]（相互参照）も参照。

（4）　プルタルコスの調査、執筆の方法に関しては、たとえばStadter (1965); Nikolaidis (2014); Van der Stockt (2014); Schettino (2014) に概観が示されている。

（5）　本章で陶片追放を取り上げる理由は、ひとまず単にケーススタディということに過ぎない。しかしルネサンス以降、近現代に至る欧米の知識人・著作家たちが、共和政・民主政の是非について論じ合う際、アテナイ民主政を引き合いに出し、さらに民衆による有力者排除という結果をもたらす陶片追放の制度についてさまざまに意見を戦わせていたこと（*e.g.* Roberts (1994) 90, 145, 196-197; Richard (1995) 130, 138; Mossé (2013) *passim*, esp. ch.5-6)、そして近世・近代の知識人に対するプルタルコスの影響力の大きさを考えれば（*e.g.* Beck (2014) part IV)、本章での考察は、今後、プルタルコスの政治思想が及ぼす近世・近代の政治思想への影響などを考察するための足がかりとなるであろう。

ルコスの叙述がいかにして作りあげられていったのか、その一端を垣間見ることで、『英雄伝』に記された情報が持つ意味についてささやかな考察を試みることとしたい。

## 第1節　問題の所在——陶片追放と民衆の妬み

陶片追放の制度は一般に、前508年に実施されたクレイステネス改革の一環として採用されたと考えられている(6)。アテナイ民主政の基盤となったクレイステネス改革は、同時代の証言を欠くことから詳細不明の点も少なくなく、陶片追放に関しても種々の議論が展開されているが、現在、実施に至る手続きについては、前4世紀の著述家たちが記した諸作品に基づいておおよそ以下のように理解されている。まずアテナイ市民団は、1年に1度、陶片追放の投票を実施すべきか否か、投票により決定していた。ここで「実施すべし」ということになれば、彼らは2ヶ月後に改めて集い、僭主になる懸念を抱かせるような人物を1名、陶片に記して投票することになっていた。陶片の投票が6000票を超えた場合、最も多くの票を獲得した人物は、向こう10年の間アテナイから退去させられることとなった(7)。

この陶片追放の制度は、現存史料から伺える限り、制定後しばらくの間は実施されないままであった。ところが、前480年代に入ると状況は一変し、アテナイ市民はさかんに陶片追放制度を活用し始めるようになり、その後、同制度は間断を挟みながら折に触れて実施され続けた。しかし、前417年、さほど有力ではない人物、ヒュペルボロスがその対象とされ、追放されるという事態が生じると(8)、これ以降陶片追放が実行に移されることは二度となかった。しかしその一方で、陶片追放を実施するか否かを問う予備投票は

(6)　同改革に関しては、Stanton (1984); Ostwald (1988); Briant et al. (1995) 142-153; Bleicken (1995) 42-47; De Ste. Croix (2004a); Ober (2007) などから概観が得られる。

(7)　*E. g.* Kagan (1961); Sinclair (1988) 169-70; Rhodes (1993) 267-271; Brenne (1994); Bleicken (1995) 47; Brenne (2001); Scheidel (2002) 483-84; De Ste. Croix (2004b); Forsdyke (2005) 146-147; Missiou (2011) 36-41. Bleicken (1995) 524-526にはそれまでの論争に関する議論が整理されている。また橋場 (2014) 216の簡潔な解説も参照。

(8)　ヒュペルボロスに対して行われた異常な陶片追放および陶片追放の空文化については、Rhodes (1994); Heftner (2000); Forsdyke (2005) 170-175.

その後も継続され、古典期を通じて市民団の力を再確認する象徴的な制度として機能し続けたともされている(9)。プルタルコスは『英雄伝』の中でも前5世紀のアテナイ人政治家たちを扱う諸作品において、主人公たちが関与した陶片追放にことあるごとに触れ、制度や実施に至った経緯などについてくりかえし説明を加えている。以下、具体例を列挙してみよう。

> さらに彼ら〔＝市民たち〕は、〔テミストクレスの〕評判が高く、抜きん出ているのを貶めようとして、彼を陶片追放にかけるに至った。彼らは、権力をもって重くのしかかり、民主政的な平等に照らして不釣合だと思われた人に対しては、誰に対してであれ、そうするのが常であった。というのも、陶片追放というものは懲罰ではなく、妬みを慰め、和らげるものだったのだから（κόλασις γὰρ οὐκ ἦν ὁ ἐξοστρακισμός, ἀλλὰ παραμυθία φθόνου καὶ κουφισμὸς）。妬みは卓越した人々を貶めることで喜び、敵対的な気持ちを高めて、彼らをこのような公民権の停止にまで駆り立てるのだ。（『テミストクレス』22. 4-5）(10)

> しかし、もはや市民団の方もまたどうやら戦勝により自惚れて、自分たちこそが一番だと考えるようになり、大衆以上の名声を持つ者たちを敵視するまでに至っていたのである。彼らは至るところから中心市に集い、アリステイデスを陶片追放にかけようとした。名声に対する嫉妬心に、僭主政治に対する怖れという名前をつけて（ὄνομα τῷ φθόνῳ τῆς δόξης φόβον τυραννίδος θέμενοι）。というのも陶片追放という制度は、腐敗に対する懲罰ではないのである。体良く、「耐えがたい権力と権威を貶め、切詰めるもの」と呼ばれてはいたものの、実際には妬みの感情を、控えめながら慰撫するものだったのである（ἦν δὲ φθόνου παραμυθία φιλάνθρωπος）。すなわち妬みの感情から、困らせてやろうという敵対的な気持ちが、極刑のたぐいではなく、10年間の国外退去へと向けられていたのである。（『アリステイデス』7. 1-2）(11)

> この人物〔＝ヒュペルボロス〕を好ましく思う者は誰もいなかったが、市民団は地位ある人々の面目を潰し、濫訴行為の餌食にしようと熱心になるあまり、彼を何度も利用していた。そういうことで、このとき市民団は彼に説得

---

（9）　Christ (1992).

（10）　以下、断りがない限り日本語訳は拙訳であり、読み易さを考えて適宜意訳してある。

（11）　Cf. Plut. *Arist.* 1.2-3.

されて、陶片追放の投票を行おうとしていた。市民団は常に、市民の中で名声と権力において抜きんでている者を、これによって貶め、追放していたのである。それで恐怖心というよりもむしろ、嫉妬心を宥めていたのである（παραμυθούμενοι τὸν φθόνον μᾶλλον ἢ τὸν φόβον）。（『アルキビアデス』13. 5-6）[(12)]

ニキアスとアルキビアデスの不和が頂点に達したころ、陶片追放が実施されるはこびとなった。市民団は、折に触れてこの手続きを行っていたのである。これによって、格別の名声、あるいは富の故に懸念され、妬まれていた（ἐπιφθόνων）人のうち、1人を陶片の投票により10年間の国外退去としたのである。（『ニキアス』11. 1）

一読して強い印象を受けるのは、陶片追放という制度に対するプルタルコスの社会心理的解釈である。著者は同制度について犯罪者に対する懲罰（κόλασις）ではなく、エリートに対する市民団の嫉妬心（φθόνος）の発露であったという記述をくりかえしている。この他にも同様の記述は、『英雄伝』の各所に散見される。たとえば『ニキアス』では、民衆が卓越した人間を警戒して抑圧しようと試みた事例として、他の例に加え、ダモンに対する陶片追放が挙げられている。そこではさらにニキアスが市民からの嫉妬心を恐れ、ダモンらと同じ目に遭わぬよう、自らの功績を幸運の力に帰し、名声を高めることのないよう配慮していたとされている[(13)]。またキモンに対する陶片追放に関しては、市民たちの動機が必ずしも明示的に描写されているわけではないものの、アテナイ人の対スパルタ感情悪化が引き金となったとされており、さらにキモンの親スパルタ的発言から市民たちが常々、嫉妬心と悪意（δυσμένεια）を募らせていたと説明が付されている[(14)]。さらにペリクレスについては、若いころのこととして、富と血筋、有力な友人に囲まれているこ

(12)　なお、プルタルコスは『王と将軍たちの名言集』の中で、アリステイデスに対して陶片追放のための一票を投じようとする一人の文盲の男が、次のように発言したと記している。「〔アリステイデスの〕人となりは知らないが、正義の士という呼び名に腹が立つ（ἄχθεσθαι）（*Regum.* 186A）」。ほぼ同じ発言が『アリステイデス』（7.7）にも収録されており、そこでは「「正義の士」などと耳にするのも本当に嫌だ（ἐνοχλοῦμαι πανταχοῦ τὸν Δίκαιον ἀκούων）」と記されている。これらの記述、とりわけ『名言集』を作成するに当たって、プルタルコスが「嫉妬心」ということをどれだけ念頭においていたのか、必ずしも明確ではない。

(13)　Plut. *Nic.* 6.1-2.

(14)　Plut. *Cim.* 16.3, cf. *Per.* 9.5, 10.1, *Cim.* 17.3.

とから、陶片追放を受けるのではないかと危惧していたと記されている[15]。嫉妬心（φθόνος）という言葉自体は明示されないものの、陶片追放が実施される背景に、こうした社会資本に恵まれない一般大衆の嫉妬心があったことを示唆するような記述である[16]。

古代ギリシアにおける嫉妬について体系的な分析を行ったRanulfやWalcotは、これらの記述を素朴に受け入れ、アテナイで実施された陶片追放が大衆の嫉妬心の発露であったと主張している[17]。他方、感情の心理学を研究するElsterは、1999年に上梓した著書*Alchemies of the Mind*の中でこうした見解に対し明確な疑義を呈している。陶片追放の制度と投票者である大衆の嫉妬心を直結させるプルタルコスの叙述には、同時代史料による裏付けが欠如しているというのである[18]。この批判が正しいとすれば、プルタルコスが陶片追放を大衆の嫉妬心の発露と捉えているのは、陶片追放が実施された前5世紀当時の実情を描いているというよりも、後1、2世紀を生きた、この知識人自身の解釈である可能性も排除できないことになる。

史料的制約もあり、この点について真実を追求することは容易ではない。しかし少なくとも、プルタルコスがいかにしてかかる記述をするに至ったのか、情報を整理することにより一定の見通しを得ることは可能であろう。この件に関しては、Cairnsなどの先行研究にいくらかの言及はあるものの、関連情報を悉皆的に調査整理し、内容を精査した先行研究は見当たらない[19]。

(15)　Plut. *Per.* 7.2.

(16)　ただし、プルタルコスは大衆の嫉妬心が陶片追放実施の引き金であったと常に明示しているわけではない。例えばキモンについて、『ペリクレス』ではスパルタとの関係が陶片追放実施の引き金となったとされており（*Per.* 9.5）、既述の通り『キモン』でも、陶片追放に至る経緯を叙述する箇所では大衆の嫉妬心は明言されていない（*Cim.* 17.3）。ダモンの陶片追放に関しては、*Per.* 4.3において僭主政につながる危険性が言及されている。この他で陶片追放に言及している箇所には、とりたてて陶片追放実施に至る「市民たち」の動機などに立ち入った説明はない（*Them.* 5.7, *Arist.* 7.3-4, *Per.* 14.3, 16.3, *Comp. Cor. et Alc.* 4.8）。

(17)　Ranulf (1933) 134-135; Walcot (1978) 53-59.

(18)　Elster (1999) 187-189.

(19)　Cairns (2003) 243-244は、妬みと政治に関する論考の一節で陶片追放と大衆の妬みについての問題を取り上げており、ピンダロス『ピュティア第7歌』に加えて、並行例としてヘラクレイトス B121 DKを挙げ、「追放実施は大衆の妬みが背景にあった」と主張することの政治イデオロギー的背景について分析している。しかしながら、まずヘラクレイトスの事例はアテナイの陶片追放に言及したものではない。また、ピンダロスとプルタルコスの関係については十分な分析が行われておらず、検討の余地がある。Beneker (2004/05) は、プルタル

よって本章では、何故にプルタルコスがくりかえし陶片追放を大衆の嫉妬心発露の道具として描いているのか、その理由を探るため、まず第1に、彼がいかなる伝承の伝統の中に位置し、いかなる史料を下敷きにしていたのか、先行する伝承・文献と『英雄伝』の関係について検討し、その上で第2にプルタルコスの他の著作にも目を向け、著作家自身の同時代的問題関心がいかに反映していたのかについて考察することとする。

## 第2節　古典期ギリシア人の陶片追放理解

陶片追放は大衆の嫉妬心の発露である――そう看做すプルタルコスの記述を、単なる事実描写あるいは古代ギリシア人の一般的理解と解釈することには、わずかならず警戒の念を抱かざるを得ない。たしかにElsterの指摘は十分な精査の上でなされたものではなく、次節以下で見るように検討の余地はある。しかしながら、以下で見るように、全般的な史料状況はやはりElsterの見解を支持しているように思われる。事実、陶片追放に言及する古典期の著作家たちは、ほとんど大衆の嫉妬心に言及していない。たとえばSiewertが編纂した陶片追放関連史料集を繙けば、その中で陶片追放と嫉妬心の関連性を明確に示すものとして挙げられているのは、唯一、ピンダロス『ピュティア第7歌』に限られる[20]。この作品とプルタルコスの関係に関しては節を改めて論じるとして、この例外的な1例を別にすると、その他多く

---

コスが叙述する陶片追放を「理論」と「実践」の2側面に分け、大衆の嫉妬心の発露という「理論」と政治家同士の策略という「実践」がいかに叙述されているのかという問題意識の下に議論を展開している。この二分法自体に問題があるように思われるが、いずれにせよプルタルコスの典拠などにはほとんど関心が示されず、Marr (1998) 132を根拠に、嫉妬心に関する情報がエポロスに遡ることを指摘するに留まる。Marr (1998) 132は、プルタルコスの典拠となり得るものを複数挙げているが、妬みについて明示しているのは、Nepos, *Them.* 8.1とDS 11.55.1-3のみであり、後者の情報源であるエポロスが、プルタルコスにとっても「妬み」に関する大本の情報源なのであろうと推測しているに過ぎない。後述するように、Marrのごく簡略な註釈をそのまま鵜呑みにすることはできない。

(20) Siewert et al. (2002) に挙げられる諸史料に加え、筆者自身が追加して関連箇所を調査した限りでは、やはり、この一例に限定される。ただし、まず『ピュティア第7歌』は陶片追放そのものに明示的に言及しておらず、検討を要する（後述）。他方、現存していないものの、プルタルコスが参照したと思われる、前4世紀に記された複数の史料には、市民たちの嫉妬心が明示されていたと考えられる。この点についても後述する。

の古典作品では、陶片追放が大衆の嫉妬とは別の理由から実施されたとされている。すなわち、民主政下の市民たちが権力者に対して「恐れ（φόβος）」や「疑念（ὑποψία）」を抱き、これが原因で陶片追放が実施されたと、種々の作品が伝えているのである。たとえば、前431年に勃発したペロポネソス戦争を主題とする同時代史、トゥキュディデスの『歴史』には次のような一節が残されている。

> アテナイ人のうちヒュペルボロスなる人物は、不埒な人間で、権力や名声に関する恐れではなく（οὐ διὰ δυνάμεως καὶ ἀξιώματος φόβον）、悪党であり、ポリスの恥であることから陶片追放に遭っていたのだが、……。（トゥキュディデス『歴史』8.73.3）

ここで歴史家は、前410年代、すなわち自身と同時代に生じたヒュペルボロスの陶片追放に関して、当該の人物は例外的に、悪党であること（πονηρία）をもって陶片追放の対象とされたが、一般には権力や名声に基づく恐れから実施されるものであった、という理解を示している。同様の記述は、やや時代を下った前3世紀のアテナイの歴史家ピロコロスの断片にも残されている。ピロコロスは陶片追放の手続きに関して詳細な情報を残しているが、これに続いてやはりヒュペルボロスの陶片追放について、その例外的状況を説明している。

> ヒュペルボロスは名声なき人間のうちで唯一、僭主政〔狙い〕の疑念ではなく（οὐ δι' ὑποψίαν τυραννίδος）、生き様の不埒さゆえに陶片追放を受けた。この後、この習慣は廃止された。クレイステネスが、僭主たちを打ち破った時、彼らの友人たちも共に追放しようとして立法したのが始まりであった。（ピロコロス断片*BNJ* 328 F 30）

ここでは、ヒュペルボロスの陶片追放が特異であったと説明するに際して、陶片追放は本来、僭主政狙いに対する疑念から実施されるものであったという理解が示されている。この「僭主政治への疑念」と陶片追放を結びつける見方は古典期に遡るもので、たとえば前4世紀の知識人アンドロティオンは「陶片追放関連法は、当初、ペイシストラトス一味に対する疑念（ὑποψία）のために制定された」と述べている[21]。アリストテレス作品集に収められている『アテナイ人の国制』にも陶片追放に関する言及はあるが、そこにも大衆の嫉妬心を示唆する文言はなく、およそアンドロティオンなどと同様の見方が記されるのみである。

> ［３］それから12年目、パイニッポスがアルコンの年にマラトンの戦いで勝利を収めると、勝利から２年後、民衆はもはや自信を深めており、この時初めて陶片追放関連法を用いた。これは権力の座にある者たちへの疑念から制定されたものであり（ἐτέθη διὰ τὴν ὑποψίαν τῶν ἐν ταῖς δυνάμεσιν）、ペイシストラトスが民衆指導者であり、将軍を務めながら僭主になったことによる。［４］そして初めに陶片追放の対象となったのは、彼の親族の一人、コリュトス区民カルモスの子ヒッパルコスである。クレイステネスは何よりもまずこの人物のために、彼を追放したいと願って、この法を制定したのであった。というのも、アテナイ人たちは、市民団がいつも手心を加えるのと同じように、僭主の友人たちに、混乱期に過ちを犯さなかった限りは、ポリスに居住することを許していたのである。この人たちの指導者にして保護者だったのがヒッパルコスであった。［５］……そしてアロペケ区民ヒッポクラテスの子メガクレスが陶片追放を受けた。［６］さらに３年の間、彼らは、法が制定された原因である、僭主の友人たちを（τοὺς τῶν τυράννων φίλους）陶片追放の対象とした。この後、４年目になって、他の者たちであっても、誰かより強力だと思われる者があれば、その者たちが排除されるようになった。そして、僭主以外の人間としてはアリプロンの子クサンティッポスが初めて陶片追放を受けた(22)。（伝アリストテレス『アテナイ人の国制』22.3-6）

すなわち陶片追放の制度は、僭主に連なる一党を排除するため、権力者に対する疑念（ὑποψία）から制定されたものであり、その後にはさらに僭主の一党以外でも強力な人間を排除するようになったというのである。クレイステネス改革後、ペルシア戦争初戦での勝利を受けて、民衆が自信を付けていたという記述はあるものの、彼らが陶片追放実施時に対象となる政治家に対して嫉妬心を抱いていたというような言及は一切無い。同じく陶片追放についてやや立ち入った議論を残しているアリストテレス『政治学』などは、民主政下の人々が「何にも増して平等を追求している」が故に、「財産や仲間

(21)　*BNJ* 324 F 6.
(22)　Cf. Rhodes (1993) 266-277.

の数、あるいはその他の政治力によって卓越した力を有していると思われる人々」を陶片追放の対象としていたと述べており、民主政下の市民平等の理念から同制度が実施されていたと記している(23)。アリストテレスはおよそ同趣旨の説明を別の箇所でもくりかえしており(24)、さらに同制度が党派争いに利用されていた事実などにも触れてはいるが(25)、陶片追放を実施した市民たちの心理については格別に具体的な説明を施すことはなく、まして嫉妬心を慰撫するものだったというような言い方は一切していない。

以上概観してきたように、現存する古典文献が陶片追放の制定や実施について説明する際、大衆の嫉妬心の発露をその目的と理解している事例は、管見の限り、ほとんど認められなかった。何らかの心理的説明を施す場合には、僭主の一党や過度に権力を有する人物に対して民主政下の市民たちが抱く恐れ（φόβος）や疑念（ὑποψία）に言及する事例が少なくなかった。むろん、これらはあくまで現存する古典文献に見られる傾向を瞥見したに過ぎず、陶片追放を大衆の嫉妬心の発露と看做す発想が、プルタルコス以前に存在しなかったということを証明したわけではない(26)。この点については次節以下でやや立ち入って検討するとして、本節では、プルタルコスの発想が現存する古典文献とは大きく異なるものであること、したがってプルタルコスは少なくとも、古代ギリシア世界に流布していた常識的な陶片追放理解を、意図せずくりかえしていたわけではないことを確認しておきたい。

## 第3節　メガクレスの陶片追放とピンダロスの妬み

既述の通り、Elsterの慎重な姿勢はきわめて妥当であるものの、前古典期からヘレニズム時代にかけての諸史料を詳細に検討したものではない。Elsterに従って、プルタルコスが先行例もなく、大衆の嫉妬という視点を陶片追放制度の解釈に独自に適用したと判断するのは早計に過ぎよう。大衆の嫉妬心と陶片追放制度の関連性を何かしら示唆する古代の文献はないのだろ

(23)　Arist. *Pol.* 3.13.1284a17-22.
(24)　Arist. *Pol.* 5.3.1302b15-21.
(25)　Arist. *Pol.* 3.13.1284b22.
(26)　ただし、古典期の記述が素朴に事実を描写していると理解すべきではない。

うか。あるとすれば、それらとプルタルコスの記述はいかなる関係にあるのだろうか。以下、この点について詳細に考察を加えてゆくこととしたい。

初めに検討すべきは、ピンダロス『ピュティア第7歌』である。実は古代ギリシアにおける感情を研究するCairnsやEidinow、陶片追放関連史料集を編纂したSiewartをはじめとして、古典学者、古代史研究者たちは概して、この歌に詠まれた妬みを陶片追放と結びつけて解釈してきた(27)。

すなわち、メガクレスよ、
あなたたちと、その祖先との栄冠の数々である。
新たな功にわたしは喜ぶ。ただ悲しいのは、
麗しいいさおが嫉妬で（φθόνον）報われるということだ。
とはいえ人は言う、栄え続ける
幸運は、このように禍と福とを伴うもの、と。
（ピンダロス『ピュティア第7歌』17-22［内田次信訳］）

たしかにここに、嫉妬（φθόνος）が詠われている。この祝勝歌は、アテナイ人メガクレスが前486年のピュティア祭戦車競技において優勝した際に詠まれたものであり、詩人ピンダロスは、この優勝が彼らアルクメオン家の長きにわたる栄光に華を添えたと言祝ぐ一方、それらの偉業が妬みをもって返報されることに嘆息している。このメガクレスこそは、同年、陶片追放を受けたことが知られている、アテナイの有力政治指導者の一人である(28)。こうした状況を踏まえ、『ピュティア第7歌』に詠まれた「嫉妬」は、メガクレスに対して陶片追放を実施した人々の心理、動機を言い表したものと考えられている(29)。

しかしここに詠まれた「嫉妬心」は、いったい誰のものなのであろうか。陶片追放と嫉妬心の関係を示す同時代史料として唯一挙げられているこのピンダロスの祝勝歌は、ごく短く、引用箇所では誰の感情が詠まれているのか、必ずしも詳らかではない。市民一般の間に醸成された嫉妬意識なのか、ある

(27)　Siewert (2002) 167-170; Cairns (2003) 243; Eidinow (2016) 123.
(28)　*Ath.Pol.* 22.5; Rhodes (1993) 274-275.
(29)　メガクレスが2度の陶片追放を受けたという言説が古典期に残されており（Lys. 14.39）、真偽をめぐって意見が分かれていたが、近年ではForsdyke (2005) 155-156がBrenne (2002) 42-43の見解を受け入れる形で、2度の陶片追放があったと主張している。

いは対立する政治家の妬みなのか。前者ならば、プルタルコスの記述とも一致するが、後者であれば、政治家間の対立構図に言及していることとなり、プルタルコスとは必ずしも一致しないことになる。

この点に関して明確な正解を示すことはできないが、詩人が引用箇所に市民団、大衆一般の嫉妬心を詠っている可能性も否定できない。事実、ピンダロスの祝勝歌には数多くの「嫉妬心」が詠い込まれており、中には栄誉を手にする有力者に対して市民一般がそうした感情を抱いていると示唆する事例も確認できる[30]。たとえば『ピュティア第1歌』では、嫉妬心は次のように詠われている。

> とりわけ他人の功を市民が聞かされる時（ἀστῶν ἀκοὰ）、その心は密かに鬱屈する
> さりながら、憐れみよりは妬み（φθόνος）を受けた方がましだから、
> 栄誉の機会を見過ごすな。（『ピュティア第1歌』84-86［内田次信訳］）

同様に『ピュティア第11歌』では、嫉妬心が次のように詠まれている。詩人はアガメムノンの妻クリュタイムネストラの不義に言及した後、次のように詩句をつないでいる。

> これは若い妻にあっては
> もっとも憎むべき罪科であり、他人の噂にならぬよう
> 隠し通すことは不可能である。
> 市民は（πολῖται）口さがないもの。
> 幸はそれに見合った妬みを（φθόνον）伴うからだ。（『ピュティア第11歌』25-29［内田次信訳］）

このようにピンダロスは自らの祝勝歌のうちに、不特定の市民たちが抱く嫉妬心に対する危惧の念をしばしば明確に詠み込んでいる。対照的に、政敵が嫉妬心を煽られることを明示的に歌っている事例はあまり見られない[31]。

---

(30)　ピンダロスの祝勝歌に詠まれる妬みについては、多くの研究が発表されているが、ここではBulman (1992); Most (2003); Eidinow (2016) 102−124を挙げるに留める。

(31)　たとえば、シュラクサイのヒエロンに捧げた『ピュティア第3歌』では、ヒエロンのことを「街の人々には優しく（πραῢς ἀστοῖς)、良き人々を妬むこともなく（οὐ φθονέων ἀγαθοῖς)、賓客・外国人には賛嘆すべき父である（ξείνοις δὲ θαυμαστὸς πατήρ)」と称して讃えているが

むろん、これらのわずかな事例から、『ピュティア第7歌』に詠まれる嫉妬心について何らかの結論を導くことは適わないが、少なくとも、詩人が嫉妬心に言及するに当たり、不特定多数の市民たちをその主体として想定していなかったと結論づけることもまたできない。

しかしながら、たとえ『ピュティア第7歌』に詠われる「嫉妬」が市民一般の感情であると仮定するにせよ、このピンダロスの詩句とプルタルコスの記述の関係性を見定めることは容易ではない。まず、プルタルコスがピンダロスを参照し、自らの記述の根拠としたというような直接的な関係はおそらく成り立たない。たしかにカイロネイアの知識人プルタルコスは、同じボイオティア地方の偉人ピンダロスの作品によく親しんでいた様子も伺われる[(32)]。しかしながら、後に見るように、プルタルコスは『英雄伝』で扱う偉人たち、そして彼らが対象とされた陶片追放について、複数の古典期、ヘレニズム期の文献史料に依拠して調査・執筆を行っている。ところがそれらを記述するにあたって、プルタルコスがピンダロスを直接参考にしたと思われる箇所は、管見の限り、一つとして見出すことはできない。また、そもそも『ピュティア第7歌』は、『英雄伝』では扱われていないメガクレスの状況について詠ったに過ぎず、陶片追放全般について言及したものではない。したがって、プルタルコスがピンダロスの詩に慣れ親しむうち、そこから何かしらの着想を得ていた可能性は認めるとしても、そのこと自体は、彼がそのアイディアを他の事例にまで拡大適用し、陶片追放という制度そのものをくりかえし「嫉妬心の発露」と説明するに至ったことについての決定的理由とは言えないのである。

---

(*Pyth.* 3.71)、ここでは僭主にあたる有力者が、市内の別の有力者に対して嫉妬心を抱く可能性が示唆されている。もっとも、嫉妬する主体が不特定多数の市民、大衆と明示されず、『ピュティア第7歌』の場合と同様、曖昧なままであるケースも少なくない。神々の嫉妬に言及するケースも2例確認できる（*Pyth.* 10.20, *Isth.* 7.39)。

(32)　プルタルコスは『ピンダロス』という伝記も執筆していたらしい（*Lamp. Cat.* 36)。García Valdés (1994)も参照

## 第4節　前4世紀、ヘレニズム時代のギリシア人著作家とプルタルコス

それではプルタルコスが、陶片追放についてくりかえし「一般市民の嫉妬心の発露」と記すに至った根拠は、先行する文献中に見出すことはできないのだろうか。本節では、考えうる2つの事例を取り上げて、考察を加えることとする。

初めに検討するのは、後1世紀の歴史家ディオドロスの著作『歴史叢書』である。本章冒頭で見たように、プルタルコスは陶片追放を説明すると同時に、「腐敗に対する懲罰なのではない」と評し、さらに「体良く、耐えがたい権力と権威を貶め、切詰めるものと呼ばれてはいた」と述べている（『アリステイデス』7.2）。実はこれと同様の記述が、ディオドロス『歴史叢書』の中にも見られる。ディオドロスは、テミストクレスに対する陶片追放を記すに際し、次のように記している。

> まずはじめに、彼ら〔＝アテナイ市民たち〕は、彼〔＝テミストクレス〕に対して陶片追放と呼ばれるものを適用して、彼をポリスから排除した。これが制定されたのは、アテナイにおいてペイシストラトスらの僭主政が倒壊した後のことであり、この法は以下のようなものであった。[2] 民主政を倒壊させる力が最もあると思われる人物の名前を、市民一人一人が陶片に記した。陶片が最も多く投票されれば、その人物は祖国から5年の間〔ママ〕、退去するように定められていたのである。[3] アテナイ人たちが以上のことを立法したのは、次のような理由によるものらしい。すなわち、悪事に関して懲罰するためではなく（οὐχ ἵνα τὴν κακίαν κολάζωσιν）、退去させることで、卓越している人間たちの意気・野心を削ぐことが目的であった（ἀλλ' ἵνα τὰ φρονήματα τῶν ὑπερεχόντων ταπεινότερα γένηται διὰ τὴν φυγήν）。さてそうすると、テミストクレスの方は、上述の方法で陶片追放の対象となり、祖国からアルゴスへと亡命した。（ディオドロス『歴史叢書』11.55.1-3）

引用箇所では、陶片追放の目的が悪事に対する懲罰ではなく、「卓越している人間たちの意気・野心を削ぐこと」にあるとされており、プルタルコス

の説明ときわめて似かよった見解が提示されている。しかしここでもやはり、同制度を大衆の嫉妬心の発露と看做す明示的な説明は認められない。ところがディオドロスはこの直前、テミストクレスに対して妬みの気持ちを抱いていた者たちがいたとも記している。

> ［4］また彼ら〔＝スパルタ人たち〕は、テミストクレスの政敵たちとも話をして、彼らに告発するよう焚きつけ、次のように話をして金銭を渡した。すなわち、パウサニアス〔＝かつてのスパルタ王〕の方は、ギリシアを裏切ろうと決めると、自分の計略をテミストクレスに打ち明け、計画に参加するよう持ちかけたのであるが、これに対してテミストクレスの方は、その願いを受け入れることはなかったものの、友人である人物を非難すべきだと判断することもなかったのだと。［5］このときテミストクレスは、裏切りに関して告発されはしたが、裁判では無罪を勝ち取った。放免されたのち、初めのうちは彼もアテナイ人のあいだで一目置かれる人間であり続けた。市民たちが彼のことを、その偉業のゆえに殊のほか愛していたのである。しかしながら、やがてある者たちは、彼が卓越していることに恐れを抱き（οἱ μὲν φοβηθέντες αὐτοῦ τὴν ὑπεροχήν）、またある者たちは評判を妬み（οἱ δὲ φθονήσαντες τῇ δόξῃ）、彼の善行は忘れ去って、彼の力と意気を削ごうと躍起になり始めた。
> （ディオドロス『歴史叢書』11.54.4-5）

前後関係から考えて、おそらくディオドロスはここに記されている恐れ、そして嫉妬という２つの感情が、テミストクレスに対する陶片追放という結果を招来したと理解していたのであろう。感情の主体は必ずしも明記されてはいないが、前後の文脈から市民一般と考えて差し支えあるまい。このディオドロスの記述は、一般に、前４世紀に活躍したギリシア人歴史家キュメのエポロスを根拠としていると考えられている[33]。このことは、プルタルコス『ヘロドトスの悪意について』の記述もまた支持しているように思われる。

> 〔ソフィストと比較して〕歴史を書き記す者は、一方で、知っていることに関しては、真実であると述べるべきであり、他方、明確でないことについては、質の低い（信憑性の低い）ものよりも質の高い（信憑性の高い）ものの方が真実の話だと思われる、と述べるのが正しいのである。多くの者たちは、質

(33)　*BNJ* 70 F 189.

の低い（信憑性の低い）話を完全に無視している。たとえば、テミストクレスに関して、エポロスの方は次のように述べている。すなわち、テミストクレスは、パウサニアスの裏切り、そしてペルシア王配下の将軍たちとの交渉について知っていたのだと。その上で、エポロスは次のように主張している。「しかし、〔パウサニアスが〕事情を打ち明け、彼に〔同じ〕期待を持つようにと誘おうとも、彼は説得されることもなければ、好意的に受け取ることもなかった」と。しかしながら、トゥキュディデスの方は、この話を否定的に判断し、すっかり落としている。（プルタルコス『ヘロドトスの悪意について』855F）

引用箇所に記されたテミストクレスとスパルタ王パウサニアスをめぐる顛末は、先に見たように、ディオドロス『歴史叢書』にもおよそ同じ挿話が収録されており、このことから後者の記述がエポロスに連なる伝承の流れに位置付けられると理解しても良いだろう。そしてこの同じ史料から、プルタルコスもまた、同じ事件について調査するにあたってトゥキュディデスに加え、エポロスを参照していたことが明らかにされている。そうだとするならば、以下のように理解することが可能だろう。すなわち、プルタルコスは、前4世紀の歴史家エポロスの記述に大きな影響を受け、市民たちの嫉妬がテミストクレスに対する陶片追放実施につながったと理解するに至った、と。

ただし、相違点にも注意しなければならない。まずディオドロスによれば、テミストクレスに対して嫉妬心を感ずる者たちもいたものの、この他、その名声に恐れを抱く者たちもいたという。対照的にプルタルコスは、陶片追放をもっぱら嫉妬心の発露と看做しており、市民が「名声に対する嫉妬心に、僭主に対する恐れという名前をつけて」陶片追放を実行していたとまでと記している[34]。ディオドロスがどこまでエポロスの記述に忠実であるのか、必ずしも明確ではないが、もしも忠実であるとすれば、プルタルコスはエポロスの記述に影響を受けながらも、その記述を自分なりの価値観に即して書き改めていることになる。あるいは仮にプルタルコスの記述の方がエポロスに近いとするならば、その場合、彼がアリストテレスやトゥキュディデスなど複数の文献を調査対象にしていたことを考えあわせれば[35]、複数の解釈

(34)　*Arist.* 7.2, cf. *Alc.* 13.6.

のうちからエポロスの解釈を（部分的に信憑性に疑問符を付しているにも拘らず）、自らの価値観により近いものとして主体的に選択した蓋然性が高いと言えるだろう。

さらにもう一つの相違点にも留意したい。プルタルコスの場合、テミストクレスの個別事例を取り上げ、この件についてのみ、市民たちの嫉妬心が導引となり陶片追放実施に至ったとしているわけではない。他の事例も含め、陶片追放の制度全般を大衆の嫉妬心の発露と看做しており、この点においてもディオドロスと異なる。ここからもまた、プルタルコス自身の陶片追放理解がその叙述に影響を与えている可能性は、十分に高いと言えるだろう(36)。

もう1点、プルタルコスが参照した別の作品の中に、陶片追放と市民たちの嫉妬心が結びつけられている可能性が認められる。パレロンのデメトリオスの著書『ソクラテス』である。このデメトリオスは、前4世紀末から前3世紀初めにかけてアテナイで活躍した有力政治指導者であり、前317年以降は、マケドニア王カッサンドロスによってアテナイの僭主に任じられ、10年間にわたってその地位を保持していた。またこの人物はペリパトス派の哲学

---

(35)　アリストテレスとプルタルコスについては、たとえば、Babut (1996); Becci (2014) などを参照。トゥキュディデスとプルタルコスに関しては、たとえば、de Romilly (1988); Pelling (1992) などを参照。

(36)　少なくとも、共和政ローマ、ラテン圏の知識人たちは、テミストクレスの陶片追放を人々の嫉妬心と関連付けて理解していた。たとえばキケロ『友情について』12章42節（propterque invidiam in exsilium expulsus esset）やネポス『テミストクレス』8節などは、テミストクレスの陶片追放に言及し、その原因を人々の妬み（invidia）に帰している。プルタルコスが自らの読書経験を通じて、あるいはローマの知識人との交流を通じて、ラテン圏に流布していたかかる陶片追放理解に触れ、そこから何らかの影響を受けていた可能性も否定できない。事実、近年、プルタルコスのラテン語読解力を過度に低く見積もるべきではないとの指摘がくりかえされており、また彼とローマの有力者、知識人との知的交流も盛んに行われていたことは周知の事実である（cf. Stadter (2014); Schettiono (2014)）。しかしながら、古典期ギリシアで生じた事件を記す際に、ギリシア語で記された文献史料があるにも拘らず、プルタルコスがもっぱらラテン文献に依拠して叙述したとまで主張するのは、やや根拠に欠けるように思われる。またラテン圏の叙述は、プルタルコスとも異なり、陶片追放の制度に対する理解が不十分であるためか、処罰としての追放刑と同列に扱われることが多い。加えて、ラテン語invidiaとギリシア語のφθόνοςの意味の開きも、こうした理解のズレに影響を与えているかもしれない。すなわち、キケロらの叙述からは、ラテン圏でもテミストクレスに対する陶片追放をエポロス（あるいはディオドロス）とおよそ同様に理解する姿勢が受容されていたことが確認できる一方で、共和政期ローマ人の価値観に従った解釈が施されていた様子も伺われるのである。したがってプルタルコスとの関係については、ひとまず両者がともに共通の伝承を参照していた点を指摘するに留めることとしたい。

者としても知られ、前307年に追放された後、プトレマイオスが治めるエジプトに亡命し、アレクサンドリアで膨大な数の著作を残したという(37)。プルタルコスは、『アリステイデス』の冒頭でデメトリオスの著作に言及しながら次のような議論を展開している。

> 多くの人々によって主張されているこの議論〔＝アリステイデスが貧しい家柄だとする見解〕に対して、パレロンのデメトリオスは『ソクラテス』の中で反論を展開している。彼は、アリステイデスの土地がパレロンにあり、彼がそこに葬られていることを知っており、また彼の家が豊かであったことの証拠として、まず彼が紀年のアルコン役を務めていたことを挙げている。彼はこの役職を、最上位の財産所有者カテゴリー、五〇〇石級と呼ばれる者たちの中から、豆の籤引きに当たって務めていたのである(38)。もう一つは陶片追放である。というのも、貧しい者たちのうちでは誰一人として、陶片追放の対象となった者はなく、生まれの高貴さにより妬みを買うような、大きな家の出身の者たちに対して（τοῖς ἐξ οἴκων τε μεγάλων καὶ διὰ γένους ὄγκον ἐπιφθόνων）、陶片が投票されるのだから、と主張している。（『アリステイデス』1.2）

プルタルコスによれば、デメトリオスはアリステイデスが富裕な家柄であったと主張し、根拠の一つにこの政治家が陶片追放に遭った事実を挙げ、さらに一般にこの制度の対象とされたのは、妬みを買うような高貴で富裕な家柄の者であったと記しているらしい(39)。プルタルコスはこの説を退け、アリステイデスが貧しい家の出であることを主張し、妬みの原因が富以外にもあり得ることを自ら主張している。もしもプルタルコスがデメトリオスの記述を正確に伝えているとするならば、前者は、アリステイデスの出自に関する見解こそ異なれど、陶片追放を大衆の嫉妬心から実施されるものと理解する

---

(37)　デメトリオスについては、O'Sullivan (2008), (2009)を参照。なお、ヘレニズム期の文人伝については、第１章[松原]参照。

(38)　Plut. *Arist.* 1.8は、このときのアルコン選出が選挙によるものであったという情報を伝えている。豆によるアルコンの籤引については、Rhodes (1993) 274 ; Raaflaub (1998) 44-45などを参照。

(39)　デメトリオス自身、アテナイから亡命しており、またその政治が民衆、民主派から批判的に受け止められていた。こうした個人的な経験も、デメトリオスの筆致に影響している可能性があろう。

姿勢をデメトリオスと共有していることになる。すなわち、プルタルコスは先行するデメトリオスの著作を史料の一つとして検討しており、少なくともその作業を通じて、陶片追放という制度が一般に富裕者に対する嫉妬心から実施されていたという見解に触れていた可能性は十分に高いと言えるだろう。

ただし、この解釈にも一定の留保を付さざるを得ない。プルタルコスが果たしてデメトリオスの文言をどこまで正確に伝えているのかについては、確定することはできない。一般大衆の妬みという要素がプルタルコス自身によって過度に強調されている可能性も否定できない。また、プルタルコスがデメトリオスの著作を批判対象としていることなどからも推察されるように、後者の考えをそのまま踏襲してはいないことも明らかである。仮にプルタルコスが、陶片追放を大衆の嫉妬心の発露と見る発想をデメトリオスの作品から得た、或いは作品を検討する中で明確化していったということであったにせよ、そこにはプルタルコスなりの価値観に基づいた批判的理解が介在していたこともまた明らかである。

以上の検討から明らかなように、少なくとも、プルタルコスが参照したことが明らかな古典期から初期ヘレニズム期にかけての文献作品、エポロス、そしておそらくデメトリオスの作品の中に、陶片追放を大衆の嫉妬を慰撫する策と看做す記述があった蓋然性は十分に高い。ただし、プルタルコスがそれらの記述を思慮なく採用したわけではないこともまた明らかとなった。それぞれの史料を批判的に利用している点、ディオドロスに比べ、明らかに恐れよりも妬みを重視し、個別事例ではなく制度一般に敷衍して理解している点、また大衆の妬みをくりかえし強調している点から考えて、プルタルコスは複数の文献から情報を得る一方、それらのいずれかを単純に受け入れてなぞったのではなく、それらから着想を得て自ら練り上げ、彼なりの考えを表明したと考えた方が妥当であろう。

## 第5節　同時代への配慮

それではプルタルコスは、いかなる関心の下に『英雄伝』中で陶片追放を大衆の嫉妬心の発露と説明するに至ったのだろうか。実際のところ、探究心の旺盛なプルタルコスはきわめて多様な事象に関心を持っており、種々の問題意識が彼の記述に様々に影響を与えたことだろう(40)。その中でも本節はプルタルコスの政治観、とりわけ大衆、市民団に対する眼差しに焦点を合わせ、彼の同時代の政治への関心が、先に見た陶片追放に関する過去の叙述にも影響を与えた可能性を考えてみたい(41)。

プルタルコスの同時代的関心、とりわけ同時代の政治に対する見解は、プルタルコスがスミュルナの若きギリシア人政治家メネマコスのために記した助言『政治家になるための教訓集』(以下、『教訓集』)の中に明示されている(42)。なかでも、プルタルコスが政治家と民衆の関係に強い関心を抱いていた様子は、作品の随所に示されている(43)。たしかに冒頭では、民衆との関係よりも先に、政治家を志す人間本人の姿勢について助言が記され、名誉欲や競争心ではなく、自らの理性的判断に基づいて政治活動に参入すべきであることが述べられている(44)。しかし政治活動参入の動機をめぐる助言は、何よりも先に取り上げられてはいるものの、比較的手短に済まされ、続いて

(40)　プルタルコスは、嫉妬心について『妬みと憎しみについて』、『妬まれずに自分をほめることについて』といった論考を発表している。たとえば、Spatharas (2013) は『妬みと憎しみについて』を取り上げ、これとアリストテレス『弁論術』の類似性, 関係性について詳細に検討を加えている。すなわち、本節で概観する「同時代の政治」に対する問題関心以外にも、あるいはそれと重なり合いながら、倫理学的関心が叙述に影響を与えていることもまた間違いないだろう。なおプルタルコスの多様な関心、哲学・倫理学的背景に関しては、第4章[近藤]、第5章[木原]及び第6章[瀬口]がその一端を明らかにしている。

(41)　個別の事例についてみれば、伝記的要素、物語的要素を重視して、大衆の嫉妬心をより一層強調したという蓋然性も十分に高い。たとえば『アリステイデス』の場合、「正義の人」アリステイデスが、合理的根拠を欠く大衆の嫉妬心により陶片追放を受けたという叙述は、物語を劇的、印象的に描写することにつながり、アリステイデスに備わった徳「正義」を強調する役割を担っていると言えるだろう。なお、『英雄伝』の叙述と同時代の政治との関わりに関しては、第1章[松原]、第2章[澤田]、第6章[瀬口]も参照のこと。

(42)　ローマ帝政下に制作されたギリシア文学作品について論ずるSwain (1996) は、プルタルコスも素材の一つとして取り上げ、やはり『教訓集』を中心素材として、プルタルコスの同時代的関心と叙述への影響について分析している (135-186)。

(43)　Stadter (2014) 25. Cf. Pelling (1986); de Blois (1992), (2004) などは、共和政ローマの人物を扱う際に、プルタルコスが民衆と指導者の二項対立を過度に強調し、騎士身分等のアクターを看過していることを指摘している。Saïd (2005) は、『英雄伝』中でギリシアの英雄に対置される「大衆」にも注目し、本論とは別の視角から、ギリシア・ローマを問わず、プルタルコスが画一的に「民衆」を描いていること、そしてそこに同時代の政治に対するプルタルコスの価値観が反映していることを指摘している。

(44)　Plut. *Praecepta* 798C-799A.

「このように自らの選択をしかと己が肝に据え、動じぬものとした後は、市民たちの気質（ἦθος）について観察する段に移るべきである[45]」といって、以降、多くの同胞市民をいかにして導き、いかに扱うべきかが詳細に記されている。中でも同胞市民の感情や彼らが政治家に対して示す反応については、殊のほか強い関心が示されている。アテナイ市民やカルタゴ市民、過去の歴史的事件などを例に取り、彼らの感情がいかに発露するのかについて解説を加えると、今度は市民たちに軽蔑、嫌悪されることのないよう、公私にわたって身を律するように教え諭すなどしている[46]。弁舌の力についても解説し、ホメロスに詠われた王たちですら、「民衆の身勝手さ、荒々しさを説得の力によって和らげ、魅了する」以上、並みの人間であれば「説得し、惹きつける弁論を持ち合わせていなければ」、「大衆に優り、統治すること」などなし得ないのだと説いている[47]。むろん、話題は市民感情の問題に限定されているわけではなく、政治家同士の関係や帝国ローマとの関わり方など、種々の問題が扱われてはいるのだが、その際にも同胞市民の感情的な反応が、やはり頻繁に言及されている。

プルタルコスが、政治家として注意を払うべきだと主張する市民たちの感情のうちには、やはり嫉妬心（φθόνος）がたびたび登場している。たとえば、政治家として華々しいデヴューが望ましいのか、地道な積み重ねが望ましいのかを論ずる中で、プルタルコスは前者を（少なくとも表面的には）支持して、次のように論述している。

> というのも、大衆は、おなじみの人間がいっぱいではいささか飽きがくるため、新人の方をより熱心に歓迎するものなのである。観客が役者をそうするように。そして権力や公職は、輝かしく、すみやかに高まる場合には、妬み（φθόνον）を追い払うものなのである。というのも、アリストン曰く、一気呵成に輝きを増すならば、炎も煙を立てず、評判（δόξαν）も嫉妬（φθόνον）を生み出しはしない。だが、徐々にゆっくりと大きくなる者たちは、それぞれ別の場所から攻撃を加えられるのである。それゆえ多くの者たちが、演壇で花を咲かせるよりも前に萎れてしまった。（『教訓集』804D-E）

---

(45)　Plut. *Praecepta* 799B.

(46)　Plut. *Praecepta* 799C-801C.

(47)　Plut. *Praecepta* 801E.

ここでは、政治家が華々しいデヴューを飾る場合には、嫉妬心が大衆の間に醸成されたりはしないと説明している。その前提として、政治家が忌むべき、厭うべきものの一つに大衆の嫉妬があったという認識を、プルタルコスが有していたことは明白である。瞬く間に人気を博した政治家に較べ、徐々に政治経験を積むような人間の場合、概して大衆の嫉妬心の餌食になってしまうものだと言わんばかりである。同時代のギリシア世界における政治実践に関心をもつプルタルコスは、この問題をある程度重要なものと捉えていたのであろう。別の論考でも同様のことが述べられている。老境に達したアテナイ市民エウパネスに対して、引き続き政治活動に参与するよう促す論考『老人は政治活動に従事するべきか』では、「政治活動（αἱ πολιτεῖαι）においてもっとも悪いもの」として嫉妬心（φθόνος）が挙げられており、その上で、老人にはそれすらもさして差し障りのあるものではないがゆえに、政治活動に従事すべきであると説かれている。対照的に「政治活動を始めたばかりの人間にとっては」演壇の番人の如くに、妬みが邪魔をするのだという[48]。いずれも妬みが政治家にとってこの上なく厄介なものであることを前提とした議論である。ここでは必ずしも嫉妬心の主体が明示されてはいないが、先に引用した『教訓集』中の議論と重ね合わせれば、大衆からの嫉妬心が著者の念頭にある蓋然性は高い。

また『教訓集』では、やはり民衆の嫉妬心に関心を向け、これを見事に避けた事例を紹介した箇所もある。共和政ローマの指導者スキピオ・アフリカヌスが、長期にわたって田舎暮らしをしていたために、大衆の妬みを避けることができたというのである。反対に、政治活動に従事し続けたために大衆の嫉妬心を招くに至った事例として、クラゾメナイのティメシアスとアテナイのテミストクレスを挙げている[49]。テミストクレスに関しては、『妬まれずに自分をほめることについて』においても同じエピソードがくりかえされており[50]、『英雄伝』ではさらに詳細になり、活躍を続けるテミストクレスに対して大衆の嫉妬心が高まっていく様子が描写されている[51]。

(48)　Plut. *Seni* 787C.

(49)　Plut. *Praecepta* 811F 812B.

(50)　Plut. *De Ipsum Laud.* 541D-E.

(51)　Plut. *Them.* 22.

『教訓集』の別の箇所では、政治家に寄せられる人々の好意について、嫉妬心を追い払う効果があることを挙げている。

> 政治家の評価に備わっている第一の、最も重要なもの、それはすなわち信用であり、これが政治活動への入り口を与えてくれるのである。第二に、多くの人々から寄せられる好意が、盾となり、良き者たちを中傷する人間や悪漢たちから守ってくれるということである。あたかも赤子が心地よく眠るとき、母親が蝿を払うがごとくに、妬み（φθόνον）を追いはらい、また権力・権限という点に関しては、高貴な生まれでない者を貴顕の上に、貧しい者を富裕者に、一般の人を公職者に匹敵させる。総じて、真実と徳とがつけ加われば、政治活動に向けて確かな追い風となる。（『教訓集』821C-D）

ここでも妬みの主体は必ずしも明確ではない。しかし、直後に続く実例には、シュラクサイの僭主ディオニュシオス2世の妻子が、イタリアの住民たちによって陵辱された後、死後、まともな埋葬も許されなかったという事例や、アクラガスの市民たちが、僭主パラリスを追放した後、彼と同じ青灰色の上着を着用しないよう禁令を定めたという事例が挙げられている(52)。少なくとも、妬みによってもたらされる事態が民衆全体の行動に結びつくものとして想定されている可能性は、十分に認めて良いだろう。

以上から明らかなように、プルタルコスは同時代の政治に目を向けるとき、政治指導者と大衆の関係に強い関心を示しており、なかでも大衆の嫉妬心こそは政治家にとって最も警戒すべきものの一つであると考えていた。こうした同時代の政治状況に対する問題意識、政治の見方は、明らかに、プルタルコスが陶片追放を叙述する際の視角と同じベクトルを有している(53)。一体、こうした政治問題に対する視角がそもそもプルタルコスに備わっており、それが『英雄伝』を記す著作家の筆に影響を及ぼしたのか、それとも『英雄伝』執筆に繋がる調査をしている最中にそうした政治観を練り上げていったのかは、必ずしも明確ではない。しかしながら、そのいずれであるにせよ、

---

(52)　Plut. *Praecepta* 821D-E.

(53)　Fisher (2003) 188は、プルタルコスの陶片追放にわずかに触れて、その叙述が、エリート対大衆という二項図式にあまりに偏りがあるとしており、同作家が恐らくエポロスを通じて、イソクラテス的な見方を受容している可能性を指摘している。

プルタルコスが同時代の政治状況を理解する際の枠組みと、同じ枠組みをもって陶片追放を理解していたことは間違いない。プルタルコスが『英雄伝』において陶片追放についてくりかえし語り、大衆の嫉妬心の発露であったと記すに至った背景の一つに、彼が本節で概観したような政治観、問題意識を有していたということを挙げることができるだろう。

## おわりに

以上、プルタルコスがいかにして陶片追放一般を大衆の嫉妬心の発露と見るに至ったのか、いくつかの視点から考察を試みてきた。結びに、本章での議論を再度整理しておきたい。まず、古典期の多くの文献と比較した結果、プルタルコスの視角はそれらと大きく異なるものであることが確認された。現存する古典文献は、もっぱら僭主や僭主政治に対する怖れや疑念が陶片追放実施の背景にあったと伝えている。このことはおそらく、古典期のポリス社会において、民主政や僭主政といった政治体制が変転しうるものであるという認識が共有されており、政治体制の変化に現実味が感じられていたということも、何かしら関係があると見てよいだろう。都市の政治体制が劇的に変化するということにリアリティが伴わないローマ帝政下にあって、プルタルコスが陶片追放を叙述する際、こうした点にほとんど興味を示していないのは、我々にとって興味深い事実である。

続いて、プルタルコスが『英雄伝』を執筆するに当たって参照したエポロス、パレロンのデメトリオスもまた、陶片追放の背後に大衆の嫉妬心があったことを指摘している可能性を示した。しかしながらプルタルコスは、これら先人の文献を素朴に踏襲しているわけでは決してなかった。彼が情報を批判的に採用していることは明らかであり、そうした中で、プルタルコスの方がエポロスなどよりも、大衆の嫉妬心の意義、影響をはるかに大きく見積もっている可能性もうかがわれた。加えてトゥキュディデスなど、陶片追放と大衆の嫉妬心の関係にとりたてて触れていない文献も重要史料として用いられていることを考えれば、陶片追放をめぐるプルタルコスの記述が、著作家本人の思想を何かしら反映するものである蓋然性は十分に高い。同時代の政治活動に関するプルタルコスの論考を繙けば、そこでは政治家と大衆という二項対立的な図式が採用されており、さらに大衆の妬みには警戒すべきであるという記述が散見される。おそらく、プルタルコスのこうした政治観が、陶片追放を理解する際に少なからず影響を与えたと言えるのではないだろうか。

本章では、陶片追放と大衆の嫉妬心とめぐるプルタルコスの記述を取り上げ、作家の情報源、同時代的関心が影響を及ぼす様子を推測も交えながら提示してきた。むろん、プルタルコスが参照する作品は多くの場合、断片として伝存するに過ぎず、彼が参照した文献を隅々まで検討することは困難を極める。また参照したことが明言されていないケースも含めれば、今回の考察で全てを検討し尽くしたとはとても言えない。しかしながら少なくとも、プルタルコスが『英雄伝』を著す際に、文献を通じて過去の伝承を真摯に受け止め、それらを吟味して議論を行っていたこと、そして彼自身が生きた同時代の事象に対して強い関心を示し、おそらくその観点を反映した叙述をしていたことは、本章の分析を通じて垣間見ることができたと思われる。プルタルコスは、過去の伝承を継承しながら、現代の歴史家さながらに、史料調査を通じてこれを批判的に分析し、さらに同時代の問題にも通じる価値を見出して執筆活動を行っていたのである。

**・参考文献・**

Babut, D. (1996), 'Plutarque, Aristote et l'Aristotélisme', in: *Plutarchea Lovaniensia: A Miscellany of Essays on Plutarch*, (ed. L. van der Stockt), Leuven, 2-28.

Becci, F. (2014), 'Plutarch, Aristotle, and the Peripatetics', in: Beck ed. (2014), 71-87.

Beck, M., ed. (2014), *A Companion to Plutarch*, Chichester.

Beneker, J. (2004/05), 'The Theory and Practice of Ostracism in Plutarch's *Lives*', *Ploutarchos* n.s.2, 3-10.

Bleicken, J. (1995), *Die athenische Demokratie*, 4. Auflage, Stuttgart.

Brenne, S. (1994), 'Ostraka and the Process of Ostrakophoria', in: *The Archaeology of Athens and Attica under the Democracy*, (ed. W.D.E. Coulson, O. Palagia, T.L. Shear Jr., H.A. Shapiro and F.J. Frost), Oxford, 13-24.

———, (2001), *Ostrakismos und Prominenz in Athens: Attische Bürger des 5. Jahrhunderts v. Chr. auf den Ostraka*, Wien.

———, (2002), 'Die Ostraka (487-ca. 416 v. Chr.) als Testimonien (T1)', in: Siewert et al. (2002), 36-166.

Briant, P. et al. (1995), *Le monde grec aux temps classiques: Tome 1, Le Vᵉ siècle*, Paris.

Bulman, P. (1992), *Phthonos in Pindar*, Berkeley, CA.

Cairns, D. L. (2003), 'The Politics of Envy: Envy and Equality in Ancient Greece', in: Konstan and Rutter eds. (2003), 235-252.

Christ, M. R. (1992), 'Ostracism, Sycophancy, and Deception of the Demos: [Arist.] *Ath. Pol.* 43.5', *CQ* 42-2, 336-346.

Connor, W. R. and J. J. Keaney, (1969), 'Theophrastus on the End of Ostracism', *AJP* 90-3, 313-319.

De Blois, L. (1992), 'The Perception of Politics in Plutarch's Roman 'Lives'', in *Aufstieg und Niedergang der Römischen Welt*, II. 33.6, Berlin, 4568-4615.

———, (2004), 'Classical and Contemporary Statesmen in Plutarch's *Praecepta*', in: *The Statesman in Plutarch's Work*, vol.1, (ed. L. de Blois et al.), Leiden, 57-63.

De Romilly, J. (1988), 'Plutarch and Thucydides, or the Free Use of Quotation', *Phoenix* 42, 22-34.

De Ste. Croix, G. (2004a), 'Cleisthenes I: The Constitution', in: De Ste. Croix et al. (2004), 129-179.

———, (2004b), 'Cleisthenes II: Ostracism, Archons and Strategoi', in: De Ste. Croix et al. (2004), 180-232.

De Ste. Croix, G. et al. (2004), *Athenian Democratic Origins and Other Essays*, Oxford.

Duff, T. (2014), 'The Prologues', in: Beck ed. (2014), 333-349.

Eidinow, E. (2016), *Envy, Poison, and Death: Women on Trial in Ancient Athens*, Oxford.

Elster, J. (1999), *Alchemies of the Mind: Rationality and the Emotions*, Cambridge.

Fisher, N.R.E. (2003), 'Let Envy Be Absent: Envy, Liturgies and Reciprocity in Athens', in: Konstan and Rutter eds. (2003), 181-215.

Forsdyke, S. (2005), *Exile, Ostracism, and Democracy: The Politics of Expulsion in Ancient Greece*, Princeton, N.J.

Frost, F.J. (1980), *Plutarch's Themistocles: A Historical Commentary*, Princeton, N.J.

García Valdés, M. (1994), 'Píndaro en Plutarco: Los dioses', in: *Estudios sobre Plutarco: ideas religiosas: actas del III Simposio Internacional sobre Plutarco: Oviedo 30 de abril a 2 de mayo de 1992*, (ed. M. García Valdés), Madrid, 585-604.

Geiger, J. (2014), 'The Project of the *Parallel Lives*: Plutarch's Conception of Biography', in: Beck ed. (2014), 292-303.

Heftner, H. (2000), 'Der Ostrakismos des Hyperbolos: Plutarch, pseudo-Andokides und die Ostraka', *RhM* 143, 32-59.

———, (2003), 'Ende und 'Nachleben' des Ostrakismos in Athen', *Historia* 52-1, 23-38.

Kagan, D. (1961), 'The Origin and Purposes of Ostracism', *Hesperia* 30, 393-401.

Konstan, D. and N.K. Rutter, eds. (2003), *Envy, Spite and Jealousy: The Rivalrous Emotions in Ancient Greece*, Edinburgh.

Larmour, D.H.J. (2014), 'The Synkrisis', in: Beck ed. (2014), 405-416.

Marr, J. L. (1998), *Plutarch: Lives. Themistocles*, Warminster.

Missiou, A. (2011), *Literacy and Democracy in Fifth-Century Athens*, Cambridge.

Mossé, C. (2013), *Regards sur la démocratie athénienne,* Paris.

Most, G. (2003), 'Epinician Envies', in: Konstan and Rutter eds. (2003), 123-142.

Nikolaidis, A. G. (2014), 'Morality, Characterization, and Individuality', in: Beck ed. (2014), 350-372.

O'Sullivan, L. (2008), 'Athens, Intellectuals, and Demetrius of Phalerum's *Socrates', TAPA* 138, 393-410.

———, (2009), *The Regime of Demetrius of Phalerum in Athens, 317-307 BCE*, Leiden.

Ober, J. (2007), '"I Besieged That Man": Democracy's Revolutionary Start', in: *Origins of Democracy in Ancient Greece,* (K. Raaflaub et al.), Berkeley, 83-104.

Ostwald, M. (1988), 'The Reform of the Athenian State by Cleisthenes', in: *The Cambridge Ancient History, vol. IV: Persia, Greece and the Western Mediterranean,* 2nd. ed. (ed. J. Boardman, N. Hammond, D. Lewis and M. Ostwald), Cambridge, 303-346.

Pelling, C. (1986), 'Plutarch and Roman Politics', in: *Past Perspectives: Studies in Greek and Roman Historical Writing,* (ed. I.S. Moxon, J.D. Smart and A.J. Woodman), Cambridge, 159-187. [repr. with revisions in: *Plutarch and History,* (ed. C. Pelling), Swansea, 2002, 207-236].

———, (1992), 'Plutarch and Thucydides', in: *Plutarch and the Historical Tradition,* (ed. P. A. Stadter), London, 10-40. [repr. with revisions in: *Plutarch and History,* (ed. C. Pelling), Swansea, 2002, 117-41]

Raaflaub, K. (1998), 'Power in the Hands of the People: Foundations of Athenian Democracy', in: *Democracy 2500? Questions and Challenges,* (ed. I. Morris, K. Raaflaub and D. Castriota), Dubuque, 31-66.

Ranulf, S. (1933), *The Jealousy of the Gods and Criminal Law at Athens: A Contribution to the Sociology of Moral Indignation*, 2 vols, London. [trans. Fausbøll & Briggs].

Rhodes, P.J. (1993), *A Commentary on the Aristotelian* Athenaion Politeia, Oxford.

———, (1994), 'The Ostracism of Hyberbolus', in: *Ritual, Finance, Politics: Athenian Democratic Accounts presented to David Lewis,* (ed. R. Osborne and S. Hornblower), Oxford, 85-99.

Richard, C.J. (1995), *The Founders and the Classics: Greece, Rome, and the American Enlightenment,* Cambridge. Mass.

Roberts, J.T. (1994), *Athens on Trial: The Antidemocratic Tradition in Western Thought,* Princeton.

Saïd, S. (2005), 'Plutarch and the People in the *Parallel Lives*', in: *The Statesman in Plutarch's Work,* vol.2, (ed. L. de Blois et al.), Leiden, 7-25.

Sanders, E. (2014), *Envy and Jealousy in Classical Athens: A Socio-Psychological Approach,* Oxford.

Scheidel, W. (2002), 'Aussagen der Testimonien über die Institution des Ostrakismos', in: Siewert et al. (2002), 465-471.

Schettino, M. T. (2014), 'The Use of Historical Sources', in: Beck (2014), 415-436.

Siewert, P. (2002), 'Pindar, *Pyth.* 7, 18-21 (486 v. Chr.)', in: Siewert et al. (2002), 167-170.

Siewert, P. et al. (2002), *Ostrakismos-Testimonien: die Zeugnisse antiker Autoren, der*

*Inschriften und Ostraka über das athenische Scherbengericht aus vorhellenistischer Zeit*, Stuttgart.

Sinclair, R.K. (1988), *Democracy and Participation in Athens*, Cambridge.

Spatharas, D. (2013), 'Plutarch's *De invidia et odio* and Aristotle's *Rhetoric*', in: *Plutarch's Writings: Transmission, Translation, Reception, Commentary*, (ed. G. Pace and P. V. Cacciatore), Naples, 411-422.

Stadter, P. A. (1965), *Plutarch's Historical Method*, Cambridge.

———, (2014), 'Plutarch and Rome', in: Beck ed. (2014), 13-31.

Stanton, G. R. (1984), 'The Tribal Reform of Kleisthenes the Alkmeonid', *Chiron* 14, 1-41.

Stoneman, E. (2013), 'The Available Means of Preservation: Aristotelian *Rhetoric*, Ostracism, and Political Catharsis', *Rhetoric Society Quarterly* 43-2, 134-154.

Swain, S. (1996), *Hellenism and Empire: Language, Classicism, and Power in the Greek World AD 50-250*, Oxford.

Van der Stockt, L. (2014), 'Compositional Methods in the *Lives*', in: Beck ed. (2014), 321-332.

Verdegem, S. (2010), *Plutarch's Life of Alcibiades: Story, Text and Moralism*, Leuven.

Walcot, P. (1978), *Envy and the Greeks: A Study of Human Behaviour*, Warminster.

橋場弦、國方栄二訳（2014）アリストテレス『アテナイ人の国制、著作断片集１』、岩波書店（アリストテレス全集19）

# 第 2 部　伝記を綴る哲学者

第 4 章

# 〈受容〉する女性

## ――プルタルコスの女性論・結婚論の哲学的背景

近藤　智彦

### はじめに

プルタルコスの『英雄伝』には、女性の人物が重大な局面で長い印象的なスピーチを披露する箇所がいくつも見出される[1]。例えば『ロムルス伝』の中のヘルシリア。ローマ人によるサビニ人の女性たちの掠奪の後に起こったサビニ人とローマ人との間の戦いが膠着状態に陥ったとき、もはや戦いの継続を望まないサビニ人の女性たちの思いを代表して、ヘルシリアが両軍に向けて停戦を呼びかける場面である（19.4-7）。ヘルシリアの懇願は双方の男性たちの感情を動かし、ついに両者は矛を収めて共同して一つの国を形成することになった。あるいは『コリオラヌス伝』の中のウォルムニア。ローマから不本意な仕方で永久追放されたコリオラヌスが、復讐心に燃えて祖国ローマに対して反旗を翻し、いよいよローマを国家存亡の危機にまで陥れたとき、コリオラヌスの母ウォルムニアが息子の陣営にまで赴いて、戦いを止めるよう辛抱強く説得する場面である（35.2-9,36.2-3）。母の言葉は息子の戦意を挫くことに成功し、辛うじてローマは危機から救われたのである。

（1）　第1章[松原]注(95) を参照。

『アントニウス伝』の中のクレオパトラも忘れることはできない。クレオパトラは基本的には悪女として描かれている点で今の二人とは異なるが、その彼女ですら生涯の最後には、すでに亡くなっているアントニウスに向かって真実の愛情を吐露する言葉を発する機会が与えられている（84.4-7）。

『ブルトゥス伝』の中でも、ブルトゥスの妻ポルキアに対して、そのような印象的な場面が与えられている。カエサル暗殺計画を胸に秘めて苦悩している夫ブルトゥスを見かねて、夫に協力したいと決意したポルキアは、どういうわけか次のような思い切った行動をとったという。

> ポルキアは知を愛し夫を愛する人で、知性をともなった矜持に満ちていたから、夫の秘密を訊こうとはせず、まず次のようにして自分の力を確かめた。理髪師が爪を切るのに使う小刀を取って、召使の女たちを皆部屋から下がらせ、自分の腿を深く斬りつけたので、血がたくさん流れ、間もなくその傷から激しい痛みと寒気のする熱が出た。ブルトゥスが心配のあまり取り乱しているのを見て、極度の痛みに堪えながらこう話しかけた。「ブルトゥスよ、私はカトーの娘であり、あなたの家に嫁いだのは、妾のように寝床や食卓を一緒にするためだけではなく、よいことも苦しいことも共にするためです。夫としてあなたがなさることにはすべて申し分がございませんけれども、あなたの秘密の悩みも信頼が必要な煩いごとも一緒に堪えられないとすれば、どうして私の側から感謝を示すことができましょう。女の本性は弱いもので秘密の話を保つことができないとされていることは承知していますが、ブルトゥスよ、育ちもよくて付き合う人も優れていれば気立てがしっかりすることもあります。幸い私はカトーの娘でブルトゥスの妻です。今まではそういうことにも自信が持てずにいました。けれども今私は自分が苦痛にも負けないと分かったのです」。そう言ってブルトゥスに傷を見せて試練の顛末を話した。ブルトゥスはすっかり驚いて両手を天の方に挙げ、神々が自分にポルキアの夫としてふさわしく計画を成功させるように祈った。そうしてこのとき妻を仲間に加えた。（13.4-11、河野与一訳を改変）

ここでポルキアは「知を愛し（φιλόσοφος）夫を愛する（φίλανδρος）」人であると形容されている。「知を愛し（φιλόσοφος）」と訳した語については、ここで「知を愛する」すなわち「哲学的」という性格に言及することが唐突に思われるためだろうが、「愛情深い（φιλόστοργος）」とする修正案が採用されることも多い[2]。しかし本章が以下で示すことが正しければ、ポルキアの言動を哲学にかなったものと評することは必ずしも的外れではない[3]。ポルキアの父として名が挙げられていた小カトーも、ストア哲学の熱心な信奉者だったとされ、最後はその精神に従って自死の道を選んだことで有名である。その父を描いた『小カトー伝』の中でも、ポルキアは「思慮深さの点でも勇気の点でも父に後れをとることなく」、夫ブルトゥスの暗殺計画に加わって「生まれのよさと徳に相応しく命を捨てた」と評されている(73.6)。プルタルコスがポルキアのことを、知恵と愛情によって夫を助ける良妻の「鑑/鏡」として描いていることは確かだろう[4]。

しかし、この鮮やかな印象を残すエピソードをあらためて現代的な目から冷静に眺めると、いささか気味の悪さとでも言うべき違和感を覚えざるをえないのではないだろうか。どうしてポルキアは、自分の腿を斬りつけるという過剰に思われる試練を自身に課してまで、自分が苦痛に耐えて計画を全うできる強さをもっているということを証明しなければならなかったのだろうか。それは、ポルキア自身が述べているように、「女の本性は弱いもの」という前提があったからだろう[5]。また、このエピソードの背景には、やはりポルキア自身の言葉に見られるように、結婚にとっては単に性行為や食事を共にするだけではなく、人生のあらゆる面で「よいことも苦しいことも共にする」ことが重要だという考え方もあったと考えられる。こうした考え方自体は現代の結婚観にも通じるものだと思われるが、それがどうして妻の側にこれほどの自己犠牲を強いることをよしとするのだろうか。

このような『英雄伝』に表れている女性観や結婚観の背景に、古代世界一般に流通していた考え方が反映していることは間違いない。しかし、プルタ

(2) Sintenisによる修正案。写本通りの読みの擁護として、Stadter (1999) 181。

(3) プルタルコスによるポルキアの描写の哲学的背景については、Stadter (1999), Beneker (2008) 693-698, Beneker (2012) 39-43。

(4) 読者が模倣すべき徳を映し出す「鏡」を提供するという『英雄伝』の目論見については、第1章[松原]、第7章[中谷]、第8章[勝又]を参照。

(5) Walcot (1999) のまとめによると、プルタルコスの著作で前提とされている女性の欠点として、裏切りやすさ、残忍さ、性的な貪欲さ、軽薄さ、ゴシップ好き、などが挙げられるという。『アレクサンドロス伝』におけるアレクサンドロスの母オリュンピアスの描写に見られるジェンダー・バイアスの問題については、第2章[澤田]を参照。

ルコスはプラトン主義の立場から独自の思索を展開した哲学者でもあったのであり、実際『モラリア』のいくつかの作品の中で特徴的な女性論や結婚論を展開している。そのような作品の多くが女性に対して献呈されていることも偶然ではないだろう。すなわち、デルポイの神官職についていたと推測されるクレアという女性に宛てられた『女性たちの徳（勇敢）』（『イシスとオシリスについて』も彼女に宛てられている）、クレアの母（または娘）のエウリュディケとその夫ポリアノスに宛てられた『結婚訓』である（女性に宛てられた作品としては他に、娘を失ったことを悲しむ妻ティモクセナに宛てられた『妻への慰めの手紙』もある）。これらの著作は一読した限りではさほど「哲学的」とも思われず、その中で展開されている女性論や結婚論については、当時の伝統的な価値観から説明できるとする解釈もある(6)。かつての研究では、プルタルコスの哲学は単なる「折衷主義」とみなされることが多く、ストア派をはじめとするヘレニズム哲学の情報源としてのみ価値が認められる傾向が強かった。しかし近年は、ローマ帝政期の哲学、特にプルタルコスもその流れに属する「中期プラトン主義」とその周辺の研究の活性化に伴って、彼の哲学の独自性が認められるようになってきている(7)。また、『モラリア』で説かれている様々な実践道徳についても、それを「二流の哲学」として一蹴するのではなく、むしろ当時かなりの専門化が進み実社会と遊離しつつあった哲学を再び日常生活に根ざしたものに回復させようとする「挑戦」だったという側面をあらためて評価する動きが見られる(8)。本章では、このような近年の研究動向にもとづきながら、今タイトルを挙げた『モラリア』の中の作品を中心に（愛と結婚をめぐる著作として重要な『エロス談義』も加えて）、プルタルコスの女性論・結婚論の哲学的背景を探ってみたい。

---

（6）　Patterson (1999).

（7）「中期プラトン主義」の哲学の再評価を推し進めた画期的研究として、Dillon (1977)。最近の有益な英訳資料集として、Boys-Stones (2018)。プルタルコスの哲学的背景については、第5章[木原]、第6章[瀬口]も参照。

（8）　Van Hoof (2010)、瀬口（2011）第3章2。第6章[瀬口]も参照。

## 第1節 女性の徳と男性の徳

『モラリア』の数ある作品の中でもプルタルコスの文才がひときわ光る傑作の一つに『エロス談義』がある。この作品で取り上げられているのは、少年愛と夫婦愛——すなわち成人男性の目線から、少年を対象にする愛と女性を対象にする愛——のどちらが優れているか、というローマ帝政期の文学にしばしば登場するテーマである[9]。作品は少年愛称賛派と夫婦愛称賛派との論戦を通して進められるが、最終的にはプルタルコス本人が夫婦愛称賛に肩入れした議論を繰り広げた後に閉じられる。ミシェル・フーコーが『性の歴史III——自己への配慮』の中で、プルタルコスのこの作品に、異性間の相互的かつ排他的な性愛関係を称揚する現代的結婚観の萌芽を見ていることはよく知られている[10]。プルタルコスが夫婦愛称賛の議論を展開するにあたって重要な論点となっているのが、男性だけではなく女性もまた精神的に高尚な愛の相手になりうるという考え方であった。そのことを論じるにあたって、女性もまた男性と同一の徳をもちうるということが、具体例を挙げながら以下のように論じられている。

> だから、女性は徳には与からない、などと言ったらおかしなことになる。女性の思慮深さ、理解力、さらには忠誠、正義などというものについて、何を今さら語る必要があろうか。勇気や大胆さ、そして度量の大きさ、それはもう何人もの女性によって示されているではないか。女性について、すべての点でこのようにすぐれた本性があることを認めておきながら、ただ愛情には不向きだと宣告したりしたらそれこそ妙だ。だってそうだろう。妻たちは子を愛し夫を愛し、その愛のおもむくところさながらよい土壌のように愛情の種子を受容する。しかもそこには、人を惹きつける優美さも欠けてはいない

(9) アキレウス・タティオス『レウキッペとクレイトポン』2.35-38、偽ルキアノス『異性愛と同性愛』。プルタルコス『エロス談義』における少年愛をめぐる議論については、近藤(2016)。

(10) フーコー (1987) 259。ただし、本作品の一筋縄ではいかない舞台設定にも注意すべきとする指摘としてGoldhill (1995) ch.3、フーコーはプルタルコスの議論に現代的な夫婦愛の相互性を読み込みすぎているという批判としてWohl (1997)。また、ローマ帝政期のギリシア、ローマ小説による相互対称的な性愛の描かれ方に関する研究として、Konstan (1994)。

のだ。(769B-C、柳沼重剛訳を改変)

このような議論にもとづいてプルタルコスに古代の「フェミニズム」の到達点を見ようとする論者すらいるが、それも理由のないことではない[11]。しかし、だからといってただちに彼を現代的な意味でのジェンダー平等論者やフェミニストとみなすことはできない。例えば『結婚訓』の中での次のような忠告は、現在ではフェミニストであるか否かを問わず、平気で口にする人はまずいないだろう(同じエピソードは『イシスとオシリスについて』381E-Fにも引かれている)。

ペイディアスがエリスに製作したアプロディテの像は亀を片足で踏んでいるが、それは女性が家事を守り沈黙を守ることの象徴なのである。妻が話をするのは、夫に向かってか、あるいは夫を通してでなければならない。いわば笛吹きのように、自分の舌ではなく、他のものの舌を使ってすばらしい調子を聴かせることになっても悲しんではならない。(142D、瀬口昌久訳)

この忠告で思い出されるのは、トゥキュディデス『歴史』の中のペリクレスの演説の中における「女たるの本性に悖らぬことが最大のほまれ、褒貶いずれの噂をも男の口にされぬことを己の誇りとするがよい」(2.45、久保正彰訳)という言葉である。この言葉は現在でもしばしば、古代ギリシアにおける女性蔑視を示す典型として引用されている。とはいえ、プルタルコス自身は別の著作『女性たちの徳』の冒頭でこの言葉を批判し、女性を家の中に押しこめる極端な女性蔑視とは袂を分かとうともしている[12]。

女性の徳については、クレアよ、私はトゥキュディデスとは違う見解をもっています。褒貶いずれに関しても人々の口の端に上ること最も少ないのが最

(11)　Flacelière (1971). フラスリエール (1984) 第6章も参照。久保 (1984) 38-43もプルタルコスのこの著作に、古代地中海世界における「人格としての女性の発見」を見出している。

(12)　この作品のタイトルは、既訳では『女性たちの勇敢』ないし『烈女伝』と訳されている。原語の「アレテー (ἀρετή)」は勇敢さを特に意味することもあり、またこの作品で取り上げられる女性たちのエピソードがいずれも勇敢さを示すものであることも事実である。しかし、本作品においては「徳」一般を表す哲学的な用法も同時に念頭に置かれていることは間違いないため、本章ではあえて『女性たちの徳』と訳すことにする。なお、勇敢さを示すエピソードに焦点が当てられているのは、それが諸徳の中でも特に男性的なものであって女性には見出されないと一般にはみなされていたからだと考えられる。

もすぐれた婦人である、と彼は言い、すぐれた女性というものは、姿も評判も家内に留まって外へ出るべきではないと考えています。しかし私には、女性は姿形でなく名声こそ多くの人々の知るところとなるべきだ、というゴルギアスの言い方の方がしゃれているように思えます。しかし最もよいのはローマ人の慣わしでしょう。つまり、男性であれ女性であれ、人が亡くなると、その人にふさわしい称賛を公の場で呈するというものです。こういう次第で私は、先に非常にすぐれた婦人レオンティスが亡くなった直後に、哲学の慰めを含んだ長い対話を試みたのでした。そして今またあなたのご希望により、男性の徳と女性の徳は同一であることを証すべく、あのとき言い残されたことを、ここに追録してお贈りいたします。(242E-243A、柳沼重剛訳を改変)

ここで注目すべきは、「男性の徳と女性の徳は同一である」というテーゼである。このテーゼはプラトンが『メノン』(71A-73D) の中で論じて以来、哲学の伝統の中でさかんに議論されてきたものである。「ソクラテスが考えていたように女性 (妻) の節制と男性 (夫) の節制は同じであるわけではなく、勇気や正義についても同様である」(『政治学』1260a21-22) と論じたアリストテレスのように、女性の徳と男性の徳は異なると考える立場もあった。しかし、プラトンは『国家 (ポリテイア)』第五巻のいわゆる「第一の大浪」(451C-457B) で、理想国の守護者 (支配者) 階級においては女性は男性と同じ教育を受けて同じ職務にあたるべしとする提案をソクラテスに語らせており、このことによりプラトンはしばしばジェンダー平等論やフェミニズムの祖とみなされてきた[13]。ヘレニズム時代以降長く影響力を保ったストア派についても、第二代学頭クレアンテスに『男性と女性の徳は同じであることについて』という著作があったことが知られており (ディオゲネス・ラエルティオス『哲学者列伝』7.175)、またプルタルコスとほぼ同時代のムソニウス・ルフスも以下で詳しく見るように同じテーゼを説いている。

さて、この「男性の徳と女性の徳は同一である」というテーゼは、一見す

(13) 和泉 (2015)。プラトンの「フェミニズム」に関しては多くの研究の蓄積がある。論文集として Tuana (1994)、日本語訳のある古典的研究としてオーキン (2010)。なお Xenophontis (2016) 108, n.5は、プルタルコスがプラトンとは異なり、教育と職業に関して男女に同一のものを与えるべきという提案を一切行っていないことを指摘している。

ると直ちに男女平等の考え方を導きそうなものであるが、必ずしもそうではない。そのことは、このテーゼの論拠としてプルタルコスが実際に挙げている女性たちの具体的なエピソードを見ると分かるだろう。ここでは、『女性たちの徳』（257E-258F）でも『エロス談義』（768B-D）でも引かれていて、間違いなくプルタルコスのお気に入りのエピソードだったと考えられる物語を見ておこう。それは、カンマという類まれな美貌にめぐまれた一女性の物語である。カンマはシナトスという男性の妻であったが、土地の有力者シノリクスに横恋慕され、邪魔者とみなされた夫を殺されてしまう。その後、カンマはシノリクスに求婚されると、好意があるかのように欺いて彼に近づき、自分と一緒に毒薬を飲ませることで彼を殺すことに成功する。最後に彼女は、夫の復讐に成功したことを喜びながら、晴れやかに死んでいったという。

この印象深いカンマの物語は、どのような女性像を描いていると言えるだろうか。実は、このカンマの物語を含め『女性たちの徳』に見られる多くのエピソードの間には、次のような興味深い共通点があることが指摘されている[14]。それは、まずは男性側に戦いが生じたり攻撃を受けたりといった何らかの問題が発生し、それが解決できない重大な局面を迎えたときに、はじめて女性側がそれを受けとめて介入し、類まれな徳（勇敢さ）を発揮する行為をするに至る、という筋書きの共通性である。すなわち、女性はたしかに稀有な徳を発揮するとはいえ、イニシアティブは常に男性側にあり、またその女性の行為も、女性自身のためになされるものではなく男性のための自己犠牲となっているのである。カンマの物語の場合も、彼女が行ったことは亡き夫のための自己犠牲を通じた復讐である。同じことは『英雄伝』の女性たちの描かれ方の多くにも当てはまるだろう[15]。本章の冒頭で見たポルキアはもちろんのこと、ヘルシリアなどもまさにそのような女性だと言える。これに対して『アントニウス伝』で描かれるクレオパトラのように、女性の方が男性よりも優位に立ってイニシアティブを発揮する場合に待っているのは失敗と破滅である。

この背景には、どのような考え方があるのだろうか。やはり『女性たちの

(14)　Stadter (1999) 177-179; cf. Foxhall (1999), McNamara (1999).
(15)　Blomqvist (1997).『英雄伝』における女性像に関する総括的研究としてLe Corsu (1981)。

徳』の序論の中から次の箇所を見ておこう。

> しかしとにかく、男性の徳と女性の徳との類似点と相違点を知るには、ある人の生き方とある人の生き方、ある人の行為とある人の行為を偉大な芸術作品のように同時に並べてみて、セミラミスの気宇壮大さはセソストリスのそれと同じ性格、同じ型のものか、タナクィルの知恵はセルウィウス王の知恵と比べてどうなのか、ポルキアの矜持はブルトゥスのそれと、ティモクレアの矜持はペロピダスのそれと同じであるか、最も主要な両者の共通点と能力に関して考察するほかないでしょう。徳は、人それぞれの本性が異なるために、それこそそれぞれに固有の色とでもいうような違いを示すこともありますし、徳の基盤である習慣や体質、養育や生活様式に応じて似た者になることもあります。(243B-C、柳沼重剛訳を改変)

この箇所は、プルタルコスが『英雄伝』で採用しているギリシアとローマの人物の対比という手法の背景にある考え方を示唆するものとしても注目されている[16]。プルタルコスの通底する関心は、人それぞれの「本性」、より具体的には「習慣や体質、養育や生活様式」の違いに応じて、徳の発揮のされ方が様々な差異を帯びるということを見極め、そのいわば「固有の色」を描き出すということにあると思われる。ここで対比されるのは女性と男性であるが、すでに見たようにプルタルコスは、徳それ自体は両性の間で同一であることを認めていた。しかし、女性と男性の間でその「本性」が異なるのであれば、それに応じて両者が徳をどのように発揮するかは大きく異なることになるだろう。以下では、その「固有の色」の違いをプルタルコスがどのように描き出したか、詳しく見ていくことにしよう。

## 第2節 女性的なるもの

では、プルタルコスは女性と男性の「本性」をどのように捉えていたのだろうか。この点を、ほぼ同時代の哲学者であるムソニウス・ルフスと比較することで明確にしてみたい。プルタルコスはプラトン主義者、ムソニウス・

(16) Stadter (1965), 1-12, Duff (1999), 247-248. 『英雄伝』における対比の手法については、第7章[中谷]を参照。

ルフスはストア派という違いがある一方で、ムソニウス・ルフスもまた特に女性論・結婚論に関して意識的にプラトンに依拠して論じているという共通点もあるため、両者は格好の比較対象となるだろう(17)。ムソニウス・ルフスは、女性に求められる徳と男性に求められる徳は同じであること（III「女性も哲学すべきであること」：ストバイオス『精華集』II.31.126)、したがって女性にも男性と同じ教育を授けるべきであること（IV「娘も息子と同じように教育すべきか」：ストバイオス『精華集』II.31.123）を説いている。この点で、ムソニウス・ルフスの議論もフェミニズムの先駆けと言える面を有しているが、マーサ・ヌスバウムが指摘しているように、彼の立場は現代のジェンダー平等の観点から見れば「不完全なフェミニズム」と呼ばざるをえないものにとどまっている(18)。プルタルコスの「フェミニズム」もまた「不完全」なものであることはすでに述べた通りであるが、それを「不完全」なものとさせている理由がムソニウス・ルフスの場合とは異なるように思われるのである。

まずは、ムソニウス・ルフスの「女性も哲学すべきであること」という論考を見てみよう。彼にとって「哲学する」とは、哲学の理論を学ぶことではなく、哲学の教えを実践に移すこと、すなわち、徳を発揮して生きることそれ自体である。徳として彼が挙げているのは、ストア派をはじめとする当時の哲学の一般的な考え方にしたがい、大きく分けて知慮、節制、正義、勇気の四種類である。では、女性はそれぞれの徳をどのように発揮することで「哲学する」ことができるとされているのか、ここでは知慮と勇気の二つの徳に関する議論の一部を見てみよう。

> まず、女性は家政に習熟しなければならない。すなわち、家の利益をよく計らい、また家の奴隷を監督できるのでなければならない。私の考えでは、これらのことは哲学をする女性にとりわけそなわるのである。[……]［勇気の

---

(17)　Inwood (2017) は、ムソニウス・ルフスがストア派の哲学者であることを当然視してきた伝統的解釈に疑問を呈し、ムソニウスの哲学をストア派を含む諸学派や当時のローマ社会の価値観を取り入れた思想とする解釈を提案している。とはいえ、この解釈が正しいとしても、本章でプルタルコスと対比されるムソニウスの見解（特に、社会的状況の違いを徳の発揮にとって無差別とする点）が、大まかに言って「ストア的」な立場であることまで否定されることはないだろう。

(18)　Nussbaum (2002).

徳を具えた］女性であれば当然、自立し忍耐があり、子どもを産んだならば自分自身の乳で育て、夫を自分自身の手で助けるだろう。奴隷の仕事と見なされることもあるような仕事も彼女はためらうことなく実行する。このような女性は、配偶者にとって大きな助けであり、一族の美しい誉れであり、彼女を知る他の女性たちにとって有益な模範ではないだろうか。(III「女性も哲学すべきであること」、川本愛訳を一部改変)[19]

このような議論に限界があることは、現代のわれわれには明らかだろう。この前提にあるのは、徳はいかなる状況においても発揮できる、とするストア派の基本的なテーゼである。このテーゼによると、ひとは現実社会で自由人であっても奴隷であっても、富裕であっても貧困にあっても、徳を発揮してよく生きることができるとされる。同じことは女性と男性の場合にも当てはまるのであり、ひとは女性であれ男性であれ、それぞれが置かれた状況のもとで——すなわち、家の中に押しこまれていようがいまいが関係なく——徳を発揮することができるとされるのである。このような考え方が、結局は現状の社会のあり方を追認した上で、奴隷は奴隷の、貧乏人は貧乏人の、そして女性は女性の、それぞれ置かれた状況のもとで徳を発揮せよ、という教えにつながるという面は否定できない。ムソニウス・ルフスは、当時の女性が置かれていた状況を正当化しようとしてはいないが、社会変革を求めるような批判的な眼差しも持ち合わせてはいないのである[20]。まとめて言えば、ムソニウス・ルフスが女性と男性の差異を徳の発揮にとって本質的には「無差別・善悪無記」のものと考えていたからこそ、その「フェミニズム」は不完全なものにとどまった、ということになるだろう。

---

(19) 現在、ムソニウス・ルフスの日本語訳を川本愛氏との共訳により準備している。

(20) ただし、この問題に関するストア派なりの言い分については、近藤（2017）。また、ムソニウス・ルフスがいかなる社会的状況であっても受け入れるべきだと論じたわけではないということも指摘しておかなければならない。Hill（2001）が指摘しているように、彼はXVI「あらゆる点で親に従うべきか」（ストバイオス『精華集』IV.25.51）という論考で、父親に哲学することを禁じられ、どんなに説得しても父親の考えを変えることができない場合には、実際の父親ではなく「すべての人間と神々に共通の父親であるゼウス」に従い、哲学することを優先させるべきだと論じている（ただしこの場合も、哲学すること、すなわちただしく理知をはたらかせることは、父親に監禁されていても可能である、と付け加えているのだが）。ストア派の「フェミニズム」の現代的評価をめぐっては、他にEngel（2003）, Aikin & McGill-Rutherford（2014）。

これに対してプルタルコスは、女性と男性の差異はそれぞれの本性に根ざすものであり、徳の発揮にとっても本質的に関係すると考えていた。その考え方は狭義の女性論・男性論を超えて、形而上学的世界観にまで通底するものである。この点でしばしば引かれてきた注目すべき議論が、『イシスとオシリスについて』の次の箇所である(21)。ここでは独自のプラトン解釈にもとづく形而上学的世界観が、エジプト神話と結びつけられて説明されている。世界のあり方を大きく分けて二つの原理によって説明すること自体は、ギリシア哲学の多くの立場に共通して見られる枠組みであり、その二原理をそれぞれ男性的なるものと女性的なるものとして捉えるのも、すでにプラトンやアリストテレスにも見出される考え方である(22)。ここで重要なのは、その「女性的なるもの」の側の原理が、どのような性格のものとみなされているかである。以下の箇所では、エジプト神話の女神イシスが世界のあり方を説明する女性原理とみなされた上で、そのあり方が「受容」するものとして特徴づけられている。

> さて、イシスは、自然本性がもつ女性原理であり、あらゆる生成を受容する存在です。その意味において、プラトンはイシスを「乳母」あるいは「万有の受容者」と呼び、また多くの人々は「無数の名を持つもの」と呼んでいるのですが、それはイシスが理性の働きによってありとあらゆる姿や形を受け容れるからなのです。また、イシスは、万物を最も強力に支配する第一の存在に対する愛欲（エロス）を生まれながらにしてもっています。その存在は「善」と同じものですが、彼女はかの存在を渇望し、追求するのです。一方、「悪」を分けもつものを彼女は忌避し、拒絶します。というのは、彼女がその両者にとって場であり質料であることはたしかです。しかし、彼女は自分自身からつねに「より善きもの」のほうへ傾き、わが身を差し出すことによって、「より善きもの」が子を生み、彼女自身のなかへその流出と似姿の種を播くことができるようにするからです。そして彼女は、それらの種によって身ごもり、さまざまな生成物の母となることに悦びと嬉しさを感じるのです。なぜなら、質料における生成は実在の似像であり、生成するものは存在

(21)　Stadter (1999) 175-177, Chapman (2011) 6-10.

(22)　アリストテレスについては、松浦（2016)。古代後期のプラトン主義哲学における女性原理の諸相については、Dillon (1986)。

するものの模像だからです。(372E-373A、丸橋裕訳を一部改変)

プルタルコスはプラトン主義の中でも「二元論」の傾向が強いとされるが、その傾向がこの議論にも現れている(23)。この文脈で「二元論」と言われるのは、単に二つの原理で説明するということではなく、その二原理が(序列はあるにせよ)拮抗する力を有しているとされ、その二者の絡み合いによって世界のあり方を説明するような考え方のことである。このような意味での「二元論」ともっとも対極にあるのがストア派である。ストア派も能動原理と受動原理という二つの原理によって世界のあり方を説明するが、「質料」ないし「実体」と呼ばれる受動原理の方は、完全に受動的でそれ自体としては無性質かつ無力であるとされ、だからこそ能動原理である「ロゴス」ないし「神」はその受動原理をくまなく完全に支配して統御するとされる(ディオゲネス・ラエルティオス『哲学者列伝』7.134他)。これに対してプルタルコスの場合には、受容原理は「愛欲(エロス)を生まれながらにしてもって」いると言われていたように、それ自体としてすでに独自の性質と力を有しているとされるのである。この点は、初期アカデメイアから論争が続いていたプラトン『ティマイオス』の宇宙論の解釈問題に関係する。『ティマイオス』ではこの可感的な世界が製作者(デミウルゴス)の手によって生成したと語られているが、これを比喩的に解して世界を実際には時間的に永続しているものと捉えるのが一般的だったのに対し、プルタルコスはこれを文字通りに解して世界を生成するものと考えたのである(『『ティマイオス』における魂の生成について』など)(24)。プルタルコスによると、この可感的な世界の生成は、もともと無秩序に運動していた質料——ただしそれは運動している限りすでに運動の原理である原初の魂を内在させている——が、知性によって与えられる秩序を「受容」するという仕方で説明されることになる(なお、上の引用中の「乳母」「万有の受容者」「場」は、いずれも『ティマイオス』48E-52Dに由来する語である)。ここで重要なのは、秩序を与える側の知性——上で引用し

(23) プルタルコスの「二元論」については、Chlup (2000)、Opsomer (2007b)、金澤(2008)。

(24) プルタルコスによるプラトン解釈を支持する現代の研究者はほとんどいないが、プラトンのテクストをめぐる解釈論争は今なお継続中である。土屋(1991)、國方(2007)第4章3を参照。

た作品ではエジプト神話の男神オシリスと同一視されている――はそれ自体としては無力で不動のものとされ、したがってこの世界の生成には女性原理と交わることが不可欠だと考えられている点である[25]。

このような形而上学的世界観と女性論・結婚論とは、プルタルコスの中では相即不離のものとして結びついている。図式的に言えば、「女性的なるもの」は「男性的なるもの」によって秩序を与えられるべきものとされる点では受け身の存在ではあるが、同時にある種の自主性をもって世界の生成に協力する存在でもある。世界のあり方はこのような「男性的なるもの」と「女性的なるもの」との相補的な交わり、いわば宇宙論的な「結婚」によって説明されるのである。実際『イシスとオシリスについて』では、男神イシスとの交わりによって女神イシスが生み出した子ホロスが、この可感的な世界のアレゴリーとされている。このような形而上学的世界観が、今度は女性論・結婚論へと「逆輸入」されることになる。そして以下で具体的に見ていくように、プルタルコスの「フェミニズム」が不完全であるのは、このように「女性的なるもの」に与えられた役割と位置づけそのものに由来すると考えられるのである。

ここではさらに、このように二つの拮抗する原理によって世界を説明する「二元論」が、人間の魂――「世界の魂の部分ないし似姿」（『倫理的徳について』441F）とされる――における理性（ロゴス）と感情の位置づけにも浸透していることを確認しておきたい[26]。ストア派においては、能動原理であるロゴス（神）が万有を完全に支配し統御するとされるのと類比的に、人間の魂においてもロゴス（理性）が完全に統御し感情のような非理性的要素が抹消されるいわゆる「無感情（アパテイア）」の理想状態に至ることが可能だとされていた。これに対してプルタルコスの立場では、このようなことはありえない。ここではプルタルコスが、ストア派の立場と対比しながら彼がプラトン（主義）的とみなす実践的な徳に関する考え方を擁護している箇所を、

(25)　受容原理と質料に関しては、『モラリア』の諸作品間でプルタルコスの立場がそもそも一貫しているかどうかをめぐって、研究者の間で意見が分かれている。『イシスとオシリスについて』においてイシスが厳密には何を表しているのかについても、研究者の解釈は一致していない。Boys-Stones (2018) 113-115を参照。

(26)　Duff (1999) ch.3, Gill (2006) 219-238, Opsomer (2007a).

『倫理的徳について』から引用しておこう。

> そのような訳で、このことが、すなわち、感情が適度より不足したり、多過ぎたりするのを取り除くことが、本来、実践的な理性の仕事となるのである。すなわち、品性のもろさとか弱さのため、あるいは恐れや気後れのために衝動が尻込みし、よさを諦めるような場合に、実践的な理性がその傍らにあってこれを刺激し、燃え上がらせ、だが逆に、衝動が大量に、かつ無秩序にどっと流れ出てくる場合には、その激しさを取り除き、沈静化させるのである。このように、実践的な理性は、感情の動きに限界を与えることにより、非理性的な要素に不足と超過の中項をなす倫理的徳を植えつけるのである。[…] **身体あるがゆえに必要とされる徳で、実践的な目的のために、道具としての感情の奉仕をどうしても必要とするものの方は、魂の非理性的要素を消滅させたり無効にしたりするのではなく、むしろ、それに秩序と統制を与えるの**であるから、能力と質においては最高の状態であるけれども、量の面では中項ということになるのである――超過と不足を取り除いているのであるから。（444B-D、戸塚七郎訳を改変、以下同様）

ここでは、プルタルコスの「二元論」的な図式が、それ自体としては秩序をもたない感情に対して、理性が秩序を与える、という仕方で適用されている。プルタルコスが勧めるのは、感情のような非理性的要素を魂から完全に消滅させたり沈黙させたりすることではなく、むしろそれに一定の秩序を与えることで成立する「感情の中庸状態（メトリオパテイア）」に達することである（この点でプルタルコスはアリストテレス以来のペリパトス派的感情論を受け継いでいるが、彼自身はそれを「プラトン（主義）的」な立場だと考えていた[27]）。ここで重要なのは、ストア派のように感情はない方がよいとされるのではなく、むしろこの世界での生における実践のためには感情が不可欠とされている点である。感情はこの世界での実践のためのいわばエンジンなのであり、たしかに理性というハンドルによって正しくコントロールされなければ危険であるものの、そもそも感情がなければいくら理性がハンドルを切っても何も動かないのである。「もし感情が完全に取り除かれるとしたら（それが可能だとして）、多くの人々の場合、その理性は、ちょうど風がやんだときのかじ取り

(27)　Karamanolis (2006) ch. 2.

のように、より怠惰でぼんやりしたものになることだろう」（同452B）とプルタルコスが言っている通りである。

プルタルコスの実践倫理が感情の要素を重視するのも、このような前提による[28]。女性論・結婚論においても感情の要素の重視はプルタルコスの特徴となっているが、特に関わる感情はエロス（恋）や愛情だろう[29]。プルタルコスは『倫理的徳について』の中でも、これらの感情について触れている。それによると、エロスは危険を伴う感情ではあるが、「エロスの狂気と一緒にエロスの感情まで追い出す人は誤りを犯している」（同451E-F）と言われるように、必要なのはそれを排除することではなく、適度な秩序を保つように理性によってコントロールすることだとされる。夫婦関係についてもプルタルコスは言及しているが、そこでは「時が経つにつれ、共同生活による馴染みが二人の間に感情を育むと、愛情と親愛が理性の働きによって増大するのを感ずるものである」（448E）と論じられている。興味深いことに、理性は愛情のような感情をコントロールするだけでなく、それを相応しい仕方で増大させることもできるとされるのである。こうした基本的な哲学的立場が、プルタルコスの女性論・結婚観の中でより具体的にどのような議論に結びついていくか、以下で見ていくことにしよう。

## 第3節　夫婦の愛情

まず、結婚というものの本質について、プルタルコスがどのように考えているのか、引き続きムソニウス・ルフスと比較しながら見てみよう。両者の共通点として注目すべきは、二人ともアンティパトロスというストア派の哲学者（前2世紀）の議論を引いている点である[30]。アンティパトロスは自然学の用語を借りて、結婚の理想を夫婦間の「完全な混和（δι᾽ ὅλων κρᾶσις）」と類比的に表現した（*SVF* III.63 Antipater: ストバイオス『精華集』IV.67.25）。

---

(28)　プルタルコスが陶片追放に関して妬みという市民の感情に注目する社会心理的解釈を打ち出していることについて、第3章[佐藤]参照。

(29)　Opsomer (2007a).

(30)　プルタルコスにおけるストア派からの影響に関する総括的な古典的研究として、Babut (1969)。

「財産や、万人にとって何よりも愛しい子どもたちや、魂だけでなく、肉体もまた共有するのは夫婦だけだから」と言われているように、アンティパトロスがこの表現に込めたのは、夫婦というものは財産や子はもとより肉体と魂の両方を共有する結びつきである、という意味であったと考えられる(31)。ムソニウス・ルフスとプルタルコスの両者から、アンティパトロスに由来すると考えられる箇所の前後を引用しておこう。

> 男と女の共同以上になくてはならず、かつ愛情に満ちた共同を、他に見出すことはできないだろう。忠実な妻が結婚相手の夫に対して示すのと同じくらいの思いやりを、仲間が仲間に対して、あるいは兄弟が兄弟に対して、息子が親に対して示すことなどありえるだろうか。夫が不在のときに妻にとって、妻が不在のときに夫にとって、それぞれ恋しく思われるのと同じくらい恋しく思われる人など他にいるだろうか。夫や妻が一緒にいてくれる場合以上に、一緒にいることで苦痛を軽減し、喜びを増大させ、災難を修復してくれる人など他にいるだろうか。また、身体であれ魂であれ財産であれ、すべてのものが共有であるということを、夫と妻の場合以外に誰について考えられるだろうか。だからこそ、夫と妻の愛情こそあらゆる愛のなかで至高のものだと、すべての人々が考えるのである。(ムソニウス・ルフス XIV「結婚は哲学することの妨げになるか」: ストバイオス『精華集』IV.22a.20)

> ある哲学者たちは、物体には、艦隊や軍隊のように、ばらばらの異なる部分から構成されるものと、家や船のように、接合された部分から構成されるものと、それぞれの生物のように、統合され一体となったものとがあると論じている。結婚もいわばこれと似た事情にあり、愛する者どうしが統合され一体となる結婚もあれば、持参金や子ども目当ての接合にすぎない結婚もあるし、互いに同居はしているが生活を共にしているとはみなすことができないような、ばらばらの者どうしが寝て交わるだけの結婚というものもある。自然哲学者は液体どうしの完全な混和が生じると主張するが、同じように結婚

(31) この比喩が夫婦間の平等な関係を意味するかどうかは微妙である。Asmis (1996) 76-80は、アンティパトロスが夫婦を二本の手や足に喩えていることなどを根拠として夫婦間の平等な関係をそこに見出そうとしているが、この解釈に対してはEngel (2003)が批判している。シッサ (2000) 176はプルタルコスによるこの比喩の援用に関して、彼が「たくさんの水で割ったものも酒とわれわれが呼ぶように、たとえ妻がより多くの寄与をしていても、夫の財産や夫の家と呼ぶべきである」(『結婚訓』140F、瀬口昌久訳) と言っていることを引き合いに出した上で、「この「混合」とは結局、妻の側の諦めなのである」と解している。

した者どうしは身体も財産も友人も親戚も互いに混ぜ合わさなければならない。（プルタルコス『結婚訓』142E-143A、瀬口昌久訳を改変）

このように両者は、アンティパトロスを参照しながら、夫婦間の共同が相互的な愛情にもとづく結びつきであることに重きを置いている点で共通している。しかし、両者の間には微妙だが決定的な違いもある。ムソニウス・ルフスは、相互的な愛情を重視しながらも、子をなすということをそれと同時に結婚の本質的な目的として考えている[32]。さらに彼は、子をなすというこの目的を介して、結婚というものをより広い社会的な枠組みの中で捉え返している。彼の考えでは、男女の間に相互的な愛情が生じて「結婚」という共同へと導くようになっているのも、「社会的（ポリス的）動物」であるという人間の本性に根ざしているのである。上で引用した箇所の直前で述べられていたのは、実は次のような議論であった。

もし君が、人間の本性がミツバチに最も似ていることを認めてくれるなら――ミツバチは、単独で生きることはできず（一匹だけ孤立させられると死んでしまうから）、同種族の仲間で共有する一つの活動のために集結し、周りのものたちと協力してはたらくのだが――もしそうならば、そしてこれに加えて、不正や野蛮、つまり周りの人の不幸を気にかけないことが人間の悪徳と考えられ、人間愛や思いやりや正義、つまり隣人に善行を施し配慮することが徳であるなら、その場合には、各人が自分のポリスのことを気にかけて、ポリスのために砦となる家を築くべきだろう。そうした家という砦のはじまりが、結婚なのだ。したがって、人々から結婚を取り去り破壊する者は、家を破壊し、ポリスを破壊し、人類全体を破壊していることになる。なぜなら、それは子が生まれることがなければ存続しないし、結婚がなければ子は生まれないからである――少なくとも正しく法に適った仕方では。家にしてもポリスにしても、女だけとか男だけとかでは成り立たず、両者の共同から成り立つということは明らかである。（XIV「結婚は哲学することの妨げにな

(32)　別の論考XIII「結婚の主要目的とは何か」（ストバイオス『精華集』IV.22c.90）では、「結婚の主要目的とは、生活と子をなすこととの共同である。というのも、ムソニウスが言うには、結婚している夫と妻が一緒になるべきなのは、お互い共に生活するためであると同時に、子をつくるためでもあり、そしてさらに、すべてのものを共通のものとみなして、いかなるものも、身体そのものですら、各自のものとはみなさないためである」と言われている。

るか」)

これに対してプルタルコスは、子をなすという側面に言及しないわけではないが、それを結婚の本質的目的として論じることはないという点で際立っている[33]。すでに引用した『結婚訓』には「持参金や子ども目当ての接合にすぎない結婚」を蔑む言葉があったが、同じく『エロス談義』でも「妻が欲しいからではなく子どもが欲しいから結婚する」輩は「玉葱か何かに射精する蝉も同然」と非難されている（767C-D)。したがって、結婚のより広い社会的な意義について、プルタルコスはムソニウス・ルフスのように、子をなすという観点から論じることはない。むしろ、結婚が果たしうる社会的な貢献として語られているのは、夫婦の相互的な愛情にもとづく行為による貢献である。『結婚訓』の中で「ポリスやアゴラや友人たちを協和させようとする者は、まず家を協和させなければならない」(144B-C) と説かれているが、夫婦間の愛情による「協和（ὁμόνοια)」がゆくゆくはポリスの協和につながる、というのがプルタルコスの基本的発想なのである[34]。卓越した行為を生み出しうる愛の力については、古くはプラトン『饗宴』の中のパイドロスらによる弁論で、アルケスティスやアキレウスのエピソードが取り上げられていた[35]。プルタルコスもまたこのようなプラトン以来の伝統に依拠しているが、彼がとりわけ好んで描くのが、愛情にもとづいて夫に協力する妻の姿なのである。先に引いたカンマのエピソードが——そして冒頭に引いたポルキアの話も——まさにこれに当たる。

こうした結婚観の相違は、夫婦間の性行為に対する位置づけに関しても、ムソニウス・ルフスとプルタルコスの間に違いをもたらしている。ムソニウス・ルフスは、次の議論に見られるように、正当な性行為を子づくりを目的としたものに限定するという、古代の中では際立って厳格な立場をとっている。

---

(33) Goessler (1999) 109-111, Nikolaidis (1997) 51-57.

(34) Swain (1999), Tsouvala (2008). プルタルコスにおける哲学と政治の関係については、第6章[瀬口]を参照。

(35) Lucchesi (2013). アルケスティスの逸話はムソニウス・ルフスも引いている（XIV「結婚は哲学することの妨げになるか」)。

> 放蕩その他の悪徳に染まっていない者は、性行為が正当とみなされるのは、それが結婚関係のなかで子づくりを目指してなされる場合だけである、と考えなければならない。そのような性行為が法に適ったものだからである。それに対して、快楽だけを追い求めてなされる場合には、たとえ結婚関係のなかでの行為であろうとも、不正で法に反したことなのだ。(XII「性行為について」：ストバイオス『精華集』III.6.23)

これに対してプルタルコスは、「アプロディテは男と女の間に協和と愛情を作り出す名職人」(『七賢人の饗宴』156C-D) という印象的な言葉を記しているように、性行為に対して夫婦間の愛情を育むものとしての積極的な意義を与えている(36)。『結婚訓』の中では、夫婦喧嘩を解決する方法として、一緒に寝ることを積極的に勧めている (143C-E)。『エロス談義』の中でも、月に三回以上妻と交わることを夫に命じたというソロンの立法を称賛した上で、その理由をプルタルコスは次のように推測している(37)。

> これはもちろん快楽のためではなく、ちょうど国と国との条約が時々更新されるように、こうして時々やさしさをかわすことによって、毎日の生活からたまってくる夫婦それぞれの不平不満を解消し、よってもって結婚生活を更新させようと考えてのことだろう。(769A-B、柳沼重剛訳を改変)

プルタルコスとムソニウス・ルフスの間の以上のような力点の置き方の相違は、より具体的な事例として例えば、妻以外の女性との姦通はなぜ悪いのかをめぐる議論の違いを生んでいる。まずはムソニウス・ルフスの方を見ておこう。彼は、すでに見た厳格な立場からの当然の帰結として、正式な妻以外の女性 (あるいは男性) との性行為はすべて避けるべきである、という教えを説いている。その中で、娼妓や女奴隷を相手にすることも――慣習的に

---

(36)　『エロス談義』の中で男性間の性行為 (少年愛) に対してプルタルコスが否定的な態度をとるのは、男女間の性行為とは異なり男性間の性行為には相互的愛情が育まれることがない、と考えていたからである。この点に関するムソニウス・ルフスとプルタルコスの見解については、近藤 (2016)。プルタルコスにおける性行為に関する見解をまとめた研究として、Walcot (1998)。

(37)　この規定は、『ソロン伝』20.4においては夫婦一般への規定としてではなく、家付き娘 (エピクレーロス) を娶った者 (親族の男性) に対する規定として紹介されている (桜井 (2010) 5章)。プルタルコスの結婚に関する立法をめぐる考え方については、Nikolaidis (1997) 40-51。

は当時ある程度許容されていたにもかかわらず——避けるべき理由を、彼は次のように説明している。

> 私は次のように主張する。あやまちを犯す者は皆、ただちに不正も犯していることになる——たとえ隣人に対してではなくとも、自分自身をより劣悪で不名誉な者として示すことにより、自分自身に対して不正を犯しているのだ、と。というのも、あやまちを犯す者は、あやまちを犯すそのかぎりにおいて、より劣悪で不名誉な者となるからである。また、不正のことは措くとしても、醜悪な快楽に負けて豚のように身を汚して悦ぶ者が、いずれにしても放埓さから免れていないことは必定である。自分の女奴隷と関係をもつ男も、この種の者に含まれる。[……] 主人が女奴隷と関係をもつことが、抑制がきかないがゆえのおこないにほかならないことについては、わざわざ論じるまでもなかろう。それは誰にでも分かることだから。(XII「性行為について」)

ムソニウス・ルフスがここでひたすら問題としているのは、快楽に負ける放埓さといった悪徳である。正式な妻以外の女性と性行為をすべきではないのは、それが悪徳に耽ることに他ならないからなのである。現代人としては、ここで性行為の相手である娼妓や女奴隷の視点が欠けていることに驚かされるが、同様に妻の視点も含まれていないことに気づくだろう。姦通が不正になりうる可能性として考えられているのは、まず自分自身に対する不正であり、それ以外では隣人——つまり姦通の相手の夫——に対する不正だけである。ムソニウス・ルフスの性道徳は、少なくともこの点に限っては、どこまでも男性本位、(男性の)自己本位なのである。

これに対して、プルタルコスはどうだろうか。彼は『結婚訓』の中で、浮気は避けよという教訓を次のように説いている。

> 猫は香水のにおいを嗅ぐとひどく混乱して狂ったようになると言われているように、もしも妻が香水によって同じように怒りに駆られ狂乱するとしたら、夫が香水を控えずに自分の短い快楽のため妻を苦しむままにすれば恐ろしいことだろう。それゆえ、夫が香水を使うからではなく、別の女性と親しい関係になって妻に苦しみを与えるならば、わずかな快楽のためにそれほど大きな苦痛を混乱を妻に与えるのは正しくないことである。(144C-D、瀬口昌久訳を改変)

浮気されて嫉妬に狂う妻のことを香水の匂いに興奮する猫に譬えるという例に対しては、（プルタルコス自身がおそらくはそう期待したように）ユーモラスだと感じる人もいれば、女性蔑視の臭いを感じて不愉快に思う人もいるだろう。そのことはさておき、ここで注目したいのは、プルタルコスの議論には妻の気持ち――嫉妬の裏返しが愛情であることは言うまでもない――に対する配慮という、ムソニウス・ルフスにはなかった視点があるという点である。この議論が妻の嫉妬をかきたてるともっと面倒なことが生じるという夫の側の利己的な計算に訴えていることも否定はできないが、妻の愛情を裏切ることが妻に対する「不正」になる（「正しくない」）という見方があることも確かである[38]。

もちろん、すぐに付け加えなければならないが、この点でもプルタルコスの「フェミニズム」は不完全である。『結婚訓』では、妻の側の浮気についてはその可能性すら考えられていないのに対して、夫の側の浮気については、「夫が快楽について自制ができず放埒で、娼妓や侍女に過ちを犯す場合にも、正妻たるものは憤ったり腹を立てたりしてはならず、乱痴気騒ぎや放埒や放縦な振る舞いを彼女には恥じて、別の女相手にやっていると考えるべきである」（140B、瀬口昌久訳）というように、妻は大目に見るようにと説かれているのである。しかし、この言い訳じみた議論の肩をもつわけではないが、ここでも興味深いのは、結婚している夫婦の間には他の関係には見られないような、互いを大切に思う愛情が育まれるという前提がある点である[39]。この点についてプルタルコスが真摯であることまで疑う必要はないと思われる。

とはいえその愛情は、相互的とは言えるとしても、夫婦間で平等なものとは言えないだろう。プルタルコスにおいては、前節で見た女性原理と男性原理の関係と類比的に、妻はともすれば暴走しかねない危険をともなう存在とみなされており、夫の側が理性によって教え導くことで調和のとれた夫婦生活が成立すると考えられているのである。このことがいささかグロテスクなイメージで表現されているのが、『結婚訓』の次の箇所である。

---

（38） Nikolaidis (1997) 72-75.
（39） Nikolaidis (1997) 63-72.

> 女性は男性と交わらぬかぎり子どもを生むことはけっしてないと言われているが、何らかの障害のために、形のゆがんだ胎児に似た肉状のものが女性自身のなかに形成されることがあり、それはミュレと呼ばれている。そのようなものが妻の魂のなかに生じないように用心しなければならない。なぜなら、もし妻が有益な言論の種子を受け入れず、夫の教養と交わることがないならば、妻は自分自身だけで、多くの愚かしい価値のない考えや感情を身ごもることになるからだ。(145D、瀬口昌久訳を改変)

これに対して、夫が妻を正しく教え導くことに成功した結果について、プルタルコスはトロイアの英雄ヘクトルに対して良妻アンドロマケが呼びかけた言葉を引きながら、次のように印象的な仕方で述べている。

> 妻にとって「あなたこそ父であり貴い母であり、兄でもあるお方です。」(ホメロス『イリアス』6.429-430) これに少しも劣らずすばらしいことは、妻が次のように言うのを聞くことである。「わが夫よ、あなたこそ私にとっては、最も美しく最も神的なことがらの案内人であり哲学者であり、師でもあるお方です。」(145B-C、瀬口昌久訳を改変)

プルタルコス自身、自著を妻を含む女性たちに対して献呈していることはすでに見た通りだが、男性である自分が女性に対して教えを垂れるという構図を崩してはいない。それは好意的に見れば、彼が当時としては女性の知的能力を高く評価していたことの表れとも言えるが(40)、最近の言葉で言えば「マンスプレイニング (mansplaining)」、すなわち女性に対する上から目線の説教をしたがる男性の元祖にも見えなくはない(41)。プルタルコスは娘を失ったことを悲しむ自身の妻ティモクセナに宛てて『妻への慰めの手紙』を著しているが、その中での彼自身の言葉を信じるならば、ティモクセナは倹しい身なりと暮らしを崩さず、常に自制心を保って家のことを取り仕切り子を育てた「良妻」の鑑のような人物だったようである (609C-E)。プルタルコスは、きっとヘクトルにも劣らぬ「幸せ」な結婚生活を送ったに違いない、と言うのはあまりにも意地悪だろうか。

---

(40) Xenophontis (2016) ch.4.

(41) ソルニット (2018)。

## おわりに

冒頭で見たポルキアの例に戻ろう。ポルキアのエピソードに対して感じた違和感の所在も、いまや明確になる。プルタルコスの『ブルトゥス伝』は、ブルトゥスが妻ポルキアについて次のような評価を語ったというエピソードを伝えている。

> ブルトゥスの友人の一人アキリウスがヘクトルに向かって述べたアンドロマケの言葉を語って、「ヘクトル、あなたこそ私にとっては、父であり貴い母であり、兄でもあるお方であるとともに、あなたは私にとって頼もしい夫なのです」（ホメロス『イリアス』6.429-430）と言うと、ブルトゥスは微笑んで、「だが私はポルキアにヘクトルの言葉で『召使の女たちに機織りと箆の仕事を言いつけなさい』（ホメロス『イリアス』6.491）とは言うまい。肉体の本性上はわれわれと同じ勇ましいことはできなくても、心ではわれわれと同様に祖国のために闘う人だから」と言った。（23.5-7、河野与一訳を改変）

これは「女性の徳と男性の徳は同一である」というテーゼについてのプルタルコスの考え方に合致するエピソードとして理解できるだろう。プルタルコスは確かに、女性を家の中に閉じ込める旧来の考え方には批判的であった。ポルキアの「祖国のために闘う」という行為が称賛されるのは、そのためである。

とはいえ、そのポルキアの行為は特筆すべきものではあるものの、あくまで夫の計画に協力するという範囲内での行動であった。そして、その背景にあったのは「よいことも苦しいことも共にする」という結婚観であったこともすでに見た通りである。一見それは夫婦が平等の立場で結婚という共同生活に参与することを意味しているように思われるものの、実際の順番は、まず夫が苦しみ、それを妻が分かち合う、というものであって、決してその逆ではなかったのである。上の引用箇所の直前では、ローマを去るブルトゥスを見送ってポルキアがローマに戻る際、それまで気丈に振る舞っていたポルキアがある絵を見て涙を流したというエピソードが紹介されている。

それはギリシア人の構図で、アンドロマケがヘクトルを見送るとき、その手から幼な子を受け取り、ヘクトルの顔を見ているところであった。それを見たポルキアは自分の感情の似姿に涙を誘われ、その日は何度もそれを見に行って泣いていた。(23.3-4、河野与一訳を改変)

ポルキアが「自分の感情の似姿」を見出したのは、もちろんアンドロマケであってヘクトルではない。ポルキアはなおも夫に対して「あなたこそ私にとっては、最も美しく最も神的なことがらの案内人であり哲学者であり、師でもあるお方です」と言うであろう人物として描かれていると言えるだろう。夫唱婦随の道徳と女性の徳（勇敢）の称賛は、プルタルコスの中では矛盾せずに調和するのである。

プルタルコスの『英雄伝』の中の女性像や、『モラリア』の中の女性論や結婚論は、今なお人生の普遍的真理に触れるものとして読まれることもあるだろうし、逆に現代とは相容れない古めかしい教訓談として——しかしだからこそかえって興味深く——受けとられることもあるだろう。様々な受容の仕方が可能なことが、プルタルコスのような古典の魅力であると言える。これに加えて、プルタルコスの一見さほど「哲学的」とも思われない話に彼の哲学的側面を垣間見ながら読み進めていくことも、プルタルコスの楽しみ方の一つとなりうることが示せたならば、本章の目的はひとまず果たされたことになる。

### ・参考文献・

Aikin, S. & McGill-Rutherford, E. (2014), 'Stoicism, feminism and autonomy', *Symposion* 1.1, 9-22.

Asmis, E. (1996), 'The Stoics on women', in: *Feminism and Ancient Philosophy* (ed. J. K. Ward), New York/London, 68-92.

Babut, D. (1969), *Plutarque et le stoïcisme*, Paris.

Beneker, J. (2008), 'Plutarch on the role of Eros in a marriage', in: *The Unity of Plutarch's Work: "Moralia" Themes in the "Lives", Features of the "Lives" in the "Moralia"* (ed. A. G. Nikolaidis), Berlin/New York, 689-699.

——— (2012), *The Passionate Statesman:* Eros *and Politics in Plutarch's* Lives, Oxford.

Blomqvist, K. (1997), 'From Olympias to Aretaphila: Women in politics in Plutarch', in: *Plutarch and His Intellectual World: Essays on Plutarch* (ed. J. Mossman), London,

73–97.

Boys-Stones, G. (2018), *Platonist Philosophy 80 BC to AD 250: An Introduction and Collection of Sources in Translation*, Cambridge.

Chapman, A. (2011), *The Female Principle in Plutarch's* Moralia, Dublin.

Chlup, R. (2000), 'Plutarch's dualism and the Delphic cult', *Phronesis* 45, 138–158.

Dillon, J. (1977), *The Middle Platonists, 80 B.C. to A.D. 220*, Ithaca NY; revised edition 1996.

——— (1986), 'Female principles in Platonism', *Itaca* 1, 107–123.

Duff, T. E. (1999), *Plutarch's Lives: Exploring Virtue and Vice*, Oxford.

Engel, D. M. (2003), 'Women's role in the home and the state: Stoic theory reconsidered', *HSPh* 101, 267–288.

Flacelière R. (1971), 'Le féminisme dans l'ancienne Athènes', in: *Comptes rendus des séances de l'Académie des Inscriptions et Belles-Lettres, 115e année*, N. 4, 698–706.

Foxhall, L. (1999), 'Foreign powers: Plutarch and discourses of domination in Roman Greece', in: Pomeroy ed. (1999), 138–150.

Gill, C. (2006), *The Structured self in Hellenistic and Roman Thought*, Oxford.

Goessler, L. (1999), 'Advice to the Bride and Groom: Plutarch gives a detailed account of his views on marriage' (translated by H. M. Harvey & D. Harvey), in: Pomeroy ed. (1999), 97–115.

Goldhill, S. (1995), *Foucault's Virginity*, Cambridge.

Hill, L. (2001), 'The first wave of feminism: Were the Stoics feminists?', *HPTh* 22, 13–40.

Inwood, B. (2017), 'The legacy of Musonius Rufus', in: *From Stoicism to Platonism: The Development of Philosophy, 100 BCE—100 CE* (ed. T. Engberg-Pedersen), Cambridge, 254–276.

Karamanolis, G. E. (2006), *Plato and Aristotle in Agreement?: Platonists on Aristotle from Antiochus to Porphyry*, Oxford.

Konstan, D. (1994), *Sexual Symmetry: Love in the Ancient Novel and Related Genres*, Princeton.

Le Corsu, F. (1981), *Plutarque et les femmes dans les Vies parallèles*, Paris.

Lucchesi, M. A. (2013), 'Love theory and political practice in Plutarch: The *Amatorius* and the *Lives of Coriolanus and Alcibiades*', in: *Erôs in Ancient Greece* (ed. E. Sanders, C. Thumiger, C. Carey & N. J. Lowe), Oxford, 209–227.

McNamara, J. A. (1999), 'Gendering virtue', in: Pomeroy ed. (1999), 151–161.

Nikolaidis, A. G. (1997), 'Plutarch on women and marriage', *WS* 110, 27–88.

Nussbaum, M. C. (2002), 'The incomplete feminism of Musonius Rufus, Platonist, Stoic, and Roman', in: *The Sleep of Reason. Erotic Experience and Sexual Ethics in Ancient Greece and Rome* (eds. M. C. Nussbaum & J. Sihvola), Chicago, 283–326.

Opsomer, J. (2007a), 'Eros and knowledge in Plutarch's *Amatorius*', in: *El amor en Plutarco* (eds. J. M. Nieto Ibáñez & R. López López), León, 149–168.

——— (2007b), 'Plutarch on the One and the Dyad', *BICS* Supplement No. 94, *Greek & Roman Philosophy 100 BC — 200 AD*: vol. II, 379–395.

Patterson, C. (1999), 'Plutarch's *Advice to the Bride and Groom*: Traditional wisdom through a philosophical lens', in: Pomeroy ed. (1999), 128-137.

Pomeroy, S. B. ed. (1999), *Plutarch's* Advice to the Bride and Groom *and* A Consolation to His Wife*: English Translations, Commentary, Interpretive Essays, and Bibliography*, New York/Oxford.

Stadter, P. A. (1965), *Plutarch's Historical Methods: An Analysis of the* Mulierum Virtutes, Cambridge, MA.

——— (1999), '*Philosophos kai philandros*: Plutarch's view of women in the *Moralia* and the *Lives*', in: Pomeroy ed. (1999), 174-182.

Swain, S. (1999), 'Plutarch's moral program', in: Pomeroy ed. (1999), 85-96.

Tsouvala, G. (2008), 'Integrating marriage and *homonoia*', in: *The Unity of Plutarch's Work:* Moralia *Themes in the* Lives*, Features of the* Lives *in the* Moralia (ed. A. G. Nikolaidis), Berlin/New York, 701-718.

Tuana, N. ed. (1994), *Feminist Interpretations of Plato*, University Park, PA.

Van Hoof, L. (2010), *Plutarch' s Practical Ethics: The Social Dynamics of Philosophy*, Oxford.

Walcot, P. (1998), 'Plutarch on sex', *G&R* 45, 166-187.

——— (1999), 'Plutarch on women', *SO* 74, 163-183.

Wohl, V. (1997), 'Scenes from a marriage: Love and *logos* in Plutarch's *Coniugalia praecepta*', *Helios* 24, 170-192.

Xenophontos, S. (2016), *Ethical Education in Plutarch: Moralising Agents and Contexts*, Berlin.

和泉ちえ（2015）「説得の技法――gender equalityの実現可能性をめぐって」、『理想』695、27-38

スーザン・モラー・オーキン／田林葉・重森臣広訳（2010）『政治思想のなかの女――その西洋的伝統』、晃洋書房（原著 Okin, S. M. (1979), *Women in Western Political Thought*, Princeton, NJ.）

金澤修（2008）「二元論の系譜――プルタルコスにおける悪、もしくは或る流れを巡って」、『哲学誌（東京都立大学哲学会）』50、145-166

久保正彰訳（1966-1967）『トゥーキュディデース：戦史（上）（中）（下）』、岩波書店

久保正彰（1984）「古代ギリシアの愛――ノーマルとアブノーマル」、『愛と人生（東京大学公開講座40）』（平野竜一著者代表）所収、東京大学出版会、3-43

國方栄二（2007）『プラトンのミュートス』、京都大学学術出版会

河野与一訳（1952-1956）『プルターク英雄伝（一～一二）』、岩波書店

近藤智彦（2016）「古代ギリシア・ローマの哲学における愛と結婚――プラトンからムソニウス・ルフスへ」、『愛――結婚は愛のあかし？（愛・性・家族の哲学　第1巻）』（藤田尚志・宮野真生子編）所収、ナカニシヤ出版、2-35

———（2017）「運と幸福――古代と現代の交錯」、『社会と倫理』（南山大学社会倫理研究所編）32、15-29

桜井万里子（2010）『古代ギリシアの女たち――アテナイの現実と夢』、中央公論新社

ジュリア・シッサ／内藤義博訳（2000）「性別（ジェンダー）の哲学――プラトン、アリストテレス、そして性差」、『女の歴史I　古代I』（G・デュビィ・M・ペロー監修、P・シュミット＝パンテル編、杉村和子・志賀亮一監訳）、藤原書店、120-178（原著Schmitt

Pantel, S. ed. (1991), *L'Antiquité* (Histoire des femmes en Occident, sous la direction de G. Duby et M. Perrot, 1), Paris.)
瀬口昌久訳（2001）『プルタルコス：モラリア２』、京都大学学術出版会
瀬口昌久（2011）『老年と正義——西洋古代思想にみる老年の哲学』、名古屋大学出版会
レベッカ・ソルニット／ハーン小路恭子訳（2018）『説教したがる男たち』、左右社（原著 Solnit, R. (2014), *Men Explain Things to Me*, Chicago.)
土屋睦廣（1991）「プラトンにおける悪と物体の問題」、『倫理学年報』40、19-34
ミシェル・フーコー／田村俶訳（1987）『性の歴史III——自己への配慮』、新潮社（原著 Foucault, M., (1984). *Histoire de la sexualité, vol. 3, Le souci de soi*, Paris.)
R・フラスリエール／戸張智雄訳（1984）『愛の諸相——古代ギリシアの愛』、岩波書店（原著Flacelière, R. (1960). *L'amour en Grèce*, Paris.)
松浦和也（2016）「「自然」の諸相——アリストテレスの女性像を通じて」、『理想』696、50-61
丸橋裕訳（2009）『プルタルコス：モラリア5』、京都大学学術出版会
柳沼重剛訳（1986）『プルタルコス：愛をめぐる対話　他三篇』、岩波書店

# 第 5 章

# 可知と不可知のはざま

## ——自然の不可思議現象と知的探究のはじまり

木原　志乃

### はじめに

プルタルコスは、ヘレニズム期以降の諸学派がせめぎ合う当時の哲学地図のまさに中心的位置にありながら、またランプリアスの目録によれば、プルタルコスの著作の半分以上が哲学書でありながら、『モラリア』における彼の哲学は、例えば実践倫理も曖昧で折衷的なものとされ、これまでその哲学的独自性が評価されてきたとは言い難い。一方で、近年の動向では、プルタルコスは歴史家としても文学者としても、自らの文化的な遺産を戦略的に語る洗練された著作家と見做すべきであるとされ（本書第1部および第3部参照）、哲学思想およびその実践においても再評価すべきであると主張されてきた。例えば『モラリア』ではなく『英雄伝』における実践倫理が近年注目され、そこにプラトン哲学との繋がりも強調されてきた[1]（本書第2部第4章および第6章参照）。さらにプルタルコスを正統なプラトニストとして評価する従来の伝統的な解釈の立場に対して、近年ではアリストテレスやイソクラテスおよびストア派等の影響が強調され、プラトン主義の枠組みを越えたプルタル

（1） Cf. Pelling (1995); id. (2000); Roskam (2011).

コス哲学の再評価が試みられている[(2)]。本章ではこのような新たな研究動向と軌を一にし、単なる折衷主義とは区別されるべき哲学者プルタルコスの知の独自性に注目したい。とりわけ彼の自然科学思想についても、様々な見解をただ寄せ集めた雑多な印象のみがこれまでは強調されてきたが、この点も再検討すべきであろう。プルタルコスにとっては、伝記を語ることも、自然を考察することも、一体となった知的探究であったはずである。そこで、『英雄伝』に見られる印象的な挿入話を糸口とし、自然の認識をめぐるプルタルコスの哲学的態度が、どのように戦略的に示されているかを広範なテクストの中で明らかにすることが目指される。

プルタルコスは『英雄伝』において、しばしば伝記の途中に、その人物が自然の不可思議現象に遭遇したエピソードを挿入している。とりわけよく知られたエピソードの一つが、『アレクサンドロス』[(3)]で語られる「ナフサの流れ」（τό ῥεῦμα τοῦ νάφθα）である。これはアレクサンドロスが東方遠征の途上で、バビュロニアから遥か東方にあるメディアの中心地エクバタナ（現在のイラン西部ハマダン）で目にした現象のことであり、人々は大地の割れ目から火が吹き出ている天然ガスのことを「ナフサの流れ」と呼んでいる。

> 全バビュロニアはたちまち彼（アレクサンドロス）のものとなったが、そこで一番驚いたのは（ἐθαύμασε）、エクバタナにある、泉から絶えず流れ出るように火が出ている割れ目と、そこから遠くない所にある、大層多く出るために湖のようになっているナフサ（νάφθα）の流れである。ナフサは他の点ではアスファルト（ἀσφάλτῳ）に似ているが、非常に火がつきやすく、炎が触れるより先に、光の周りの光線（τῆς περὶ τὸ φῶς ... αὐγῆς）だけでしばしばその間の空気まで燃してしまう。（『アレクサンドロス』35.1ff.）[(4)]

アレクサンドロスがこの現象に驚いたという記述の後、ナフサについての自然学的解説がしばらく続く（35, 2-16）。『英雄伝』には自然学的記述がしばしば見られるが、プルタルコスは伝記を記す上で、これらの不可思議な自然事

（2）　Cf. Lanzilotta & Gallarte, eds. (2012) 36.
（3）　この作品に描かれるアレクサンドロス像については、本書第2章を参照。
（4）　井上一訳を一部改変した。なお、本章でのプルタルコスの引用は、とくに断りがない場合は、西洋古典叢書の訳文を使用させていただいた。

象（いわゆるmirabilia）についての説明をどのような意図で導入したのか。そして当時流布していた迷信や科学的見解とともに、そのような謎めいた事象の原因を可知としたのか、不可知としたのか。以下の論述では、ナフサの話を中心に、不可思議現象をめぐる『モラリア』（とりわけ『自然学的諸問題』、『食卓歓談集』）の考察を踏まえながら、プルタルコスによる自然学的な知の根拠を明らかにしたい。

## 第1節　『英雄伝』で語られる自然の不可思議現象

プルタルコスの『英雄伝』で挿入される自然の不可思議現象（以下でミラビリアと記す）についての逸話は、「ナフサの流れ」以外にも、例えば『リュサンドロス』では、アイゴスポタモイでの隕石の落下についての分析が詳細に述べられ（12. 1-9）、『アエミリウス』では、水の無い地に水が湧き出た話が丁寧に述べられている（14. 1-11）。他にも個別の言及が見られるものの、説明にある程度の分量が割かれたこの三箇所に関して、注目すべきは自然現象の説明が分量的にも内容的にも一見して伝記の流れを分断する不自然な印象を与えているにもかかわらず、長々と丁寧に論じられている点である。ナフサの流れについては『アレクサンドロス』全77章の中で、中盤の35章全体を割り当てており、隕石落下については『リュサンドロス』全33章の中で、こちらもほぼ中盤の12章全体を、さらに湧き水については、『アエミリウス』全39章の中で、中盤の14章全体を割り当てており、伝記全体に占める割合も決して少なくない。「ナフサの流れ」については、次のように締め括られている。

> 以上脇に逸れた話となったが、この程度にしておけば、面倒な輩も文句は言って来ないであろう。（35. 11）

また、『リュサンドロス』では、アイゴスポタモイでの燃える隕石の落下現象の原因をいくつか示した後で、最後に話を戻す際に、次のように締め括られている。

しかしこういうことはどこか別の場所で詳しく論じられるべきことであろう。(12. 9)

さらに『アエミリウス』でも同様に、「こういうことについては、ここまでにしておこう」(14. 11) と軌道修正されている。

これらの言及から解るように、ミラビリアが長々と説明されていても、伝記外で話すべき「脱線話」であると語り手が自覚し、話の流れに違和感を持つであろう読者にあえて流れを修正する文言が付されている(5)。脱線自体はプルタルコスのテクスト内でしばしば見られる特徴で、その目的も分量も多様である(6)。われわれにとって、脱線話を挟む意図が必ずしも明らかではないゆえ、しばしばプルタルコスが自らの博識を不必要な虚栄として示しているに過ぎないとみなされてきた。しかし様々な脱線話の中でも、とりわけミラビリアに関しては、語り手としての饒舌さを超えてそこに何らかの積極的な意味が認められるのではないか。例えば伝記と自然学研究とをつなぐ何らかの意図が著者にあったとすればそれはどのようなものであったのか。

まず、『英雄伝』のような伝記や遠征・旅行記の作品において、その記述の途中に驚くべき自然現象についての説明を挟むことは、とりわけプルタルコスに特異なことではなく、ギリシア、ローマの時代の伝統的手法の一つであるという点を確認しておきたい。すでにヘロドトスにおいても、ペルシアやインド、スキュティアなどで見聞した事象が奇譚として語られている。異文化で目にした日常を超えた驚くべき出来事について記した作家たち (παραδοξογράφοι) の記述形式は、西洋中世や中東イスラム文化圏で流布した語りの形式 (ミラビリア及びアジャーイブと呼ばれる奇譚) へと継承されるととなる(7)。多様な文化へと視野を広げ、異質な事柄や他者と直面し、理解し得ない事柄に対するある意味で開かれた姿勢がそこには現れている。そのよう

(5) 『コリオラヌス』11. 2-6でも、名前についての脱線話はἀλλὰ ταῦτα μὲν ἑτέρῳ γένει γραφῆς προσήκει. として、切り上げられている。また、『ペリクレス』4.6ではアナクサゴラスの「理性」というあだ名についての短い脱線話が見られるが、ここでは特に断りがない。

(6) 伝記における他の脱線箇所に関してはBoulogne (2008) によれば40数カ所あり、テクストについて詳細な分析が進んでいる。またOpsomer, Roskam, Titchener (2016) およびMeeusen (2015) 130、本章注20も参照。

(7) 中世キリスト教世界やイスラム世界における奇譚研究に関しては、とりわけ山中 (2015) 参照。

な姿勢はプルタルコスにおいても同様であり、ギリシア・ローマの多様な文化的交流の中での他者を受容するとともに自己を確立することへの模索が彼の思想的基調にあったのだといえよう。そしてとりわけ「アレクサンドロス物語」と奇譚とは密接な関係にあることがこれまでにも多く示されてきた[8]。アレクサンドロスは多文化に触れ、遥か遠い地方まで遠征したという意味でも、他の偉人の旅行記に見られるのと同様、そもそも奇譚が満載の人物ではある。女人しかいない部族アマゾネスとの出会いなど、プルタルコス以外のアレクサンドロス伝には極めて特徴的な奇譚が伝承されてきた[9]。プルタルコスの『アレクサンドロス』でも、「ナフサの流れ」が丁寧に説明されていることの背景には、もちろんこのような東方の異郷へと読者の関心を引くことでもあったであろう。しかしそれに終始したものではおそらくないし、またミラビリアを語る伝統の典型として指摘されるような、階級意識への抵抗（少数の知識階級のみが入手できた学問知識に対する批判的姿勢）や、中世以降のギリスト教的イデオロギーに対する一つの姿勢のようなものもおそらくないであろう。

自らと時間的にも距離的にも遠い話、信じられない不思議な話について語る際に、プルタルコスを語る際に興味深いのは、神話や迷信との関係である。以下に見るように、プルタルコスは現象に対して科学的知識をある程度正確に伝えることに努め、ミラビリアを神話や迷信めいたことに結びつける際には慎重に対応している。実際、他のアレクサンドロス伝を著した作家と比べ、プルタルコスはアマゾネスの女王がアレクサンドロスを訪れたというエピソードは作り話であると指摘している（46. 1-5）[10]。さらには、ナフサの現象は人々によればギリシア神話のメデイアによる不思議な力と関係があるとされてきた。これに対して、その根拠が検討されているのが以下の箇所である。

（8）　アマゾネス伝説がイスラム世界に伝播し、既知の世界の果てにあるアジャーイブの1つとして知られるようになったのは、医学文書といくつかの「アレクサンドロス物語」の翻訳を通してのみである。この点については山中（2015）260参照。

（9）　たとえば、ディオドロスをはじめ、フィルドウスィーの叙事詩『王書』やニザーミーの『アレクサンドロスの書』など。

（10）　他にもルフスやユスティヌスのアレクサンドロス伝に指摘されているが、他の資料には言及されていない。

そこで当然神話（ὁ μῦθος）を事実（ἡ ἀλήθεια）によって復元しようとする人々は、この薬は悲劇の中でメディアが冠や下着に塗ったものだという。というのは、冠や下着から火が出たのでも、自然に火が出たのでもなく、炎（φλόξ）がそばに持ってこられると急激に引火し目に見えない燃焼が起こったというのである。つまり炎からでた光線や放射（τὰς γὰρ ἀκτῖνας καὶ τὰ ῥεύματα τοῦ πυρός）が遠くに達すると、ある物には光と熱とを投ずるだけであるが、本性的に全く乾燥した物や油脂分の湿気を十分含んだ物に会うと（ἐν δὲ τοῖς ξηρότητα πνευματικὴν ἢ νοτίδα λιπαρὰν καὶ διαρκῆ κεκτημένοις）、そこに集合して爆発し、たちまち物質を変化させるからである。論争点は、生成が……それともむしろ火のもととなる可燃性物質が、油脂性で発火性のある土から流れ出るかである（εἴτε μᾶλλον ὑπέκκαυμα τῆς φλογὸς ὑπορρεῖ τὸ ὑγρὸν ἐκ τῆς γῆς φύσιν λιπαρὰν καὶ πυριγόνον ἐχούσης）。（35. 5-6）

大プリニウスにも同様[(11)]、ナフサについて取り扱った箇所でメデイアの神話伝説への言及が見られ、突然発火を起こした彼女の魔術は、このナフサと同様の科学現象が現れたからだというのである。

ナフサもまたこれ（鉱物ピッチと呼ばれる可燃性の沼）と同様の性質を持っている。これはバビュロニア付近やパルティアのアスタコスに近いところに液体アスファルトのようになって流れ出ている物質の名称である。ナフサは火と非常に親近で、どの方向にでもナフサを見れば火はすぐに飛びつく。この方法で伝説のメデイアが自らの敵を焼き殺したのであり、敵が生贄を捧げるために祭壇に登ったのちに、その花環に火がついたのである。（プリニウス『博物誌』2. 109. 105[(12)]）

プリニウスの言及と比較すれば、プルタルコスは神話については簡単に結論を出すことはせず、「可燃性物質」（ὑπέκκαυμα）や「油脂性」（λιπαρὰν）「発火

(11)　プルタルコスによるミラビリアについては、近接したテクストと比較すると明らかなように、プリニウス『博物誌』2.89ff.と一致しており、パターン化された記述のあり方だと言えよう。さらに気象上の不可思議現象については、その共通資料となるものを挙げておくと、アリストテレス『気象について』、擬アリストテレス『宇宙について』4、他にも、アエティオス『学説誌』3、エピクロス『ピュトクレス宛書簡』、ルクレティウス『事物の自然本性について』6.96ff.、シュリア文書（テオプラストスの気象論によるものか）、セネカ『自然学的諸問題』、ディオゲネス・ラエルティオス『哲学者列伝』7.151ff.のストア派の記述などである。Cf. Bakker（2016）100ff.

(12)　中野訳を一部改変。

性」(πυριγόνον) といった自然学用語を多用し、目に見えない燃焼現象に対してその原因は科学的に説明可能だとみなしているだけである。すなわちその自然原因を探りながらなるべく説得的にその根拠を示す姿勢が一貫しているのである。ここに読者に自然学的学びを促す姿勢や啓蒙的態度を見ることも出来よう(この点に関しては、本章2-3節において再び考察する)。

さらにSansoneやWhitmarshによれば、このナフサの流れの挿入話には、アレクサンドロスの「火的な本性」を象徴させる当時の人相学(physiognomy) が背景にある(13)。すなわち性格と自然学的な特徴の関係を見出す試みであり、これは紀元後1世紀の医学に顕著な動向であった。東方の燃え上がる火の神秘は、アレクサンドロスの人物像と効果的に重ねられ、伝記作家としてのプルタルコスの意図がそこに示されているといえよう。目に見えない火の燃焼現象は気性の激しさと重ねられ、さらに恐れを知らない勇気とも結びつけられる。アレクサンドロスが赴いた地エクバタナの原住民たちは、ナフサの不思議な力をアレクサンドロスに誇示したとされている。

> この性質と力を示そうとして、地元住民たち (οἱ βάρβαροι) はアレクサンドロスの宿舎までの道にこの薬品をまいて軽く湿らせ、それから向こうの端に立った者たちが湿った所にたいまつをさし出した。時刻は既に暗かった。はじめの部分がすぐ燃え上ると、あっという間もない内に気がついた時には焔は早くも他の端にとどき、道は一面火となった。……ステパノスの体に薬を塗って試すことになり、火をつけると同時にすさまじい焔を発して体全体が焔に包まれ、アレクサンドロスも全く途方にくれ、恐ろしくなった程であった。(35. 3-8)

当該箇所の描写は、驚くべき現象を際立たせるとともにアレクサンドロスの勇気が試された内容となっている。そして読者に対して恐怖と勇気を効果的に印象付けることを可能にしている。脇道に逸れてこの燃焼現象を丁寧に説明することには、当時流布した手法を用いたプルタルコス独自のレトリッ

(13) Cf. Evans (1941) 194f.; Sansone (1980) 63["the violate and flammable nature of naphtha is remarkably like the nature of Alexander, as portrayed by Plutarch"]; Whitmarsh (2002) 190["the heat of the East is inflaming Alexander, whose nature is already highly flammable"]

クが隠されていると言えよう。

一方で、『リュサンドロス』では、ペロポネソス戦争においてスパルタを指揮したリュサンドロスが、アイゴスポタモイの海戦でアテナイ艦隊に奇襲をかけて圧勝したエピソードに続けて、あまりにもその戦いが鮮やかだったため、「彼の勲（τὸ ἔργον）は、神のご加護の賜物だ（θεῖον）」（11.13）と締めくくられ、12章に移る。すなわち12章でのミラビリアの説明は、戦いの素晴らしさを特徴付ける契機となっているのである。

> リュサンドロスがはじめて敵に向かって港から出発したとき、ディオスクロイが彼の乗艦の舵の両側に、星となって降り立って光った、と言っている人々がある。またある人々によると、天から石が降って来たのが、この禍の前兆だったと言う。（12.1-2）

アイゴスポタモイで隕石が落ちたことに関して、すでにアナクサゴラスが自然学的に考察報告しており、プルタルコスもそれに即して説明する。

> アナクサゴラスは、天空に固着している物体が、何らかの原因で滑る、あるいは振動すると、そのうちの一個が引き離されて落下するだろうと予告したと言われている。（12.3）

さらに、この隕石の燃焼現象の恐ろしさと被害を報告したとされる前四世紀の歴史家ダイマコスも参照しつつ、科学的な可能性を示したまま話を収めている。

> ダイマコスが言っていることは、目くじらを立てずに聞いてやらなければならぬことは明らかであるにしても、もしこの話の通りのことが起こったとすると、アイゴスポタモイに石が降ったのは、どこかの山の頂から、ものすごい風と雨のために岩がもぎ取られ、吹き上げられ、ボールのように回転しながら運ばれたが、その回転の力が弱くなった所で投げ出されて落ちたのだと説明する人は、ねじ伏せられてしまう。（12.8）

ここでも、ミラビリアにある一定の科学的根拠を示そうとするプルタルコスの姿勢は一貫している。そして隕石落下という自然の驚異は、リュサンドロスが成し遂げた戦争の激しさと重なり、それに恐怖する人々の無知と対照的にリュサンドロスの「一人の賢明な思慮（εὐβουλία）と手腕（δεινότης）によって結末がついたこと」(11. 7) が際立たされ、そのようなレトリックの効果が期待された挿入話であるといえよう。とはいえ、最終的な解明には至らず、「もしひょっとしたら、この何日も続いた現象は、本当に火で、その火が消えたために空気に変化が生じて、強い風と運動が起こり、そのために石がなげだされることになったのかもしれない」と、断定を控える締めくくりとなっている。

さらに『アエミリウス』(14. 1-11) でも、その分析的手法は共通している。これは、飲み水がないという兵士たちの困惑に対処して、アエミリウスが才覚で水を掘り当てたという話であり、水が湧き出た原因を自然学的にいくつかの一般的見解をあげながら考察されている。水が湧き出た理由について科学的な分析を丁寧に重ねて人々の思惑を検証することによって、たとえその原因を一つに集約して回答を出さずとも、結果的にその困難さと偉業は際立つことになる。そのような効果も相まって、人物像が印象付けられ、一方でミラビリアは神話や迷信的次元の不可思議さのままに放置しない姿勢も示すことが可能となっている。

以上で概観した通り、これらのミラビリアの考察は、いずれもその人物像を際立たせるためのレトリックの一つとして意図的に導入されていることは明らかである。また、そのような驚くべき現象を前にして迷信を退ける態度があえて語られていることに注目すべきであり、そこには読者を想定したうえで、彼らが探究へと開かれるべきとする啓蒙的・教育的配慮が積極的に示唆されているのではないか。

## 第2節　『モラリア』で語られるナフサ現象——目から流出する光線の自然学

本章では、『英雄伝』の一編『アレクサンドロス』において導入されたナフサ現象の自然学的説明を、『モラリア』における「自然学著作」と比較して見たい。まず、プルタルコスによる自然学への関心は、周知のように『英雄伝』より『モラリア』全体に散見されるという点を最初に確認する必要があるだろう。『モラリア』はランプリアスのカタログからもわかるように広範な領域を網羅する著作群である。Zieglerの伝統的分類によれば、いわゆる「自然学的著作」と見なされるもの（八篇のうち三篇が現存）は、『月面に見える顔について』、『原理としての冷たいものについて』、『自然学的諸問題』の三篇であるが、さらには『水と火のいずれが一層有用であるか』や『健康のしるべ』、その他魂論に関する著作、そしてさらに『食卓歓談集』の三分の一ほどの自然学的関心の議論などもあげることができよう。もちろんこのような著作の古典的な分類や線引きそのものが見直しを求められ、様々なコンテクストの網の中でプルタルコス像を再考する必要性が近年説かれている。そしてこれら自然研究及びそれと関連する哲学者としてのプルタルコスのこれまでの評価は概ね低く、その内容はさほど特徴のない表層的な考察に止まり、素人の立場からの一般的な言及に過ぎないと指摘されてきたことにも、近年見直しが必要とされている。Meeusenも強調するように[14]、自然研究者としてのプルタルコスの役割は、これまでのバイアスのかかった状態からではなく、哲学的、社会文化的観点から再評価すべきである。そしてテクストに見られる高度にレトリカルな議論展開に関しても、ケプラーなど後の自然研究への貢献に関しても[15]、決して過小評価すべきではない。本章でも、そのような研究動向を踏まえ、『英雄伝』と『モラリア』の自然学的説明をつなぐプルタルコスのスタンスやレトリックを見極め、どのような仕方でミラビリアについて語られたのかを探りたい。

先に見た「ナフサの流れ」については、『モラリア』の『食卓歓談集』第5巻論題7「邪悪な目つきで魔法をかけ、災厄をもたらすと言われている人たちについて」（περὶ τῶν καταβασκαίνειν λεγομένων）の記述において（『食卓歓談集』680Bff.）、「目の情熱に対する点火力の強さ」と関連付けられている。

> われわれの魂が経験する、最も大きくて激しい愛への衝動を最初に与えるのは目である。……とにかく、目から受ける影響の範囲は、広大であり、目の情熱に対する点火力（ἀνάφλεξις）は、非常に強いから、ペルシアの石油（νά-

(14)　Meeusen (2011) 347ff.

(15)　Cf. Christianson (1976) 84. ケプラーは1595年にプルタルコスの『月面に見える顔について』を読み、『夢』*Somnium* 1634執筆へ向けて大きな影響を受けたとされている。

> φθα）が、離れたところにある火によっても発火するのに驚く人たち（θαυμά-ζοντες）は、恋（ἔρως）というものをまったく知らない人たち、と見なされてよい。美しい人と思ってみている人を、その美しいと思われている人の目がじっと見返すと、遠く離れているところからでも、美しいと思って見ている人の心に恋の火を点ける（ἀνάπτουσι）のだから。（681B-C）

プルタルコスによれば、ナフサの現象は、「邪眼」（καταβασκαίνειν）を恐れる人々の迷信と「恋の眼力」に関わる問題でもある。以下では、この論題7の流れを簡単に辿って、議論の筋道とその自然学的な知の根拠づけを確認したい。まず、邪眼が災厄の原因であるという一般的見解について、それを迷信として馬鹿にする人々の存在を示したうえで、他方で「事実が裏付けになっているから驚く」として、食卓歓談者メストリウス・フロルスに以下のように語らせる。

> 一般にどのようなことにも、確かな原因を追求する人（ὁ ζητῶν…τὸ εὔλογον）は、すべてのものから驚き（τὸ θαυμάσιον）を奪うことになる。つまり原因（αἰτία）の説明（λόγος）が欠けている場合に、疑問すなわち哲学（τὸ φιλοσο-φεῖν）が始まるのだから、不思議なことを信じない人（οἱ τοῖς θαυμασίοις ἀπιστοῦντες）は、ある意味で哲学を破滅させていることになる（φιλοσο-φίαν ἀναιροῦσιν）。だから、一方では、そういうことが起こる理由（διὰ τί）を論理的に（τῷ λόγῳ）追求すると同時に、他方では、言い伝えどおりに（παρὰ τῆς ἱστορίας）ことは起こっているのだ、と受け取らねばならないのだ。（680C-D）

ミラビリアを信じないのでなく、まずその原因を探究し説明するところから始めなければならない、それこそが哲学的精神だとプルタルコスは語らせ、「事実」（ὅτι）とその「原因」（διὰ τί）の究明こそこの論題の最初の出発点としている。そしてこのフロルスの発言に重ねるようにして、その原因を「肉体から発せられる流出物（ἀπορροή）」によるのだと発言し、科学的な原因説明を試みているのである。話題は医学的な問題へと移り、邪眼からの放出物・流出物は、人を病に陥らせることがあり、身体上の感染の中でも、目はとりわけ「迅速で炎のような輝きを発する呼吸（πνεῦμα）と一緒になって、一種の驚くべき力（θαυμαστὴ δύναμις）を放出する」（681A）のである。

そしてその具体例として黄疸患者の治療法についても触れられ、黄疸患者が千鳥を見ると、その視線で千鳥は目から流出した疾患を受け入れ傷つくが、一方患者は治療されるというのである（681C）。非科学的かつ迷信に基づいているように見受けられるが、当時の医学的見地から感染症の原因を説得的な仕方で示そうと試みられている点は重要である。

さらに道徳的な事柄へと議論は続き、目は心を映し出すもので、妬む人々は悪意を伝える映像を放出することで、他人への悪影響が大きくなり、それは自分にも影響を及ぼすものであるとして感情論に話が移る。

プルタルコスは邪眼が自らをも貶めることについて説明するために、当時の医学理論を踏まえて（ヒッポクラテス『箴言集』1. 3）、以下のように語る。

> 最高に良い状態の健康は、不安定なのだ。つまり身体も、健康の絶頂にまで達すると、そこに留まってはおれず、この健康状態は傾き、反対の状態に向かって沈んでいく。（682E）

健康と病は体液の混合に基づき、良い状態は悪い状態へと変転するというヒッポクラテスの医学理論をプルタルコスは邪視の力に適用させる。

> 人は、自分の健康が完全に良くなり、しかも自分の身体を観察すると、予想以上に良くなっているのに驚き（θαυμάζειν）、身体を詳細に調べることになる。だがその時にはすぐに逆転が迫っていて、すぐに体調が悪化するから、その人は自分を魔力の目で見つめた（καταβασκαίνειν）、と思われる。（682E）

古来邪眼の伝説はゴルゴンの神話から始まり、様々なエピソードが残されている。そして悪鬼の眼をそらすための卑猥なものを魔除けにするだとか、あるいは自らの懐に唾を吐いて汚し、神の嫉妬を免れるというお呪いも浸透していたようである。運不運は常に逆転することが、これら邪視の迷信の背景にあり、神々に邪視で睨まれぬように幸運な人物はあえて不運なふりをするというのが当時の邪眼の魔力を払う呪いであった。このような当時流布していた邪視の迷信を前提とし、プルタルコスはそれを感情論と絡めながら医学の見地から説得的に説明しようと試みている。

また、終盤でデモクリトスの映像説に言及しているのは、おそらく先の医学的見解に加え、先人たちの自然学的見解を根拠にし、原因を明らかにするためである。ここにはおそらく「明朗闊達さ」(εὐθυμία) 及び「神性」(δαίμονες) の概念を、映像概念と連動させてデモクリトス解釈を試みるプルタルコス独自の立場が反映されている。

> デモクリトスの映像 (εἰδώλων) も除外されるのですか。デモクリトスが語るところでは、悪意を持った人たちの発する映像は、意識 (αἰσθήσεως) も情動 (ὁρμῆς) もことごとく分かち持っており、それを放射する当人の邪悪や憎悪の念に満ちていて、これらとともに、害悪を被る者たちに入り込んでいき、そこに留まり、住み着いて、その者たちの身体のみならず、精神をもかき乱して、害を与える、とのことです。(682F)

エピクロス派の自然学には概して反対の立場をとるプルタルコスであるが、デモクリトスの自然学にはある程度の敬意を払い、とりわけ映像概念を積極的に受容していた(16)。そしてこの論題は最後に以下のように締めくくられる。

> 私は生命と意志 (τὸ ἔμψυχον καὶ προαιρετικὸν) だけは除外しているのだが、君はどうしてそれに気づかなかったのか。不思議だな。しかし、私が、夜も更けているのに、生命と思考力のある霊や幻 (φάσματα καὶ εἴδωλα) を持ち出して、君たちを怖がらせ、驚かせたがっている、と思わないで欲しい。こういうことについては、よければ明日の朝に考察しよう。(683A-B)

以上、この論題についての問答の流れを振り返ると、冒頭では「迷信」を退け、しかし「事実」がそうだと述べた上で、その自然学的「原因」を説得力のある仕方で示そうとする。そして最後には冗談めいたやり取りではあるが、魂の意志や知力を尊重し、迷信を信じることに対する批判的な余韻を残していることは重要であろう。

Cacciatoreによれば、プルタルコスは本論題において、方法論的に三つの立場を意識しつつ議論を展開している。すなわち、1)「歴史家」として、いつも人々が邪眼を信じていることに言及し、2)「哲学者」として、邪眼の背後の原因を探究すべく考察を進め、3)「一般人」として、悪を避ける

---

(16)　デモクリトス受容に関しては735A-B参照。

ために邪眼のしるしを見極めようと話を続ける。このような重層的視点を保って論じられており、そこには、プルタルコスの哲学的態度が一貫しているというのである[17]。その哲学的態度とは、Babutが既に述べているように[18]、「迷信」と「合理主義的窮屈さ」の中間を見出すことである。事物の原因を知ることは、理性（ロゴス）を用いる人々に課せられたものであるにもかかわらず、多くの事物が疑いに包まれて合理性（ロゴス）を逃れている。女性や船乗りや狩人など無教養な人々の意見をすくい上げていることもプルタルコスに特徴的である。そのような一般的見解に対して、プルタルコス自身は、「一般的見解に反した」文字通りのパラドクス性を持ったミラビリアを出発点とし、それを非科学的に迷信的に受容するのでも、拒絶して哲学への道を閉ざすのでもなく、それをロゴスによって探究している。プルタルコスがとりわけ『食卓歓談集』で試みたのは、多くの疑いや思いなしを、様々な登場人物の「対話」を通して、自然学研究の蓋然的説明を目指した共同研究へと導くことであり、このような方法論はプラトンによる哲学的問答法（διαλεκτική）を念頭に置いたものであるといえよう。

以上で見てきたように、『英雄伝』において見られたナフサ現象の科学的説明は、『モラリア』でも同様の根拠に基づいて、より詳細に当時の議論を踏まえながら説明されている。プルタルコスは一貫して、この不可思議現象に恐怖することにも、また迷信を単なる迷信のままに放置することにも批判的で、理性によって探究しつつ当時の蓋然的説明（εἰκὼς λόγος）を目指し、説得的な方向へと導くことを試みている。そしてその結論としての確実な知を明示することなく、「対話」として開かれた構造をとるその態度も、『食卓歓談集』の自然哲学には一貫して顕著である。

## 第3節　自然現象の驚きから始まる原因探究——『モラリア』（及び『英雄伝』）に通底する哲学的態度

先の節で見た『食卓歓談集』における議論のパターンは、その他の『モラ

(17)　Cacciatore (2012) 172.
(18)　Babut (1969) 517.

リア』文書でも確認できる。『食卓歓談集』と内容的に最も近接した自然学的著作は『自然学的諸問題』である。いずれも自然学的な問いを立てて、その原因を解明する形式をとるもので、一方で『食卓歓談集』はプラトン対話篇に倣った独自の形式で問題を探究しているのに対して、『自然学的諸問題』は、研究メモの雑多な寄せ集めであり、ある意味でスクラップブック、あるいは「備忘録」(ὑπομνήματα)[19]のような特徴を持った著作であると指摘される。さらに、Van der StocktやRoskamによれば[20]、備忘録(メモ群)としての『自然学的諸問題』の記述と『食卓歓談集』の記述とのパラレルな関係をある程度再構成することが可能である[21]。例えば、両著作の関連部分を比較すると以下の通りとなる(それぞれの著作内に付した番号が対応している)。

> 『自然学的諸問題』2-4①樹木や種苗は本来、灌水よりも雨水による方がよく育つのはなぜか(911F)。②雨水は風(プネウマ)と混ざる(912B)。③加熱同化(ペプシス)(912B)。④雨水に含まれるプネウマと甘いもの(912C)。⑤塩は雌犬や船内の鼠に見られるように繁殖を促す(912EF)。①雷鳴と電光を伴う雨水は多産的である(912F)。②雨水はプネウマを含む(912F)。③熱が湿り気を煮熟(913A)。

> 『食卓歓談集』4.1③多様な食物の方が単純な食物よりも消化(ペプシス)しやすいか(661BC)。⑥豆と塩の支持者(663F)。/4.2①雷鳴と電光を伴う雨水は多産的である(664D)。③雨水と熱が一体化(664E)。⑦雷鳴と電光は神的(665A)。⑧雷に打たれた人の死体、腐敗しない(665C)。②身体内のプネウマ(666A)。/5.10⑥塩と豆の友(684E)。⑦電光は神的、塩は神的(685BC)。⑧雷に打たれた死体が腐敗しない(685C)。⑤塩が繁殖を促す。犬、船内の鼠(685D)。

これらからわかるように、『食卓歓談集』は対話形式で①~⑧を組み込んだかたちで論じ、『自然学的諸問題』はより簡潔に見解を列挙説明している。

---

(19) プルタルコス自身がこれについて言及している『心の平静について』464F参照。

(20) Van der Stockt (2011) 451ff; Roskam (2008-2009) 36.

(21) さらには、『原理としての冷たいものについて』『動物の賢さについて』、『多くの友をもつことについて』『もの言えぬ動物が理性を用いることについて』等とも比較することができよう。

すなわち『自然学的諸問題』は基本的な素材提供にとどまり、『食卓歓談集』はそこから一つの対話の流れを作り直しているということである。プルタルコスの自然学研究の多くはペリパトス派資料に由来し、プルタルコスの記述の典拠として相互をつなぐ原型となる資料があったとすれば、おそらくアリストテレスの動物学関連著作、テオプラストスの植物学関連著作など、そしてとりわけ擬アリストテレス『問題集』であっただろうと推測できよう(22)。一般に、自然に関する問題をめぐる通俗的な理解を批判し、先人たちの見解を紹介しながら、考察するという記述は、擬アリストテレス『問題集』に共通するスタイルで、またプルタルコスは『問題集』から多くの論題をこの二文書で引用している。しかしその記述も詳細に比較すれば、プルタルコスはしばしばペリパトス派資料よりも論題への答えをより多く示している(23)。このことからすれば、『問題集』を基盤としているとしても、プルタルコス自身の考えも含まれるか、あるいは他のペリパトス派の資料にも依拠しているのか、といった可能性も考えられよう。ともあれ、何らかの備忘録的資料に基づき、プルタルコスは文脈に即したかたちで利用するために、エピソードを作り直し、単純化やさらなる付加を通して、再構成している。これは二文書に限らず、先に言及した『モラリア』全体、さらには『英雄伝』においても顕著に見られる技法と言えよう(24)。

そしてこれら二文書では、結論を明確にすることが目指されるというよりも、様々な見解を列挙しながら原因が探究され、その見解は決して個人的な分析を述べたものではなく、伝統的見解を紹介しながら話が進められている。『食卓歓談集』では饗宴仲間の対話を通して、『自然学的諸問題』での考察は、

(22)　どちらがどちらの元になったテクストなのか、どちらがより初期に執筆されたのかは、諸説あり断定できない。Sandbach (1982) によれば、『自然学的諸問題』は著作に結実しない素材を収集したものである。

(23)　例えばTeodorsson (1999) 665によれば、『自然学的諸問題』と『問題集』の最初の40頁を比較すると、後者は114の問いに対して、前者は38の問いのみである。また、後者では80の問いに1つの答えしか付さないのに対して、前者プルタルコスは38の問いのうちの24の問いに2つ以上の答えを付している。さらに前者には3つの選択肢以上で答えている問いがないのに対して、プルタルコスは、4つの答えや5-6の答えが示されているものがいくつかある。

(24)　Van der Stockt (2014) 326ff. 例えば『ペロピダス』18, 1ff. と『食卓歓談集』618Dおよび『エロス談義』750B, 761Bff. での脱線話を参照されたい。

はじめに「なぜか」(διὰ τί) から出発し、理由の選択肢をいくつかあげながら議論展開されている (πότερον ὅτι; / ἢ ὅτι; / ἢ μᾶλλον ὅτι; etc.)。このように選択肢を列挙しつつ、そのどちらの文書においても、議論の多くが驚くべき現象を出発点とし、探究作業の途上で、「事実」と「原因」の関係をしばしば問題としている。

例えば『自然学的諸問題』の問題29では、まず「冷泉水には驚かずに、温泉水には驚くのはなぜか」と問い、「冷たさが冷たい水の原因であるように、熱が熱い水の原因であるのは明らかである」として原因説明を行い、何ら驚くべきことではないとする。なぜその現象が脅威なのかは、我々の側の受け止め方に過ぎないと述べられる。

> (人間の) 自然本性は (ἡ φύσις)、稀なものごとに驚嘆すべき点 (τὸ θαυμάσιον) を割り当てて、滅多に生じないものが生じるのはどうしてかを探究するように思われるのである。
>
> 　お前は目の当たりにする、高みに広がる限りなき天 (アイテール) が
> 　大地をも、その柔らかな腕の中にぐるりと抱擁しているのを。
>
> 夜にはどれほど多くの見物をもたらし来ることか。昼にはどれほど多くの美しいものを露わにすることか。しかし、多くの人々はそのようなものの自然本性に驚異の念を覚えることはない (φύσιν οὐ θαυμάζουσιν)。むしろ人々が驚くのは、日中の虹であり、雲の刺繍であり、また泡のように炸裂する閃光 (火球や流れ星のこと)、そして彗星……。(919B)

ここでは、人々がミラビリアに本性的に支配されるということを前提にして、しかしその稀な自然現象は一般の自然現象と何ら変わることがなく原因探究可能であるとされている。また、先に見た『食卓歓談集』で、邪眼の迷信について述べた箇所でも、「哲学とは驚きから始まる」ことを強調し、不可思議なことに驚くのはわれわれの自然本性であり、探究の出発点とされていた。「原因」探究は結果として驚きを奪うことにもなるが、まずは「事実」を信じないで拒絶するという態度が退けられたのである。

もちろんミラビリアが「事実」なのかどうかにもわれわれの関心は向く。プルタルコスによる自然研究の考察には非科学的な迷信止まりのものも多々見られる。例えば「蜜蜂が密通を犯した者を刺す」(『自然学的諸問題』論題

36）など、しばしば科学的根拠がないことが指摘され、問題の多くはむしろ遊びに満ちて「真面目におかしなことを言う」（σπουδογέλοιον）伝統に位置付けられることもある。しかし、このような批判点はプルタルコスにとってあまり意味をなさない。すなわち突き詰めていえば、プルタルコスにとってミラビリア現象が「真実」かどうかは問題ではないとすら言えるからである。例えば『食卓歓談集』第1巻論題10（「アテナイでは、アイアンティス部族の合唱隊が、決して最下位の判定をうけないのはなぜか」）では、事実と原因の関係について、デモクリトスの逸話を紹介しながら、以下のように述べられる。

［この論題をめぐり、ある人の述べたことが「虚偽かどうか」、という疑問を受けて、］ピロパッポスが次のように言った。「われわれが、知識を愛して賢者になったデモクリトスと同じ目に遭うなら、大したことではないよ。というのは、デモクリトスは胡瓜を食べたとき、その液汁が蜂蜜のように甘く思えたから、女中にこの胡瓜をどこで買ったのか聞いたところ、……デモクリトスは「わしはこの甘さの原因を見つけねばならないのだが、その場所を見ればわかるだろう」と言った。すると女中は笑いながら言った。「まあお座りください。私は、その胡瓜を、間違えて、蜜の入った壺に入れたのですよ」と。彼は不機嫌な様子で、言った。「困ったやつだな、お前は。だが、わしは、それでもこの件を自分の課題にして、この甘さが、まるでこの胡瓜に固有で、生来のもののようである理由を探究するぞ」と。したがってわれわれは、このネアンテスの若干の無頓着さを逃げ口上にしないようにしよう。なぜなら、この議論は、他に何の役に立たなくても、われわれに思考の鍛錬をさせるからだ」と。（628B-D）

このエピソードは、胡瓜なのに蜂蜜の味がしたことに驚いた哲学者デモクリトスがその原因探究をする話であるが、誤って蜂蜜につけたから甘かったという単純な説明で解決してしまったというものである。しかしながら、哲学者の理由の探究には影響を及ぼさないと締めくくられていることに注目すべきである。哲学者への幾分アイロニカルな印象を与えるこのエピソードであるが、たとえ胡瓜の甘さが偶然的なことによるものだったとしても、「胡瓜が甘かった」という事実を受け止めて、他の事柄に無益だったとしても、思考の訓練のために、本来的甘さの原因探究を継続するというのである。すなわち自然現象を説明する際の知的訓練は、「事実」に関係しているよりも、「原因」に関係しているのであり、Meeusenも指摘するように[25]、その自然学的議論においてより重要な主題となるのは、驚くべき自然現象の「リアリティ」ではなく、それらに関する「原因」である。この原因探究がプルタルコスの言説を貫く立場なのである。

また、第7巻論題1では「飲み物は肺を通ると言ったプラトンを非難する人たちに反対して」において、水分が胃を通っていることの可能性を指摘しながらも、最終的に以下のように締めくくる。

> このような議論では、おそらく「真実」（τὸ ἀληθές）には到達し得ないだろう。したがって、名声と影響力では第一人者である哲学者に、不確実で激しい意見対立を抱えた問題について、このような傲慢な態度を取るのは許されないことであった。（700B）

先のデモクリトスの逸話に見られるように、プルタルコスにとっては事実の真偽性よりも、知的な訓練そのものが重視される。また、ここでプラトンを引き合いに出して、「真実に達しない」（τὸ δ' ἀληθὲς ἴσως ἄληπτον）と明言されているように、プルタルコスはある意味では真実を得られないとする「懐疑的」な立場に立っていると言えよう。しかしとりわけ不可思議な現象をまずは信じ受容している。すなわち当時流布していた一般的信念を示すことから出発し、驚きを共有することがプルタルコスにとって重要な出発点であった。さらにただこれまでの見解を信じ込むのではなく、事実よりも理由を求め、知的な訓練のために自然現象を探究する必要性が説かれるのである。プルタルコスは自然現象について科学的な確信的知によって裏付けようとはしていない。Meeusenによれば、プルタルコスがプラトン哲学を継承したうえで自然界の現象からは明白な知を得られないとするのは、多様な文化の中で自然認識が非通約的であることを踏まえているゆえである[26]。プルタルコスの科学的関心は、ミラビリアが本当にその通りであったのかという事実の真偽性ではないし、それを経験的方法で立証しようと意図してもいない。そ

(25)　Meeusen (2014) 327f.

(26)　Meeusen (2014) 335.

れゆえ、それらの事象の原因が可知であるとも不可知であるとも断定する必要はなく、その意味では探究が目指すのは「蓋然性」なのである。

## おわりに

　プルタルコスは『英雄伝』にミラビリアの説明を挟むことによって、異文化や神性および他者性の視点を導入するだけでなく、人物を印象的に特徴付けた。さらに当時の迷信からは距離を置き、科学的知識に基づいた思考の訓練によって人々を哲学へ導く啓蒙的効果をおそらく意図していた。このようなレトリカルな方法は『モラリア』での個々の自然学的考察においても同様である。『食卓歓談集』および『自然学的諸問題』の記述は『英雄伝』とも連動しており、おそらくオリジナルな資料が文脈に巧みに組み込まれている。その際にギリシア自然学の伝統を尊重しながらも、ローマの文化的背景や宗教的背景を踏まえて、それらと矛盾しない仕方で様々な立場を留保しながら論じている。Swainによって[(27)]、プルタルコスが第二次ソフィスト思潮における最も重要な著作家であると見なされたのも、このようなレトリックを用いた叙述ゆえである。そして、プルタルコスの著作における自然科学的考察の目指すところは共通している。すなわち、たとえそこに確実な知が得られないとしても、不可思議な現象の謎は自然の中に内在し、自然本性的にわれわれを探究へ促す。その限りで、われわれは可知と不可知のはざまにあり検証可能なものへとその知が常に開かれていることを前提とし、常なる探究へ向かう一貫した哲学的態度をプルタルコスに見ることができよう。

### ・参考文献・

Babut, D. (1969), *Plutarque et le stoïcisme*, Paris.

Bakker, F. A. (2016), *Epicurean Meteorology: Sources, Method, Scope and Organization*, Leiden.

Boulogne, J. (2008), 'Les digressions scientifiques dans les Vies de Plutarque', in: *The Unity of Plutarch's Work: "Moralia" Themes in the "Lives", Features of the "Lives" in the*

(27)　Swain (1996) 135.

"*Moralia*", *Millennium-Studien* 19 (ed. A. G. Nikolaidis), Berlin, 733-749.

Cacciatore, P. V. (2012), "Cicalata sul fascino volgarmente detto jettatura': Plutarch, Quaestio convivalis 5.7', in: Lanzillotta & Gallarte eds. (2012), 171-179.

Christianson, G. E. (1976), 'Kepler's Somnium: Science Fiction and the Renaissance Scientist', *Science Fiction Studies,* 3, 79-90.

Evans, E. C. (1941), 'The Study of Physiognomy in the Second Century A.D.', *TAPA* 72, 96-108.

Hershbell, J. P. (1982), 'Plutarch and Democritus', *Quaderni Urbinati di Cultura Classica,* New Series, 10, 81-111.

Lanzillotta, L. R & I. M. Gallarte, eds. (2012), *Plutarch in the Religious and Philosophical Discourse of Late Antiquity. Studies in Platonism, Neoplatonism, and the Platonic tradition, 14.* Leiden.

Meeusen, M. (2011), 'From Reference to Reverence: Five Ouotations of Aristotle in Plutarch's Quaestiones Naturales', in: Morón, & Gonzáles Ponce & Chávez Reino eds. (2011), 347-364.

——— (2014), 'Plutarch and the Wonder of Nature. Preliminaries to Plutarch's Science of Physical Problems', *Apeiron* 47, 310-341.

——— (2015), 'Plutarch Solving Natural Problems: For What Cause? (The Case of Quaest. nat. 29, 919AB)', in: *Natural Spectaculars: Aspects of Plutarch's Philosophy of Nature* (eds. M. Meeusen, L. Van der Stockt), Leuven, 129-142.

Morón, F. González Ponce and A. Chávez Reino eds. (2011), *Plutarco transmisor. Actas del X simposio internacional de la sociedad Española de Plutarquistas,* Sevilla, 12-14 de noviembre de 2009, Sevilla.

Opsomer, J. -Roskam, G. - Titchener, F. eds (2016), *A Versatile Gentleman: Consistency in Plutarch's Writing,* Leuven.

Pelling, C. B. R. (1995), 'The Moralism of Plutarch's *Lives*', in: *Ethics and Rhetoric* (eds. D. C. Innes, H. Hine, C.B.R. Pelling), Oxford, 205-220.

——— (2000), 'Rhetoric, Paideia, and Psychology, in Plutarchs's Lives', in: *Rhetorical Theory and Praxis in Plutarch* (ed. L. Van der Stockt), Leuven, 331-339.

Roskam, G. (2008-2009), 'Plutarch on Aristotle as the First Peripatetic', *Ploutarchos* 6, 25-44.

Roskam, G.; Van der Stockt, L. ed. (2011), *Virtues for the People: Aspects of Plutarchan Ethics. Plutarchea hypomnemata,* Leuven.

Sandbach, F. H. (1982), 'Plutarch and Aristotle', *Illinois Classical Studies* 7, 207-232.

Sansone, D. (1980), 'Plutarch, Alexander, and the Discovery of Naphtha', *GRBS,* 21, 63-74.

Van der Stockt, L. (2011), 'Some Aspects of Plutarch's View of the Physical World. Interpreting Causes of Natural Phenomena', in: Morón, & Gonzáles Ponce & Chávez Reino eds. (2011), 447-455.

——— (2014), 'Compositional Methods in the *Lives*', in: *A Companion to Plutarch* (ed. M. Beck), Malden, 321-332.

Swain, S. (1996), *Hellenism and Empire: Language, Classicism, and Power in the Greek World AD 50-250.* Oxford.

Teodorsson, S.-T. (1999) 'Plutarch and Peripatetic Science', in: *Plutarco, Platón y Aristóteles. Actas del V Congreso Internacional de la I.P.S,* Madrid — Cuenca, 4-7 de Mayo de 1999 (eds. A. P. Jiménez, J. G. López and R.M. Aguilar), Madrid, 665-674.

——— (2011), 'Plutarch a main Source for the Presocratics and the Sophists', in: Morón, & Gonzáles Ponce & Chávez Reino eds. (2011), 433-446.

Whitmarsh, T. (2002), 'Alexander's Hellenism and Plutarch' s Textualism', *Classical Quarterly* 52, 174-192.

井上一訳（1996）『プルタコス英雄伝』筑摩書房

西洋古典叢書訳（1997-）『英雄伝』『モラリア』京都大学学術出版会

中野定雄訳（1986）『プリニウスの博物誌』雄山閣

山中由里子編（2015）『〈驚異〉の文化史――中東とヨーロッパを中心に』名古屋大学出版会

第 6 章

# 実践的な生と伝記の執筆

## ——『英雄伝』の指導者像と哲人統治の思想

瀬口　昌久

### はじめに

プラトン学徒のプルタルコスが『モラリア』だけではなく、数多くの伝記物語を書いたことは、プラトンの厳しい文芸批判を思い起こせば、驚くべきことかもしれない。プラトンは、詩（物語）は真実から遠ざかること三番目であり、人間の精神の最も低劣な部分に訴えかけ、神々や人間の生活に関する誤った観念を人々に吹き込み、国家の正しい秩序を崩壊させるから、「神々への頌歌とすぐれた人々への讃歌」を除いて、詩を国家に認めてはならないと禁じていた（『国家』607A）からである。これに対して、プルタルコスは、『モラリア』の『どのようにして若者は詩を学ぶべきか』において、詩や物語を教育にいかに用いるべきかを論じている。作品の冒頭でプルタルコスは、詩についての考え方を論じたその意図を、悪酔いにそなえてあらかじめ服用しておく、「酔い覚ましの薬（アメテュストン）」に喩えているが(15A-B)、それは詩を聞く聴衆は詩が本来どのような性格をもつのかという知識を「解毒薬（パルマコン）」としてそなえていなければならないとしたプラトンの言葉（『国家』595B）にまっすぐに対応している。そのうえで、プルタルコスは、哲学を志す若者が詩の有益さを探求し、詩に歓びを見出すことに慣れ、詩を用いて哲学をしなければならないと明確に主張する。詩が適切に受け取られるならば、読者を徳に導いて高潔さと気高さを与え、運の変転に動じることなく、自己を整え、嘲りや非難にも穏やかに耐えられるようになるからである。プルタルコスは、プラトンの文芸批判を論駁するのではなく、彼の文芸の模倣（ミーメーシス）説と文芸批判を受け入れたうえで、プラトン哲学にふたたび結びつけることができる文芸擁護論を展開している。つまり、プルタルコスは、プラトンの文芸批判をみずからの課題として受けとめ、プラトン哲学が示す方向性を見定めたうえで、「すぐれた人々への讃歌」として『英雄伝』を書いたと考えられる。ただし、『英雄伝』は、すぐれた人間の性格を描いて価値的規範を示すだけではなく、Duffが指摘したように、長所と共に短所や欠点をあわせもつ人間の行為を通し、倫理的生き方とは何かを考える探求的な物語として読者に倫理的反省を促すように描かれている[1]。しかし、プルタルコスが描いた「すぐれた人々」の大半が、徳の高い哲学者や名だたる詩人たちではなく、政治的指導者であったのはなぜだろうか。本章では、哲学者プルタルコスが、政治指導者の物語を書いた意図を、プラトンの哲人統治の思想との対比を軸に探りたい。

## 第1節　政治的生と哲学的生

プラトンが『国家』で哲人統治の思想を語り、「洞窟の比喩」(514A-521B)で、地下の洞窟から抜け出して世界の真実を知った者は、再び洞窟に降りて、壁に写し出される影だけを実物と思って見ている囚人たちを解放する務めを負っているように描いて以来、哲学者は現実の社会でどれほど積極的に行動して、公共のために貢献するべきかという問いが、対処の難しい悩ましい問題となってきた。

哲人統治の構想は、ソクラテスの哲学活動がもっていた可能性を発展させ、イデア論とともにソクラテスの思想圏を越えたプラトン独自の思想である。

（1）　Duff (1999), 9. 『英雄伝』が実践性をそなえた倫理的教育を意図して描かれていることについては、第8章[勝又]を参照。

ソクラテスの哲学活動の核心は、人間の幸福な生き方を決定づけるのが、富や社会的地位ではなく、魂の善さとしての徳（卓越性）にあり、それゆえ魂をできるかぎりすぐれたものにするために、徳にかかわる知の探求に励むことを市民に勧告し、対話を通して自他を吟味することにあった。ソクラテスは、国家と自分のその活動との関係を、大きな馬とその馬を目覚めさせるために付着させられた虻に喩える（『弁明』30E）。ソクラテスは、正しいことのために本当に戦おうとする者は、たとえわずかの間でも生き延びようとするのなら、公人として国家の政治に携わるのではなく、私人として行動すべきだと考えていた（『弁明』31C-32A）。これに対してプラトンは、「私たちが知りえた当代の人々のなかで、最もすぐれた人、最も知恵があり、最も正しい人」（『パイドン』118A）であったソクラテスその人が、国家によって死刑に処せられたという現実から出発しなければならなかった。哲学の私的活動を理由にソクラテスが国家の名によって処刑された出来事は、哲学を否定する市民や国家の力に抗して、哲学が国家社会において果たしうる役割と可能性を明らかにし、哲学を国家のなかの社会的営為として確立する努力をプラトンに促すことになった。ソクラテスの刑死が示すように、個人がよき生や幸福をまっとうすることは、国家全体のよい体制の確立によってはじめて可能になるのであるから、国家統治のあり方を原理的に問い直すことが、哲学の社会的・制度的確立とともに、プラトンにとって生涯の課題となったのである。それは「哲学者たちが国々の王となって統治するのでないかぎり、あるいは現在王と呼ばれ、権力者と呼ばれている人たちが、真実かつ十分に哲学するのでないかぎり、すなわち、政治的権力と哲学的精神とが一体化されて、多くの人々の素質が、現在のようにこの二つのどちらかの方向へ別々に進むのを強制的に禁止されるのでないかぎり、国々にとって不幸のやむときはないし、また人類にとっても同様だ(2)」（『国家』473C-D）とする哲人統治の思想として結実する。

さらに、プラトンは哲人統治の思想を構想しただけではなく、その実現のために、ディオンらの強い要請にしたがって二度もシケリアに渡って、その身を危険にさらした。だが、プラトンがそのような経験をしたことと、彼の

（2）　以下、『国家』からの引用は、藤沢令夫訳（1976）による。

『国家』がどの程度まで真剣に現実の政治を変革する意図をもって書かれたかは、現代にまで続く論争となっている。プラトンの描いた理想国家は、範型として天上に捧げられて存在し、それを見ながら自分自身の内に国家を建設しようとする望む者のために存在すると語られている（『国家』591E）ように、『国家』は政治学の書ではなく、あくまでも個人の倫理的生き方を問う倫理学的著作であるとする解釈もなされうるからである。

ストア派の創始者のキティオンのゼノンやクリュシッポスたちは、「洞窟の比喩」を文字通りに受け取って、国政への参加を促し、人生の最後まで公益に尽くすことをみずからの教義とした。しかし、アリストテレスは『政治学』において、政治にかかわる実践的な政治的生と、そうしたいっさいの外的なことから解放された観想的な哲学的生とをあらためて明瞭に対比し、どちらの生がより望ましいかという明確な問いを立てた（1324a13-35）。政治的生は、「幸福を善い行動であると想定すべきならば、公共の観点から国家全体にとっても、また個々人にとっても、活動的な生が最善の生となる[(3)]」（1325b14-16）として、いったんは肯定される。しかし、「活動的な生が、ある人々が考えるように他者との関係を含むことは必然ではないし、行為から生じる結果のためにはたらかせる思考だけが活動的であるのでもない。むしろ、観想や思考そのものが目的となり、それらがそれ自体のためになされる方がいっそう活動的である」（1325b16-21）として、究極的には観想的生こそが、よりいっそう活動的（プラクティコス）であり、幸福な生であるとみなす議論をアリストテレスは展開している。戦争は平和のために、仕事は余暇のためにあるのであり、必要不可欠で有益なことをなす以上に美しいことをなすのを目指すべきであるから、観想的生活こそが望ましいことになる（1333a30-1333b5）。アリストテレスは、『ニコマコス倫理学』第10巻第７－８章でも、政治的活動より観想的生活の方を優位におく自身の立場を、明確に詳しく論じている。閑暇のなかでの観想的生活を重要視したアリストテレスの哲学的主張は、後代に大きな影響を与えることになる。公的生活を避けたエピクロス派をあげるまでもなく、政治的騒乱から逃れて、観想的生活を理想とするのは、異なる学派を超えて、閑暇（スコレー）の意義を説いたセネ

（３）以下、『政治学』からの引用は、神崎繁、相澤康隆、瀬口昌久訳（2018）による。

カのように[4]ストア派をも含む多くの哲学者に共通した実情であったとも言えるだろう。

観想的生と政治的生を再び切り離したアリストテレスは、最善の国制をもたらすとされた哲人統治も認めない。アリストテレスは、哲人支配に対して法律の支配をかかげる。一人の者が最高の権限をもつのではなく、本性が似たような市民のなかでは、支配する者たちと支配される者たちが交替しながら支配することが正義にかなっており、そのことを組織立てるのは法律であるから、「市民のうちの誰か一人が支配するよりも、法律が支配する方が望ましいことになる」(1287a8-23)。アリストテレスのこの主張の前提には、市民たちの本性は似ているのが現実であり、多少の優劣はあっても支配の権限を独占するほどには、その差異は大きくはないという認識がある。そのことは最善の国制について論じた第7巻でも次のように述べられている。

> もしも、神々や英雄が人間よりもすぐれているとわれわれが考えるほどに、一方の者たちが他の者たちよりもすぐれているとすれば、つまり、彼らが、第一に、身体において、 次に、魂においても大いにまさっていて、その結果として支配される者に対する支配する者の優越性が、議論の余地なく明白であるならば、つねに同じ人たちが支配し、同じ人たちがずっと支配されるのがより善いことは明らかである。しかし、そのようなことを見出すのは容易ではなく、インドに存在しているとスキュラクス が言う、支配される者よりもはるかにすぐれた王たちに匹敵するような者はいないのであるから、その他の多くの理由からも、すべての者が交替で支配と被支配に同じようにあずからねばならない。(『政治学』1332b15-27)。

アリストテレスが哲人統治を採用しない最大の理由は、他の市民よりもはるかに卓越した哲人統治者が現に存在しないことにあるように思われる。プラトンが構想した、哲人統治者を育成するための選抜と教育のプログラムは採用されない。プラトンとアリストテレスの理想国家の明白で顕著な違いは、アリストテレスがその市民の教育を規定する際に、市民の誰かを哲学者にするような特別な教育課程について何ら言及することがないことである[5]。

(4)　セネカと閑暇の関係については、瀬口昌久 (2011), 225-237参照。
(5)　Kraut (2002), 139.

これに対して、中期プラトン主義者に位置づけられるプルタルコスは、公的社会から隠れて生きるエピクロス派の姿勢を明確に批判し、政治的勧告を含む著作を数多く書き、哲学者は支配者とつき合うことで、一人の人間を通して多くの人々に役立つのであるから、為政者にできるかぎり積極的に助言を与えることが哲学者に課せられた社会的使命であると主張している（『哲学者はとくに権力者と語り合うべきことについて』777A、778E）。プルタルコスの政治思想の最も重要な特徴は、考えるだけでは不十分であり、学識ある人間は傍観しているだけではなく、政治にかかわりをもち、指導する義務があるという主張にあると指摘されている(6)。しかし、プルタルコスが、プラトンの政治哲学の核心にある哲人統治の思想そのものに、どれほど真剣にコミットしているかについては、研究者のなかにも大きな論争がある。本章では、プルタルコスの指導者像の内実と執筆の意図をより深く理解するために、『モラリア』と『英雄伝』を通して、プルタルコスが哲人統治の思想にいかにかかわっているかを考察したい。

## 第2節　中期プラトン主義者としてのプルタルコス

プルタルコスは、哲学史の上では中期プラトン主義者として位置づけられる(7)。プラトンの哲人統治思想とプルタルコスとの関係を探るうえで、中期プラトン主義について概観しておこう。『英雄伝』の基礎にあるプルタルコスの思想を理解するうえでも役立つと思われるからである。

中期プラトン主義とは、アスカロンのアンティオコスが新アカデメイア派の懐疑主義を批判し、プラトンの哲学をよりドグマ的に解釈する古アカデメイアを復活させて以降、プロティノスにはじまる新プラトン主義が成立するまでの前一世紀末から後三世紀前半の間に、プラトン哲学が示した問題をテクストに立ち返って考察し、その解説と解釈を中心にして展開された思想動向を、ひとまとめに括った後代の名称である。学派の創始者にあたる人物はいないが、学問を論理学、自然学、倫理学に区分したストア派の影響を受け

（6）　Pelling (2014), 149-162.
（7）　以下の中期プラトン主義者の記述については、瀬口昌久 (2011), 198-201参照。

て、学問領域ごとにプラトンの見解と考えられるものを整理して説明する形式をとることが多く、プラトンのテクストを読むにあたって、中期プラトン主義に共通した想定があることが指摘されている(8)。それは、(1)プラトン哲学の全体的不変性、(2)プラトンの各思想の対話篇横断的性格、(3)プラトン哲学の区分性である。中期プラトン主義者たちは、新アカデメイア派の懐疑主義を排除し、プラトンの対話篇から終始一貫した哲学体系と学説を導き出そうと試みたのである。

また、中期プラトン主義の主要なテーマとして倫理学の領域では、①人生の目的や善の目的とは何か、幸福とは何であるか、②徳は幸福の十分条件であるか、③「自由意志」と「神の摂理（プロノイア）」はいかに関係するのか、などが問われた(9)。そして、人生の究極の目的は、ストア派が主張した「自然との一致」にあるのではなく、プラトン『テアイテトス』（176B以下）の叙述に示されているように、できうるかぎり「神に似ること（神まねび）」（ὁμοίωσις θεῷ）にあると考えたことも、中期プラトン主義に共通する特徴とされている(10)。

J.Dillonが、中期プラトン主義について初めて包括的な研究を発表（1977年）するまで、中期プラトン主義は、新プラトン主義が成立するまでの準備期間やプレリュードとして扱われることが多く、十分な研究がなされてこなかった。プルタルコスもまた『英雄伝』の伝記作家としては認められても、彼の哲学については、専門的な哲学著作の多くが失われたこともあって(11)、独創性のない折衷主義であるとみなされ、哲学史の叙述においても軽視されてきた。しかし、International Plutarch Society（国際プルタルコス学会）が組織された（1987年第1回大会開催）ことも刺激となり、過去30年の間に、プルタルコスの多岐にわたる作品群を、彼が生きた時代と社会から哲学に向けられた具体的で切実な問いに対する実践的応答として、再発見・再評価する「プルタルコス・ルネサンス」とも呼びうる研究が集中的に行なわれてきた。

プルタルコスを中期プラトニストとして位置づけさせるのは、彼の残した

(8)　中畑正志（2008）, 423-449.
(9)　Dillon（1996）, 43-51.
(10)　中畑正志（2007）, 471-481.
(11)　Cf. Dillon（1996）, 187-188.

哲学・倫理学著作をまとめた『モラリア』である。しかし、プルタルコスの『モラリア』に収められた著作群には、狭義の哲学・倫理学には収まりきれない、さまざまな分野の質の高い知識が集積されている。K. Zieglerの分類によれば『モラリア』は、弁論術、動物心理、哲学、倫理、教育、政治、神学、物理・宇宙論、文献学・歴史学、歴史・文学批評、その他の内容の多彩さゆえに分類不可能なものといった、数多くの論考群に分けられる(12)。『モラリア』は、倫理、政治、神学への偏りがあるとはいえ、膨大な文献資料(13)を渉猟し、すべての知を網羅する百科全書的性格をもつものとなっている。

しかし、プルタルコスのそうした多彩な著作を特徴づける基調は、プラトンの原典に立ち戻って、プラトンの対話篇に描かれたソクラテスの精神、対話にもとづくソクラテスの哲学の営みへと立ち帰ることにある。プルタルコスは、同時代の人びとが日常的に経験している問題、たとえば、友情と敵意、結婚生活、食事と健康、近親者の死、運や迷信、講義の聴き方を含む青少年の教育方法といった身近なテーマを取り上げて議論を展開した。プルタルコスは、現実の生き方と選択が求められる現場に、アリストテレスの哲学や自ら批判を展開したストア哲学をも柔軟に採り入れつつ、プラトン哲学の応用を試みている。

## 第3節　哲人統治の思想は放棄されているのか――『モラリア』と哲人統治思想

では、プルタルコスと哲人統治の思想との距離を、まず『モラリア』のなかで測ってみることにしよう。プルタルコスが、プラトンの哲人統治の思想については距離を置いているとみなす研究者は、Dillonを含めて少なくはない。プルタルコスは、彼の生きたローマ帝国の時代において、プラトンの政治理念がすでに時代遅れであるかのように描いているからである。

(12)　Ziegler (1951), 636-962.

(13)　Zieglerは、現存するプルタルコスの作品に、111人のギリシア人作家の著作への500余りの参照と、40のラテン語文献から130の引用があるとしている。Cf. Ziegler (1951), 911.

> プラトンは一つの理想国家（ポリーテイアー）を著わしたが、その厳格さゆえに、それを採用するよう誰一人として説得できなかった。これに対してアレクサンドロスは、異民族のなかに七〇以上の国家を建設し、アジア全土にギリシア流の行政を移植し、未開で野蛮な暮らしぶりを克服した。プラトンの『法律』を読む者はわれわれのなかにほとんどいないが、アレクサンドロスの定めた法律は何百万の人々が用いてきたし、現に用いている。（『アレクサンドロスの運または徳について』328D-E）

このようなテクストから、プルタルコスは、プラトンの理想国家があまりにも厳格で妥協をゆるさぬこと[14]、『国家』や『法律』が自分の時代の政治的生活にとって指針としては役立たないことに気づいていたのだとされる[15]。ローマ帝国は1世紀の終りにはすぐれた政治体制を確立していたので、プルタルコスの関心は、いかにして哲学者が王に、王が哲学者になるかではもはやなく、哲学者は自分の時代の王や執政官に対して、彼らにとって代わる考えをもたずに、いかにして正しくつき合うかに移っていると主張されている[16]。事実、ローマの有力者に多くの知人がいたにもかかわらず、彼は閑静な故郷の小さな町カイロネイアの住人であり続けたではないか、と。

さらにプルタルコスは、『政治家になるための教訓集』では、ギリシアの政治家は、ローマの支配下にあることをたえず意識して慎重に行動することを勧め（813E)、政治活動においてギリシアの偉大な政治的過去を強調しないよう諌めている（814C)。ギリシアの町々の公的秩序に不穏な影響をもたらすことが予想されたからである。そして、ギリシアの国政は弱体であって、われわれができる競争にはいかなる賞も残されていない、それゆえ賢明な人間は、調和のとれた静かな生活を受け入れるのが最善であると述べている（824E)。

> そして彼（政治家）は、一人ひとりにも公的にも教え導き、ギリシアの国政が弱いのであるから、そのような状況のなかでは、思慮深い者たちにとって、調和のとれた静かな生活を受け入れることが、利益をうる最善の道であるこ

(14)　De Blois and Bons (1992).
(15)　Hershbell (1995), 209-219.
(16)　Dillon (2008), 351-364.

とを示すのである。運命は競争のための賞をわれわれに何も残していないからである。いったい勝者にはいかなる覇権が、いかなる栄誉があろうか。それはいかなる権力というのだ。属州総督の小さな布告がそれを引き倒したり、他人に移譲されたりするものであり、たとえそれが留まったとしても、真剣になる価値などありはしないのだから。(『政治家になるための教訓集』824E)

それでは、政治的著作を通じたプルタルコスの知的エネルギーは、ローマ帝国の直接的軍事介入を避けるため、自由の理念を放棄して、弁論で民衆を欺きながら、町の裕福な人々には、制限つきの地方自治に積極的に参加するように促し、結果としてローマ帝国の安定に寄与することに注がれていたのだろうか[17]。

しかし、プルタルコスがプラトンの哲人統治の思想を堅持していたと主張する研究者もいる[18]。プラトンがディオニュシオスに哲人王の教育をするためシュラクサイに赴いたように、プルタルコスも友人ソシウス・セネキオを通して、皇帝トラヤヌスに近づき、『王と将軍たちの名言集』を捧げているからである[19]。プルタルコスはローマの支配階層のエリートに知己をもち、執政官クラスの友人だけでも9人を数える[20]。年若いセネキオとはとくに親しく、プルタルコスは最も大部の著作である『英雄伝』と9巻の『食卓歓談集』と『いかにしてみずからの徳の進歩に気づきうるか』のエッセイを彼に献呈している。セネキオは、トラヤヌスの治世の99年と107年に執政官になり、ダキア戦争の指揮官として勝利し、トラヤヌス帝によって勝利勲功章 (ornamenta triumphalia) を与えられ、彫像が建てられた。セネキオは、トラヤヌス帝の後継者となる若きハドリアヌスとも親交があったという[21]。プルタルコスが『英雄伝』をセネキオに献呈したことは、自身の著作を通して、ローマ皇帝や高官たちに感化と影響を与える目的と意図をもっていたと考えてまちがいないだろう。プルタルコスが作品を献呈したローマ人は、セネキオだけではない。セネキオのほかにも少なくともプルタルコスの8作品

(17)　Cf. Desideri (2011), 83-98.

(18)　Roskam (2002), 175-189, Stadter (2002), 1-26.

(19)　Beck (2002), 163-173.

(20)　Stadter (2002), 5.

(21)　アエリウス・スパルティアヌス『ハドリアヌスの生涯』4.2.

がローマ人に献呈され、ギリシア人が献呈相手となっているのは12作品であり、4作品は女性に向けて書かれている。プルタルコスの読者は、男女を含めたギリシアとローマのエリート層であり、著作を通して両方の支配層に影響を与えようとしたのである、と。

プルタルコスはローマに移住することはなかったが、地元カイロネイアの公職に就き、地方行政のさまざまな仕事を引き受け、使節としてもローマに派遣されていたと考えられている[22]。彼はデルポイの神官だけではなく、隣保同盟（Ἀμφικτυονία）の監督官、議長、そして競技会主宰者などを務めている。さらに、彼は祖国のためには、建設現場の監督などの実務仕事もいとわなかった。プルタルコスは、建設現場でタイルやセメントや石の積荷を計量し監督するのは、自分自身のためではなく、祖国のためであると述べている（『政治家になるための教訓集』811C）。プルタルコス自身が、実際の地方政治にかかわったことは明らかである。たしかに、『モラリア』には、哲人統治の思想を明確に直接的に唱導している箇所は見られないし、ローマの政治に直接寄与する意思も書かれてはいない。しかし、われわれは、プルタルコスの大半の著作が書かれるのが彼の晩年になってからであり、ドミティアヌス帝の死後（96年）であることを想い起こさねばならないだろう[23]。

ドミティアヌスは、極端な専制政治を行なったとされ、ユダヤ人やキリスト教徒を迫害し、93年には数多くの元老院議員を死刑にし、彼らの思想を支えたストア派の哲学者をローマとイタリアから追放した。プルタルコスのローマ人の友人で、名声の高いアルレヌス・ルスティクスもこのときに粛清されている[24]。プルタルコスのローマでの講義中に、兵士が届けた皇帝からの書簡を開けることもなく、彼が最後まで講義を清聴していたとする逸話が印象深く残されている（『詮索好きについて』522D-E）。プルタルコスは、「この一族の政権ほど忌まわしい所業をなしたものはなかった」と、フラウィウス朝に対して痛烈な批判も記している（『エロス談義』771C）。

名誉を重んじたローマ人にとって最も重い措置とされる、死後その彫像や

(22)　Jones (1971), 23.
(23)　Roskam (2002), 176.
(24)　Jones (1971), 24.

碑文や凱旋門などの記念物を破壊する「記憶の破壊」(Damnatio Memoriae)の処分を受けたこの暴君の後、トラヤヌス帝治下にローマ世界に新風が吹いた。文化復興の機運が高まり、制限つきではあったが、個人の政治的考えを表現する自由が生まれた。プルタルコスはその好機をのがさず、堰を切ったように著作を書き始めた。それでも、国家を支配する能力と権威があるのは、皇帝ではなく、哲学者であると直接に主張する自由までは保証されなかったであろう。

したがって、哲人統治の思想については、プルタルコスは間接的に書くほかない。それゆえ、最初に引用した修辞学的著作『アレクサンドロスの運または徳について』では、プルタルコスは意図的にアレクサンドロスを何度も哲学者と呼び、彼の徳を誇張し、欠点を完全に無視して、アレクサンドロスを哲人王として、「率直に、単純に、熱烈に賞賛している」(25)のである。他方、後に書かれた『アレクサンドロス伝』では、プルタルコスは一度も彼を哲学者と呼んではいない(26)。プルタルコスは、歴史上のアレクサンドロスがアリストテレスから教育を受けたように、ある程度の哲学的教養を身に着けていたものの、けっして哲学者とは呼べないことを知っていた。しかし、プルタルコスは、ローマ世界でも英雄と見なされつつあったアレクサンドロスをあえて哲学者として意図的に描いて、哲人王の理想をある程度まで実現したヒーローとして称えたのだと考えられる(27)。そのことを通して、政治における哲学的思考法の重要性をローマの支配階層に伝えようとしたのではないか。

また、プルタルコスの哲人統治思想を支える基盤として、中期プラトン主義の大きな特徴である「神まねび」の思想をあげることできる。『教養のない権力者に宛てて』において、プルタルコスは、支配者はまず自分自身のうちに支配（アルケー）を確保せねばならず、そのためには自分の魂を正しく導かねばならない（780B）とする。そのうえで、支配者を支配するものは何かを問う。それは法であるが、ピンダロスの語るように「法はすべてのもの

(25)　Zecchini (2002), 191-200.

(26)　Cf. Boulet (2014), 449-462. 両作品の解釈及びプルタルコスにとってアレクサンドロスがどのような存在であったかについては、第2章[澤田]を参照。

(27)　Cf.Boulet (2014), 456-7.

を—死すべき人間も不死なる神々をも—支配する王である」とは言っても、書物や書き板に記された法のことではなく、支配者のうちにある「魂をもった（生ける）ロゴス」（ἔμψυχος λόγος）である（780C）。そして、プルタルコスは、正義こそが法の目的であり、その法は支配者が作るものであり、「支配者は万有を秩序づける神の似像である」（ἄρχων δ' εἰκὼν θεοῦ τοῦ πάντα κοσμοῦντος）とまで述べている（780E）。支配者が神の似像となるとは、王杖をもって稲妻や雷鳴を真似ることではなく、徳によって神に似ることであり、神の徳を熱心に追い求め、神の美と人間愛を模範として、神がもたらす「良き秩序と正義と真理と穏やかさ」（εὐνομίας καὶ δίκης καὶ ἀληθείας καὶ πραότητος）を人々に分け与えることである（780F-781A）。

ここでは、書かれた法律よりも、支配者の生けるロゴスの働きの方が優位に置かれ、神に似たすぐれた理性による支配が高らかにうたわれている。Dillonは、この箇所に関して、支配者を法よりも上に置くようなプラトンの『国家』の立場をプルタルコスは巧みに避けていると解釈する(28)。しかし、テクストでは書かれた法ではなく、支配者のロゴス（理性）の働きの方を明らかに優位に置く思想が語られている。中期プラトン主義の特徴である「神まねび」の理想を、この世のただなかにある支配者が目指すべき理想としてかかげることによって、プルタルコスはここで哲人統治の理想を示唆していると言えるだろう。

プラトンの『テアイテトス』では、人はできるだけ早くこの世からかの世に逃げねばならないと、この世から逃れることが神まねびとだと述べられていた（176A-B）。しかし、プラトンが語る「この世から、かの世に逃れること」とは、一般に信じられているような遁世や社会からの隠居ではない。「世を逃れるということは、できるかぎり神に似るということです。そして、神まねびとは、思慮をもって正しく、かつ敬虔になることなのです」（176B）と述べられているように、知恵をもって正しい人間となることがどこまでも求められている。人間が徳を求めて悪を避けるべきであるのは、他人から悪い人間と思われずに善い立派な人間と思われるためではなく、「神がけっしていかなる点でも不正ではなく、可能なかぎりこのうえなく正しい」からで

(28)　Dillon (2008), 353.

ある（176B）。つまり、人間が正しくあることを追求すべきであるのは、この世の他人の思わくや評判のためではなく、最高の幸福の模範としての神（176E）の本性が正義であると認定されているからにほかならない。そのようなプラトンの認定があるがゆえに、プルタルコスにとって、神まねびの思想が、哲人統治を裏打ちする強固な思想基盤になりえるのである。

## 第4節　『英雄伝』と哲人統治の思想

### 1．『ヌマ伝』と『キケロ伝』における哲人統治の実現

実は、哲人統治の理想は、『モラリア』ではなく、『英雄伝』のなかでより明確に語られている。プルタルコスは、伝説上の人物であるヌマを用いて、哲人統治の理想を擁護している。この哲学者が王位に就いたとき、王の権力が、哲学者の洞察と、一人の人間のなかに結び合わされ、プラトンの理想が実現したと次のように語っている。

> ヌマの治世には、戦争も内乱も国制の変革も伝えられていない。のみならず、かの王に対する敵意も嫉妬も、王位をねらっての陰謀も、徒党を組んでの反乱も起こらず、かの人を見守っているらしい神々を恐れてか、それともかの人の徳に敬意を表してか、それとも神の授けた幸運のおかげをもってか、あらゆる悪もかの人には歯がたたず、生涯純潔を守りつづけて、プラトンの言葉の正しさを絵にかいたような実例、あるいは証拠となった。それは、ヌマよりもはるか後に生まれたこの哲学者が、国家について言い放った名言で、何か神様から賜った幸運によって（ἔκ τινος τύχης θείας）、哲学者の存念に王の権力が一致し、かくて徳が悪を制御し支配するようになったときにはじめて、人の世から悪がなくなり消えていく、ただ一つの道が与えられる。[29]
> （『ヌマ伝』20.7-9）

しかし、B. Bouletは、ヌマと哲人統治者とには重要な違いがあると指摘している[30]。ヌマは『国家』の哲人統治者に割り当てられた政治の重要な面を無視し、軍事訓練を拒絶し、市民の貪欲をほしいままにし、勇気と節度を

（29）　柳沼重剛訳（2007）.
（30）　Boulet（2014）, 451-452.

教えることを無視した。彼の43年の統治の間に軍隊は戦争に行くことなく、若者たちへの公教育もなかった。ヌマは若者たちの養育を父親たちにまかせていた。ピュタゴラスからもたらされた多くの宗教的儀式を通して、正義を重んじ、暴力や戦争を憎むことを彼らに教えることでヌマは満足していた。ヌマは国家を平和な状態に維持したが、政治よりも哲学研究を好み、プラトン『国家』の哲学者の階層に比肩されるような哲学者の祭司たちを王宮で教育し、24冊もの哲学や宗教の著作を書いた。ヌマは『国家』に描かれた最も美しい国制を実現することなく、公共の善よりも哲学を選んだ。理論的にはヌマのような妥協のない哲学者が最善の支配者であるように見えるかもしれないが、実際にはそれは事実ではないことを示したとBouletは論じている。

プラトンの哲人統治の理想からすれば、Bouletが指摘するようにヌマの統治には欠点がある。とりわけヌマが子供と若者への教育を欠いたために、最もすぐれた最も正しい制度がつかの間で崩壊し、ヌマの死後には再びイタリアは戦死者に満ちたとされている（『リュクルゴスとヌマの比較』4.11-13）。プラトンの『国家』や『法律』の大半が教育論で占められ、教育において果たす指導者の役割がきわめて重要とされていることからして、政治指導者としてヌマが教育をおろそかにしたことは大きな過ちであった。しかるに、哲人王の理想の実例とされるヌマでさえ、なお不足があるとすれば、『英雄伝』に描かれた他の政治指導者たちには、さらに大きな欠点や問題点があることになる。つまり、その意味では、哲人統治の思想は、『英雄伝』で描かれる政治指導者の性格や行動を吟味し、その欠点や問題点を明らかにする試金石・基準となって働いている。指導者の問題点を知ることで、読者はより善き統治を行なうためには何が必要かを考えることに導かれるだろう。

しかし、描かれたヌマの統治は、はたしてプラトンの政治の理想から大きくかけ離れているのだろうか。ヌマが即位したときのローマは、プラトンが「熱でふくれあがった国家」と呼んだ（『国家』372E）状態であったとされている（『ヌマ伝』8）。ヌマは、即位するとまず王の身辺を守る護衛隊を解散し、ロムルスの祭司を新設すると、国家を固くて戦争を好むものから、柔らかく正義を重んずるものにしようと試みた。気性の荒っぽい民衆を、秩序正しく平和に向かわせるために、神々の助けを願って、犠牲式や祭りの行列や、合唱しながらの舞を指揮して奉納した。たしかに、プラトンの『国家』の守護者たちは、軍事訓練を行なうが、しかし、彼らの重要な政治的役割は、知恵を働かせて外交交渉を成功させ、大国からの侵略戦争を回避することにある（『国家』422A-423A）。

さらに、プラトンの『法律』では、すべて立法者は、最善のものを目的にしていっさいの法令を定めなければならないが、その最善のこととは戦いや内乱ではなく、相互の間の「平和」（εἰρήνη）と「友情」（φιλοφροσύνη）とされている（628B）。外敵との戦いにのみ目を向けていたのでは、けっして真の政治家にも立法家にもなることはできない。クレタやスパルタのように戦争を目的として、派生的に平和にかかわることを立法する[31]のではなく、正反対に平和を目的として戦争に関する事柄を立法しなければならないとアテナイの客人は主張する。古代世界で最もすぐれているとされたクレタやスパルタの法に対する全面的な反論が述べられている。

このような「平和と友愛の原則」は、『法律』全体を貫いており、『法律』の後半部分では戦争と平和にかかわる教育について、「戦争にかかわることこそ真剣な仕事であり、それは平和のために効果的に遂行されなければならない」とみなす一般的な考え方に対する反論が述べられている。

> しかし、事実は、戦争のうちには真の意味の遊びも、私たちにとって言うに足るだけの人間形成も含まれていませんし、戦争の結果それらが生じることもないでしょう。しかし私たちの主張からすれば、この人間形成こそ、私たちにとって最も大事なことなのです。ですから、各人が、最も長く、最も善く過ごさなければならないのは、平和の暮らしなのです。では、正しい生き方とは何でしょう。一種の遊びを楽しみながら、つまり犠牲を捧げたり歌ったり踊ったりしながら、私たちは、生きるべきではないでしょうか。そうすれば、神の加護を得ることができますし、敵を防ぎ、戦っては勝利を収めることができるのです。[32]（『法律』803D-E）

戦争のうちにもその結果にも、真の人間形成の教育（パイデイア）は含ま

---

(31)　スパルタとクレタの法律の大部分が戦争を目的に組織化されていたことについては、アリストテレス『政治学』1324b8-9を参照。

(32)　森進一、加来彰俊、池田美恵訳（1976）.

れてはいない。しかし、この人間形成の教育こそ、われわれにとって最も大事なことであり、各人が最も長く最も善く過ごさなければならないのは、この平和の暮らしである。正しい生き方とは、一種の遊びを楽しみながら、つまり、神々に犠牲を捧げたり歌い踊ったりして生きることであると主張されている。

ヌマが行なったとされる政策は、『法律』で立法者が目指すことを示された基本方針を見事に実行しているのであり、プルタルコスはヌマの平和主義を高く評価し肯定的に描いている。また、ヌマが、ピュタゴラスを真似て詩神ムーサたちとの交わりから予言や政策を提言しているよう人々に信じさせるため、いわば芝居をうったことは（『ヌマ伝』8）、『国家』の「高貴な嘘」（414B-417B）を思わせる方策である。つまり、ローマの伝説的な支配者のヌマは、哲人統治者であり、平和と正義の政策を43年間も続けた業績を賞賛することによって、帝国ローマが軍事的に好戦的な政策をとらないように、間接的に為政者たちに勧める意図をもって、プルタルコスは『ヌマ伝』を叙述しているように思われる。

ただし、『ヌマ伝』と『法律』に関係があるとしても、『法律』では哲人統治の思想は語られておらず、法の支配が語られているので、哲人統治とは関係ないのではないかという反論があるかもしれない。けれども『法律』における国家の最高意思決定機関である「夜明け前の会議」の守護者たちには、イデアを探求することが求められており（965C）、『国家』の最善の統治の理想は捨てられておらず、再び最善を目指す道に繋がる可能性が考えられる。イデア論が堅持されることによって、『法律』の執筆が『国家』の哲学的政治的原則の放棄ではなく、『法律』が『国家』と同一の結論についての異なるアプローチであることが示唆されていると考えられるだろう(33)。

プルタルコスは、ヌマだけではなく、キケロについても、哲人統治者として同じ名誉を与えている（『デモステネスとキケロの比較』3.4）。キケロは、財務官としてシケリアに、属州総督としてキリキアおよびカッパドキアに派遣されたときに、他の総督たちとは違って富を略奪せず、財物を軽蔑して、人間愛（ピラアントローピア）と善良さを多分に示した。さらに、ローマにおい

(33)　Cherniss (1953), 367-379、瀬口昌久 (2007), 27-52.

ても、名称のうえでは執政官に任命されていただけだが、実際には最高司令官や独裁官の権限をもって、カティリナの一派に対しながら、「何らかの幸運な偶然によって（ἔκ τινος τύχης χρηστῆς）偉大な権力と知恵が正義に結びついて一つとなるときに国家の禍がやむといったプラトンの予言を実証した」（3.4）と述べられている。哲人統治が部分的・限定的であれ実現したのが『英雄伝』では、ギリシアではなく、ローマの歴史にあったと設定されていることにも、上述の『ヌマ伝』と共通するプルタルコスの意図があるように思われる。

また、『ヌマ伝』と『キケロ伝』の哲人統治の記述を並べてみると、プルタルコスがここで「運」を強調している点が目につく。プラトンの哲人統治の思想が最初に打ち出されたときに、政治的権力と哲学的精神が一体化されるのは、それら二つのどちらかの方向を別々に進むのを「強制的に（ἐξ ἀνάγκης）」（『国家』473D）禁止されるのでないかぎり、と述べられていた。これに対して、『ヌマ伝』においても『キケロ伝』においても、「何か神様から賜った幸運によって（ἔκ τινος τύχης θείας）」、「何らか幸運な偶然によって（ἔκ τινος τύχης χρηστῆς）」と「偶然」が強調されている。プルタルコスは、なぜ哲人統治の思想において「強制」という言葉を語らず、「偶然」に置き換えたのだろうか。

実は、『国家』においても、可能性としては、何らかの偶然による強制か、神的な霊感を受けてという選択肢が示されている。

> さっき言ったような哲学者たちが、つまり、今日役立たずと呼ばれてはいるが、けっして碌でなしではないところの数少ない哲学者たちが、何らかのめぐり合せにより（ἀνάγκη τις ἐκ τύχης）、欲すると欲しないとにかかわらず国のことを配慮するように強制され、国のほうも彼らの言うことを従順に聞くように強制されるのでなければ、あるいは、現に権力の座にある人々なり王位にある人々なりの息子、ないしはその当人が、何らかの神の霊感を受けて（ἔκ τινος θείας ἐπιπνοίας）、真実の哲学への真実の恋情に取りつかれるのでなければ、それまでは国家も、国制も、さらには一個人も同様に、けっして完全な状態に達することはないだろう、と。（『国家』499B-499C）

ヌマもローマの王位に就くことを自分では望まずに固辞したが（『ヌマ伝』5

-6)、父親と親戚のマルキウスの強い説得で王になったとプルタルコスは描いている。だが、ヌマの場合にもプルタルコスが「神的幸運」を強調していることは、国家によって養育された哲人統治者とは異なり、ヌマの統治が国家から課せられた「強制」ではないことを示すものだろう。プラトンの哲人統治者が国家からその統治を強制されるのは（『国家』519D-520E, 540A-C)、「われわれこそが君たちを、君たち自身のためばかりでなく他の国民のためにも、いわば蜜蜂の群のなかの指導者・王者となってもらうために生み出したのであり、そのために君たちは他の国の哲学者たちよりも、もっとすぐれた、もっと完全な教育を受けて、哲学と実務の両方に参与しうる能力をより多くもった人間となったのである」（『国家』520B-C）からである。これに対して、ヌマもキケロも国家によって哲学教育を与えられたわけではないので、彼らには国家からの強制力が働かないとも言える。Bouletは、ヌマが理想の国家を実現しないで、自分の哲学研究にふけっているため、リュクルゴスの方が無私に国家のために尽くし、ヌマが実際には理想政治を行なっていないとしているが、ヌマには大半の時間を哲学にあてたのを批判されるいわれはないことになる。国家によって養成された哲人統治者たちも、「大部分の期間は哲学することに過ごしながら、しかし順番が来たならば、各人が交替に国の政治の仕事に苦労をささげる」（『国家』540B）という仕方で統治をするのであってみれば。それゆえ、ヌマの統治が、強制ではなく、神的幸運に属するものであったことを斟酌して、彼の統治を評価しなければならない。しかも、ヌマはサビニ人であり、ローマにとっては「外国人」（ξένος）なのであり、それゆえ武力に頼らずに、知恵と正義に基づく説得によって万人を融和させた彼の政治改革は、偉大で神的（θεῖον）であったとまで高く評価されるのであろう（『リュクルゴスとヌマの比較』4.15)。

### 2.『ディオン伝』——実現できなかった哲人統治

『英雄伝』における哲人統治に関しては、その実現の失敗が描かれた『ディオン伝』についても触れておかなければならない。プラトンとその学説との深い結びつきによって、『ディオン伝』は『ブルトゥス伝』と一組にされ、古代では『英雄伝』のなかでもとくに重要視された作品である。皇帝マルクス・アウレリウス（在位・161－180年）も次のように記している。

> セウェルスからは、家族への愛、真理への愛、正義への愛を。また、彼を通してトラセア、ヘルウィディウス、カトー、ディオン、ブルトゥスを知ったこと。そして、平等と等しい発言権を基礎とし、万人が等しい法的権利を享受する国制と、支配されるすべての者たちの自由を最大限に尊重する王制の概念を得たこと。さらに、彼からは、哲学に対して揺るぎない強い尊敬の念をいだくこと。（『自省録』1.14）

では、プルタルコスは、哲人統治の失敗をどのように理解し、ディオンをどのような人物として描いたのだろうか。

まず、『ディオン伝』で描かれることになる、ディオンの反乱の史実の概略を述べておこう。ディオン（前408年頃-前354年）は、裕福なシュラクサイの市民ヒッパリノス1世の息子として生まれ、シュラクサイの僭主ディオニュシオス1世（在位・前405-367年）との親密な近親関係（ディオンの姉アリストマケが僭主と結婚）を通じて僭主に重用される実力者となっていたが、前389/88年にプラトンが初めてシケリアを訪れた際に、プラトンに会ってその哲学に傾倒するようになる。前367年にディオニュシオス1世が急死し、息子ディオニュシオス2世が僭主になると、ディオンは哲人王実現の好機だとしてプラトンを招請し、2度目のシケリア訪問（前366年まで）を実現させた。しかし、反ディオン派や僭主制支持者のピリストスらの誹謗中傷と策謀によって計画は頓挫し、前366年にはディオンは国外追放され、以後10年間ペロポネソス半島のコリントスやアテナイに滞在することになる。前361年にはディオニュシオス2世の招請によって、プラトンの3度目のシケリア訪問（前360年まで）が実現するが、反対派の讒言によってこの機会も何ら成果がなかった。ついに前357年、ディオンがわずか800人ほどの傭兵たちを率いてシケリアに帰還すると、僭主打倒を支持する多数のシケリア市民を糾合することに成功して、シュラクサイ入城を果たす。同じく僭主制の転覆を計画していたヘラクレイデスも、艦隊と兵を率いて入港する。ディオニュシオス2世が、艦隊を率いて帰還させたピリストスが海戦で敗れて死ぬと、オルテュギアにあったシュラクサイのアクロポリスに守備の傭兵を残して、僭主自身はイタリア本土に退去した。前356年には、ディオンとヘラクレイデスの間に内戦が起こり、ディオンは傭兵を率いてレオンティノイ市に退却する。しかし、オルテュギアのアクロポリスに将軍ニュプシオスが物資をもって到着すると、僭主の命を受けた傭兵はシュラクサイ市を攻撃し、家々を略奪し放火し多くの市民を殺害した。国家存亡の危機を救うために、ディオンが傭兵を率いてシュラクサイに帰還し、僭主の傭兵を撃退する。前354年にディオンはオルテュギアのアクロポリスを占領し、シケリアでのディオニュシオス2世に対する勝利を決定づけた。しかし、ディオンはヘラクレイデスを倒し、シュラクサイの支配権を得たのもつかの間、アテナイ人カリッポスに暗殺される。カリッポスがシュラクサイの僭主となるが、翌前353年に彼も殺される。シュラクサイでの失敗と挫折の弁明を記したプラトンの『第七書簡』――この書簡がプラトン自身によるものであることは、内容的にも文体的にもまちがいない(34)――が書かれたのは、ちょうどこの頃だと推定される。

プルタルコスが『ディオン伝』で、遠い過去のディオンにかかわる情報源として明確に名前を挙げているのは5人で、プラトン（5回）、前3世紀の歴史家ティマイオス（5回）、前4世紀の歴史家エポロス（2回）、ディオンと戦ったシケリアの政治家で歴史家でもあったピリストス（1回）、ディオンの協力者であるレウコスのティモニデス（1回）である。そのうちエポロスとピリストスの主張は否定され、ティモニデスはその否定のために引用されるだけなので、プルタルコスが信頼を置いている情報源は、プラトンに帰せられる書簡と、シケリアのタウロメニオン（現・タオルミーナ市）のティマイオスの『歴史（シケリア史）』である。ディオンの生涯や業績を記したシケリアのディオドロスやコルネリウス・ネポスについては、内容を含めてまったく言及がない(35)。

---

(34)　藤沢令夫（1998）, 20-21. Sandersは、歴史上のディオンの実像に迫るために、プラトン書簡の歴史的背景と影響について考察し、ディオンと彼の反乱に触れた第一、二、三、四、七、八、一三の7書簡のうち、第一、三、四、一三書簡の真正性への反論は決定的であり、第一、二、八、一三書簡の内容は第七書簡の内容に明らかに矛盾するとし、それらのほとんどを同時代や後代の偽作だとしている。Cf. Sanders（2008）, 126.n.273.

(35)　『英雄伝』のなかでは、ネポスは*TG et CG*.21.3. *Luc*.43.2, *Marc*.30.5などで言及されている。プルタルコスの情報源の扱い方については、ディオドロス『歴史叢書』との比較分析を含む第3章［佐藤］を参照。

プラトンの書簡を引用するのは当然として、プルタルコスがティマイオスの『歴史』を主要な資料として選択したことには、彼の明確な意図がうかがわれる。ティマイオスの『歴史』の主たる目的は、シケリアを僭主の手から最終的に解放し、シュラクサイをはじめディオニュシオスの支配する諸都市に自由をもたらしたコリントスの将軍ティモレオンを賞賛することにあり、そのためディオンについても、シュラクサイの解放者の一人として賞賛する意図をもって書かれているからである[36]。つまり、プルタルコスは、ディオンを理想化して描くために都合のよい資料を選んでいる。そのことが最もはっきりとわかるのが、『ディオン伝』におけるヘラクレイデスの扱いであろう。『ディオン伝』では、ヘラクレイデスは、シュラクサイからの亡命者の一人で、軍隊を統率する才能があり、大衆の機嫌をとるのはうまいが、定見をもたず、支配欲と名誉欲にとらわれて裏切りと大衆扇動を繰り返す人物として描かれ、ペロポネソスではディオンに敵対したともあると記述されている（『ディオン伝』32）。しかし、ディオドロスによれば、ディオンは僭主によって守備隊長に任命されていたヘラクレイデスとともにペロポネソスに逃亡したとされ（『歴史叢書』16.6）、ネポスによれば、二人はコリントスでともに戦争の準備を始めたとされている（『ディオン』５）。プルタルコスは、そのような二人の協力関係にはいっさい触れず、両者の間で起こった内乱もすべて一方的にヘラクレイデスに非があるように記述している。そして、ヘラクレイデスの殺害に関して、その暗殺を図っていた人々をディオンはずっと抑えていたが、アクロポリス陥落後、ディオンが独裁を行なおうとしていると煽動するヘラクレイデスの処置に困り、抑えきれずに暗殺を許したように描き（『ディオン伝』53）、その処置を彼が深く後悔していた（『ディオン伝』56）とプルタルコスは記している。これに対して、ネポスはディオンがヘラクレイデスとの党派争いなかで、自分の意志でこの政敵を殺害させたのであり、そのことがディオンへの市民の反感と恐怖を増大させて、結果として彼自身の暗殺にもつながったとしている（『ディオン』6-9）。

---

(36)　Sanders (1992), 208. プルタルコスがディオンを理想化して描いていることについては、広範な資料分析に基づくSanders (2008) のモノグラフが挙げられる。Evans (2018) は、プラトンの個人的名声が、プラトンとの親密な交流をもったディオンの神話化につながったと論じている。

このように、ディオンから非難される要素をはぎとるとともに、『ディオン伝』で一貫しているのは哲学と独裁僭主制との対立であり、哲学に基礎を置いた健全な政策に対し、誤った物質的欲望にとらわれた集団および煽動家の言動を、徳をそなえた賢者に対し、軍事力に恃み欲望や疑心を制御できない僭主を対立させる構図である(37)。その対立の構図の一方の側に合わせるように、プルタルコスはディオンをプラトンの哲学を最もよく理解し、誰よりも徳を大切にした弟子として描き出している。ディオンが第1回シケリア訪問でプラトンと会って、哲学の議論を聴いたときのことをプルタルコスは次のように記している。プラトンが40歳、ディオンが20歳の頃である。

> ディオンはずいぶん若かったが、プラトンの仲間となったすべての人々の中でも、はるかに最ものみこみが早く、最も鋭く徳に聴き従ったとプラトン自身が書いているし、事実がそれを証明している。(『ディオン伝』4.5-6)

これに対応するプラトンの書簡では次のように書かれていた。

> 何しろディオンは万事につけてのみ込みが早く、とりわけその折に私が語った事柄に対してもそうで、かつて出会った若者たちの誰一人として及ばぬほどの鋭さと熱意をもって、それを理解したのだった(38)。(『第七書簡』327A-B)

プラトンの書簡で、その折にプラトンが語ったとされているのは、快楽よりも徳を大切にして生き、人間にとって最善の事柄とそれを実行することであろう。細かな点にも見えるが、プラトンの書簡では、哲学の全体ではなく、「その折に私が語った事柄に対して」という限定句があり、比較の対象の範囲もプラトンのすべての仲間や弟子ではなく、「かつて出会った若者たち」にかぎられ、また最上級も使われていない。

さらに、プルタルコスは、ディオンとプラトンとの繋がりを強固なものとして描くために、ペロポネソスに亡命したディオンを哲学に向かわせようとして、プラトンが彼を学園アカデメイアに出入りさせたとしている（『ディオン伝』17.1-2)。このことについては、プラトンの『第七書簡』には明確な記

(37)　Cf. De Blois (1997), 209-211.

(38)　以下、『第七書簡』からの引用は内山勝利訳（1992）による。

述がなく、ディオドロスやネポスは、ディオンがコリントスに滞在していたとだけ記し、彼がアテナイに移り住んだことにも触れていないし、アカデメイアにもまったく言及がない(39)。ディオドロスやネポスは、ディオンの反乱とプラトン哲学やアカデメイアとを何ら関係づけていない。しかるに、プルタルコスは、ディオンに「自分自身はアカデメイアで長い間、怒りや妬みやあらゆる名誉欲を克服することを学んできたのだ」と述懐させ（『ディオン伝』47.4-5）、最後の勝利を収めた後も名誉や人々の評判を気にすることなく、ディオンがつねにアカデメイアだけを念頭に置いて行動していた姿を描き出している（『ディオン伝』52.4）。しかしながら、プラトンのアカデメイアの教育は、『国家』第7巻に記された哲人統治者ための教育プログラムに示されているように、幾何学や音楽や天文学を含む数学的諸学科の研究を基礎にし、それらを修得したうえでの哲学的問答法が柱となっていたはずである。亡命時にすでに40歳を越えていたディオンが、そのような教育プログラムを受けたとは信じがたいし、ディオンの上記の述懐からもそのことはうかがわれない。たとえ、ディオンがアカデメイアに出入りしたことがあったとしても、それは学園のなかで長期的に哲学を学んだのではなく、アカデメイアを訪問して、プラトンや弟子たちと会食したといった（『ディオン伝』52.3）程度のものでしかなかったように思われる。

また、ディオンはディオニュシオス1世の時代に、国庫を管理する役人や廷臣としては信頼を得ていたが、ピリストスやヘラクレイデスのように将軍や指揮官として軍事的経験を積んでいたとは『ディオン伝』でも描かれていない。しかし、『ディオン伝』の後半では、彼は兵士を鼓舞し（『ディオン伝』44）、戦術にたけた将軍であるかのように描かれている（『ディオン伝』45-46）。ディオンはいつどこで軍事経験を積んで戦術を学んでいたのだろうか。

さらにいっそうプルタルコスによる脚色が目立つのは、ディオンがシュラクサイの解放をかかげて、ディオニュシオス2世に対する軍事的反乱を起こしたことについてのプラトンの評価である。プルタルコスは、ディオニュシオス2世が自身の妹であったディオンの妻アレテを別の男に与えたときに、ディオンは戦争に向かう決意を固めたとし、それに対して「プラトン自身は、

(39)　このアカデメイアの記事にはプルタルコス以外に情報源はない。Porter (1952), 64.

ディオニュシオスの厚遇への配慮と自身の高齢であることから、かかわろうとしなかった」(『ディオン伝』22.1) と短く述べるにとどめている。しかし、プラトンは『第七書簡』で、ディオンが最初は「殺戮や処刑をはじめ現に生じたような災悪を引き起こすことなく、国全体に幸福かつ真正なる生のあり方を確立できる」という正しい考え方をもっていた (327D) とし、「しかし、祖国に対して国政の変革という強硬措置をとることは、多数の人々の国外追放や殺戮を伴わずに最善の国家の実現が期しがたい以上、けっして行なってはならず、ただじっと静かに、自分のため祖国のため善きことあれと祈るのがいいのである」(331D) と述べ、国制変革のために軍事的反乱を起こすことを明確に強く否定している。そして、ディオニュシオスへの報復に加わるように自分に呼びかけるディオンに対して、一緒に参戦することをはっきりと断り、ディオニュシオスとの親交をもたらしたのはディオンにほかならないのであるから、両者の仲裁に立つのが自分の役割だと述べたにもかかわらず、彼らがその調停に従わなかったことが災悪を招く結果になったとプラトンは明瞭に述べている (350C-E)。こうしたプラトンの言葉をすべて無視するかのように、プルタルコスは、ディオンの軍事的反乱について、後にアカデメイアの学頭となるスペウシッポスやその仲間が協力し、シュラクサイの解放を促したと記述し (『ディオン伝』22)、あたかもアカデメイアとプラトンの支持がディオンの軍事行動の背後にあったかのような描き方をしている。

手短にまとめるならば、プルタルコスは、ディオンをプラトン哲学に深く通じた哲学者であり、かつ軍事的手腕と勇敢さを兼ねそなえた政治指導者のように描き、軍事的行動の動機とその言動の背後にもつねにプラトン哲学の教えとアカデメイアの支援があったように描いている。シュラクサイを解放するために、ディオンが軍事的反抗に訴えたことは、僭主や支配者による軍事力の行使とは異なるものであるとは明確には表現されていないが、少なくとも彼の誤りや哲人統治実現の失敗の要因であるとみなされてはいない。ディオンの企てが失敗したのは、哲人統治が現実には不可能であるためではなく、民衆に対するディオンの尊大で峻厳な態度にも問題があるにせよ、その主要な原因は、予想外の味方の裏切りにあうという不運によるものとみなされている。『ディオン伝』でも先に述べたように、運 (テュケー) の果たす役割が強調され、その冒頭において、ディオンとブルトゥスが「政治的行動が立派で偉大なものとなるためには、知恵と正義に権力と幸運とが一つにならねばならないこと」（『ディオン伝』1.3-4）を実証したと述べられている。また、ディオンに決定的な影響を与えたプラトンのシュラクサイの初訪問は、「神的な幸運によって」（θείᾳ τινὶ τύχῃ）実現したと表現され（『ディオン伝』4.3）、「運によって最善の人も経験することが避けられない不幸」を傲慢に罵倒することが強くいましめられている（『ディオン伝』36.2-3）。プルタルコスは、プラトンによって哲学教育を受けたディオンが、もしも不運にも暗殺されずにシュラクサイの政治を掌握できていたならば、ディオニュシオス2世に代わって、彼こそが哲人統治の道を切り開く可能性があったことを示唆していると考えられるだろう。哲人統治を否定するアリストテレスとは違って、プルタルコスにとって、アカデメイアの哲人教育が存在するかぎり、哲人統治者を生み出す可能性は残されている。

『ディオン伝』では、プラトンが第1回のシケリア訪問でディオニュシオス1世の不興を買い、アイギナで奴隷として売られるひどい仕打ちを受けながらも、ディオニュシオス2世の教育のために、その後2度にわたってシケリアを訪問したことが詳しく語られ、プラトンの哲学の感化を受けたディオンの言動が美しく描かれている。そのことは、王や支配者の助言者や教育係としての哲学者の重要な役割を読者に強く印象づけるだろう。第二次ソフィスト運動が隆盛になる時代のなかで、プルタルコスは為政者に働きかける哲学者の使命を、アカデメイアでの研究と教育を本来の役割としていたプラトンよりも、いっそう重視し強調していると言える。

## おわりに――実践倫理と哲人統治思想

近年の再評価のなかでプルタルコスの哲学は、実践的倫理学とも呼ばれ、社会を直接批判するものではなく、個人の責任で解決できることを対象とし、人々が社会でよく生きるために、哲学的態度を採用することを促し、そのことを通じて哲学が個人と社会の橋渡しをするのだと言われている[40]。プル

（40）Cf. Van Hoof (2010).

タルコスは、読者が哲学の専門家ではないことを踏まえ、人々の前哲学的な価値観をまずは尊重したうえで、問題状況を診断し、個人的責任において改善できる点を明確に示して、生きる態度をあらためさせる。

しかし、そうした実践倫理の展開は、彼の関心がギリシアの地方政治のレベルにかぎられ、彼が哲人統治の思想を放棄したことまでも意味しない。プルタルコスの視野は、『政治家になるための教訓集』で述べられたようなギリシアの地方政治だけではなく、ローマ帝国の政治の頂点である統治者のレベルを含むはるかに広い射程をもっている[41]。個人の日常的な倫理の大切さだけではなく、国家の政治と政治指導者の倫理がいかに重要であるかをローマ帝政下で生きたギリシア人のプルタルコスは身をもって知っていた。ギリシアとローマの長い歴史を詳しく学んだプルタルコスは、政治指導者の功罪が、どれほど大きな悲惨と不幸をもたらし、甚大な影響を多くの人々に与えるかをより深く知るようになっていた。それゆえ、彼は哲学者や文学者の伝記ではなく、政治指導者の伝記を数多く書いたのであろう。『英雄伝』を通して、個人の生き方の核心であるべき徳は、政治指導者においていかにあるべきかに焦点が当てられている。そのため哲人統治の思想は、プルタルコスの政治理念の根底にいっそう揺るぎなく据えられ、ローマ帝国の支配を直接に批判・刺激する形ではなく、伝説上・歴史上の人物の言動に託して語られることにより、『英雄伝』で描かれるさまざまな政治指導者たちの行動や性格を——そして、そのことを通じて同時代の政治指導者たちの行動や性格をも間接的に——批判し吟味する試金石・基準として機能しているように思われる。

プルタルコスは故郷の小さな町カイロネイアの住人であり続けたが、アテナイのプラトン学者たちのなかで尊敬を集めていたと言われる[42]。プルタルコスの甥であったボイオティア（カイロネイア）のセクストスもプラトン哲学を学び、哲人皇帝と称されたマルクス・アウレリウスの哲学教師となって、皇帝の最晩年まで強い感化と影響を与えたことが知られている[43]。マ

(41)　Cf. Stadter (2014), 8.
(42)　Cf. Dillon (1996), 230.
(43)　ピロストラトス『ソフィスト列伝』2.557.

ルクス帝は、セクストスから親切（エウメネース）であることを学び、彼があらゆる人と調和を保ちつつ、尊敬を受け、人生に必要な信条を発見し筋道だった仕方で示したと述べ、彼が怒りや激情に流されず、物に動じることなく、しかし、愛情に満ちていたと書き記している（『自省録』1.9）。マルクス帝のセクストス評からは、プルタルコスが哲学者に求めた政治指導者への助言とその感化が読み取れるだろう。そうであれば、セクストスが残した小さな足跡も、プルタルコスがプラトン哲学から継承した哲人統治の思想が、捨て去されることなく、生きて働いていたことを物語る一つの証左と言えるかもしれない。

**・参考文献・**

Beck, M. (2002), "Plutarch to Trajan: the Dedicatory Letter and the Apophthegmata Collection," in Stadter and Van der Stockt eds. (2002), 163-173.

——— (2014), *A Companion to Plutarch*, Chichester.

Boulet, B. (2014), "The Philosopher-King," in Bech ed. (2014), 449-462.

De Blois, L. and J. A. E. Bons (1992), "Platonic Philosophy and Isocratean Virtues in Plutarch's Numa," *AncSoc* 23, 159-188.

De Blois, L. (1997), "Political Concepts in Plutarch's Dion and Timoleon," *AncSoc* 28, 209-224.

Cherniss, H. (1953), "Review of G. Müller, *Studien zu den platonischen Nomoi*," *Gnomon* 25, 367-379.

Desideri, P. (2011), "Greek Poleis and the Roman Empire: Nature and Features of Political Virtues in an Autocratic System" in G. Roskman and L. Van der Stockt (eds.), *Virtues for the People: Aspects of Plutarchan Ethics* (2011), 83-98.

Dillon, J. (1996), *The Middle Platonists: 80 B.C. to A.D.220*, revised edition with a new afterword, Ithaca, N.Y.

——— (2008), "Dion and Brutus: Philosopher Kings Adrift in a Hostile World," in A. G. Nikolaidis (ed.), *The Unity of Plutarch's Work*, Berlin and New York (2008), 351-364.

Duff, T. E. (1999), *Plutarch's Lives: Exploring Virtue and Vice*, Oxford.

Evans, R. (2018), "Plutarch's Misleading Representation of Dion," in P. R. Bosman ed., *Intellectual and Empire in Greco-Roman Antiquity*, London and New York, 102-115.

Hershbell, J.P. (1995) "*Paideia* and *Politeia* in Plutarch: The Influence of Plato's Republic and Laws," in I. Gallo and B. Scardigli (eds.), *Teoria e prassi politica nelle opere di Plutarco: Atti del V Convegno plutarcheo* (*Certosa di Pontignano, 7-9 gingno 1993*), 209-219.

Jones, C.P. (1971), *Plutarch and Rome*, Oxford.

Kraut, R. (2002), *Aristotle: Political Philosophy*, Oxford/New York.

Pelling, C. (2014), "Political Philosophy," in Beck ed. (2014), 149-162.

Porter, W.H. (1952), *Plutarch: Life of Dion, With Introduction and Notes*, Dublin.

Roskam, G. (2002), "A Παιδεία for the Ruler. Plutarch's Dream of Collaboration between Philosopher and Ruler," in Stadter and Van der Stockt eds. (2002), 175-189.

Sanders, L.J. (1992), "What Did Timeus Think of Dion?," *Hermes* 120, 205-215.

――― (2008), *The Legend of Dion*, Toronto.

Stadter, P.A. and Van der Stockt eds. (2002), *Sage and Emperor. Plutarch, Greek Intellectuals, and Roman Power in the Time of Trajan* (*98-117 A.D.*), Leuben.

Stadter, P.A. (2014), *Plutarch and his Roman Readers*, Oxford.

Van Hoof, L. (2010), *Plutarch's Practical Ethics: The Social Dynamics of Philosophy*, Oxford.

Zecchini, G. (2002), "Plutarch as Political Theorist and Trajan: Some Reflections," in Stadter and Van der Stockt eds. (2002), 191-200.

Ziegler, K. (1951), 'Plutarchos', *RE*, 21.1.636-962.

内山勝利訳（1992)、プラトン『第七書簡』、岩波書店（R. S.ブラック『プラトン入門』）

神崎繁、相澤康隆、瀬口昌久訳（2018)、アリストテレス『政治学、家政論』、岩波書店（アリストテレス全集17）

瀬口昌久（2007）「プラトンの法と倫理」、『文明社会における異文化の法』、未來社

―――（2011）『老年と正義――西洋古代思想にみる老年の哲学』、名古屋大学出版会

中畑正志（2007）「プラトン哲学・アリストテレス哲学の復興」、『哲学の歴史２』、中央公論新社

―――（2008）「総解説・プラトンを読む」、アルビノス他『プラトン哲学入門』、京都大学学術出版会

藤沢令夫訳（1976）プラトン『国家』、岩波書店（プラトン全集11）

―――（1998）『プラトンの哲学』、岩波書店

森進一、加来彰俊、池田美恵訳（1976)、プラトン『法律』、岩波書店（プラトン全集13）

柳沼重剛訳（2007）プルタルコス『英雄伝１』、京都大学学術出版会

# 第 3 部　表現技法の模索

# 第 7 章

# 対比の技法を探る

## ——「比較（シュンクリシス）」の独自性と効果

中谷 彩一郎

### はじめに

プルタルコスの『英雄伝』は多くの場合、ギリシアとローマの人物二人を一組にしてそれぞれの伝記が述べられたあと、現在の校訂本で長くてもほんの数ページ程度の簡潔な両者の「比較（シュンクリシス）（σύγκρισις）」が付されていることを特徴としている[(1)]。『英雄伝』には最初から全体として統一性や計画性があったわけではなく、少しずつ書き足されていったと考えられる一方、二人一組となった伝記間にはなんらかの計画性があったのではないかと考えられている。『アエミリウス伝』冒頭では、

> 鏡のように（ὥσπερ ἐν ἐσόπτρῳ）歴史を使って、彼らの徳性（ἀρετὰς）に合わせて、なんとか自分の生き方を整え、似せようと努めている。（*Aem.* 1.1）

---

（1） 現存するのは、二人一組21組と四人一組１組（『アギスとクレオメネスとティベリウス・グラックスとガイウス・グラックス』）に加え、４人の個別の伝記（『アラトス伝』、『アルタクセルクセス伝』、『ガルバ伝』、『オトー伝』）である。また、22組のうち、「比較」がないものが４組（『ポキオンと小カトー』、『テミストクレスとカミルス』、『ピュロスとマリウス』、『アレクサンドロスとカエサル』）ある。

と述べられ、過去の人物の徳性（ἀρετή）を振り返ることで自ら（あるいは読者・聴衆）の範とする目的を示している。また、『アレクサンドロス伝』冒頭（*Alex*. 1.1-2）からは、プルタルコスの関心が歴史的事項よりもむしろ人物の性格や資質、生き方にあったことがわかる。そのため歴史上は重要な事件があっさりと描かれることも多い。

他方、最後に付された「比較」を読むと、現代のわれわれの目からは、伝記叙述部に比べてはるかに短く単純で、面白みに欠けるように思われるだけでなく、時には伝記叙述部との齟齬や新たな視点・材料の導入、伝記中の重要主題の省略などさまざまな問題が指摘されている。その結果長年無視され、ギリシア人とローマ人をペアとしてまとめて考えること自体が軽視される傾向にあった。実際、註釈書（コメンタリー）も人物を単独で扱うことが多く、翻訳でもギリシア人とローマ人がそれぞれ別々にセットでまとめられることが往々にしてあった。しかし、16世紀に遡ると、モンテーニュが『エセー』第2巻32章「セネカとプルタルコスを弁護する」の中で、ジャン・ボダン『歴史認識方法論』（1566）のプルタルコスは不釣り合いな相手と組ませることでギリシア人を優遇しているという批判に対し、「これ（＝比較）こそは、プルタルコスのもっとも優れた、称賛すべき点」だとして、「その判断の忠実さと誠実さは、その判断の深さと重さに比肩するものとなって」おり、「われわれに徳を教える哲学者」だと絶賛し[2]、時代によってもその評価が大きく異なっていることがわかる。

ギリシア人とローマ人のペアと「比較」をひとまとまりとして考えるべきだという指摘は、これまでにも散発的にはあったものの[3]、大きな流れをつくるには到らず、ようやく1990年代後半～2000年代になって、二人一組になっている意義や「比較」について見直そうという動きがみられるようになってきたばかりである[4]。実際、プルタルコスの独自性（オリジナリティ）は、この対比の技法にこそあり、伝記のペアと「比較」の効果を読み解くことが、『英雄伝』解釈の鍵だといっても過言ではない。そこで、現代のものの見方や価値観に

(2) 宮下訳（2013), 251.
(3) e.g. Erbse (1956); Russell (1972); Pelling (1988).
(4) e.g. Duff (1999); Humble ed. (2010).

囚われるのではなく、当時のコンテクストで「比較」が一体どのように受け取られたのかを再考してみようというのが本章の試みである。

本章では『英雄伝』の構造を明らかにするために、まずわかりやすい例を4組取り上げる。すなわちErbseの先駆的研究以来(5)、ペアの典型として扱われることも多い『デモステネスとキケロ』、神話伝説上の人物という点でプルタルコスの考えがより顕著に現れるのではないかと考えられる『テセウスとロムルス』、共通の徳性（ἀρετή）が模範とされる『ペリクレスとファビウス』、逆に悪徳（κακία）が共通点として挙げられ、いわば反面教師とも言える『デメトリオスとアントニウス』の4組である。この4組を中心に比較・対比という観点から各伝記中の具体的な記述と比較検討しながら「比較」が付されている意味を考えたい。この4組はとりわけ典型的あるいは対照的な例であると同時に、どれもいわゆるプロロゴスと呼ばれる序にあたる部分と「比較」に挟まれた構造が共通しており、『英雄伝』の中でも形式上きれいにまとまった例だということができるかもしれない（プロロゴスがないなどの例外はたくさんある）。しかし、長年軽視されてきたペアの意義や「比較」について包括的に考えるには、むしろこうした標準的な例こそ出発点になるのではないかと考える。そして最後に、1組だけ破格な例として『コリオラヌスとアルキビアデス』を取り上げる。

## 第1節　『英雄伝』の構成

本題に入るまえにまず、『英雄伝』の構成について、簡単にまとめておこう。プルタルコスは二人一組の伝記全体をひとまとめにして「書（ビブリオン）（βιβλίον）」と呼んでおり、この「書」は、例外こそあるものの、プロロゴス、第一の伝記（ギリシア人）、第二の伝記（ローマ人）、両者の「比較」の四部構成から成る(6)。導入部のプロロゴスは大きく二つに分かれ、前半では歴史や『英雄伝』の目的、あるいは道徳的・倫理的問題に関する一般論に始まり、しばしば格言や逸話が示される。短めの後半では伝記で扱う二人の人物名を提示し、

---

（5）　Erbse (1956).

（6）　Duff (2011). 以下の説明もDuffに基づく。

両者の類似点を挙げて比較する理由が示され、伝記の流れが述べられる。「書（βιβλίον）」という語も度々ここで見られる。第一の伝記は多くの場合、プロロゴスのあとに、つなぎの文か連辞省略（asyndeton）で切れ目を提示して始まる。伝記はまず、生まれや家系、教育、外観、性格などに触れ、度々幼少期を扱ってはいるが、年代順ではなく、その後につづく伝記の叙述とは一線を画している。第一の伝記から第二の伝記への移行は共通する主題でつながれることも多く、各伝記の結びはしばしば各伝記の始まり、あるいはプロロゴスを想起させる形となっている。「書」全体の結びとなる「比較」はプロロゴスと対称的になっており、両者は共に伝記叙述部とは切り離され、比較される二人の人物を共に扱い、プロロゴスは類似点に、「比較」は相違点に焦点を当てている（ただし、プロロゴスがない場合には「比較」も類似点から始まることがある）。このプロロゴスと「比較」に挟まれた枠構造によって「書」がひとまとまりであることが示されるのである。「比較」では、大きく分けて軍事的・政治的側面から、様々な項目毎に二人は比較され、優劣がつけられる。

## 第2節　デモステネスとキケロ

それでは、具体的な『英雄伝』の分析に入ることにしよう。最初に取り上げるのは、ギリシア・ローマを代表する弁論家を扱った『デモステネスとキケロ』である。出発点として、早速「比較」からみることにしたい（デモステネスをD、キケロをCで表し、優劣を不等号で表す）。

（1）弁論の技に身を捧げたデモステネスと学識全般を備えたキケロ（D≒C）
（2）デモステネスの生真面目な弁論とキケロの冗談好きな弁論（D>C）
（3）中庸を旨とするデモステネスと自慢の多いキケロ（D>C）
（4）政治家・弁論家としての能力（D≒C）
（5）要職に就かなかったデモステネスと要職に就いても清廉で寛大なキケロ（D<C）

（6）演説で報酬を得たデモステネスと清廉潔白なキケロ（D<C）
（7）デモステネスの不正による追放とキケロの立派な行為による追放（D<C）
（8）亡命してもマケドニアと戦い続けたデモステネスと無為に過ごしたキケロ（D>C）
（9）デモステネスの英雄的自害とキケロの哀れな死（D>C）

「比較」の冒頭では、二人の弁論の才能そのものを比較するのは諦めたと述べつつも、前半では主に弁論や政治にまつわる両者の違いが述べられ、後半で二人に起こった類似した出来事における相違が比較されている。

では、この「比較」との対応を念頭に置きながら、プロロゴスや伝記叙述部を読んでみよう。プロロゴスはソシウス・セネキオへの呼びかけで始まり、幸福は生まれよりも性格と心のあり方に多くを負っていることが述べられる。

> しかし、徳性（τὴν δ' ἀρετὴν）は良い資質（φύσεώς γε χρηστῆς）と勤勉な心（φιλοπόνου ψυχῆς）を手に入れれば、丈夫で持続する植物のようにあらゆる場所に根付く。（*Dem.* 1.3）

二人一組となった人物の比較分析は最後に付された「比較」だけではなく、プロロゴスにも見られ、二人の人物の共通点が簡潔に述べられてから伝記叙述部に入っていくことが多い。デモステネスは古代から最高の弁論家だと認められており、他方、クィンティリアヌスやタキトゥスはすでにローマの弁論家の中でキケロを第一としている。また、キケロがアントニウスの弾劾演説にデモステネスに倣って『ピリッピカ』と名付けたこと自体、自らをギリシアの弁論家に擬したといえよう。そういう意味ではデモステネスとキケロが対になるのは、プルタルコスにとってもごく自然な選択だったと思われる。

さらにプロロゴスでは、自らのラテン語能力の限界ゆえに（*Dem.* 2.2f.）、行動（τῶν πράξεων）と政治（τῶν πολιτειῶν）から二人の本性（τὰς φύσεις）と気質（τὰς διάθεσεις）については比較考察するが、弁論については比較を控えると述べている（*Dem.* 3.1. 同様のことは「比較」冒頭でも述べられるが、弁論についてまったく触れないわけではない）。そして、「初めから神はデモステネスと同じようにキケロを形造り、彼の本性に多くの類似をはめ込んだように思われる」（*Dem.* 3.3）と2人の類似性を強調したうえで、共通点として政治における名誉を求める心（φιλότιμος）と自由を愛する心（φιλελεύθερος）、危険と戦争への臆病さ（ἄτολμος）を挙げる。さらに運命の点でも、二人共無名の小さな存在からのし上がった演説家で、王や独裁者と闘い、娘を失い、祖国を追われ、名声を得て帰国し、また逃亡して敵に捕われ、市民たちの自由の終焉とともに生を終えた経歴が酷似しているという。

つづいてそれぞれの伝記叙述部をみると、プロロゴスで挙げられた共通項に沿って語られる。まず、二人共出自が最初に述べられ、教育に関しては、デモステネスは父の死後の後見人たちの不正や病弱ゆえに十分な教育が受けられなかったのに対し（*Dem.* 4.4-5）、キケロは子供の頃から天賦の才を示し、詩作にも熱中した（*Cic.* 2）。キケロも若い頃の身体の弱さが触れられており（*Cic.* 3）、また両者の声の欠点（*Dem.* 6.4; 11.1 / *Cic.* 3.7）や、それを克服するための努力の記述も呼応している。

デモステネスは、カリストラトスの演説に感動したことがきっかけで弁論家を志したが（*Dem.* 5.1f.）、その訓練や活躍についてかなりのページを割いて語られる。デモステネスは後見人たちへの訴訟（*Dem.* 6.1）で、キケロはロスキウス弁護（*Cic.* 3.4-6）で弁論デビューを飾り、二人共、主だった演説が列挙される。他方、デモステネスの政治的立場の首尾一貫性（*Dem.* 13.2）は、キケロの優柔不断さと対置される（e.g. *Cic.* 21; 38; 46）が、デモステネスへは賞賛だけでなく、武器を取っては信頼できず、買収が効くことや（*Dem.* 14.2）、訴訟当事者双方の草稿を書いたという節操のなさまで記されている（*Dem.* 15.1-2）。これはキケロの清廉潔白さが強調されるのとは対照的である（*Cic.* 7.3f.）。

政治力の絶頂期にはデモステネスがマケドニア王ピリッポスに対峙したのと同様（*Dem.* 12）、キケロはアントニウスに対峙した（*Cic.* 45）。亡命からの輝かしい帰還（*Dem.* 27 / *Cic.* 33）と自害/殺害という死に加え、各々の伝記の結びも二人の死後の名声だけでなく、デモステネスを裏切ったデマデスの最期（*Dem.* 31.4-6）と、キケロを裏切ったフィロログスおよび殺害したアントニウスの末路（*Cic.* 49）を対置させている。

このようにお互いの経歴自体、類似点が多いのだが、細かなエピソードの対応においても両者のイメージは結びつけられる。たとえば、デモステネスが若い頃バタロスやアルガスという綽名を持っていたエピソード（*Dem.* 4.5-8）は、ひよこ豆（cicer）に由来する先祖の綽名が名前になっているキケロのエピソード（*Cic.* 1.3-6）と対応しているし、デモステネスが役者サテュロスの忠告によって演技の練習をして声を鍛えたのに対し（*Dem.* 7）、キケロも喜劇役者ロスキウスや悲劇役者アエソプスに学んだことが、「デモステネスに劣らず悩んで」（*Cic.* 5.4）と明示的に比較されている。さらに両者の弁論がペリクレスに似ているとの指摘（*Dem.* 6.5; 9.2 / *Cic.* 39.3）も共通項として機能する。また、亡命中には、アテナイの方を眺めて涙していたデモステネスに対し（*Dem.* 26.5）、キケロもイタリアの空を見て過ごしていた（*Cic.* 32.5）。逆に、娘を失った際には国家の利益を優先して平静を装ったデモステネス（*Dem.* 22.3, 5-7）に対し、キケロの悲嘆（*Cic.* 41.8）が対置されており、類似であれ、対照であれ、伝記全体にわたって意図的に対応するエピソードやイメージが配されていることがわかる。ここからは『英雄伝』の史実の叙述でありながら、文学的創作でもある二面性がみえてくる。

最後に再び「比較」に戻ると、Moles はこの比較には重大な欠点があると述べている(7)。そして、簡潔さや明確さが『キケロ伝』の複雑さを矮小化しており、徳性の細分化が各々の重複する部分を曖昧にし、『キケロ伝』の有為転変の激しさに対して分析が静的なこと、いくつかの点がこじつけっぽいことを指摘している。確かに「比較」では、項目分けと道徳的観点からの評価が顕著であるが、これはむしろまとめにおける意図的な簡略化と捉えることもできるのではないだろうか(8)。

以上、『デモステネスとキケロ』を見てきたが、プロロゴスで強調された2人の本性と運命の酷似点が伝記叙述部で展開され、「比較」では項目別にそれらに評価が下されており、常に2人の並行性が意識されていることがよくわかる。

---

（7） Moles (1988) 25.

（8） この点については第7節であらためて述べることにしたい。

## 第３節　テセウスとロムルス

次に神話伝説上の人物を扱った『テセウスとロムルス』に移ることにしよう。ここでもまず「比較」を整理する（テセウスをTh、ロムルスをRで表し、優劣を不等号で表す）。

（1）自ら進んで大事業をなしたテセウスと必要に駆られて大事業をなしたロムルス（Th>R）
（2）テセウスの冒険とロムルスの勲（Th>R）
（3）民主的なテセウスの過ちと僭主的なロムルスの過ち（Th>R）
（4）テセウスの息子への怒りとロムルスの兄弟レムスへの怒り（Th>R）
（5）王位を継承したテセウスと卑賤な身分から這い上がったロムルス（Th<R）
（6）テセウスの父（母）への対応とロムルスの母と祖父への対応（Th<R）
（7）弁明できないテセウスの婦女略奪と政治的意図のあったロムルスのサビニの娘たちの略奪（Th<R）
（8）誕生から神々の意に反していたテセウスと生涯神々の恩恵を受けたロムルス（Th<R）

この「比較」には、前半と後半で優劣がきれいに分かれるという他の「比較」には見られない際立った特徴がある。他方、プロロゴスでは（*Thes.* 2）、両者の共通点として生まれ（非嫡出子で神の子と称される）、力と賢さ、（それぞれアテナイとローマという）都市の建設・統合、婦女略奪、家庭の不幸、晩年の自国民との衝突が挙げられる。性格や徳性よりも二人の行動に重点が置かれているのは、二人が神話伝説上の人物であることとも関係があるのかもしれない。伝記叙述部も基本的にこのプロロゴスで列挙された共通項に沿う流れで語られる。アイゲウスがトロイゼンでアイトラと交わってテセウスが生まれ、ポセイドンの子だと喧伝された次第とヌミトルの娘が身ごもってマルスの子といわれるロムルスとレムスの双子が生まれた次第、テセウスがペリペテスに始まり、シニス、クロンミュオンの猪、スケイロン、ケルキュオンとダマステス、パラス一族、マラトンの雄牛、ミノタウロス退治、アマゾン族やケンタウロスたちとの戦いなど様々な冒険を経験したのに対し（*Thes.* 8f.）、ロムルスも盗賊を防いだり、泥棒を捕えたり、不正を被った人を暴力から救ったりすることが自由人の務めだと考えていたこと（*Rom.* 6.5）、ヌミトルの牛飼いたちとの争い、アムリウスやサビニ族、カメリア人、ウェイイ人との戦いが挙げられる（*Rom.* 7f.）。

つづいてアテナイの集住（*Thes.* 24f.）とローマの建設（*Rom.* 11f.）は、それぞれ父アイゲウスと兄弟レムスの死後おこなわれるという共通点があり、その後の国制や祭礼・競技会の創始も対応している。テセウスのアンティオペ獲得に始まり、ヘレネ誘拐に到る恋愛遍歴と婦女略奪には、ロムルスによるサビニ族の婦人たちの略奪が対置されている。ただ、冒険にせよ、婦女略奪にせよテセウスの方が記述量ははるかに多い。しかし、死後はテセウスが半神（ἥρως）化したのに対し（*Thes.* 35.7）、ロムルスはクィリヌスとして神格（δαίμων）化される（*Rom.* 29.1）。

このように両者の経歴には対応する点が多いが、加えて両者を関連づける要素として挙げられるのが、デルポイの神託とヘラクレスである(9)。アテナイのテセウスが度々デルポイの神託を伺うのは自然だとしても（*Thes.* 3.5; 5.1; 18.3; 24.4-5; 26.5）、『ロムルス伝』でのデルポイの神託への言及（*Rom.* 9.3）は、むしろ『テセウス伝』との共通項として導入されたもののようである。同様にテセウスの冒険がヘラクレスの冒険と重ねられること自体は伝統的であるが、『ロムルス伝』での（アッカ・ラレンティアとは別の）ラレンティアに関する脱線話に登場するヘラクレス（*Rom.* 9.5）や、鳥占いの禿鷹に関するヘラクレスへの言及（*Rom.*9.6）がわざわざおこなわれるのは、テセウスとの共通項として機能させるために『ロムルス伝』に意図的に挿入されたものだと思われる(10)。つまり、ここでもよく似た事績だけでなく、共通

（9）　Larmour (1988) 362-364.

（10）　ただし、イタリア半島とヘラクレス自体は、ヘラクレスがゲリュオンの牛をイベリア半島からガリアを経て、イタリア半島へと追い立てていったという神話を通してしばしば結びつけられる。

するイメージを散りばめることによって、たとえ明示されていなくても、両者の類似性が浮かび上がってくる巧妙な仕掛けがなされているのである。

他方、ミノタウロスやペイリトオスとの冥府行の神話には合理的な解釈がなされ（*Thes.* 19; 35）、アリアドネについては4つの異説を並べて（*Thes.* 20）曖昧に述べることで、読者に本当らしさを印象づけるだけでなく、選択の余地さえ与えている点は注目される。

最後にあらためて結びの「比較」に戻ると、上述したように、とりわけ目を引くのはテセウスが優れている点が列挙されたあとに、ロムルスが優れている点が列挙され、優劣の項目が前半と後半で半々に分けられていることである。取り上げられている項目自体は伝記叙述部と対応しているものの、（1）ではテセウスが自ら進んで（αὐτὸς ἀφ' ἑαυτοῦ）事をなしたのに対して、ロムルスは必要に駆られて（δι' ἀνάγκην）だったことや、（3）では王制を守らずに、テセウスは民主的（ὁ μὲν δημοτικήν）な変革で、ロムルスは僭主的（ὁ δὲ τυραννικήν）な変革で過ちを犯したとその政治の性格を対照化している。Larmourによれば[11]、二人の伝記は、この「比較」での道徳的教訓を念頭に置いて、どちらが勝っているかはっきりとわかるように構築されているという。たしかに、どちらも神話伝説上の人物なので、その分プルタルコスの考えを反映した形で伝記を構成しやすかったのではないかと考えられる[12]。実際、プロロゴスのセネキオへの呼びかけの中では（*Thes.* 1.5）、神話的なもの（τὸ μυθῶδες）は清められて理性に従い（λόγῳ）、歴史の外見を持つべきだが、信じ得ること（τοῦ πιθανοῦ）を頑なに軽視し、ありそうなこと（τὸ εἰκὸς）への混合を受け入れない場合には昔話として寛大に受け入れてくれるよう読者に要請していることからも、他の伝記に比べて作為の入る余地があるように思われる。

このように、『テセウスとロムルス』は神話伝説上の人物であることから、徳性よりも類似した行動に重点が置かれているが、やはりプロロゴスで挙げられた共通点に基づいてそれぞれの伝記の叙述がおこなわれ、「比較」でその道徳的評価が下される点は他の伝記と同様である。また、ここでも2人の

(11)　Larmour (1988).
(12)　Larmour (1988) 362.

並行性を印象づけるために、デルポイの神話やヘラクレスといった共通項が導入され、文芸創作的な工夫が施されていることがわかる。

## 第4節　ペリクレスとファビウス・マクシムス

つづいて、『ペリクレスとファビウス』に移ろう。最後の「比較」で述べられるのは、以下の点である（ペリクレスをP、ファビウスをFとして優劣を不等号で表す）。

（1）ペリクレスとファビウスの国家状況の対比（P<F）
（2）傲慢になった民衆を扱うペリクレスと逆境の国民を扱うファビウス（P>F）
（3）戦果：ペリクレスにはファビウスほどの手柄はなく（P<F）、逆にファビウスほどの失敗もない（P>F）
（4）アテナイ軍の過ちがペリクレスの正しさを証明したのに対して、ローマ軍の勝利がファビウスの間違いを証明（P>F）
（5）戦争原因として非難されたペリクレスと覇権に伴う危険に耐えたファビウス（P<F）
（6）ライバルへの態度（P<F）
（7）他の将軍が国家に不利益をもたらすことを許さないペリクレスと他人に過ちを犯させない力で劣るファビウス（P>F）
（8）金への高潔さ（P≒F）
（9）ペリクレスの建造物の偉大さ（P>>F）

ここでは、二人の置かれた状況の対比と主に軍事的側面に関する二人の違いが並べられたあと、アテナイのローマを凌駕する壮大な建築群への言及で締めくくられる。では、この「比較」にいたる「書」の流れをみてみよう。まず、プロロゴスでは、

というのは、立派なこと（τὸ γὰρ καλὸν）は、それ自体積極的に観察者を動

> かし、すぐに実践への衝動を吹き込んで、性格を形成する（ἠθοποιοῦν）が、それは模倣によってではなく、業績の探求によって選択を与えるのである。（*Per.* 2.4）

とまず立派なことについて一般論が述べられる。そしてペリクレスとファビウス・マクシムスの名を挙げ、その共通点について以下のように説明する。

> 彼らはいろいろな徳性、とりわけ温和さ（πρᾳότητα）と公正さ（δικαιοσύνην）が似ていて、民衆や同僚の愚かさに耐えることで、祖国に恩恵を与えたのである。（*Per.* 2.5）

両者共通の徳性の中でもとりわけ温和さ（πρᾳότης）と公正さ（δικαιοσύνη）が挙げられ、こうした道徳的資質を体現する言動を軸に伝記叙述は進んでいく。ここで温和さと訳したπρᾳότηςは単に穏やかというだけでなく、激情（ὀργή）など極端な感情や行動に駆られることなく自制できる資質をも表している[(13)]。

『ペリクレス伝』と『ファビウス伝』の構成自体は大きく異なるが、二人に関する記述を見比べると言動には多くの類似点が見られる。ただし、このような類似性・並行性はプロロゴスで共通点が述べられたあとには、プルタルコスの記述で明確に強調されるわけではないため、各伝記を単独で読んでいても見えてはこない。つまり、二人をペアとしてつづけて読んだときに初めて気づく特徴だといえる。

特に大きな共通点は戦争における慎重さである。ペリクレスは「軍の指揮においては、とりわけ慎重さゆえに（διὰ τὴν ἀσφάλειαν）評価され」（*Per.* 18.1）、「市民たちにとっては慎重（ἀσφαλής）かつ精力的な（δραστήριος *Per.* 19.3）」指導者であった。この慎重さ（ἀσφάλεια）は戦に逸らずに自制するという点で、両者共通の最大の徳性である温和さ（πρᾳότης）と繰り返し結びつけられる。実際、ペロポネソス戦争時に戦わないことを市民や喜劇詩人たちから批判されたにもかかわらず、「まったく動揺せず、穏やかに（πρᾴως）、黙って（σιωπῇ）悪評と憎悪を耐え忍んだ（*Per.* 34.1）ことや、市民の出兵の欲望に同調しなかったこと（*Per.* 20.3-4, 21）、死の床において自分の一番の

（13）　Stadter（1989）の註釈ではπρᾳότηςはself-controlと訳されている。

業績は「私のおかげで、市民の誰ひとりとして喪服を着た者はいないということだ」と語った（*Per.* 38.4）ことにも彼の慎重さと温和さが現われているといえる。

他方、ファビウスのカルタゴとの戦いにおける慎重な行動も繰り返し描かれるが、味方からも敵方からも臆病だと軽蔑される中で、敵将ハンニバルだけはその駆け引きを見抜いてファビウスを恐れたこと（*Fab.* 5.3-4）や、祖国のために恐れるのは恥ではないというファビウス自身の言葉からも（*Fab.* 5.6）、彼の慎重さと徳性としての温和さ（πρᾳότης）が強調される。

ファビウスは市民の怒りにも、ペリクレス同様、「穏やかに（πρᾴως）」耐え（*Fab.* 7.7）、市民がミヌキウスに独裁官であるファビウスと同等の権限を与えたときも（*Fab.* 10.2）、感情を交えず（ἀπαθῶς）、たやすく（ῥᾳδίως）耐えたところにやはり彼の自制心が滲み出ている。こうしたファビウスの自制心と慎重さ、つまり温和さ（πρᾳότης）は、民衆に煽られた好戦派のミヌキウスの功名心（φιλοτιμία）と対置される（*Fab.* 10.2）。そのミヌキウスがハンニバルに敗れた際には、ファビウスは即座に救出に向かい、ミヌキウスに傲慢な言葉も、憎悪の言葉も放たなかった（*Fab.* 13.1）。このことから、彼の戦闘への慎重さが単なる臆病さからでないことは明白であり、ライバルに対して激情に駆られない点でも、ファビウスの徳性としての温和さ（πρᾳότης）が一層際立つことになる（*Fab.*11-13）。その後もマルケルスがローマ人の剣と呼ばれたのに対して盾と呼ばれたファビウスの堅実さ（βεβαιότης）と慎重さ（ἀσφάλεια）への言及（*Fab.* 19.4）や、都市の離反や同盟軍の動揺には寛大に（ἠπίως）に対処して穏やかに（πρᾴως）抑えて恥じ入らせるように考えたという記述（*Fab.* 20.1）でも、慎重さ（ἀσφάλεια）や穏やかに（πρᾴως）といった、ペリクレスと同じ形容が度々使われ、二人の指導者の持つ温和さ（πρᾳότης）という徳性の重要性を繰り返し強調している。

共通点は二人の綽名にもみられる。ペリクレスの綽名オリュンピオスについては、当初（彼が建てた建造物や彼の権力の大きさ、弁舌など）さまざまな由来が挙げられるものの（*Per.* 8.3-4）、ペリクレス伝の結びでこの綽名が再び取り上げられる時には、彼の慈悲深い性格（εὐμενὲς ἦθος）と権力の座にありながら保ちつづけた清廉潔白な生き方（βίον ἐν ἐξουσίᾳ καθαρὸν καὶ ἀμίαντον）にふさわしい綽名だとされる（*Per.* 39.1-2)。他方、ファビウスの綽名の一つオビクラス[14]の由来として（*Fab.* 1.4)、子供時代に温和（πρᾳότης）で、重厚（βαρύτης）だったことが挙げられている。さらに、その温和さ（πρᾳότης）は両者の歩き方にまで共通している（*Per.* 5.1 πρᾳότης πορείας/*Fab.* 17.7 πρᾴῳ βαδίσματι)。ペリクレスは疫病で親族が次々と亡くなった時も思慮（τὸ φρόνημα）や高邁な精神（τὸ μέγεθος τῆς ψυχῆς）を失わずに耐えたが（*Per.* 36.7-9）[15]、同様にファビウスも息子が死んだときに、思慮ある人として（φρόνιμος)、またよき父親として耐えた（*Fab.* 24.4)。

もう一つの共通点として挙げられた公正さ（δικαιοσύνη）は、単語そのものとしてはプロロゴス以外には出て来ないものの、ペリクレスとファビウスの言動そのものが公正さを表す例は、随所にみられる。二人共（ペリクレスは15年連続の将軍として、ファビウスは独裁官として）一人支配を危ぶまれて非難されたが、どちらも自らの力を公正に行使し、清廉潔白だったことが、非難されるほどの大きな権力だったからこそ逆に二人の徳性として際立って来る。実際アテナイの絶頂期には「ペリクレスのみが、それぞれの問題を適切に（ἐμμελῶς）処理することができた」（*Per.* 15）のに対し、ファビウスが独裁官に選ばれたのは、「役職にふさわしい気概（φρόνημα）と品位ある性格（τὸ ἀξίωμα τοῦ ἤθους)」だったからである（*Fab.* 3.7)。また、二人が雄弁を説得の道具として使用した点（*Per.* 8.1-4, 15.2-3; *Fab.* 1.4）も共通している。

両者の晩年や死後に目を向けると、ペリクレスが驚嘆に値するのは数々の問題や激しい敵意の中でも公正さ（ἐπιείκεια）と温和さ（πρᾳότης）を守り通したことと、その思慮（φρόνημα）であり（*Per.* 39.1)、死後には敵対していた人たちまでもが、彼ほど威厳の中に節度があり、温和さの中に尊厳（μετριώτερον ἐν ὄγκῳ καὶ σεμνότερον ἐν πρᾳότητι）がある人はいないと、認めるようになったと記されている（*Per.* 39.4)。

他方、ファビウスはタレントゥム奪回の際に懐柔したブルッティウム人の殺害を命じたことに関して「功名心（φιλοτιμίας）に負けてしまったように思

(14)　子羊（Oviscula）から。

(15)　ただし、最後まで生き残っていた嫡出子パラロスが亡くなったときには涙をこらえきれずに号泣した。

われる」(*Fab.* 22.5) と述べられ、晩年スキピオと対立した際にも、当初は慎重さ (ἀσφάλεια) と予見 (πρόνοια) に基づいて反対していたが、やがて功名心 (φιλοτιμίας) と競争心 (φιλονεικία) からスキピオの影響力を抑えようとした (*Fab.* 25.3)。こうした記述から、彼はペリクレスとは違い、晩年には功名心のために温和さや節度を見失ってしまったようにみえる。とはいえ、ファビウスが亡くなった時には、民衆は彼を父親のように埋葬し、ふさわしい名誉と尊敬を与えた (*Fab.* 27.4)。

似通ったエピソードでは両者の差も浮き彫りになる。ペリクレスはスパルタ王アルキダモスのアッティカ侵攻前に、もしスパルタ軍が彼の土地だけ手をつけなかったら、土地も家屋も国家に献上するとあらかじめ宣言した (*Per.* 33.2)。ファビウス伝では、ハンニバルがローマ人の怒りを煽るためにファビウスの畑だけ焼き払わなかったために、ファビウスのローマでの評判がさらに悪くなった (*Fab.*7)。このエピソードからはファビウスに比べ、ペリクレスの先見の明が評価されているように思われる。ただし、プルタルコスが両エピソードの対比を伝記叙述中に指摘することはなく、二人の伝記をつづけて読むことで、エピソードの類似と両者の差に初めて気づくのである。

このように二人の伝記を比較すると、プロロゴスで強調された温和さ (πρᾳότης) にまつわる両者の言動が表現上も、実際の行為そのものでも繰り返し語られ、両者の綽名や歩き方にまでそれが及んでいることがわかる。また、公正さ (δικαιοσύνη) についても各々の言動がそれを体現している。他方、ペリクレス伝では結びに向かうほどその徳性が賞賛されるのに対し、ファビウスが晩年に功名心に囚われた点は、暗示的にではあるが、ペリクレスの方がファビウスに優っているとプルタルコスはみなしているように思われる。

そのあとにつづく「比較」についてStadterは、その凡庸さを指摘し、軍事上と政治上の業績を羅列しただけだとしている[16]。さらに共通の徳性として重要な主題である温和さ (πρᾳότης) に関する比較がまったくないことを問題視している。しかし、「比較」がむしろ二人の相違に焦点を当てているのであれば、プロロゴスと伝記叙述部で繰り返し強調される温和さに関して触れられないのは、むしろ当然である。また、項目の優劣は一見均等性を保

(16)　Stadter (1989) xxxii.

ってはいるものの、最後にペリクレスによるアテナイ最盛期の圧倒的な建築事業の偉大さを挙げていることや、上述したように、伝記叙述部における似通った逸話での両者の違いやファビウスが最後に功名心からペリクレスと共通する徳性だった温和さを忘れたかのように描かれている点からも、プルタルコスはどちらかといえば、ペリクレスの優位を示唆しているように思われる。

かくして、『ペリクレスとファビウス』では、プロロゴスで強調された温和さと公正さという共通する徳性を軸に両者の似たエピソードが伝記で語られ、差異を孕みつつも並行性を意識しながら「比較」に到っていることがわかる。

## 第5節　デメトリオスとアントニウス

さて、温和さや公正さといった徳性が強調された『ペリクレスとファビウス』に対して、この節では『英雄伝』のペアの中で唯一、悪徳（κακία）が共通点だと明言されている『デメトリオスとアントニウス』を取り上げる。まずは「比較」の要点をまとめることにしよう（デメトリオスをD、アントニウスをAで表し、優劣を不等号で表す）。

（1）出自からの成功度合いの対比（D＜A）
（2）屈服に慣れた人々の王になり、ギリシア解放のため戦ったデメトリオスと、ローマ人を隷属させ、自由を奪ったアントニウスの対比（D＞A）
（3）気前よさ（D＞A）
（4）戦時と平時の快楽の区別の有無（D＞A）
（5）結婚の対比（D＞A）
（6）不品行の対比（D＜A）
（7）両親に対しては非難するところのないデメトリオスとキケロ殺害のため叔父を敵に引き渡したアントニウス（D＞A）
（8）誓約に背いてアルタワスデスを捕獲したアントニウスとアレクサン

ドロス（5世）を殺害したデメトリオス（D＜A）

（9）自分の力で成功したデメトリオスと諸将の力で最大の勝利をおさめたアントニウス（D＞A）

（10）没落原因の対比（D≒A）

（11）不名誉な最期の対比（D＜A）

比較される項目の多くが負の項目なのは確かだが、必ずしも二人の否定的な側面ばかりで占められているわけではないことには留意すべきである。他方、プロロゴスには、

> 無思慮に生きながら権力を握って重要な地位に就き、悪という点において顕著な人々を一組か二組伝記の例に挟み込むことも、おそらく悪くはない（*Demetr*.1.5）

> 邪悪で非難すべき生涯を知っておけば、われわれはより良い生き方の一層熱心な観察者にも模倣者にもなるだろうと思う（*Demetr*.1.6）

と述べられ、反面教師の必要性が説かれている。そのうえで、次のようにデメトリオスとアントニウスの共通点が挙げられる。

> 彼らはとりわけプラトンが言う大きな悪徳も大きな徳性のように大きな天性（αἱ μεγάλαι φύσεις）が生みだすことを証明している。二人とも同じように好色で、酒好きで、好戦的で、気前がよく、贅沢で傲慢（ἐρωτικοὶ ποτικοὶ στρατιωτικοὶ μεγαλόδωροι πολυτελεῖς ὑβρισταί）であり、運（τυχή）においても対応する類似性を持っていた。生涯を通して大きく成功し、大きく没落し、多くの土地を征服し、多くを失い、予期せず失脚し、また思いがけず復権しつづけ、一人は敵に捕らえられて死に、もう一人もほとんど同じ目にあうところだった。（*Demetr*.1.7-8）

ここでは、共通の悪徳が示されるだけでなく、両者の生涯自体が似ていることも指摘されている。しかし、あとにつづく二人の伝記をみると、上述した「比較」と同様に、ただ悪徳ばかりが描かれているわけではなく、『デメトリオス伝』では、まず良い資質として父アンティゴノスへの敬意と愛情（φιλοπάτωρ *Demetr*.3.1）やミトリダテスとの友情（φιλάνθρωπος / φιλέταιρος *Demetr*.4）が挙げられている。アントニウスの方も、大言壮語や冗談、飲みっぷりや食べっぷり、気前のよさ、情事における魅力といった、共通の悪徳とされるような要素が兵士たちへの人気の要因にもなっており（*Ant*. 4.4）、むしろ長所として働いている。カエサルの死後、ムティナの戦いに敗れて逃走したアントニウスは「その時兵士たちにとって驚嘆すべき模範となり、あれほどの贅沢（τρυφῆς）と浪費（πολυτελείας）をしていたのが、汚い水を不平も言わずに飲み、野生の果実も根も食べた」（*Ant*. 17.5）とあるように、苦境においては徳性を発揮した。パルティア遠征の際もアントニウスが兵士たちに慕われた理由として「生まれのよさ、雄弁、素朴さ、気前がよく、物惜しみしないこと、娯楽や交際の手際良さ」（*Ant*. 43.5）が挙げられている。つまり、プロロゴスに悪徳も大きな天性が生み出すとあったように、デメトリオスとアントニウスは大きな天性を持ちながら、環境によって悪い方向に陥った例だと考えられる[17]。

さらに、デメトリオスとアントニウスのペアの並行性を示すものとして演劇の比喩が指摘されている[18]。王と呼ばれるようになったデメトリオスは「悲劇俳優が衣裳をつけると同時に（καθάπερ τραγικῶν ὑποκριτῶν ἅμα τῇ σκευῇ）」変わるのと同じように、裁判や臣下に対する態度を変えた（*Demetr*. 18.4-5）。デメトリオスの愛人ラミアへの愛情は、娼婦が初めて「悲劇の舞台に（ἐκ τραγικῆς σκηνῆς）」現れると非難され（*Demetr*. 25.6）、やがてデメトリオスの運命と行動がイプソスの戦いで「再び喜劇から悲劇へ（ἐκ κωμικῆς σκηνῆς πάλιν εἰς τραγικὴν）」（*Demetr*. 28.1）と転換する。劇場では悲劇役者のように（ὥσπερ οἱ τραγῳδοὶ）現われてアテナイ人たちを許し（*Demetr*. 34.4）、「舞台でその男（＝アレクサンドロス大王）の重厚さや威厳を演じているような（ὡς ἐπὶ σκηνῆς τὸ βάρος ὑποκρίνοιντο καὶ τὸν ὄγκον τοῦ ἀνδρός）」ものだと言われ、その派手な姿や衣裳も「大いに芝居がかっている（τραγῳδία μεγάλη）」と形容される（*Demetr*. 41.5-7）。ピュロスと対陣した際には「王ではなく、俳優のように（ὥσπερ οὐ βασιλεύς, ἀλλ' ὑποκριτής）」、いつもの芝居がかったマントではなく、

(17)　Duff (1999) 49.
(18)　Pelling (1988) 21.

灰色のマントに着替えて逃げ去った（*Demetr.* 44.9）。息子アンティゴノスによる彼の葬儀も悲劇的（τραγικήν）かつ演劇的（θεατρικὴν）に営まれ（*Demetr.* 53.1）、『デメトリオス伝』から『アントニウス伝』へは「さてマケドニアの劇（δράματος）が終わったので、今度はローマの劇を導入する時だ」という言葉でつながれる。

他方、アントニウスについては「ローマ人には悲劇の面（τραγικῷ προσώπῳ）を、アレクサンドリア人には喜劇の面（κωμικῷ προσώπῳ）を使っている」（*Ant.* 29.2）と表現され、パルティア遠征でのローマ軍の盾の構えは「劇場のような光景（ὄψιν τε θεατρικὴν）」（*Ant.* 45.4）だと形容される。さらに、アレクサンドリアでの彼の子供たちの扱い方が芝居じみていて傲慢（τραγικὴν καὶ ὑπερήφανον *Ant.* 54.5）だという形容だけでなく、自らのヘラクレス風の服装（*Ant.* 4.2）などアントニウスは振る舞い自体が芝居じみた印象を与える。

プロロゴスで書かれた共通の悪徳はさまざまなエピソードで描かれる。まず、デメトリオスの放蕩ぶりについては、「多くのヘタイラや多くの自由人の女と自由に交わったため、こうした快楽（ἡδονή）については当時の王の中でもとりわけ評判が悪かった」が（*Demetr.* 14.4）、父親のアンティゴノス王は息子の贅沢（τρυφή）や浪費（πολυτέλεια）や飲酒（πότος）を気にかけずにいた。なぜなら、デメトリオスは平時には「放縦に（ἀνειμένως）、飽くまで（κατακόρως）、快楽（τὰς ἡδονὰς）に」浸っていたが、戦時になると自制心を持ったからである（*Demetr.* 19）。他にも、アテナイでも自由人での子息や女たちに対する横暴（ὕβρις）をつづけた（*Demetr.* 24.1）ことなどが記されている。特に愛人ラミアとの贅沢や饗宴については繰り返し描かれる（*Demetr.* 16, 19, 24-25, 27）。マケドニア人たちはデメトリオスの贅沢（τρυφή）のために戦意を失い（*Demetr.* 44.8）、最期も娘婿セレウコスの捕虜となって不節制と飲酒がもとで死んだ（*Demetr.* 52.3-4）。

同様に、アントニウスの放埒さも、若い頃からクリオとの交友が「飲酒と女と莫大で節度のない出費に（εἰς πότους καὶ γύναια καὶ δαπάνας πολυτελεῖς καὶ ἀκολάστους）」誘い込んだことや（*Ant.* 2.4）、泥酔や濫費、女道楽、酒宴などの乱れた生活態度のために嫌われていたこと（*Ant.* 9.5）が描かれる。第二次三頭政治が始まると「再び、あの快楽的で（ἡδυπαθῆ）、放縦（ἀκόλαστον）

な生活に」浸った（*Ant.* 21.1）。しかし、クレオパトラと出会ったことで、決定的な禍（τελευταῖον κακὸν *Ant.* 25.1）を招き、その結果、内に隠れていた多くの熱情（πάθος）を呼び覚まされて、抗おうとする資質をも追い払ってしまった。アクティウムの海戦でクレオパトラが逃げ出すと、指揮官らしさも男らしさもなく、味方を捨てて彼女を追って逃げ出した（*Ant.* 66.8）。これは『アントニウス伝』の始めでは「精力的で勇敢で指導力があった」（*Ant.* 7.1）姿と対照的である。アントニウスの豪華な宴会や濫費、快楽については繰り返し触れられている（*Ant.* 26-29, 36, 56-57, 71, 73）。

好戦的という共通点についても両者共に戦争の描写がつづく。デメトリオスは特に父アンティゴノス王と共に戦った多くの戦争について述べられるが、彼は軍隊を指揮することよりも準備することに優れており（*Demetr.* 20.1）、艦隊の威容は敵軍にも賞賛され（*Demetr.* 20.4）、巨大な軍船は美観だけでなく、見事な速力と戦闘力を誇った（*Demetr.* 43.5）。葬儀に際しても遺体は、息子アンティゴノス率いる全艦隊に出迎えられて帰国した（*Demetr.* 53.2）。

アントニウスの方もカエサルと共に戦った内乱（*Ant.* 5-8）、ピリッピの戦い（*Ant.* 1-22）、パルティア遠征（*Ant.* 37-52）、アクティウムの海戦（*Ant.* 56-69）と戦争の記述がつづくが、やはり海事描写が多く、カエサルの下での海戦勝利（*Ant.*7）、クレオパトラの豪奢な船の描写（*Ant.*26）、（セクストゥス・）ポンペイウスの船での饗応（*Ant.* 32）などが描かれ、最後はアクティウムの海戦で敗れたのち（*Ant.* 62-64）、アレクサンドリアではアントニウスの艦隊は離反して戦わずに降伏する（*Ant.* 76.1）。

さらに、二つの伝記が単に類似しているだけでなく、一人目がオーソドックスなパターンを示し、二人目はそれにひねりを効かせた、さらに複雑な例になっていることも指摘されている[19]。つまり、デメトリオスは運の変転の中、自らの悪徳のため真っ直ぐに破滅へと突き進み、最期も不節制と飲酒が祟って死ぬのに対し、アントニウスの方は悪徳を指摘されながらも戦場ではしばしば指導力や徳性を発揮していたが、アクティウムの海戦でクレオパトラを追って逃亡し、ついに長所をも失って破滅することになる。

以上のことから『デメトリオス伝』も『アントニウス伝』も確かにプロロ

---

（19）　Pelling（1988）23-4.

ゴスで述べられた悪徳に関するエピソードが繰り返し語られるものの、親への敬意や友情などの徳性、戦時における指導力や忍耐などの才能を発揮することもあり、資質はありながらも、その悪徳ゆえに身を滅ぼした例ということになる。言い換えれば、反面教師とはいっても度合が違うだけで、徳性も悪徳も合わせ持っている点では、『英雄伝』の他のペアと変わりはないのである。

さて、再び「比較」に戻れば、Pellingはこれを非常に表現力が弱く、期待はずれだとしている[20]。伝記叙述部の結びの荘重さのあとに心地悪いほど凡庸で、教訓は粗雑であり、二人をそれぞれの項目に配することに心を奪われているのは大人気ないとさえ述べ、さらに二人を滅ぼすことになる追従（デメトリオスにアテナイ人が与えた過度の名誉、アントニウスに対するクレオパトラの追従）のような伝記叙述部における重要な主題が触れられていないと指摘する。さらに伝記叙述部との齟齬として、アントニウスの最期が伝記ではむしろ詳しく劇的に描かれているのに対して、「比較」ではデメトリオスよりはましだが「臆病に（δειλῶς）、みじめに（οἰκτρῶς）、不名誉に（ἀτίμως）」死んだと強く負の評価が下されている。また、「比較」ではデメトリオスは平時の歓楽と戦時を区別して、戦時に失敗したことがまったくなかったかのように述べられ、クレオパトラに溺れて武器や遠征を放棄したアントニウスと対比されているが、実際には伝記叙述部ではデメトリオスについても、軍隊を残して美女クラテシポリスに会いに行ったところ、敵の急襲を受けて間一髪逃れたエピソードが記されており（*Demetr.* 9.5-7）、逆にアントニウスは上述したように逆境でもしばしばその徳性を現している。

また、デメトリオスのアレクサンドロス（5世）殺害について、「比較」ではデメトリオスの方が虚偽の理由で殺害したという理由で、（かつて裏切った相手を捕虜とした）アントニウスよりも低く評価されているが、伝記叙述部（*Demetr.* 36）では、アレクサンドロスの方が先にデメトリオスの暗殺を図ろうとしたため、いわば正当防衛で相手を殺害したことになるので食い違いが見られる。しかし、これらもまとめにおける一種の簡略化と捉えていいのではないだろうか。

---

(20)　Pelling (1988) 19.

このように『デメトリオスとアントニウス』でもやはり、プロロゴスで列挙された共通点（今回は悪徳ではあるが）を中心に、それぞれの生涯の対応するエピソードが語られるだけでなく、演劇の比喩や海事描写のような共通するイメージを散りばめることで２人の呼応が一層浮かび上がる仕掛けになっており、史実の叙述に、プルタルコスの修辞の技術がいかんなく発揮されていることがわかる。

## 第６節　コリオラヌスとアルキビアデス

ここまでは比較構成がわかりやすいペアばかりを見てきたが、最後にやや破格な例として『コリオラヌスとアルキビアデス』を見ておきたい。まず、このペアの特徴としてローマ人の伝記のあとにギリシア人の伝記があり、順序が逆になっている点が挙げられる[21]。しかもこれまでに述べた４組とは異なり、プロロゴスがなく、いきなり伝記叙述部に入っている。しかしその点は、最後の「比較」で補われている。具体的にみてみよう（コリオラヌスをC、アルキビアデスをAで表し、優劣を不等号で表す）。

（１）軍事：勇気・戦の技術・予見（C＝A）
（２）政治：双方褒められないが、民衆に取り入るアルキビアデスと民衆を軽蔑するコリオラヌス（C＜A）
（３）祖国に怒り心頭だったコリオラヌスと亡命中も祖国に配慮したアルキビアデス（C＜A）
（４）アルキビアデスの魅力・説得力とコリオラヌスの傲慢・頑固さ（C＜A）
（５）度々将軍に選ばれたアルキビアデスと執政官に落選したコリオラヌス（C＜A）
（６）将軍としてローマではなく、襲ってきた敵に尽くしたコリオラヌスと戦地でアテナイに貢献したアルキビアデス（C＜A）

(21)　同様にギリシア人とローマ人の順序が逆になっているものには、セルトリウスとエウメネス、アエミリウス・パウルスとティモレオンのペアがある。

（7）魅力ある人物になろうとしたアルキビアデスと名誉心ばかり強く人の機嫌を取ることを知らないコリオラヌス（C<A）
（8）他のすべての点では傑出したコリオラヌス（C>>A）

このペアでは、プロロゴスがない代わりに「比較」の前半で、軍事能力と（褒められない）政治能力という共通点を挙げてから相違点に移っている。ただ、（2）から（7）まで立て続けにアルキビアデスに軍配を上げ、最後になって「他のすべての点では」コリオラヌスが傑出しており、ギリシア人で最も清廉な人に匹敵するとまとめるところが、他の「比較」と比べて特異な点だといえるだろう。

では、伝記叙述部での二人の対比はどうなっているのだろうか。『コリオラヌス伝』冒頭では有名な先祖への言及のあと、父の死による教育の欠如が強調され、孤児であるからといって悪くはならない証拠であると同時に「すぐれた天性に恵まれていても、教育が欠けると、高貴な人間にも善良な人間にもならない」証拠になったとされる。そのため、「動かされない競争心（φιλονικίαις ἀτρέπτοις）」が協調性を妨げ、快楽にも苦難にも金にも感情を露わさない点が政治交渉の場では不愉快とも捉えられるようになった。他方、アルキビアデスについてもまず家系が語られるが、コリオラヌスとは対照的に、その美男ぶりや魅力、さらに彼の徳に向かう資質を見出した師ソクラテスの影響が語られる（*Alc.* 4）。しかし、性格として、特に競争心（τὸ φιλόνικον）と一番になりたがる点（τὸ φιλόπρωτον）が挙げられるのはコリオラヌスと共通している（*Alc.* 2.1）。

つづいて2人の戦時の逸話がはっきりと対応する形で描かれている。初陣でコリオラヌスが近くで倒れたローマ兵を守って敵を討ち取って樫の冠を得たエピソード（*Cor.* 3.1f.）は、アルキビアデスがポテイダイアの戦いで負傷して倒れたのをソクラテスが立ちはだかって守ったエピソードと対照的である（*Alc.* 7.3-5）。さらに、武勲の褒賞をソクラテスが得るべきだったにもかかわらず、高貴な家の出であるがゆえに栄誉を与えられた点は、アルキビアデスの要領のよさをも示しているといえよう。コリオラヌスはその後もさらなる名誉を求めて武勲を上げつづけ、母親を喜ばせた（*Cor.* 4.3-7）だけでなく、母が望む女性を妻として母とも同居しつづけた（*Cor.* 4.7)。それに対して、アルキビアデスは賭けで殴ったヒッポニコスの娘を娶ったが、外国人や遊女たちと交わって自堕落な生活を送りつづけ、離婚しようとした妻をも連れ戻した（*Alc.* 8.5)。ウォルスキ人の街コリオリ奪取でコリオラヌスの名称を得た話（*Cor.* 11.1-2）は、アルキビアデスのセリュブリア占領（*Alc.* 30）に対応するが、前者が力で圧倒したのに対し、後者は戦略で勝利した点で対照的である。

政治活動においても、両者の境遇の差異が極立つ。コリオラヌスは執政官に立候補するが貴族的な点が災いして落選する。彼は節度（μετρίως）と公正さ（ἐπιεικῶς）を失っており、政治家に最も必要な重々しさと温和さ（τὸ δ' ἐμβριθὲς καὶ τὸ πρᾶον, οὗ τὸ πλεῖστον ἀρετῇ πολιτικῇ μέτεστιν）に欠けていた（*Cor.* 15.4)。どれも『ペリクレスとファビウス』で強調されていた徳性である。逆にアルキビアデスは弁論の力で政界に出て（*Alc.* 10.3-4)、たちまち頭角をあらわし（*Alc.* 13f.)、どこでも人々の好意を得て、民衆を扇動する力があった（*Alc.* 23)。しかし、アルキビアデスについては、合間合間に高価な犬の尻尾を切った逸話（*Alc.* 9.1-2）やオリュンピア競技会での戦車競技における優勝（*Alc.* 11.1-3)、スパルタ亡命中の王妃との不義（*Alc.* 23.7）など快楽や自堕落に溺れるエピソードが散りばめられているのが特徴的である。

では、追放・亡命時の２人の行動はどうだろうか。ローマ追放後、敵であるウォルスキ人に身を投じたコリオラヌスは、激しい怒りからローマを攻め、最後もローマからの使節にはまったく譲歩せず、母と妻の嘆願によってようやく退却した（*Cor.* 21f.)。他方、アルキビアデスの亡命生活ははるかに複雑で、スパルタ亡命中はイオニアに渡ってアテナイから全イオニアを離反させることに成功するが、自らの暗殺計画を知ると、ペルシア王の太守ティッサペルネスの下に逃亡して信頼を得る（*Alc.* 24-25)。その後、サモスのアテナイ艦隊に復したが（*Alc.* 26)、ティッサペルネスに幽閉されて脱出し（*Alc.* 27-28)、キュジコスの海戦でスパルタを破り（*Alc.* 28)、カルケドン、ビュザンティオンを奪還、アテナイへ凱旋した（*Alc.* 30-32)。しかし部下の失策から告発されてトラキア（*Alc.* 36)、さらにはプリュギアのパルナバゾスの下に亡命する（*Alc.* 37)。

それぞれの最期に着目すると、ウォルスキ人の街アンティウムに引き揚げたコリオラヌスはウォルスキ人の指導者トゥルス・アッティウスの嫉妬から殺害されてしまうのに対し（*Cor.* 39.8）、アルキビアデスがスパルタのリュサンドロスからパルナバゾスへの命令で殺されたという説は対応するものの（*Alc.* 39.1-7）、『アルキビアデス伝』の結びは名家の女性と同棲したために、その兄弟たちに焼き打ちにされたという伝記内に散りばめられた自堕落さを象徴するような異説（*Alc.* 39.9）で締めくくられている。

なお、伝記の順序が逆転している点については、PellingやDuffによれば、典型的な例からいっそう複雑な例へという上述したデメトリオスとアントニウスにも見られる流れにするために、ローマ人とギリシア人の順序を故意に入れ替えたのだという[22]。コリオラヌスは教育が欠けた武将が祖国を裏切り、破滅に到るのに対し、アルキビアデスは天賦の才も魅力も教育もある人物が同じ境遇に陥った例であり、祖国の民衆との関係においてもコリオラヌスの激しい対立と比べると、より穏便ではあるが変転が激しく、複雑である。この二人もデメトリオスとアントニウス同様、結末だけをみれば、反面教師にも見えるが、それまでの事績を見る限り、やはり大きな天性と共に徳性と悪徳を合わせ持った存在だといえるだろう。

この二人の「比較」についても伝記叙述部との齟齬が指摘されている[23]。たとえば、伝記叙述部ではコリオラヌスがウォルスキ人たちへの真実ではない告発を執政官たちに送った結果、ウォルスキ人とローマの戦争が起こったという説に触れてはいるものの、伝聞の形で記され、あまりプルタルコス自身は信じていないようにみえるのに対し（*Cor.* 26.3）、「比較」ではむしろローマへの怒りのあまり（*Comp. Cor. et Alc.* 4.4）、欺瞞によって戦争を起こしたことが事実として語られている（*Comp. Cor. et Alc.* 2.4）。また、伝記叙述部では明らかにコリオラヌスもローマに多大な軍事的貢献をしているにもかかわらず、「比較」ではまるで敵にばかり利したかのように書かれている。さらに、伝記叙述部では教育の有無も大きな主題だが、「比較」ではその点

---

(22)　Pelling (2011) 358; Duff (1999) 205-206. なお、このペアに限っては年代順とする説もある。

(23)　Duff (1999) 281-283; Pelling (2002) 353; Verdegem (2010) 34-36.

にはまったく触れていない。しかし、最後の点については、「比較」において重要なのは教育の有無の結果生じたことへの評価であって、教育そのものへの評価ではない。

このように、やや破格な『コリオラヌスとアルキビアデス』の場合にはプロロゴスがなく、代わりに「比較」において軍事・政治能力という両者の共通点につづいて相違点が示される。ローマ人からギリシア人へという順序も、典型的な例から複雑な例へという流れだと考えれば、この「比較」のほとんどの項目でアルキビアデスに軍配があがっている事実にもこのことがよくあらわれているといえるだろう。

## 第7節　「比較（シュンクリシス）」の役割

以上のことを踏まえたうえで、「比較」の役割について考えたい。最初の4組のペアを比べると、どのペアの記述もプロロゴスと「比較」に挟まれており、まず両者の共通点がそれぞれ述べられ、伝記叙述部に移行する点は同じである。プロロゴスで共通点が明示されたあと、対比される人物たちの類似性は、各伝記をつづけて読んで見比べることで初めてわかる暗示的な形で示され、はっきりと伝記中に対比が述べられることはほとんどない。また、各人物への単なる賞賛や非難にもなっておらず、時には同じ資質が長所にも欠点にもなることがある。

逆に「比較」では、項目毎に両者の違いや優劣がかなりはっきりと述べられている。ところが、しばしばそこには伝記叙述部の重要な主題が抜けており、時には齟齬を含んでいることが指摘されているのはすでに述べた通りである。

現在のプルタルコス研究の大きな転換点になったともいえるDuff の研究(1999) は「比較」についても詳細な分析をおこない、プルタルコスは伝記叙述部とのずれや齟齬をわざと示すことで、不協和音を作り出し (closural dissonance)、伝記叙述部から当然期待される結論を「比較」で覆すことで二人の人物の比較・優劣が問題点として再び強調され、読者が否応なく、どちらの行為あるいは人物がより賞賛されるべきか、自らの評価をあらためて考え直すことを求められる仕掛けになっているという。したがって、「比較」におけるずれや齟齬は意図的なテクニックであり、そうすることで大きな問題を投げかけているのだという。たしかに非常に刺激的な説ではあるが、そもそも伝記叙述部と比べてはるかに短く、さらに次々と比較項目が切り替えられ、優劣の評価も一方から他方へと切り替わっていく「比較」に本当にDuffが言うほどの破壊力や衝撃があるかと問われれば、疑問であり、さすがに言い過ぎではないかと思われる。また伝記叙述部との齟齬はそのような意図を持ったものと言うよりは、単にプルタルコスの記憶違い、あるいはむしろ「比較」の即興的な性格やまとめとしての簡略性を示すものだと考えてもいいのではないだろうか[24]。

とはいえ、「比較」の存在意義が消えるわけではない。二人の伝記を並べた後に「比較」を置くこと自体は、おそらくプルタルコス自身の独自性（オリジナリティ）であり、『英雄伝』に最初から統一性や計画性があったとは考えられていないにもかかわらず、「比較」がほとんどの場合付されていることから、そこにプルタルコスの大きなこだわりがあったろうことは想像に難くない。プルタルコスが比較という手法について具体的に言及している『女性たちの勇敢』(243B-D) では、男と女の徳性は同一であって[25]、両者の徳の類似点と相違点を理解するには、それぞれの生活と行動を芸術作品のように比較し、同時にセミラミスの偉業を達成する能力はセソストリスのそれと同じ様式を持っているのか、ポルキアの精神はブルトゥスのそれと同じであるのか、といったことを考察する以外不可能だと述べている。

> いろいろな徳性は、その本性ゆえに、固有の色のように別種の差異を受け入れ、基盤としている習慣や体質、養育や生活様式と同化するから (243C)

つまり、同じ徳性でもその現われ方は異なるので、アキレウスとアイアスは別の観点から勇敢であり、オデュッセウスとネストルの思慮も似ていないのである。読者が過去の歴史を範とするにしても、その点を押さえておかねばならない。『英雄伝』の場合にはさらに、単に二人の人物というだけでなく、

(24)　Pelling (1988) 20-21
(25)　第4章[近藤]参照

ギリシア人とローマ人という異なる時代と状況から、同じ徳性を示そうとしたといえる。また、プルタルコスやその読者が生きる時代も伝記中の人物たちとは異なるのであり、描かれた生き方や行動をそのまま模倣しさえすればいいというわけではない。同じ徳性を追求しようとしても、自らが生きている時代や状況に応じた選択が求められるのである。

すでに、ギリシア人とローマ人の伝記をつづけて読むことで、伝記叙述部では明示されていないが、二人の類似性・並行性が実は全編を通して浮かび上がって来ることを述べてきた。では、このような二人の伝記をつづけて読んだあとに「比較」が置かれているとき、当時の読者は一体どのように捉えただろうか。まず、「比較」が最後に置かれることでメッセージ性が生じるのではないかと考えられる。「比較」と聞いて当時の知識人に自然と思い起こされたのはおそらく当時の修辞学練習であろう。実際、修辞学の予備訓練である『プロギュムナスマタ』にも「比較（シュンクリシス）」という項目がある。ここでプルタルコスとほぼ同時代のテオンの『プロギュムナスマタ』における「比較」の定義を見ておきたい。

> 比較（σύγκρισίς）は比べることで、良いものか悪いものか（τὸ βέλτιον ἢ τὸ χεῖρον）を示す言葉である。比較には人物と出来事の比較がある。（中略）比較はお互い大きくは違わない者に関しておこなわれる。というのは、アキレウスとテルシテスのどちらが勇敢かというような問いはばかげているからで、似通った者に関して、一方の他方に対する優越がまったく見えないがゆえに、われわれがどちらを選ぶべきか議論できるような人々について、比較するのである。

ここから比較の目的は優劣をつけることだということがわかる。同時に注目すべきは非常に似通った者同士を比べるのが「比較」であり、（トロイア戦争において、美男でギリシア軍随一の勇士であるアキレウスと卑しい生まれで粗野な醜男のテルシテスのように）あまりに違いすぎる者同士では比較の対象にはなりえないという点である。

また、この「比較」の章直前に「賞賛と中傷」の章が置かれていることも注目に値する。やや時代を下った４世紀のアプトニオスの『プロギュムナスマタ』においては「賞賛」と「中傷」は項目こそ分けられているものの、「中傷」は「賞賛」の反対だと説明され、前置きのあとに出自、養育、行為、さらにアプトニオスでは「賞賛」にせよ「中傷」にせよ比較（シュンクリシス）を持ち込んで賞賛あるいは中傷されるものの方がより大きなことを示すべきだと明記されている。賞賛を高めるために比較を用いることはすでにアリストテレス『弁論術』（1368a）でも、イソクラテスがよく用いた方法として紹介されている。実際、イソクラテスの『エウアゴラス』は賞賛の実例であり、前置きのあとに出自や養育、行為が述べられる点は、少なくとも形式上、プルタルコスの伝記叙述が「賞賛」や「中傷」に近いことを示しているといえる(26)。

これらの点を念頭において再びプルタルコスを見てみよう。まず、「比較」という当時の読者にとってなじみ深いだけでなく、気軽に読める明示的な比較には、（現在のわれわれの目からはどう見えようとも）娯楽的な要素があったのではないだろうか。そこには道徳的模範を示すという教育的な配慮と同時に、プルタルコスの遊び心のようなものがあったのかもしれない。

まず、プロロゴスで両者の共通点が提示されるのはペアを作る根拠を示すためであり、つづく二人の伝記では、暗黙のうちにその共通点を軸として人物と出来事の描写がおこなわれていく。時にはその共通点を強調するために、構成やエピソードのバランスすら犠牲になっているようにもみえる(27)。その結果、比較の前提条件とも言うべき非常に似通った者同士に関する情報が提供されることになる。しかし、伝記叙述部では両者の対比や優劣が明示的に現わされることは少なく、二人の伝記をつづけて読むことで初めて、両者の類似性や並行性に気づくのである。

それを踏まえた上で「比較」は、伝記叙述部で描かれた類似する二人の人物に関して、差異や優劣を吟味する場となる。つまり、比較するとはいっても共通点が提示されるプロロゴスと違いが示される「比較」では、そもそも目的が大きく異なるのである。したがって、プロロゴスと「比較」の内容が

(26)　第１章[松原]参照

(27)　たとえば、ペリクレスの教育に関する記述が長いのは、彼がいかにその徳性を身につけたかを示すためであり、『ファビウス伝』でのハンニバルとの戦いの記述全体の中で、ミヌキウスに関するエピソードがアンバランスに詳細なのは、やはりファビウスの温和さ（πρᾳότης）を際立たせるためだと考えられる。

合致していないという批判は的外れである。その証拠にプロロゴスがないペアでは、『コリオラヌスとアルキビアデス』のように「比較」にしばしば共通点が含まれるのは、プロロゴスの欠落を補っているといえる。「比較」ではまた、各人物の伝記よりも（あるいは伝記では曖昧だった）道徳的・倫理的な批判や評価がより明確に示される傾向があるが、これも「比較（シュンクリシス）」が優劣をつけることを目的としているなら当然のことである。

ただし、プルタルコスの「比較」で興味深いのは、ある項目では一方を高く評価しておきながら、別の項目になるともう一方を評価しはじめ、項目によって二人の人物の優劣が切り替わって、全体としてみると両者の評価がしばしばほぼ均等に保たれている点である。コリオラヌスとアルキビアデスの比較だけは例外的に、最後だけ「他のすべての点では」コリオラヌスに軍配が上がるが、それまで述べられて来たアルキビアデスの優位が政治的徳性においてのみ挙げられ、清廉さという性格上の徳性についてはコリオラヌスが上だとみなされていると考えれば、バランスが取れていると考えることもできるだろう。

さらに、個々の項目については多くの場合、明確に優劣をつけておきながら、最終的にどちらの人物が優っているかについては結論を出さないままに終わっており、両者が同等だという結論すらない[28]。優劣つけがたい者同士を比較するとはいえ、優劣をつけるのが比較（シュンクリシス）ならば、肝心の最終判断がなされていないのは一体どういうことだろうか。

ここで再びアプトニオスの「比較」の項を見ると、間延びして論争に適さないので、全体と全体とを対比するのではなく、項と項を突き合わせることと、その結果比較は賞賛と中傷を組み合わせた複合的なものになることが実は説明されている。また、冒頭にも引用したモンテーニュの言に戻ると[29]、ボダンの批判に対して「たくさんの様相をもつことがらを、ひとつの側面から判断しようとするのは、愚か」であり、「プルタルコスは彼らを比較するときも、一律に見ては」おらず、「両者（＝ギリシア人とローマ人）の全体を比較考量したわけではないのだ。個々の部分や状況を、次々と比較していっ

(28)　ただし、『キモンとルクルスの比較』のように優劣つけがたいとまとめてある例はある。
(29)　宮下訳（2013）252-253.

て、個別に判断を下しているにすぎない」と、やはり比較が個々の要素について個別に行われていることに着目している。モンテーニュはその際のプルタルコスの判断の公平さを賛美しているのである。これらを踏まえると、比較されるべきはあくまで各項目であって全体ではなく、全体としては賞賛と中傷が混ざったものになるのは当然のことなのだ。

他方、近年注目されているのは、二人の伝記がつづいたあとに「比較」が置かれるのは、まとめとしての機能と同時に、新たなオープニング（いわゆるオープンエンド）にもなっているのではないかという説である。Duffが言うような、それまでに伝記叙述部で詳細に語られて来たことを覆してまで読者に再考を促すというのは言い過ぎだとしても、少なくともプロロゴスと伝記叙述部では共通点を意識しながら人物像が語られ、両者の共通性が強く意識されたあとで、今度は「比較」で両者の差異が提示されることによって新たな視点が読者に与えられるのは確かである。ところが、プルタルコスの優劣の評価は項目によって切り替わって全体としては均等性を保ち、どちらが優れているかという最終結論を書かないことで、どちらの人物が優っているかという問題を読者に考えさせる機会を与えているというのである。つまり、「比較」は形式上、「書」と称されるプロロゴスとそのあとにつづく二人の伝記と一体になった結びだが、同時にあらたな問いかけにもなっているのである。

そもそも修辞学練習の「比較」自体、どちらが優っているのか（劣っているのか）という問いかけであった。また、『英雄伝』の四部構成の中では、プロロゴスから第一の伝記、第二の伝記それぞれの中に内なる結びと次の伝記や「比較」へとつながっていくオープニングが内包されている。さらに、読者が伝記に描かれた人物たちの徳性を自らの範として行動に移すには、二人の徳性を振り返ってもう一度咀嚼し直す必要がある。実際、プルタルコスの『いかにしてみずからの徳の進歩に気づきうるか』には、

「このような時に、プラトンなら何をしただろうか。エパメイノンダスなら何を言っただろうか。どのようなリュクルゴスやアゲシラオスが見られただろうか」と思いを巡らせて、このような鏡の前で（οἷον πρὸς ἔσοπτρα）、自ら

> を整えたり、直したり、自分の卑しい言葉を抑えたり、何らかの熱情に抗ったりするのである。(85A-B)

とあり、ここからもある一人の手本に従うのではなく、自らの状況に見合った例を探って取捨選択しながら、行動を決定すべきことがわかる。確かに『英雄伝』中の人物たちは完璧な模範ではなく、多かれ少なかれ、長所と短所、徳性と悪徳を合わせ持った存在であった。すなわち、プルタルコスは「比較」を最後に置くことで伝記に描いた二人の対比を意識化させる一方、項目毎の優劣を均等化することで、どちらが優るかという議論と、それ以上に、自らに照らしてそれぞれの徳性から学んで、どのように生きていくべきかを読者に考える余地を残したのである。

## おわりに

本章では『英雄伝』からギリシア人とローマ人5組のペア（典型的な4組と破格な1組）を選んで、プルタルコスを特徴づける対比の技法について、当時のコンテクストも踏まえつつ、分析してきた。

『英雄伝』最大の特徴は、ギリシア人とローマ人をペアにして比較する形式にあり、プルタルコスが「書」と呼ぶまとまりは、基本的にプロロゴス、第一の伝記、第二の伝記、「比較」の四部構成から成っている。そして、プロロゴスで提示された共通点を軸に二つの伝記は展開される。伝記叙述部ではほとんど明示されないものの、二人の人物の類似性はその性格や資質、生き方にとどまらず、よく似た逸話や共通のイメージを二人の伝記中に散りばめることによっても強調される。ここには史実を題材にしながらも、文芸的な創作でもあるという『英雄伝』の二つの側面がよく現われているといえるだろう。そして結びの「比較」では逆に、多くの共通項目の中に見える二人の道徳的・倫理的な違いが強調される。しかし、比較される項目毎には優劣が示されるものの、どちらの人物が勝っているかという判断を下さないことで、読者に選択の余地を与え、自らの置かれた状況にふさわしい徳性や行動が一体何なのか、自分で判断すべきことを教えてくれるのである。

長い年月をかけて、少しずつ刊行されてきたにもかかわらず(30)、『英雄伝』全体に一貫して適用されているこの形式は、プルタルコスが当時の修辞技法などを踏まえながら編み出した独自の手法であり、後世の人たちを時に感心させ、時に当惑させることになるこだわりの技法であった。

他方で、さらに細かな点をみていくならば、『英雄伝』には「比較」がない4組の例外があり、また数十年の間には、その対比の手法も少しずつ変わっていったはずである。今回の5組の分析はあくまで足がかりであり、すべてのペアの分析をおこなって全体を見渡した時に初めてプルタルコスの対比の技法の全貌が見えてくることであろう。

**・参考文献・**


Beck, M. ed. (2014), *A Companion to Plutarch*, Chichester.

Blois, Lukas de & al. eds. (2004), *The Statesman in Plutarch's Works*, 2 vols. Leiden.

Duff, T. (1999), *Plutarch's Lives: Exploring Virtue and Vice*, Oxford.

——— (2011), 'The Structure of the Plutarchan Book', *ClAnt* 30.2, 213-278.

Erbse, H. (1956), 'Die Bedeutung der Synkrisis in den Parallelbiographien Plutarchs', *Hermes* 84.4, 398-424.

Hägg, Tomas (2012), *The Art of Biography in Antiquity*, Cambridge.

Humble, N. ed. (2010), *Plutarch's Lives: Parallelism and Purpose*, Swansea.

Larmour, David H. J. (1988), 'Plutarch's Compositional Methods in the *Theseus and Romulus*' *TAPA* 118, 361-375.

——— (2014), 'The *Synkrisis*' in: Beck ed. (2014), 405-416.

Moles, J. L. (1988), *Plutarch: The Life of Cicero*, Oxford.

Pelling, C. (1988), *Life of Antony*, Cambridge.

——— (2011), *Plutarch and History: Eighteen Studies*, Swansea.

Russell, D. A. (1972), *Plutarch*, Duckworth.

Scardigli, B., ed. (1995), *Essays on Plutarch's Lives*, Oxford.

Stadter, P. A. (1989), *A Commentary on Plutarch's Pericles*, Chapel Hill & London.

——— (1995), 'Plutarch's Comparison of Pericles and Fabius Maximus', in: Scardigli ed. (1995), 155-164.

Tatum, W. J. (2010), 'Why Parallel Lives?', in: Humble ed. (2010), 1-22.

Verdegem, S. (2010), 'Parallels and contrasts: Plutarch's Comparison of Coriolanus and Alcibiades', in: Humble ed. (2010), 23-44.

宮下志朗訳（2013）モンテーニュ『エセー 5』、白水社

中谷彩一郎（2016）「『対比列伝』におけるプルータルコスの「比較」と人物描写」、『西洋


(30)　第9章[小池]参照

古典学研究LXIV』116-126

# 第 8 章

# 語り手の自己呈示と読み手の形成

## ——読者を引き込む語りの仕掛け

勝又　泰洋

### はじめに

> このように吟味すると、［両者の］相違は見出し難い（δυσθεώρητος）ので、ギリシア人［＝ピロポイメン］の方には戦陣の経験と指揮に対する花冠を授け、ローマ人［＝フラミニヌス］の方には正義心と親切心に対する花冠を授けるとしたら、この私が見事な判断をしているように見える（δόξομεν）かどうか、検討していただきたい。
>
> （『ピロポイメンとフラミニヌス』「比較」3.5）

『英雄伝』は、プルタルコスが一人称の語り手（＝「私」）となって、対象の人物にかんする物語を展開させていく、という形式を持つ[(1)]。上の引用は、『ピロポイメンとフラミニヌス』の「比較」の末尾にあらわれるパッセージであるが、ここで注目したいのは、語り手プルタルコスが、読み手である私

（1） 以下で検討の対象となる具体例を見れば明らかだが、プルタルコスは、自分自身について言及するとき、一人称単数形のみならず、一人称複数形を用いることもある。いまここで取り上げる例では、一人称複数形（δόξομεν）が使われている。ただ、プルタルコスの一人称複数形は、どれだけの範囲の人間たちを指しているのか不明確なときがあるので、注意が必要である（この問題については、Pelling (2004) 411-413 (= id. (2002) 272-273) を参照）。

たちに直接要求を行う（「検討していただきたい！」）というかたちで、この二者のありようが表現されている、ということである。

1995年の著書*Making Men: Sophists and Self-Presentation in Ancient Rome*（『男性をつくりだす―古代ローマにおけるソフィストと自己呈示』）のなかで、Maud W. Gleasonは、ローマ帝政期のソフィスト（いわゆる「第二次ソフィスト思潮（Second Sophistic）」[2]において活躍した弁論家）たちによる自己呈示の方式に注目し、彼らの「男性性」は「構築された」ものであると主張した[3]。ミシェル・フーコーが『性の歴史』のなかで打ち出したローマ世界における「自己」論[4]の影響の大きさとも重なり合った結果、本書は、ローマ帝政期の知識人の自己呈示のあり方にかんする類似の研究を続々と生み出すこととなった[5]。Gleasonが述べる、この「構築性」を念頭に置いたうえで、本章においては、『英雄伝』の語り手としてのプルタルコスの自己呈示（＝「私」のつくられ方）のありさまを分析していくことにしたい[6]。またこれに加え本章では、テクスト内の読み手（＝「あなた（たち）」）の形成についても検討を行っていく[7]。というのも、自己（すなわち「私」）のありようは、しばしば、他者（例えば「あなた」）との相関関係のなかでその性格が

---

（2）この文化的潮流にかんするここ数十年の研究の進展は目覚ましいものである。関連の文献は数多くあるが、ひとまずReardon（1971）、Anderson（1993）、Swain（1996）、Schmitz（1997）、Whitmarsh（2005）は必読のものである。また、第3章［澤田］80-84頁の解説も参照されたい。

（3）Gleason（1995）.

（4）Foucault（1984）. Gleason書も「序論」で触れている（Gleason（1995）XXV-XXVI）。

（5）例えば、Krause（2003）（ディオン・クリュソストモス）、Akujärvi（2005）25-178（パウサニアス）、Petsalis-Diomidis（2006）（アイリオス・アリステイデス）、Staden（2009）（ガレノス）、Lauwers（2009）（テュロスのマクシモス）など。なお、Gleason書の出現以前にも、Moles（1985）（アリアノス）、Nesselrath（1990）（ルキアノス）などの同趣旨の研究がある。ジェンダー表象に注目するという点でGleason書のアプローチに最も近いのが、Gunderson（2000）であろう（Gleason書が主にギリシア語文献を扱っているのに対し、こちらはラテン語文献を扱っている）。このほか、例えばHahn（1989）は、当時の「哲学者」たちの自己呈示のあり方を総合的に論じている。

（6）『モラリア』の方に分類される『食卓歓談集』（プルタルコス自身が登場人物として出てくる）についても、プルタルコスの自己呈示の問題が研究者の関心を引いている。詳細は、Klotz（2007）（id.（2011））およびKönig（2011）を参照。

（7）本章は、あくまで「テクスト内で形成される読み手」に焦点を当てるため、『英雄伝』の「実際の読者」の問題とはその方向性を異にする。後者については、例えば、Wardman（1974）37-48, Duff（2007/2008）7-11, Stadter（2015）を参照。

決定されるからである。特に『英雄伝』のような、「「私」が「あなた」に語り聞かせる」形式のテクストにおいては、この二者関係はとりわけ重要であると言えるだろう。「私」が「あなた」を、また逆に、「あなた」が「私」を、テクスト内でどのように位置付けるのか、これが大きな問いとなる。

本章で取り上げる問題については、すでにいくつかの優れた先行研究が存在し[(8)]、これらの研究が我々のプルタルコス理解をおおいに深めたのは間違いないことである。ただし、補足の必要性がないわけではなく、とりわけ重要だと感じられるのは、プルタルコスをその他のローマ帝政期知識人と比較するという作業である。これまでの研究は、もっぱらプルタルコスのみに焦点をあてているため、そこからはプルタルコス「らしさ」が少々把握しづらいという印象を受ける。そこで本章では、プルタルコスの自己呈示および他者形成の仕方をその他の知識人のそれと比較することにより、プルタルコスの特異性をより明確に捉えることを目指したい。最終的に、いかにプルタルコスが特別なことをしており、その意味で「挑戦者」的作家であるのかということが明らかになればと考えている。

プルタルコスの語り手像および読み手像を論じるに際し、二点、補足的なことを述べておきたい。一点目は、「私」と「あなた（たち）」が現れる、テクスト内の箇所についてである。Duffの議論[(9)]を借りつつ言えば、『英雄伝』の各伝記は、「前書き」・「ギリシア人の伝記」・「ローマ人の伝記」・「比較」が、この順番で四つ一組となって[(10)]、ひとつの「書」（βιβλίον）[(11)]を構

(8)　Russell (1993)（『英雄伝』と『モラリア』におけるプルタルコスの自己呈示を、ホラティウスのそれと比較しながらごく簡単に論じる）、Beck (2000)（『英雄伝』におけるプルタルコスの逸話の紹介方法に目を向けることで、彼の「性格（ἦθος）」を明らかにすることを試みる）、Pelling (2004)（= id. (2002)）（ナラトロジーの枠組を借りつつ、『英雄伝』の語り手としてのプルタルコスの特徴を浮き彫りにする）、Duff (2004), id. (2007/2008), id. (2011a)（『英雄伝』のテクスト内で形成される読み手について分析を行う）。また、2014年にギリシャのデルフィで開催された第10回国際プルタルコス学会研究集会においても、オックスフォード大学のChris Chrysanthouが'Introducing Myself, Introducing My Narrative…: Aspects of Plutarch's Narratorial Self-Projection in the Prologues to the 'Parallel Lives'と題した口頭発表を行っていることも付け加えておきたい。

(9)　Duff (2011b) 213-214, id. (2014) 333.

(10)　ただし例外もある。例えば*Cor.-Alc.*、*Aem.-Tim.*、*Sert.-Eum.*では、（この表記の仕方からもわかるように）「ローマ人の伝記」が「ギリシア人の伝記」よりも先に置かれている。また、*Them.-Cam.*、*Lyc.-Num.*、*Sol.-Pub.*、*Cor.-Alc.*、*Arist.-Cat. Mai.*、*Phil.-Flam.*、

成する[12]わけだが、「私」と「あなた（たち）」が登場するのは、ほとんどのケースにおいて、「前書き」と「比較」の部分である。伝記本体部分（すなわち「ギリシア人の伝記」と「ローマ人の伝記」の部分）では、プルタルコスは確かに私たちに語りかけているはずだが、その語りは三人称視点でなされ、「私」と「あなた（たち）」が明示的に出会うことはほとんどない[13]。したがって、本章においても、「前書き」と「比較」におけるパッセージを重点的に見ていくことにしたい。

補足の二点目は、プルタルコスをGleasonが扱うソフィストたちと同列に並べるという本章の方法論的前提についてである。これに関してはおそらく少々の弁明が必要だろう。というのも、プルタルコスは同時代のソフィストたちと距離を置きたがっていたようで[14]、基本的に、いわゆる「第二次ソフィスト思潮」の構成メンバーとして名前を挙げられることがないからである[15]。たしかに、ピロストラトスの『ソフィスト伝』で活写されているような、ローマ帝国の各地に赴き聴衆の前で弁論パフォーマンスをするソフィストたちと同じ活動にプルタルコスも生涯勤しんでいたとは考えにくい[16]。しかし、彼の『アレクサンドロスの運あるいは徳について』、『ローマ人の運について』、『アテナイ人の名声は戦争によるか知恵によるか』は、その内容から、明らかにソフィスト的な著作と呼ぶべきで、これらは、プルタルコスが多かれ少なかれ「第二次ソフィスト」的な性向をも備えていたことを証するものである[17]。また、そもそもプルタルコスが第二次ソフィストたちの活躍していた時代と近いときに生きていた、という厳然たる歴史的事実を無

---

*Pyrrh-Mar.*、*Lys.-Sull.*、*Ages.-Pomp.*の九つには「前書き」がなく、*Them.-Cam.*、*Pyrrh.-Mar.*、*Alex.-Caes.*、*Phoc.-Cat. Min.*の四つには「比較」がない。

(11)　*Per.* 2.5, *Dem.* 3.1.

(12)　『英雄伝』の構成については、第7章［中谷］217-218頁の解説も参照されたい。

(13)　もちろん例外もある（*Sol.* 27.1, *Per.* 16.7, *Ages.* 15.4, *Phoc.* 10.5, *Ant.* 19.4など）。

(14)　プルタルコスは、自分のことをむしろ、「ソフィスト」とは正反対の存在である「哲学者」と見てほしいようである。「第二次ソフィスト思潮」における「ソフィスト」と「哲学者」の相違については、Stanton (1973), Hahn (1989) 46-53, Sidebottom (2009), Eshleman (2012) 125-148, Lauwers (2013) を参照。

(15)　プルタルコスと「第二次ソフィスト思潮」の関係性については、Schmitz (2014) を参照。

(16)　プルタルコスの生涯については、例えばJones (1971) 3-64, Russell (2001) 1-17, Lamberton (2001) 2-12を参照。

(17)　Cf. Jones (1971) 67-71, Whitmarsh (2005) 68-70.

視して、彼だけを特別扱いするのは合理的な考え方ではないだろう。人は真空の中に生きることはできない。「時代の子」たることを免れないのである[18]。

それでは、プルタルコスの自己呈示がいったいどのようなものなのか、以下、その具体例を見ていくことにする。冒頭でかかげたパッセージについては、それらの分析をふまえたうえで、「おわりに」のところで戻ってくることにしたい。

## 第１節　低姿勢な語り手

まず取り上げたいのが、プルタルコスが自身について言及した箇所として議論されることの多い、『デモステネスとキケロ』の「前書き」にある、以下のパッセージである[19]。

> 歴史を書こうと企てる者が、身近にある資料や自分の家にある資料ではなく、多数の他都市の資料や他の人々のところに散在している資料にもとづいて作業する場合、実際まずなによりも文化的で人口の多い「有名な町」にいなければならない。そうすればその者は、あらゆる種類の書籍を数多く手に入れ、著作家たちが見落としており、確固とした記憶のおかげで信頼できることが明らかな事柄をすべて聴取するなり発見するなりし、必要なことは何一つ欠いていない作品を発表できる。私（ἡμεῖς）は小さな町に住み続け、愛着を持つこの土地の人口が減ることのないようにしており、ローマおよびイタリアのさまざまな所で過ごしたこともあるが、政治上の要務があったり哲学の弟子がいたりしたため、ラテン語を練習する時間がなく、時が経って年齢が進んでからローマ人の著作を読み始めた（ἠρξάμεθα）。……ラテン語の言葉遣いの美しさや短さ、言葉の転用や調和、そのほかラテン語の優れた点を味わうのは、優雅で非常に楽しいことだと私は思っている（ἡγούμεθα）。だが、このための訓練や鍛錬というのは、簡単なものではなく、より多くの時間とちょうどよい時期とによってその類の努力が許されている者たちのた

(18)　近年、プルタルコスに「第二次ソフィスト」的な性質を読み取ろうとする研究動向があることも付け加えておこう（例えばVan Hoof (2010) 261-263）。

(19)　この箇所にかんする、ZadorojnyiおよびChrysanthouの論考（Zadorojnyi (2006) およびChrysanthou (2018)）はとくに有益である。

めのものなのである。そのため、デモステネスとキケロを扱う、『対比列伝』の第五巻にあたるこの巻でも、行為と政治的業績にもとづいて彼らの本性と気質を比較の手法で私は分析する（ἐπισκεψώμεθα）ことにし、彼らの演説を並べて検討することで、そのどちらがより心地よいのか、もしくはより迫力があるのか述べるのは、控える（ἐάσωμεν）ことにする。

（『デモステネス伝』2-3）[20]

話の要点をまとめれば、「満足のいく著作をものすためには「有名な町」で情報を収集する必要があるが、「小さな町」（＝カイロネイア[21]）でずっと暮らしてきた私（＝プルタルコス）はラテン語が不得意で、それゆえ演説（あるいはより広く言語[22]）については云々せず、行為のほうに焦点を当てたい」ということになるだろう。注目したいのは、プルタルコスが、著述活動のためには望ましくない環境に自身がいることをきちんと読み手に伝えている点である。このようなことをするのは、著作家にとっては不利に働く可能性がある。というのも、プルタルコスの言うような生活環境から生まれた著作には、（「有名な町」で準備していれば出てこなかったであろう）欠陥が含まれることが予想されるからである。古代の伝記作品の「序」にあたる箇所では、その作品のすぐれた部分だけが呈示されるのがふつうである[23]が、プルタルコスはわざわざ自作の弱点をこの「前書き」で明らかにしているのである。しかもこの弱点は小さな弱点とは言いがたい。伝記対象人物のデモステネスとキケロはなによりも演説で名高いというのに、まさにその演説の分析が省略されてしまっているからである。ただ、逆に、プルタルコスは、自分の処理できる論点（この場合は、とくに「行為」（πρᾶξις））においてはきちんとした仕事をしている、とも考えられるだろう。この語り手は、自身の出来ること

(20)　本章では、『英雄伝』のテクストを引用する際、一人称および二人称の表現を強調のため四角で囲むことにする。

(21)　プルタルコスは、他にも例えば *Thes.* 27.8, *Lys.* 29.4, *Cim.* 1.1-9, *Alex.* 9.2-3, *Ant.* 68.7-8でカイロネイアの話をしている。

(22)　「演説」と訳した部分は、プルタルコスのギリシア語では τοὺς λόγους となっている。

(23)　たとえばピロストラトスの『テュアナのアポロニオス』（詳細は、のちの議論でこれを扱う際に述べる）の「序」（に相当すると思われる1.1-3）では、この作品が、信頼のおける資料にもとづいて書かれた（つまり十全なリサーチのうえに成り立った）ものであることが強調される。

と出来ないことを明確に分けているのである。「教養」（παιδεία）の有無が重要視された「第二次ソフィスト思潮」においては、「教養人」（πεπαιδευμένος、平たくいえば「物知り」）のふりをする人間も多数いたよう[24]だが、プルタルコスは、無理な背伸びや知ったかぶりはせず、自身の能力の限界を正直に読み手に伝えている。ここには、プルタルコスの誠実さがあらわれているといえるだろう。

さて、プルタルコスによるこの自己呈示の特異性を明らかにすべく、別の著作家によるパッセージを並置してみよう。取り上げたいのは、プルタルコスより少し後の時代に活躍した知識人アリアノスの『アレクサンドロス大王東征記』のいわゆる「第二序文」である。『東征記』は、アリアノスが一人称の語り手となって、アレクサンドロス大王による東方遠征の様子を語るもので、ジャンルとしても一種の伝記とみなしてよいように思われる。この「第二序文」においては、語り手アリアノスがアレクサンドロスを主題に選んだ理由および語り手の人物的背景が呈示される。

> ギリシア人、異邦人を問わず、量の点ないし規模の点でこれほどまでの事績を、しかもたった一人で残した人物は、［アレクサンドロスの］ほかには誰もいない。私自身が本書の執筆へと促されたのは、まさにこのことゆえなのだと私は言いたい（φημι）。アレクサンドロスの事績を輝かしいものとして人々のあいだに知らしめるのはこの私（ἐμαυτὸν）であるというのは、きわめて妥当だと考える。私自身（ἐμαυτοῦ）について以上のように理解する（γιγνώσκω）この私がどのような人物であるのか、名前とともに記すことを私はまったく必要としない（δέομαι）。というのも、それは人々のあいだできわめてよく知られており、私（μοί）の祖国についても私（ἐμόν）の生まれについても自国でどのような仕事を私が得た（ἦρξα）かについても、同じことが言えるからである。そのかわりに私が記したいのは、本書こそが私（ἐμοὶ）の祖国であり生まれであり仕事なのであり、また、すでに私の若い頃より本書は形を成していった、ということである。そしてこの点で、もしアレクサ

(24)　たとえばルキアノスの『無学なくせにやたらと本を買い込む輩に』では、大量の本を所有する（そして中身は読まない）ことで「教養人」を装う人間が揶揄されている。「第二次ソフィスト思潮」における「教養」については、Anderson (1993) 8-11, Whitmarsh (2005) 13-15で簡潔な解説がなされている。また、Whitmarsh (2001) 90-130では、「自己像形成」（self-making）の道具としての「教養」について議論がなされている。

ンドロスが戦の世界における第一級の人物に含まれるとすれば、この私（ἐμαυτὸν）がギリシア語著作の世界における第一級の人物に含まれることも、きわめて妥当であると私は考えている（οὐκ ἀπαξιῶ）。
（アリアノス『アレクサンドロス大王東征記』1.12.4-5）

扱う主題と自らの生活背景とを結びつけるという点では、アリアノスは、プルタルコスと同様である。しかし、アリアノスの言葉遣いから読み手が受ける印象は、プルタルコスの場合とはだいぶ異なるのではないだろうか。注目したいのは、アリアノスが、自分が人々に「きわめてよく知られて」おり[25]、文筆界における「第一級の人物」に含まれる資格があることを強調している点である。自分が「小さな町」の住人であると述べ、自身の記述が完全なものでないことを暗示するプルタルコスの場合を思い出してみるならば、両知識人による「私」の紹介方法の違いは明らかだろう。プルタルコスが、自分の能力の限界（ラテン語が不得意）とトピックの限定（演説は扱わない）を弁解的に結びつけているのにたいし、アリアノスは、自らの著作家としての偉大さと話の中身（アレクサンドロスの遠征）の重要性を誇らしげに接続させているのである。扱うテーマを自らの著作家としてのレベルに合わせる点はプルタルコスと同じだとしても、アリアノスには、プルタルコスのような低姿勢はまったく見られないのである。

## 第2節　「教師」および「生徒」としての語り手

『デモステネスとキケロ』のパッセージでもそうだったように、プルタルコスが「私」を登場させるときは、基本的には『英雄伝』の執筆作業とむすびつけられる。彼は、本題（つまり伝記の執筆）とは無関係な「自分語り」はしないのである[26]。『アレクサンドロスとカエサル』の「前書き」にある以

(25)　これは事実だったようで、たとえば同時代人ルキアノスによる『偽予言者アレクサンドロス』2でも、そのような存在として言及されている。アリアノスの生涯については、Stadter (1980) 1-18を参照。

(26)　プルタルコスは、『妬まれずに自分をほめることについて』の末尾で、「自分や聞き手に大きな利益をもたらすことがなさそうならば、自分のことについて話す（τοῦ λέγειν περὶ αὑτῶν）のは避けるようにしよう」(547F) と述べているが、この考えは『英雄伝』における彼の自己呈示の方式となにか関係があるかもしれない。Whitmarsh (2005) 81-83では、

下の言葉は、そのもっともわかりやすい例だろう。

> 歴史ではなく伝記を私は書いている（γράφομεν）のであって、徳（ἀρετῆς）もしくは悪徳（κακίας）はこの上なく華々しい行為のなかに必ずしもはっきりあらわれるわけではなく、無数の死者を出す戦いや大規模な布陣や町々の包囲よりもむしろちょっとした事柄や言葉や冗談のようなものこそがしばしば性格（ἤθους）を明らかにするのである……私（ἡμῖν）は、精神の印の中にむしろ入り込み、それをつうじて各々の人生を描き出すことが許されねばならず、大事件や争いごとは他の者たちに任せておく。
>
> （『アレクサンドロス伝』1.2-3）

これを『英雄伝』全体の趣旨説明的な発言と捉えてはならないであろう[27]が、それでも、プルタルコスの基本的な信念の一端とみなすことは可能なはずである。そのことを前提として、少々細かく内容を追いかけてみる。語り手は、自らの伝記執筆を歴史叙述と対比するかたちで呈示している。そしてこの対立構図のなかでどうやら語り手が重視しているのは、「徳」（ἀρετή）（とその反対概念の「悪徳」（κακία））および「性格」（ἦθος）のようである。大きな事件を描く歴史においては徳と悪徳は必ずしも見出せない、と主張することで、語り手は、自らがかかわる伝記においては徳と悪徳が見出せる、ということを暗示的に述べている。また、伝記が扱うような「ちょっとした事柄や言葉や冗談」こそが人の性格を明らかにするとも述べている。このようなある種のジャンル区分によって、語り手は、自分の仕事の特殊性を明確にしているのである[28]。

さて、語り手の伝記執筆にかんする「自負の念」の意味合いをより正確にとらえるために、伝記においてどうやら重要そうな「徳」について、語り手の別の言葉を見てみよう。『ペリクレスとファビウス』の「前書き」のなかに興味深い記述がある。

> したがって、模倣したいという対抗心も、同じようになりたいという欲求や衝動を突き動かす力も生じさせないようなものは、見る者に利益を与えるこ

---

「第二次ソフィスト思潮」におけるperiautologia（自分語り）の問題が取り上げられている。

(27)　Duff (1999) 14を参照。

(28)　『英雄伝』のジャンルの問題については、第1章［松原］を参照。

とがない。だが、徳（ἀρετὴ）は、行為［に移されること］によって、その行動に驚嘆するよう、また同時に、その行動をとった人物に対抗心を燃やすよう、ただちに人の心を動かすのである。幸運に発する善きことについては、その獲得と享受を、徳（ἀρετῆς）に発する善きことについては、その実行を私たちは大事にする（ἀγαπῶμεν）のであり、前者は、他の人たちから私たち（ἡμῖν）へ、後者は、むしろ私たち（ἡμῶν）から他の人たちへもたらされることを私たちは望む（βουλόμεθα）のである。立派なことというのは、それ自身で動き出して行為への衝動をただちに引き起こし、さらに、見る者の性格形成もするわけだが、それは、模倣によってではなく、行動の調査探究によって、選択を行いながら、そうするのである。

そういうわけで、さまざまな人生をめぐる著述で時を過ごすのが私（ἡμῖν）にもよいように思われたわけで……

（『ペリクレス伝』2.2-5）

語り手は、「模倣したいという対抗心」を引き起こさないようなものには価値がないと述べたうえで、徳というものは、行為に移されることで、それを目にした者に、その行為者への「対抗心」を生み出させると主張する。この信念が、「さまざまな人生をめぐる著述」、すなわち伝記執筆へと語り手を駆り立てるものとして呈示されているわけである。ここで押さえておくべきなのは、語り手が、自らの伝記執筆という作業について、要するに読み手への影響力を相当に重視している、ということである。語り手は、過去の偉大な人物にまつわる数多くの逸話をただ紹介したいがために『英雄伝』を書いているわけではない。語り手は、自らの物語を通して、読み手に「対抗心」を植えつけようとしているのである。『英雄伝』は「読み手を教育するための作品」である。これはしばしば言われること(29)だが、いくら強調してもしすぎることはない。

このことに関連して、引用の中盤で4回出てくる一人称複数の表現（ἀγαπῶμεν, ἡμῖν, ἡμῶν, βουλόμεθα）にも注目したい。これらは、文脈から判断して、一人称単数の代用としての一人称複数ではなく、文字通り、「私たち」のこ

(29)　例えば、Duffは以下のように述べている。「『英雄伝』は、読み手自身の実行や啓発を目的として、実践性をそなえた倫理的教訓を引き出すのに役立つものであろう」（Duff (1999) 52）。

とを指しているはずである。そして言うまでもなく、この「私たち」は、語り手プルタルコスと読み手全員を指しているわけだが、これは見過ごしてはならない。ここでは、徳がある者から別の者へと伝わっていくことの重要性が述べられているわけだが、押さえておくべきは、「私たち」という表現によって、この伝播が、語り手のみならず読み手をも巻き込むものとされている、ということである。「私たち」という表現を用いることで、語り手は、自らと読み手とを、立ち位置を共有した同志として呈示しているわけである。『英雄伝』の核を成すのは「徳の探究」であると言えようが、この作業の現場には、語り手と読み手の両方がいなければならないのである。

さて、「読み手の教育の書」という『英雄伝』の性格については、もうひとつ面白い記述があるので、それも簡単に見ておこう。『デメトリオスとアントニウス』の「前書き」にあるものである。

> 私は（ἡμεῖς）、他人のあやまちをつうじて自らを正すことをそれほど親切だとも国家のためになるとも考えて（ἡγούμεθα）いないが、何も顧みずに振舞ったり、権力を有し重大な事柄を扱う立場にありながら目に見えて悪しき方へ向かっていった者たちの一組か二組をこの伝記集の範例に含めてもまずくはならないだろう。…もし低劣で非難に値する人生についての知識を私たちが持って（ἔχοιμεν）いれば、私たちは（ἡμεῖς）、より優れた人生についての、より熱心な観察者そして模倣者になれるように私には思われる（μοι δοκοῦμεν）のだ。
>
> （『デメトリオス伝』1.5-6）

語り手は、デメトリオスとアントニウスの人生は「徳」ではなく「悪徳」に満ちているという前提に立っている。そしてここで、「徳の探究」を目指すべき『英雄伝』のなかであえてこの二者を扱うことについて、弁明をしようとしているわけであり、そのために呈示されるのが、「他人のあやまちをつうじて自らを正すこと」というものである。要するに、デメトリオスとアントニウスを反面教師にすべし、ということである。『ペリクレス伝』のパッセージとは方向性が真逆であるが、語り手が、自らの物語を読み手の教育に役立つものとして呈示しているという点はまったく同じである。また、ἔχοιμεν、二つ目の ἡμεῖς、δοκοῦμενという一人称複数形にも注目しておこう。ここでの「私たち」も、先ほどの例と同様、語り手と読み手の一体性を示しているといえる。

ここまでの分析で、語り手が自らの営みをどのようなものとして呈示しているのか、かなりの程度明らかになっただろう。一言でまとめておけば、この語り手は、「『英雄伝』を教科書に採用した、読み手に教えをほどこす教師」として自己呈示しているのである[30]。ただ、繰り返しになるが、少し注意しておかねばならないのは、「徳の探究」をテーマとしたこの作業においては、読み手のみならず、語り手プルタルコスもある意味「生徒」の役割を担っている、ということである。語り手自身も、学びの過程にあるのであり、「正解」を知っているわけではない。この点がかなり明確にされているパッセージがあるので、これも見ておく必要がある。『アエミリウスとティモレオン』の「前書き」にある以下の記述である。

> 私（Ἐμοὶ）は、他の人々のために伝記の執筆にとりかかったのだが、いまや私自身（ἐμαυτόν）のためにも、没頭して好んで続けることとなった。鏡のように歴史を用いて、人生を、伝記中の人物たちの徳（ἀρετὰς）を目標に、いくぶんか飾り立てて同じようになるよう試みているわけである。いわば、彼らの各々を、順番に、歴史から迎え入れて傍らに導き、「なんと偉大な、そして、なんと立派な人物か（ホメロス『イリアス』第24歌630行）」を観察し、行為のうちでも最も大事で最も重要なものを知ろうとするわけである。
>
> おお、おお、これ以上に大きな喜びを得られるだろうか（ソポクレス『テュンパニスタイ』断片）、そして、これ以上に性格を正すのに効果的な喜びを得られるだろうか。……だが私（ἡμεῖς）は、歴史の研究と執筆の習慣に身を委ね（παρασκευάζομεν）、最も優れ最も輝かしい人間たちの記憶を常に心に受け入れており、もしやむをえない交際が、なにか卑しく下劣でみっともないものである場合、それは払いのけ押しのけて、範例のなかでも最も素晴らしいものに優しく穏やかな思考を向けている。そのようなもののなかから、この巻には、コリントス出身のティモレオンとアエミリウス・パウルスの伝記を君（σοι）のために私は用意した（προκεχειρίσμεθά）わけで……

(30)　Barrowは、「彼［＝プルタルコス］には教育者的な（didactic）面もある」と述べている（Barrow (1967) 60)。研究者のあいだでは、「教師」よりも「モラリスト」という表現が好まれる（例えばPelling (2002) 237 (= id. (1995) 205)）が、両者の中身はほぼ同じであると考えてよい。

（『アエミリウス伝』1.1-6）

出だしの部分にあるように、語り手は、もともとは「他の人々」すなわち読み手のために『英雄伝』の執筆に取りかかったようだが、時が経つうちに、それが自分自身のための作業として感じられるようにもなったという。この語り手は、「鏡のように歴史を用いて」、偉人の徳をめぐる考察を行っていると述べている[31]わけだが、ここで読み手は、語り手自身も自分たちと同じ学習者の立場にあることを知ることになる。語り手の言う「最も優れ最も輝かしい人間たちの記憶を常に心に受け入れ」る、そして、「範例のなかでも最も素晴らしいものに優しく穏やかな思考を向け」るといった営みは、読み手のために「教科書」を書いているということではなく、語り手自身が「生徒」となって学んでいることを意味するだろう。この語り手は、「教師」であると同時に、「生徒」でもあるのである。

このプルタルコスの自己呈示については、再び同時代の他の知識人のそれと比較をすることによって、特異性を浮かび上がらせてみたい。取り上げるテクストは、ルキアノスの『デモナクス伝』である。これは、一人称の語り手ルキアノスが、デモナクスという哲学者の言行を紹介する著作である。冒頭部分に、ルキアノスの立ち位置、そして本作の意義にかんする記述があるので、これを見てみよう。

> ……私たち（ἡμᾶς）の時代も、議論および記憶に値する人物とはまったく縁がない、ということにはならなかったのだ。……こう私が言う（λέγω）のは……とりわけ哲学者デモナクスのことを鑑みてのことである。……デモナクスとは、きわめて長期にわたって、私は共に過ごした（συνεγενόμην）。……今はデモナクスについて議論するのがよいわけだが、それは二つの理由のためである。ひとつは、私（ἐμὲ）の力の及ぶ限りにおいて、優れた人たちのあいだで彼が記憶に残り続けてほしいからであり、もうひとつは、きわめて気高い才能を有し哲学を志す若者たちが、古の範例と突き合わせることによってしか自己形成することができないなどというのではなく、私たち（ἡμετέρου）の時代からも手本を持ち出し、私が知る（οἶδα ἐγὼ）哲学者のなかで最

(31)「鏡のように歴史を用いて」という表現については、Zadorojnyi (2010) およびFrazier (2011) を参照。

高の人物である彼のようになることを目指すことができるようになってほしいからである。

（ルキアノス『デモナクス伝』1-2）

「彼が記憶に残り続けてほしい」、「彼のようになることを目指すことができるようになってほしい」という言葉、そして、デモナクスを「手本」であると述べている点に注目しよう。語り手ルキアノスが、自らの伝記を「教科書」とみなしていることは間違いなさそうである。この点では、プルタルコスの姿勢と一致している。ただ、ルキアノスの場合、ひたすら「教師」の役割を担うという点が、プルタルコスと決定的に異なる。「私」はデモナクスと長期にわたって「共に過ごした」と述べられているが、これは語り手ルキアノスがデモナクスの弟子（「生徒」）であったということを意味しているのだろう。しかし、デモナクスが死に、師弟関係が消滅したいま、今度は自分がもっぱら「教師」になって、自らの『デモナクス伝』を「教科書」として用い、読み手に教えを施そうとしているのである。彼自身がデモナクスの生き様から学ぶことはもはやない。プルタルコスのように、教えながらも同時に学ぶという「生徒」の仕事をルキアノスが引き受けることはないのである。

## 第3節　語りの相手としてのセネキオ

さて、前節で扱った『アエミリウス伝』のパッセージについて、一点、本章のテーマと深くかかわることであるのに触れずにおいたことがある。それは、末尾に見える、二人称の「君」という表現である。この「君」は、ソシウス・セネキオという人物のことを指していると推測できるのだが、以下では、この人物について少し掘り下げた議論をしてみたい。この男は、トラヤヌス帝の友人で、執政官を2度務めた（99年と107年）経験も持つ、ローマ政治界の重要人物である(32)。本章の議論にとってなにより重要なのは、この人物が、プルタルコスの語りかけの相手になっている点である。『英雄伝』全体のなかでは、合計4回、プルタルコスは彼に呼びかけている(33)。ここ

---

(32)　この人物に関する簡明な解説は、Puech (1992) 4883を参照。

(33)　すなわち、*Thes.* 1.1（以下で扱う）、*Dem.* 1.1および31.7、*Dion* 1.1の4箇所。すべて呼

では、語り手と読み手の表象という観点から見て特に興味深いと思われる例をひとつだけ見てみることにしたい。それは、『テセウスとロムルス』の「前書き」部分のものである。

> ソシウス・セネキオよ、ちょうど、地誌の研究者たちが、自分たちの知識の及ばぬところを地図の端へ押しやって、「向こう側は、水のない、獣だらけの砂漠」とか「茫漠とした泥沼」とか「スキュティアの極寒の地」とか「凍てついた海」といった理由を添えるように、それと同様に、私（ἐμοὶ）―『対比列伝』という著作において、妥当な論理と物事の調査探究によって、たどることができる時代を通過してきたわけだが―にとっても、これより古いことについては、「向こう側は、詩人と物語作家が、不思議なもの、芝居の材料になるものとして扱い、信用もできなければ、明確さもない」と問題なく述べることができるだろう。……私（ἡμῖν）にとってみれば、物語的なものは、理性に従うことで浄化を受け、歴史の装いをすることができようが、信憑性を頑固に蔑ろにしたり、妥当性との融合を受けつけないところについては、私は、分別があり、古い時代の話を穏やかに受け入れる読者を必要とするだろう（δεησόμεθα）。
>
> （『テセウス伝』1.1-5）

このパッセージについてまず確認しておきたいのは、語り手プルタルコスが、読み手ではなく、あくまでセネキオに向けて語りかけており、読み手は、そのやりとりの外側に立たされている、ということである。わかりやすく言い換えれば、ここでは、「語り手→読み手」という通常の二者関係ではなく、「語り手→セネキオ（＋傍らに立つ読み手）」という奇妙な三者関係が生じているわけである。一般的には、「『英雄伝』はセネキオに献呈された」という理解がなされている(34)ため、出だしの「ソシウス・セネキオよ」は、献呈相手に対する単なる呼びかけということでいかにも軽視されそうであるが、これでは、ナラトロジー上重要な問題を見落とすことになる。繰り返しになるが、セネキオへの呼びかけは『英雄伝』全体のなかでたったの4回しか行わ

---

格形で現れている。ちなみに、『モラリア』に目を向けると、『いかに自らの徳の進歩に気づきうるか』の冒頭と、『食卓歓談集』を構成する九つの巻の冒頭およびその第9巻の末尾で同様の呼びかけがなされている。『食卓歓談集』では、一部（第1巻論題5、第2巻論題1、第2巻論題3、第4巻論題3）で議論の参加者としても描かれている。

(34)　例えば、Pelling (2004) 407 (= id. (2002) 270), Hägg (2012) 244.

れていないのであり、この特殊な呼びかけにかんしては、注目すべき何らかの語りの仕掛けが施されていると考えるべきであろう。ひとつ、念のため確認しておきたいのだが、プルタルコスが『テセウスとロムルス』をセネキオのためだけに書いたということはあり得ない。上の引用（「『対比列伝』という著作において、妥当な論理と物事の調査探究によって、たどることができる時代を通過してきた」の部分）からも見て取れるように、プルタルコスは『英雄伝』に組み込まれるべき伝記をすでに何篇か出版してきたようで、これは、この時点で『英雄伝』が多くの読者を獲得してきていることを意味する[(35)]。したがって、この『テセウスとロムルス』も、多くの人間たちを想定読者としていることは間違いない。そういう文脈のなかであえて語り手プルタルコスが「セネキオよ」と呼びかけていることの意味をここでは論じてみたいわけである。

重要なのは、語りの相手のセネキオがローマ政治界の重要人物である、という点である。プルタルコスは、『モラリア』においても、顕職にある人物に語りかけることで話を始めることがある[(36)]が、『テセウス伝』のスタンスも基本的にはこれと同じとみなしてよい。このタイプの語りかけの第一の効果は、語り手と語りの相手のあいだの強い親近性が読み手に意識される、というものである。語り手は、重要人物に語りかけ、その人物と自分の近接性を演出することで、自分の威信を読み手に印象づけようとしているのである[(37)]。しかし、これまでの分析（とりわけ『デモステネス伝』の「前書き」の分析）で見たように、そして以下でも例を挙げて見ていくように、（少なくとも『英雄伝』の）プルタルコスは、語り手である自分の立場が読み手のそれより上になることを避けようとする人物であるため、この第一の効果が意図され

(35)　『英雄伝』の出版の事情については、第９章［小池］を参照。

(36)　例えば、『似て非なる友について』では、冒頭で、トラヤヌス帝時代の重要人物アンティオコス・ピロパッポスに語りかけている。

(37)　ディオン・クリュソストモスの『王政論（その三）』（第３弁論）では、開始部分（第２章）で、語り手（＝ディオン）が「皇帝」（おそらくトラヤヌス）に語りかけている（ὦ γενναῖε αὐτοκράτορ）。また、語りかけという形式ではないが、ピロストラトスも、『テュアナのアポロニオス』の序論部分（第１巻第３章）で、ユリア・ドムナ（ローマ皇帝セプティミウス・セウェルスの妃）の名前を出し、語り手である自分の仕事は彼女の依頼を受けて始まった、と述べている。これらの例も、語り手の威信を高めるための仕掛けといえるだろう。

たとは考えにくい。プルタルコスが意図したのはむしろその第二の効果[38]、すなわち、「語り手と語りの相手」の二者関係へ読み手を巻き込むこと、ではあるまいか。先に述べたように、プルタルコス（語り手）がセネキオ（語りの相手）に語りかけることによって始まる『テセウス伝』においては、読み手は（少なくとも表面上は）蚊帳の外に置かれることになる。しかしプルタルコスが読み手を完全に無視しているわけではもちろんなく、むしろ彼は、セネキオに向けた話を読み手にも共有させようとしているのである。これは驚くべきことではないか。なぜなら、ローマ政治界の重要人物に向けた話の中身を、読み手（つまり『テセウス伝』を手にできる者全員）も知ることができることは、現実世界ではあり得ないからである。「セネキオよ」という呼びかけによって、読み手の立場は、プルタルコスおよびセネキオのそれと同等のレベルまで引き上げられることになる。読み手は、一時的に文化的・社会的エリートの一員になることが許されるわけである。

さて、プルタルコスの「語り手・読み手・語りの相手」の三角形がもつ意味合いをとらえるべく、ここでまたローマ帝政時代の別のテクストを参照してみることにしよう。取り上げたいのは、ルキアノスの『偽予言者アレクサンドロス』という、アレクサンドロスという名のきわめて悪辣な人物の伝記である。本作は、語り手ルキアノスが、ケルソスという友人に向けてアレクサンドロスの種々の言行について語る、という体裁をとっている。この意味で、『テセウス伝』における語りの構造、すなわち、プルタルコスがセネキオに向けて語る、という構造とまったく同じ構造が本作でも採用されているわけである。いまここで注目したいのは、本作での読み手の位置づけである。アレクサンドロスの言行の記述がすべて終わったあとの結びの部分で、「語り手・読み手・語りの相手」の三者が同時に表現されるので、これを見てみよう。

> 親愛なる友よ、以上が、多くのうちのわずかではあるが、範例として記すにふさわしいと私が考えた（ἠξίωσα）ことであり、君（σοί）――仲間であり友人であり、そして、その知恵、真実を愛する心、穏和で立派な性質、落ち着

（38）　以下の議論は、Pelling（2004）407-409（= id.（2002）270-271）およびDuff（2007/2008）10-11に多くを負っている。

いた生き方、周囲の人への良き配慮のゆえに、私がだれよりも尊敬している人物……—を喜ばせるためにしたことである。……この著作は、完全な論駁を行い、良き思慮をもつ人たちの思考法を確固たるものにしたのであるから、読者の方々にとってもいくらか有益な部分を含むであろう、と私は思っている（οἶμαι）。

（ルキアノス『偽予言者アレクサンドロス』61）

まず確認しておきたいのは、語り手ルキアノスは、あくまでケルソスに向けて話をしてきたことを、この結尾部分ではっきりさせていることである。「親愛なる友よ」という呼格の表現、および「君を喜ばせるため」という言葉からそれは明らかであろう。読み手はやはり蚊帳の外ということになる。しかし、「読者の方々にとってもいくらか有益な部分を含むであろう」という言葉からわかるように、ルキアノスは読み手を無視しているわけではない。ルキアノスも、プルタルコス同様、自分（語り手）と語りの相手のペアのあいだに読み手を招き入れ、三者全員で話が共有できるような枠組をつくっているのである。しかし、一点、ルキアノスがプルタルコスと異なるのは、ルキアノスの語りの相手がケルソスという一般人であり、ローマの重要人物などではないことである[(39)]。たしかにルキアノスは、このケルソスをきわめて優れた人物（「その知恵、真実を愛する心、穏和で立派な性質、落ち着いた生き方、周囲の人への良き配慮のゆえに、私がだれよりも尊敬している人物」）として呈示しているが、一般人であることに変わりはない。読み手は、語り手と語りの相手の話を楽しむことは許されるが、『テセウス伝』のようにその立場が引き上げられるというようなことはないのである。

## 第4節　語り手による読み手への要求

さて、ここで、『テセウス伝』のパッセージで「読者」への言及がなされていたことを思い出そう。語り手のプルタルコスはそこで、テセウスやロム

(39)　有名な『ケルソス駁論』によって教父オリゲネスの標的にされる異教徒のケルソスは、ルキアノスと同じ後2世紀の人物であるが、『アレクサンドロス』の「ケルソス」はこのケルソスとは別人であると考えられている（Jones (1986) 133)。

ルスのような神話時代の人物を扱うことに批判が向けられることを想定し、「古い時代の話を穏やかに受け入れる」よう、「読者」に間接的に（語りの相手セネキオへの語りかけを通して）要求していたのだった。『英雄伝』の語り手プルタルコスは、読み手に向かってひたすら伝記対象人物の話をするのではなく、自分の話を読み進めるにあたっての心構えについて、読み手に要求を行う人物でもあるのである。そこで本節では、プルタルコスがより直接的な形で読み手に要求をする様子が観察できる例を見ていくことにしたい。

まず取り上げたいのが、『アレクサンドロスとカエサル』の冒頭のパッセージである。

> アレクサンドロス大王の伝記とポンペイウスを打倒したカエサルのそれを本書で書いていくわけだが、材料となる事績が相当数あるため、以下のことだけ私は前もって言っておく（προεροῦμεν）。すなわち、たとえ有名となっている事柄のすべてそしてその一つ一つに触れるのではなく、大部分端折りながら私が報告を行う（ἀπαγγέλλωμεν）としても、読者の方々にたいしては、文句を言うことのないよう、私はお願いする（παραιτησόμεθα）ことにしたいのだ。
> （『アレクサンドロス伝』1.1）

ここには、先に見たようなセネキオへの呼びかけがなく、プルタルコスは明らかに読み手に直接語りかけていることをまずは押さえておきたい。ここでプルタルコスは、「アレクサンドロスとカエサルについては、関係の出来事が山ほどあるため、端折りながら報告することになっても許してほしい」という趣旨のことを言っているわけだが、自らの物語についてあらかじめ弁明を行うという点では、先の『テセウス伝』の例と同じである。

語り手の読み手にたいする直接的な要求については、『ニキアスとクラッスス』の「前書き」にも例があるので、見てみよう。

> 私は、至極真っ当な仕方で、クラッススをニキアスと、パルティアでの受難をシケリアでのそれと並べることにする（δοκοῦμεν）わけだが、今こそ、私（ἐμοῦ）のために、この書き物の読者に、お願い、要求をするときである（ὥρα παραιτεῖσθαι καὶ παρακαλεῖν … τοὺς ἐντυγχάνοντας τοῖς συγγράμμασι τούτοις）。トゥキュディデスが、このこと［＝ニキアスとシケリアのこと］について、

この上なく感動的で生き生きとして変化に富んだ筆致を用い、模倣不可能なかたちで行った叙述に対して、私（ἡμᾶς）がティマイオスと同じ感情を持っているなどと決して想定しないようにしていただきたいのだ……だが私（ἐμοὶ）には、言葉遣いをめぐる他者との争いや対抗意識などは、くだらない、ソフィスト的なもののように思われ、それがもし模倣不可能なものに対してならば、完全に愚かであるように思われる。そうすると、トゥキュディデスとピリストスが描いた行為—とりわけ、多くの大きな惨事の下に隠されてしまっている、当の人物の気質や性質にかかわるような行為—を通り過ぎるのは不可能なので、私がまったく迂闊で怠惰であると思われる（δοκῶ）ことのないように、必要不可欠なものに簡単に駆け足で触れることにし、多くの人間の目を免れている、古い奉納品なり決議文なりについて他の著述家たちによって言及されたり発見されたりしたことをまとめることを試み、無益な歴史を集めるのではなく、性格と気質の認識に資するような歴史を提供することにする。

（『ニキアス伝』1.1-5）

ここでの語り手は、自分が、ティマイオス（ヘレニズム時代の歴史家で、他の歴史家のあら探しを得意としていたらしい）のように、偉大な先輩作家トゥキュディデスにたいする対抗心を持っているわけではないということを信じるよう、読み手に要求している。また、「お願い」の部分については、先に取り上げた『アレクサンドロス伝』で用いられているのと同じ動詞παραινέομαιが使われていることも確認しておこう。以上のように、語り手プルタルコスは、さまざまな表現を用いて、読み手と直接的なやりとりを行う人物でもあるわけである。

語り手の読み手との直接的対話は、『英雄伝』以外の伝記著作においても観察できるものである。プルタルコスの特徴をより明確に捉えるべく、ここでそのうちのひとつの例を見ておこう。取り上げるのは、ピロストラトスの『テュアナのアポロニオス』という、ピュタゴラス派の哲学者であるアポロニオスの生涯が描かれた作品である。本作においても、ピロストラトスが一人称の語り手となって物語を前に進めていく、という体裁がとられている。下の引用は、アポロニオスの出生にまつわるエピソードにかんする、語り手ピロストラトスの補足的説明である。語り手によれば、アポロニオスを身ごもっていた彼の母親は、あるとき神プロテウスの幻影に出くわし、そのとき彼女は、「生まれてくる子供は私（＝プロテウス）だ」と相手から言われたのだという。この突然出現した神について、語り手は以下のように述べる。

> 詩人に耳を傾ける人たちにたいして、プロテウスがどのような知恵を有する存在であったか、いかに多くの面を持ち、姿もさまざまで、とらえがたい存在であったか、現在と未来のあらゆる知識を有していることについてどのように考えられていたか、ということをどうして私が語る必要があるだろう（ἐξηγοίμην）。とはいえ、プロテウスのことは記憶にとどめておいてもらわねばならない（μεμνῆσθαι χρὴ τοῦ Πρωτέως）。とりわけ、この物語が、進行していく過程で、かの人物［＝アポロニオス］がプロテウス以上の予知能力を持つこと、そして、多くの困難や苦境に直面したもののそれを乗り越えたことを示すときには。
> （ピロストラトス『テュアナのアポロニオス』1.4）

下線が付された、「プロテウスのことは記憶にとどめておいてもらわねばならない」という部分が、語り手の読み手への要求の言葉である。プルタルコスの例で見たような、「読者」にあたる表現はないが、χρή＋不定法によって暗示的に読み手に要求がなされていると考えられる。プルタルコスの場合と異なるのは、この要求の真の意味が、読み手にはすぐに明らかにされないという点である。「とりあえずプロテウスのことを覚えておいてください」というのがピロストラトスの要求であり、そこにどのような意図があるのかは不明のままなのである。『アレクサンドロス伝』と『ニキアス伝』の「前書き」は、要するに、語り手プルタルコスの予防線ととらえられる（「遺漏があるのはわかっている」、「先輩作家に対抗するつもりでニキアスとシケリアの話をするのではない」というメッセージが隠されている）が、ピロストラトスの場合は、どうやらそういうものではない。結論をいってしまえば、じつはこの要求は、第7巻と第8巻におけるアポロニオスの行動にかんする伏線になっている。この二つの巻（作品のクライマックス部分である）でアポロニオスはドミティアヌス帝と対決するのだが、プロテウス顔負けの予知能力と変形によって、見事に危機を乗り越えるのである[40]。つまりピロストラトスの要求は、物

(40)　第7巻第38章のワンシーンはとくによく知られている。ドミティアヌス帝の怒りを買い、

語を面白くするための仕掛けとして用いられているわけで、プルタルコスのような「注釈」ではない。プルタルコスの読者への要求は、結果的に読者への丁寧な説明になっているわけだが、ピロストラトスのそれは、読者を（悪い意味でなく）困惑させる機能を有しているといえる。

## 第5節　積極的な読み手

さて、語り手プルタルコスは、読み手に直接的な働きかけを行う人物でもあるわけだが、この振舞いについて、「『英雄伝』の読み方」にかかわるという点で、上で取り上げたものよりさらに重要な具体例を次に見てみることにしたい。

まずは、『リュサンドロスとスラ』の「比較」のなかのパッセージである。

> 今こそ検討すべきときだ（Ὥρα ..... σκοπεῖν）。この私が、スラの方が成功数が多く、リュサンドロスの方が失敗数が少ないということを明らかにし、また、一方［＝スラ］には、忍耐と自制の、もう一方［＝リュサンドロス］には統率力と勇気の賞を与えた場合、それほど真実の的を外している（διαμαρτάνωμεν）ことにならないかどうか、ということを。
>
> （『リュサンドロスとスラ』「比較」5.5）

プルタルコスは、伝記本体部分で半ば消していた「私」の存在を、「比較」の部分で再登場させ、そのうえで自らの見解を述べる(41)というパターンが多いわけだが、それでも、「前書き」での「私」の登場率と比べると、「比較」でのそれはずっと低い(42)。語り手プルタルコスは、「比較」の部分でも、自らの語りから距離を置こうと努めているわけであり、この点を考えると、この引用にあるような「私」の出現は、少なからぬ重要性を帯びているよう

---

足枷をはめられた状態で牢獄に入れられたアポロニオスは、まったく力を入れずに足枷から足を引き抜いてしまう。語り手によれば、これをその場で目にした弟子のダミスは、アポロニオスの「神性」を理解したのだという（ξυνεῖναι τῆς Ἀπολλωνίου φύσεως, ὅτι θεία τε εἴη καὶ κρείττων ἀνθρώπου）。ここでの「神」は、プロテウスということだろう。

(41)　例えば、*Comp. Thes. et Rom. 5.2*、*Comp. Pel. et Mar.* 3.1、*Comp. Arist. et Cat. Mai.* 5.3、*Comp. Lys. et Sull.* 3.7、*Comp. Nic. et Crass.* 3.2。

(42)　Goldhillは、「比較」について、「きわめて非人称的な形態」（rather impersonal format）と述べている（Goldhill (2002) 258）。

に思われる。

さて、内容の方に目を向けてみたい。この一節は、「比較」の最後、すなわちプルタルコスがリュサンドロスとスラの活動についてひととおり評価し終えたあとに出てくるものである。出だしのὥρα＋不定法（Ὥρα ..... σκοπεῖν）は、前節で見た『ニキアス伝』の「前書き」でも用いられていた表現であることを思い出そう（ὥρα παραιτεῖσθαι καὶ παρακαλεῖν）。『ニキアス伝』の方では、「読者」という表現が同時に出てきていた（ἐντυγχάνοντας）ので、「今こそ……すべきときだ」とプルタルコスが言うとき、語り手である自分自身と読み手が協働する二者として表象されていることが明確であったわけだが、こちらの方には、「読者」にあたる表現がない。しかしながら、文脈から判断して、ここでもプルタルコスは読み手に検討を促しているとみて問題ないだろう[43]。「読み手への直接的な働きかけ」のことに戻れば、ここでプルタルコスは、読み手に対して、自らの評価が「的を外して」いないかどうか考えるよう促しているわけである。

これと似た別の例を見てみよう。『アギスとクレオメネスとティベリウス・グラックスとガイウス・グラックス』に見出せるものだが、面白いのは、語り手が、「前書き」と「比較」の両方で、「積極的な読み手」を形成しようとしていることである。まず、「前書き」の方は、以下のようになっている。

> ……生来的にこの上なく立派で、この上なく立派に養育され、この上なく立派な政治信条を抱いていた彼ら［＝ティベリウス・グラックスとガイウス・グラックス］を破滅させたのは、名声への計り知れぬ欲望ではなく、卑しからぬ動機から生じた、名声を失うことへの恐怖心だった。……このことについては、［以下の］叙述を手がかりに、あなた自身で（αὐτὸς）判断していただきたい（ἐπικρινεῖς）。
>
> （『アギスとクレオメネスとティベリウス・グラックスとガイウス・グラックス』「前書き」2.7-9）

語り手プルタルコスは、グラックス兄弟の破滅の原因について、自らの結論を伝記本体部分に入る前に述べているわけである。そしてその上で、読み手

(43)　Duffもそのように理解している（Duff (2004) 286）。

に対し、その見解の成否について「叙述」（これは、グラックス兄弟の伝記部分を指すとみてよいだろう）をもとに、判断を求めている[44]。この語り手は、自分の語りにしっかり耳を傾けるよう、読み手に釘を刺しているのである。また、先の『リュサンドロスとスラ』の例と目立って異なるのは、二人称の動詞（ἐπικρινεῖς）が明確に現れていることである。テクスト上にはっきりと読み手が出現させられていることになる。また、この動詞とセットになった強意語αὐτὸςも見逃してはならない。他でもない「あなた」ということが強調されているのである。

さて、今度は「比較」の方に目を向けてみよう。

> 相違については、以上述べたことを手がかりに、あなた自身でも（καὶ αὐτὸς）見きわめていただきたい（Συνορᾷς）。もし［四名の］各々について明らかにしなければならないとしたら、徳の点ではティベリウス［・グラックス］が全員のなかで一番で、失敗が最も少ないのが青年アギスであり、行動と思い切りのよさの点では、ガイウス［・グラックス］がクレオメネスに少なからず劣っている、としたい。
>
> （『アギスとクレオメネスとティベリウス・グラックスとガイウス・グラックス』「比較」5.7）

またしても二人称の動詞（Συνορᾷς）が用いられていることに注目しよう。語り手は、「前書き」で形成した「積極的な読み手」をここで再登場させているのである。強意語αὐτὸςが付加されているのも先ほどと同様である。また、伝記対象人物四名の相違点にかんする語り手自身の見解が呈示されていることも見落としてはならない。この語り手は、読み手に自分自身の意見を持つよう促すわけであるが、あくまで、自らの意見も述べたうえでそうしているのである。καὶ αὐτὸς「（あなた）自身でも」という表現が用いられている点に

(44)　『キモンとルクルス』の「前書き」（*Cim.* 3.3）、および『ペリクレスとファビウス・マクシムス』の「前書き」（*Per.* 2.5）にも似たような表現がある。前者は、παραλείπομεν δ’ ἴσως καὶ ἄλλας τινὰς ὁμοιότητας, ἃς οὐ χαλεπὸν ἐκ τῆς διηγήσεως αὐτῆς συναγαγεῖν「私はおそらくその他の共通点も見落としているだろうが、これらを［以下の］叙述そのものからかき集めることは難しいことではない」、後者は、εἰ δ’ ὀρθῶς στοχαζόμεθα τοῦ δέοντος, ἔξεστι κρίνειν ἐκ τῶν γραφομένων「やらねばならないことに私がきちんと狙いを定めているかどうかは、［以下の］記述から判断できる」という言い方がされている。これらにおいても「積極的な読み手」が想定されているのだろう。

注意したい。語り手は、「自分も考えるが、あなたも考えてください！」と言っているわけである。

さて、プルタルコスの特徴をより明確にするために、別の知識人のテクストを見てみよう。取り上げたいのは、ピロストラトスの『ソフィスト伝』のなかの、アリステイデス（後2世紀の弁論家）の伝記の一節である。ピロストラトスは、アリステイデスの生涯および弁論の特徴についてひととおり解説したあと、締めくくりの部分で以下のように述べる。

> しかし、以上の話にもとづいてアリステイデスについて云々してはならない。彼のことを明らかにするのは、『アテナイ人を海上覇権から引き離そうとするイソクラテス』、『十人の将軍を埋葬しなかった件でカリクセイノスを非難する』、『シケリアの情勢にかんして審議する人々』、『ケルソブレプトスから食糧を受け取らなかったアイスキネス』、『子供たちが殺されたあとで同盟を拒否する人々』なのである。以上の弁論のうち、とくに最後のものにおいて、彼は私たちに、どうすれば大胆で悲劇にあるような着想をうまく扱うことができるかを教えている。この人物の教養の卓越性、力量、人柄をよくあらわしている弁論をほかにも数多く私は知っている（οἶδα）。彼がどこか不注意で名誉欲にとらわれてしまっている弁論ではなく、むしろこういった弁論にもとづいて彼を評価せねばならない（θεωρητέον）。
>
> （ピロストラトス『ソフィスト伝』584-585）

語り手ピロストラトスは、伝記対象人物（この場合はアリステイデス）を読み手とともに「評価」しようとしているわけで、この点はプルタルコスの姿勢と一致する。しかしプルタルコスと決定的に異なるのは、ピロストラトスが、それまで自身が紹介してきた逸話をその「評価」のための材料から外している、という点である。彼は、伝記の最終部にいたって、語り手である自分にしかわからない材料（この場合は弁論）の話をし、それでアリステイデスを「評価」すべし、と言っている。「評価」の材料を共有できない以上、読み手はいわば置き去りにされてしまう。読み手は、語り手とともにアリステイデスのことを「評価」しようとしても、それはできないのである。特別な立場にある自分だけが適切にアリステイデスのことを「評価」できる、そう語り手は主張しているように見える[45]。プルタルコスのような協働の姿勢は、ピロストラトスには見出せないのである。

## おわりに

さて、以上の分析をふまえた上で、冒頭で掲げた『ピロポイメンとフラミニヌス』のパッセージをもう一度見てみよう。もはや説明は不要かもしれないが、語り手プルタルコスは、ここでもやはり、読み手の積極性を期待している、あるいは言い換えれば、「積極的な読み手」をテクスト上で形成しようとしているわけである(46)。プルタルコスは、自らの「判断」が「見事」なものであるかどうか、読み手に評価を下すよう要求しているのである。前節で見た諸例と同じ態度の語り手がここでも呈示されていることになる。

ただし、前節の例では見られなかった重要な要素が一つだけあるので、それに簡単に触れておこう。語り手プルタルコスは、ピロポイメンとフラミニヌスの相違が「見出し難い」(δυσθεώρητος) と述べている。「優劣をつけるのが困難」という告白(47)によって、語り手プルタルコスは、「自分一人の力では完結しない仕事に取り組む」自己像をより鮮明に打ち出そうとしているのではないだろうか。この語り手には助けが必要なのであり、その役目を果たすのが、読み手なのである。『英雄伝』でなされるべき最重要の仕事、すなわち「徳の探究」は、語り手だけでは駄目で、読み手がいてはじめて成立するものなのである。『英雄伝』の語り手は、一人で仕事をしているのではない。この語り手は、テクスト上で、「積極的な読み手」を形成し、その読み手とともに徳についての思考をめぐらす者として自己を呈示しようとしているのである(48)。

---

(45)　Schmitzは、「畏怖の念を生じさせる威圧感」(awe-inspiring authority) (Schmitz (2009) 68) を、『ソフィスト伝』の語り手の特徴のひとつとみなしている。

(46)　Goldhill (2002) 257-8でも類似の議論がなされている。

(47)　『キモンとルクルス』の「比較」(3.6) にも、「判定は難しい」(δυσδιαίτητον εἶναι τὴν κρίσιν) という言葉が見える。

(48)　プルタルコスが『講義を聴くことについて』で、「聴く者は、話を分かち合うのであり、話す者と協力して作業するのだ (κοινωνὸς . . . ἐστι τοῦ λόγου καὶ συνεργὸς τοῦ λέγοντος)」(48E) と述べていることは銘記しておきたい。また、Korenjak (2000) は、第二次ソフィスト思潮の弁論パフォーマンスにおける弁論家と聴衆の相互影響関係を強調しているが、本章のプルタルコスの分析も、これと方向性を同じくしている。

本章の議論をまとめておきたい。主題は、『英雄伝』の語りの基調であり、その解明にあたり注目したのは、「私」なる語り手と「あなた」なる読み手の表象のされ方である。この二者をつなぐキーワードは、「協働性」である。「徳の探究」にむかう語り手プルタルコスが、テクスト世界においてイニシアティブをもっているのは否定しえない。しかし、この語り手は、読み手にたいし、絶対的上位に立つ、あるいは完全無欠の「教師」となることはなく、常に読み手に意識を向けながら自分の立ち位置を決めようとする。「徳の探究」は、読み手を巻き込むかたちでなされる営みであり、そのために語り手は、読み手のほうに接近し、自分とともに積極的な姿勢で「徳の探究」を行うよう誘いかけるのである。そしてこの作業においては、唯一絶対的な結論が求められているわけではなく、語り手と読み手それぞれがそれぞれの意見を持つことがよしとされる。以上が、『英雄伝』の世界に読者を引き込むべくプルタルコスがこしらえた仕掛けである。

とはいえ、これがプルタルコスの語りのすべてだと主張するつもりは毛頭ない。本章はあくまでスケッチであり、プルタルコスの工夫についてより深く理解するためには、本章で引用した『英雄伝』のパッセージの各々をさらに細かく分析する必要がある。比較対象として持ち出されたローマ帝政期ギリシア語テクストについても同じことがいえるだろう。これらは今後の課題としたい。

さて、最後に、『英雄伝』の「前書き」を総合的に論じたPhilip Stadterの大変影響力のある論文のなかの美しい評言を引いて、本章を閉じることにしよう。

> ……彼［＝プルタルコス］は、友情と平等（friendship and equality）の関係を築いている…プルタルコスは、自分が知恵への道の途上にあることを認めてはいるが、読者もまたそうであることを暗示し、自分と一緒に歩んでいくよう読者に誘いかけているのである。この、著者と読者のあいだにある、偽りも疑問もない関心の一致（unpretentious and unquestioned unity of interests between author and reader）――これは「前書き」のなかではっきり示されている――こそが、『英雄伝』の多大な魅力と力を創り出しているのだ。[49]

(49)　Stadter (1988) 293. この論文の基本テーゼは、「『英雄伝』の「前書き」は、「類型的な前

## ・参考文献・

Akujärvi, J. (2005), *Researcher, Traveller, Narrator: Studies in Pausanias'* Periegesis, Stockholm.

Anderson, G. (1993), *The Second Sophistic: A Cultural Phenomenon in the Roman Empire*, London.

Barrow, R. H. (1967), *Plutarch and His Times*, Bloomington.

Beck, M. (2000), 'Anecdote and the Representation of Plutarch's Ethos', in: Van der Stockt ed. (2000), 15-32.

Beck, M., ed. (2014), *A Companion to Plutarch*, Malden.

Bowie, E. and J. Elsner, eds. (2009), *Philostratus*, Cambridge.

Chrysanthou, C. S. (2018), 'Plutarch's Rhetoric of *periautologia*: *Demosthenes* 1-3', *CJ* 113, 281-301.

de Jong, Irene, René Nünlist and Angus Bowie, eds. (2004), *Narrators, Narratees, and Narratives in Ancient Greek Literature*, Leiden.

Duff, T. E. (1999), *Plutarch's* Lives*: Exploring Virtue and Vice*, Oxford.

———, (2004), 'Plato, Tragedy, the Ideal Reader and Plutarch's *Demetrios and Antony*', *Hermes* 132, 271-91.

———, (2007/2008), 'Plutarch's Readers and the Moralism of the *Lives*', *Ploutarchos* n.s. 5, 3-18.

———, (2008), 'How *Lives* Begin', in: Nikolaidis ed. (2008), 187-207.

———, (2011a), 'Plutarch's *Lives* and the Critical Reader', in: Roskam and Van der Stockt eds. (2011), 59-82.

———, (2011b), 'The Structure of the Plutarchan Book', *ClAnt* 30, 213-278.

———, (2014), 'The Prologues', in: Beck ed. (2014), 333-349.

Eshleman, K. (2012), *The Social World of Intellectuals in the Roman Empire: Sophists, Philosophers, and Christians*, Cambridge.

Foucault, M. (1984), *Histoire de la seualité III. Le souci de soi*, Paris.（ミシェル・フーコー著、田村俶訳（1987）『性の歴史III　自己への配慮』、新潮社）

Frazier, F. (2011), 'Autour du miroir: Les miroitements d' une image dans l' uvre de Plutarque', in: Roskam and Van der Stockt eds. (2011), 297-326.

Gill, C., T. Whitmarsh and J. Wilkins, eds. (2009), *Galen and the World of Knowledge*, Cambridge.

Gleason, M. W. (1995), *Making Men: Sophists and Self-Presentation in Ancient Rome*, Princeton.

Goldhill, S. (2002), *Who Needs Greek?: Contests in the Cultural History of Hellenism*, Cambridge.

Gunderson, E. (2000), *Staging Masculinity: The Rhetoric of Perfomance in the Roman World*, Ann Arbor.

Hahn, J. (1989), *Der Philosoph und die Gesellschaft: Selbstverständnis, öffentliches Auftreten*

---

書き」(formal prologues)」と「非類型的な／本体部に組み入れられた前書き」(informal / integrated prologues) の二種類に分けられる」というものである。ちなみに、Duff (2008) は、これにたいする修正案を提出している。

*und populäre Erwartungen in der hohen Kaiserzeit*, Stuttgart.

Hägg, T. (2012), *The Art of Biography in Antiquity*, Cambridge.

Humble, N., ed. (2010), *Plutarch's Lives: Parallelism and Purpose*, Swansea.

Innes, D., H. Hine and C. Pelling, eds. (1995), *Ethics and Rhetoric: Classical Essays for Donald Russell on His Seventy-Fifth Birthday*, Oxford.

Jones, C. P. (1971), *Plutarch and Rome*, Oxford.

———, (1986), *Culture and Society in Lucian*, Cambridge (Mass.).

Klotz, F. (2007), 'Portraits of the Philosopher: Plutarch's Self-Presentation in the *Quaestiones Convivales*', *CQ* 57, 650-667.(これをわずかに改訂したものがid. (2011), 'Imagining the Past: Plutarch's Play with Time', in: Klotz and Oikonomopoulou eds. (2011), 161-178.

Klotz, F. and K. Oikonomopoulou, eds. (2011), *The Philosopher's Banquet: Plutarch's* Table Talk *in the Intellectual Culture of the Roman Empire*, Oxford.

Korenjak, M. (2000), *Publikum und Redner: Ihre Interaktion in der sophistischen Rhetorik der Kaiserzeit*, Munich.

König, J. (2011), 'Self-Promotion and Self-Effacement in Plutarch's *Table Talk*', in: Klotz and Oikonomopoulou eds. (2011), 179-203.

Krause, C. (2003), *Strategie der Selbstinszenierung: Das rhetorische Ich in den Reden Dions von Prusa*, Wiesbaden.

Lamberton, R. (2001), *Plutarch*, New Haven.

Lauwers, J. (2009), 'The Rhetoric of Pedagogical Narcissism: Philosophy, *Philotimia* and Self-Display in Maximus of Tyre's First Oration', *CQ* 59, 593-607.

———. (2013), 'Systems of Sophistry and Philosophy: The Case of the Second Sophistic', *HSCP* 107, 331-363.

McGing, B. and J. Mossman, eds. (2006), *The Limits of Ancient Biography*, Swansea.

Moles, J. L. (1985), 'The Interpretation of the "Second Preface" in Arrian's *Anabasis*', *JHS* 105, 62-68.

Most, G. W., H. Petersmann and A. M. Ritter, eds. (1993), *Philanthropia kai Eusebeia: Festschrift für Albrecht Dihle zum 70. Geburtstag*, Göttingen.

Nesselrath, H. G. (1990), 'Lucian's Introductions', in: Russell ed. (1990), 111-140.

Nikolaidis, A. G., ed. (2008), *The Unity of Plutarch's Work: 'Moralia' Themes in the 'Lives', Features of the 'Lives' in the 'Moralia'*, Berlin.

Pelling, C. (2002), *Plutarch and History: Eighteen Studies*, Swansea.

———, (2002), 'The Moralism of Plutarch's Lives', in: id. (2002), 237-251. (= id. (1995), 'The Moralism of Plutarch's Lives', in: Innes, Hine and Pelling eds. (1995), 205-220).

———, (2004), 'Plutarch', in: de Jong, Nünlist and Bowie eds. (2004), 403-421 (= id. (2002), "You for Me and Me for You …': Narrator and Narratee in Plutarch's Lives', in: id. (2002), 267-282).

Petsalis-Diomidis, A. (2006), 'Sacred Writings, Sacred Reading: The Function of Aelius Aristides' Self-Presentation as Author in the *Sacred Tales*', in: McGing and Mossman eds. (2006), 193-211.

Puech, B. (1992), 'Prosopographie des amis de Plutarque', *ANRW* II 33.6, 4831-4893.

Reardon, B. P. (1971), *Courants littéraires grecs des IIe et IIIe siècles après J.-C*, Paris.

Roskam, G. and L. Van der Stockt, eds. (2011), *Virtues for the People: Aspects of Plutarchan Ethics*, Leuven.

Russell, D. A. (1993), 'Self-Disclosure in Plutarch and in Horace' in Most, Petersmann and Ritter eds. (1993), 426-437.

———, (2001), *Plutarch*, 2nd ed., London.

———, ed. (1990), *Antonine Literature*, Oxford.

Schmitz, T. (1997), *Bildung und Macht: Zur sozialen und politischen Funktion der zweiten Sophistik in der griechischen Welt der Kaiserzeit*, Munich.

———, (2009), 'Narrator and Audience in Philostratus' *Lives of the Sophists*', in: Bowie and Elsner eds. (2009), 49-68.

———, (2014), 'Plutarch and the Second Sophistic', in: Beck ed. (2014), 32-42.

Sidebottom, H. (2009), 'Philostratus and the Symbolic Roles of the Sophist and Philosopher', in: Bowie and Elsner eds. (2009), 69-99.

Staden, H. v. (2009), 'Staging the Past, Staging Oneself: Galen on Hellenistic Exegetical Traditions', in: Gill, Whitmarsh and Wilkins eds. (2009), 132-156.

Stadter, P. A. (1980), *Arrian of Nicomedia*, Chapel Hill.

———, (1988), 'The Proems of Plutarch's *Lives*', *ICS* 13, 275-295.

———, (2015), *Plutarch and His Roman Readers*, Oxford.

———, (2015), 'Plutarch's *Lives* and Their Roman Readers', in: id. (2015), 45-55.

Stanton, G. R. (1973), 'Sophists and Philosophers: Problems of Classification', *AJP* 94, 350-364.

Swain, S. (1996), *Hellenism and Empire: Language, Classicism, and Power in the Greek World, AD 50-250*, Oxford.

Van der Stockt, L., ed. (2000), *Rhetorical Theory and Praxis in Plutarch: Acta of the IV$^{th}$ International Congress of the International Plutarch Society, Leuven, July* 3-6, 1996, Louvain.

Van Hoof, L. (2010), *Plutarch's Practical Ethics: The Social Dynamics of Philosophy*, Oxford.

Wardman, A. (1974), *Plutarch's Lives*, Berkeley.

Whitmarsh, T. (2001), *Greek Literature and the Roman Empire: The Politics of Imitation*, Oxford.

———, (2005), *The Second Sophistic*, Oxford.

Zadorojnyi, A. V. (2006), 'King of His Castle: Plutarch, *Demosthenes*1-2', *PCPS* 52, 102-127.

———, (2010), 'ὥσπερ ἐν ἐσόπτρῳ: The Rhetoric and Philosophy of Plutarch's Mirrors', in: Humble ed. (2010), 169-195.

第 9 章

# 『英雄伝』の発表順序

## ——循環する相互参照が伝えるもの

小池 登

> それゆえ私もまた伝記の執筆を続けることに決め、その第10巻として、ペリクレスの伝記と、ハンニバルに対して戦い抜いたファビウス・マクシムスのそれとを含むこの巻を綴った。(『ペリクレス伝』2.5)

### はじめに

『英雄伝（対比列伝）』は、1巻ごとにギリシアとローマ一名ずつ（ないし例外的に二名ずつ）の伝記を対比する、まさに「対比の伝記集（παράλληλοι βίοι）」である[(1)]。その巻数は写本伝承上22を数え、加えて古代より伝わるプルタルコスの作品一覧、いわゆる『ランプリアス・カタログ』には散逸した1巻の名が伝わる[(2)]。だが全23巻、48名の伝記を擁するこの一大集成は、最初から統一的な企図に基づいて書かれたものではなく、順々に書き足されてい

(1) 著者自身がこの名を与えている。Cf. *Cim*. 2.2, *Dem*. 3.1, *Dion* 2.7, *Pel*. 2.12, *Thes*. 1.2.

(2) 『エパメイノンダスとスキピオ』である（*Lamprias Cat*. 7）。ただしそこで扱われたのが大スキピオなのかアエミリアヌス（小スキピオ）なのかは不明である。プルタルコスが『英雄伝』以外でもう一つ『スキピオ伝』を書いていたらしいことが問題をさらに複雑にしている（*Lamprias Cat*. 28）。Cf. Duff (2011) 259 n. 207.

ったと考えられる。冒頭の引用はこういった事情を端的にうかがわせるものである。そこからは、執筆が逐次的に続けられたこと（「執筆を続けることに決め」）、各々の伝記は単体で一つの作品を構成するのではなく、ペアとなってはじめて一巻をなすこと（「ペリクレスの伝記と……ファビウス・マクシムスのそれとを含むこの巻を」）、そして巻の順序が明確に意識されていたこと（「第10巻として」）などが判る。

最初から22巻を手にしている現代の観点からすると、得てして総体を前提に解釈を進めがちであるが、この逐次的な刊行という視点は、『英雄伝』の作品理解において常に意識すべき事柄である(3)。当時へと思いを馳せるなら、執筆・刊行される最新巻がその都度全体の最終巻であり、そのようにして『英雄伝』は常に未完のプロジェクトであり続けたと考えられる(4)。言い換えるなら作者は執筆の過程において、一巻毎に状況に応じた挑戦をしたのである。最初期の執筆時にはこれほど大きな集成になることを想定していなかったに違いない。読者の評価を受けて、軌道修正することもあっただろうか(5)。ある巻では新たな挑戦だった同じ事柄が、別の巻ではマンネリズムなのかもしれない。

しかしこういった挑戦の諸相は、ほとんど論じられることがない。いや正確には、未だ論じることができない。何となれば全23巻の発表順序が未だ解明されていないからである。なるほど『英雄伝』各巻の順序を伝える確実な情報はほとんど伝わってはいないものの、これを再構成する有力な手がかりとして、『英雄伝』の相互参照、すなわち一つの巻から別の巻へと参照させ

---

（3）　例えば『テセウス伝』の冒頭で、著者が『英雄伝』の中で推論や調査によって到達可能な時代を既に「通り抜けた（διελθόντι）」（1.2）と語られると、この巻は全23巻のうちでもかなり後のものだと考えがちであるが（e.g. Ziegler (1951) 902）、逐次的刊行という考えに立つなら、例えば第7巻の刊行時点においてはそれが全7巻の集成の最終巻なのであり、そこで上述の言葉が発せられることに何の不自然もないと言える。同様に『ソロンとププリコラの比較』の冒頭で、この作品の比較部には他には見られない「何か独特の点（ἴδιόν τι）」（1.1）がある、と述べられるからといって、これが後期の作品である必然性は全くなく（pace Jones (1966) 68）、この言葉は極端に言えば第3巻以降でさえあれば成立するのである。

（4）　『英雄伝』中には、写本伝承に確認されない『メテルス伝』の執筆予告とも受け取れる文章がある（*Mar.* 29.12）。刊行を前に著者が没した可能性が認められる。Cf. Jones (1966) 70, Wilamowitz-Moellendorf (1926), 258.

（5）　『アエミリウス伝』冒頭（1.1）には、執筆開始から時を経た心境の変化が語られる。

る箇所が随所にある。例えば伝記Aにおいて「それについては伝記Bに記されている（γέγραπται）」と現在完了形で参照が行われるなら、AとBの前後関係は明らかではないか。これを順につなぎ合わせれば23巻の全体像が見えてくるはずである――こうしてこの問題は多くの研究者を引きつけてきた。

しかしながらこの問題は、そこに含まれる困難ゆえに多くをあきらめさせてきた問題でもある(6)。そこに改めて立ち向かわんとするのは少々無謀かもしれない。しかし解明の意義は大きい。これは『英雄伝』解釈の要として、今後のプルタルコス研究の礎となるべき重要な課題と言える。相互参照を手がかりに、『英雄伝』各巻の発表順序はどこまで導出可能なのか。先に進むには何が必要なのか。本章では大胆にもこの問題に取り組んでみたい(7)。それはプルタルコスの挑戦の瞬間へと立ち返る試みともなるはずである。

## 第１節　問題の概要

基本的な事柄から確認すれば、『英雄伝』各巻の順序を直接に伝える情報は極めて限られる(8)。作家本人の言葉としては、本章冒頭で引いたものを含む３箇所に見られ、第５、10、12巻が同定されるがそこまでである(9)。写本伝承を見ればその系統は大きく２つに分かれ、片方は各巻をギリシア人伝の時代順に配列し、他方はまずギリシア人伝の地方別に分類したうえで時代順に並べるが、いずれも作品内部に示される順序と合致しない。いわゆる『ランプリアス・カタログ』に示される順序もまた参考にならない。

作品内には年代特定に関わる記述も含まれるが、これも順序問題の解明にほとんど貢献しない(10)。例えば『ヌマ伝』（19.7）におけるドミティアヌス

(6) E.g. Nikolaidis (2005) 283: 'This is a well-trodden area'; Verdegem (2010) 91-92: 'Unfortunately, the relative chronology [...] cannot be established with certainty'.

(7) 柳沼（2007）444は「今ではそういう［＝おのおのの伝記の執筆（発表）順を確定しようとする］努力はされなくなった。われわれとしては、伝記の配列が何か合理的な原則にしたがって決められたわけではないということがわかれば十分である」と言う。本章は敢えてその努力を行う試みである。

(8) 問題の概要については、Duff (2011) 259-262に要を得た総括がある。

(9) *Dem.* 3.1, *Per.* 2.5, *Dion* 2.7.

(10) Jones (1966) 69-70によく集められている。

帝の死への言及はこの巻を後96年以降と定め、『スラ伝』(21.8) では前86年のオルコメノスの戦いから「ほぼ (σχεδὸν)」200年を経たと言われるため、この巻が後115年よりも前だと判る。あるいは3つの巻がクィントゥス・ソシウス・セネキオに献じられていることも挙げられる(11)。後99年と107年に執政官を務めるこの人物の最初の執政官就任が『英雄伝』の執筆契機となったとする見方は一定の説得力があり(12)、加えて116年以前と推定される彼の没年は献呈される巻の刊行時期を限定する。しかしこういった記述の数は総じて少なく、90年代後半から120年頃までという一般的に想定される執筆時期とほとんど差がない。

そこで最も有力な指標と考えられてきたのが、作品内における『英雄伝』そのものへの自己言及である。配列を明示する箇所は前述のとおり限られるものの、「彼の伝記の中で記されているとおり」等のかたちで行われる、いわゆる相互参照ないしクロスリファレンスを併せれば総数は40を越える。その全てを章末に付録として挙げておいた (以下、付録の番号によって引用する)。簡単に概要を確認すれば、まずもって巻数が明示されるものが3点あり (A1-A3)、巻の前後関係が明示される箇所が1つ (B1)、そして大部分を占めるのが、「誰某の伝記で記されたとおり」等の形で行われる相互参照である (C1-46)。加えて「別の所で記したとおり」等、作品名が明示されないものの概ね同定可能なものがいくつか見られる (D1-6) (13)。

これらの相互参照は、一見したところそれだけで各巻の発表順序を決定できそうな期待を持たせるが、もちろん事柄はそれほど容易ではない。とりわけ障害となることが3つある。第一に、これが著者本人の手によるものと言えるのか、例えば写本の欄外注が本文に混入したものではないか、あるいは「誰某の伝記」とは著者本人以外の作品を指すのではないかという、参照としての真正性の問題であり、第二に、循環型の参照、すなわち2作品がお互

(11) *Dem.* 1.1, *Dion* 1.1, *Thes.* 1.1. これらの献辞文については別の観点から第8章[勝又]第3節で考察される。

(12) Cf. Jones (1966) 70.

(13) ただし章末付録のC群・D群には『モラリア』や個別の伝記作品、そして伝承上散逸した作品への参照も含めてあるのに対して、「先述のとおり」等、同一巻内への参照は除外されている。作成にあたってはNikolaidis (2005) 318-321; Stoltz (1929) 9-57; Ziegler & Gärtner (1998) 10等を参考にした。

いを参照する例、ないし3作品が環を閉じるような参照関係が存在すること、第三に、多いようにもみえるその総数は、全23巻という分量に比して必ずしも十分と言えないことである。ただし第一の問題については、既に研究者の間で意見の一致が見られており、相互参照は著者の手による真正なものと概ね認められている。対するに第二の問題点は深刻であり、指標としての相互参照の有効性を否定しかねない。2つの伝記が共に互いを参照して「誰某の伝記で記されたとおり」と書かれる例があり得るということは、いずれにせよ未刊の作品を指してそのような言葉遣いが可能だということを意味し、ひいては相互参照が作品の前後関係を証し得ないことを意味するからである。加えて第三の問題もまた大きい。何らかの形で第二の問題を解決したとしても、全23巻の全体像が描けないことになるからである。

このような困難を解決しえないまま、『英雄伝』各巻の順序は不明として、現在の校訂本はおしなべて『テセウスとロムルス』から始められることになる。しかしそれは著者の意図も挑戦の諸相も抹消するものであり、大きな不幸というべきである。『英雄伝』各巻の順序を解明することは、まずもってプルタルコス研究の基礎となるべきものである。

実際のところ『テセウスとロムルス』の冒頭では、この巻が伝記作品でありながら神話の領域に踏み込む例外的な作品であり、それは歴史に裏付けられる範囲が既に踏破されているからこそ許されることなのだという趣旨が述べられる(14)。あるいは『デメトリオスとアントニウス』は、伝記集に示される模範例の中へ悪徳の例となる巻が一つ二つ挿入されることもまた悪くなかろうという意図で執筆されたと言う(15)。いずれも当該巻が既刊との対照を念頭に置いて読まれるべきことを、作家自身が明示するものである。あるいは幾つかの巻に示される典型からの逸脱、すなわちギリシア人伝とローマ人伝を通常と逆順に並べる3つの巻や、1巻のうちでそれぞれ2名ずつを対比する意図も、同様にその時点での既刊との関係性の中で理解されるべきだろう(16)。さらには40を越える相互参照の挿入という現象自体にも、『英雄

(14) *Thes.* 1.2-4.

(15) *Demetr.* 1.5. なお、そこで悪徳と言われるものにどのようなものが含まれるかについては、第7章[中谷]第5節を参照せよ。

(16) (逆順) *Aem.-Tim., Cor.-Alc., Sert.-Eum.* (2名ずつの対比) *Agis et Cleom.-TG et CG.*

伝』をその全体像の中で読ませようとする著者の意図を読み取ることができよう。プルタルコスの理想的な読者は、刊行済みの巻を全て読んでいることを当然とされているのである[17]。

作家が各巻の順序を意識していたことが明らかである以上、『英雄伝』は常にその全体像の中で解釈され吟味される必要がある。振り返れば、かつてはこの作品は「対比の伝記集」であるにもかかわらずペアを解体され個別の伝記として読まれることが多かったものの、近年の研究を通じてようやく1巻の中での対比を前提とすることが肝要と認識されるようになってきた[18]。ここへ来て我々はもう一歩進んで、1つの巻を読む際に当該巻の中の対比にとどまらず、全体の配列の中におけるその位置をも意識すべきなのである。『英雄伝』が『テセウスとロムルス』から読み始められる現状は、憂いてしかるべきである。類比的に言うならば、それは悪徳に焦点を当てる『デメトリオスとアントニウス』や、ローマ人伝が先行する『コリオラヌスとアルキビアデス』を第1巻に設定することに等しい。そしてこの問題の解決のために我々が手にしている最大の手がかりは、難点が多いといえども、相互参照なのである。

(17) Cf. Duff (2011) 262. なお、『英雄伝』には意識的に多数の相互参照が施されたと考えて良い。プルタルコスは習慣として相互参照を好む作家であるわけでは決してない。O'Neil (2004) 470の報告によれば、総量としては『英雄伝』を上回るもう一つの主著『モラリア』の全体を通じて、明確に相互参照と言えるものは、次の4箇所のみなのである。(1) *De cap. ex inim. util.* 86C (→*Prae. ger. reip.*): φεισάμενος ὡς ἐνῆν μάλιστα τῶν ἐν τοῖς Πολιτικοῖς Παραγγέλμασι γεγραμμένων『政治家になるための教訓集』に記されていることはできる限り割愛して。(2) *Reg. et imp. apophth.* 172C (→*Vitae Parallelae*): βίους ἔχεις, τὸ σύνταγμα τῶν ἐπιφανεστάτωνπαρά τε Ῥωμαίοις καὶ παρ' Ἕλλησιν ἡγεμόνων καὶ νομοθετῶν καὶ αὐτοκρατόρων ローマ人とギリシア人のうちの著名な指導者、立法者、最高司令官を綴った伝記集をあなたは手にしている。(3) *Mul. virt.* 244B (→fr. 11 S. *Daiphantus*): ὧν τὸ μὲν καθ' ἕκαστον τῆς πράξεως ἐν τῷ Δαϊφάντου βίῳ γέγραπται それらについて行為の詳細はダイパントスの伝記の中に記されている。(4) *De Her. mal.* 866B (→fr. ? *Leonidas*): ὅσα δ' ἄλλα . . . καταλέλοιπεν, ἐν τῷ Λεωνίδου βίῳ γραφήσεται そして彼が触れなかった他の事々……は、レオニダスの伝記で記されるであろう。

(18) 『英雄伝』における対比の重要性と研究史については、第7章[中谷]を参照せよ。

## 第2節 同時出版の可能性

前節でも触れたとおり、『英雄伝』各巻の発表順序を解明する指標として相互参照に頼ろうとするとき、とりわけ障害となるのは3点、すなわち真正性への疑問、循環型参照の存在、そして絶対数の不足である。このうち真正性への疑問については、概ね問題は解決していると判断して良いだろう。古くは相互参照の半分近くを本文から削除すべしとするような考えもあったが[(19)]、現在では支持されない。これはStoltzによって前世紀前半になされた詳細な分析に依るところがとりわけ大きい[(20)]。手短にその要点を押さえるなら、例えば付録一覧の参照C9のような例は、文脈的な必然性も特定作品への限定性も低いように見え、単独ならば疑いを持たざるを得ないが、40を越える相互参照を総体としてみたとき、疑いようのない例（C8やC34のような一人称を用い、かつ文脈的な意図も明確なもの）を筆頭にして文体的な一貫性があり、特段の理由がない限り伝承された本文に疑いを挟むことに合理性は認められないのである[(21)]。

対するに循環型参照の問題は深刻であり、多くの議論を呼んできた。そしてこれに対する解決法を提示するとともに『英雄伝』各巻の順序問題についても一つの解決を与え、この問題についての基本参照文献となっているのが、Jonesが1966年に示した論考である。その手法や結論には批判もあり、その後に多くの議論も行われているものの、これに取って代わるものは未だ出ていないと言って良い[(22)]。踏みならされた道を進む我々は、まずその議論の有効性と限界を確認すべきだろう。

先回りして言うならその最大の特徴は、順序問題の解明を試みるにあたって主観的な解釈や評価に基づく論点を排し、3つの前提に基づいてあくまで

---

(19) Cf. Michaelis (1875).

(20) Stoltz (1929).

(21) Cf. Pelling (1979) 80 n. 48 (=Pelling (2002) 33 n. 48), Nikolaidis 285 n. 12.

(22) Nikolaidis (2005) は現時点においてこの問題を主題とする最も詳細な研究であるが、未だJonesの価値は失われていない。Jones以後の研究として他にVan der Valk (1982), Delvaux (1995) 等が挙げられる。

論理的に議論を進めたことにあると言える。前提とはすなわち第一に、相互参照を有力な指標として全て真正と認めること[23]、第二に、『英雄伝』における複数巻の同時出版という仮説を採用すること[24]、そして第三に、『英雄伝』の第1巻を伝承上散逸した『エパメイノンダスとスキピオ』とする仮説の採用である[25]。ここでとりわけ重要なのは、同時出版の仮説である。同時に出版された巻同士ならば互いに「誰某の伝記で記されたとおり」等と参照しあって何の矛盾もないがゆえに、循環型参照の問題は解決される。ただし『英雄伝』本文において、幾つかの巻が同時に出版されたことを示すテクスト上の痕跡が何一つ確認されていないことには注意しておく必要がある[26]。

以上の前提に基づいたうえで、Jonesはそこから先の全てを理論的に構成して明快な見取り図を提示した[27]。簡単にその要点を確認すれば、まずは

---

(23)　Stoltz (1929) の成果を受け入れ、そこで否定されている3箇所を含めた全てを真正と認めている。

(24)　Mewaldt (1907) によって提唱されたものである。

(25)　この仮説は広く受け入れられているものの、直接的な論拠が何一つないことには注意すべきである。主たる論拠とされるのは、写本に伝わる現在の『英雄伝』において、集成全体に関わるような総合的な序文や献辞が残されていないことや、ギリシア人伝の主題選定に見えるプルタルコス自身の愛郷心（エパメイノンダスは著者の故郷ボイオティアで活躍した）などであるが、いずれも傍証以上のものではない。Cf. Muhl (1885) 11-12, Wilamowitz-Moellendorf (1926), 260, Ziegler (1951) 897, Duff (2011) 259.

(26)　仮説を支持する論点として次のようなものが挙げられるが、いずれも有力とは言い難い：序文冒頭におけるソシウス・セネキオへの献辞が少数の巻に限られること（*Dem.* 1.1, *Dion* 1.1; *Thes.* 1.1：同時出版の冒頭巻と考えられる）、序文内の対象不明瞭な二人称の存在（*Aem.* 1.6 σοι; *Agis et Cleom.* 2.9 ἐπικρινεῖς：先立つ巻で名指しされたと考えられる）、9つの作品が序文を欠いていること（*Ages.-Pomp.*, *Arist.-Cat. Ma.*, *Cor.-Alc.*, *Lyc.-Num.*, *Lys.-Sull.*, *Phil.-Flam.*, *Pyrrh.-Mar.*, *Sol.-Publ.*, *Them.-Cam.*：同時出版の2巻目以降と考えられる）、作品冒頭では使用し得ない小辞が使われている例があること（*Them.* 1.1 Θεμιστοκλεῖ δὲ：直前の巻の結尾に続ける表現と考えられる。ただしこの箇所は伝承本文に欠落を想定する説が有力である：cf. Duff (2008) 176-179）。

(27)　Jonesの示した配列は次の通り：（第1巻）*Epaminondas-Scipio*（第2-4巻）*Cim.-Luc.*, *Pel.-Marc.*, 他1巻。（第5巻）*Dem.-Cic.*（第6巻）*Lyc.-Num.*（第7-9巻）*Thes.-Rom.*, *Them.-Cam.*, *Lys.-Sull.*（第10巻）*Per.-Fab.*（第11巻）不確定。（第12巻）*Dion-Brut.*（第13-14巻）*Aem.-Tim.*, *Alex.-Caes.*（第15巻）*Ages.-Pomp.*（第16-23巻）*Cor.-Alc.*, *Nic.-Crass.*, *Phoc.-Cat. Mi.*, *Demetr.-Ant.*, *Pyrrh.-Mar.*, 他3巻。（不確定＝第2-4, 11, 16-23巻）：*Phil.-Flam.*, *Sert.-Eum.*, *Sol.-Publ.*, *Agis et Cleom.-TG et CG*, *Arist.-Cat. Ma.* ただし第2-4巻の空席を埋める候補は*Phil.-Flam.*, *Sert.-Eum.*に限られる他、局所的な前後関係もいくつか示される。その詳細についてはJones (1966) 68を見よ。

付録一覧の参照A1-3および第三の前提に基づいて、第1、5、10、12の各巻が定まる。次いで3つの循環関係をもとに、3巻組、4巻組、2巻組の同時出版が定まる。以下これを仮に「三つ組」「四つ組」「二つ組」と呼ぶことにしよう(28)。そのうち「四つ組」は第12巻を含むため、自動的に位置が定まる。対するに「三つ組」は、第5巻を参照しており(29)、また第10巻から1作品を介して間接的に参照されるため(30)、その作品と合わせた4作品で第6-9巻の位置が埋まることになる。ここまでで第1、5-10、12-15巻が定まる。次いで第10巻から参照される2作品は、空席の残る第2-4巻に収まる(31)。そしてこの時点で第11巻以前に残る空席は第2-4巻と第11巻に1つずつとなるため、2つの連続する空席を必要とする「二つ組」は、押し出されるようにして第16巻以降と定まる。また「四つ組」への参照を含む3作品も第16巻以降と定まる(32)。残る空席は第2-4巻に1つ、第11巻に1つ、そして第16巻以降に3つだが、これを埋めるべき5作品の配列については、確定的なことは言えない。

このようにしてJonesの見取り図は論理的かつ極めて鮮やかに提示されるものであり、作品から受ける直感的な印象とも大きく違わない(33)。しかしながらその結論は必ずしも受け入れられていない。とりわけ批判の対象となるのが、循環型参照の問題を解決するために導入された同時出版の仮説である。これを否定することは議論の前提自体を否定することになるわけだが、その批判に目を向ける前に、3つの前提を受け入れたうえでの徹底的な論理

(28) 「三つ組」: *Lyc.-Num.*, *Thes.-Rom.*, *Them.-Cam.* (B1, C14, C31-32, C39)。「四つ組」: *Dion-Brut.*, *Aem.-Tim.*, *Alex.-Caes.*, *Ages.-Pomp.* (C6-8, C10-11, C23, C45-46)。「二つ組」: *Cor.-Alc.*, *Nic.-Crass.* (C29, D1)。ただし、B1やC7-8等に一定の前後関係が含意されることに注意せよ。また「二つ組」は、根拠となるC29とD1の片方が現在形であり、これを未来形の代用と解するなら循環型参照とならないことには注意する必要がある(後述の注50を見よ)。

(29) C42.

(30) *Lys.-Sull.* (C34, D5).

(31) *Cim.-Luc.* (C33); *Pel.-Marc.* (C24-25). ただし、前者は「三つ組」からも参照されている(C44)。

(32) *Demetr.-Ant.* (D2), *Phoc.-Cat. Mi.* (C18-19), *Pyrrh.-Mar.* (C26).

(33) 例えば*Cim.-Luc.*の序言部における個人的な感謝や、*Pel.-Marc.*の主題選定に見られるボイオティアへの愛郷心は最初期の作品にふさわしく(注25を参照)、*Cor.-Alc.*や*Nic.-Crass.*は悪徳に着眼する*Demetr.-Ant.*に近しく後期作品にふさわしい印象を与える。

性というその最大の長所においても、この見取り図は修正を要するものであることは注意しておきたい。

まず、2作品の位置づけに関する軽微な修正がある（*Sol.-Publ.*は「比較部」の文言（1.1）を根拠に第2-4巻の位置を占めにくいとされたが、この文言を正しく解釈すれば、第3巻以降ならどこでも可能とすべきである(34)。また参照D5が*Lyc.* 30を指すとする同定は疑わしく(35)、*Lys.-Sull.*の位置は第2-4, 6-9巻とすべきである）。加えて、同時出版の想定について、可能性の検討が不十分と言わざるを得ない。例えば「四つ組」は第12巻を含むことから半ば自動的に第12-15巻の位置を占めるとされたが、第12巻をまたいで第11-14巻とする可能性はなぜ考慮されないのか。また、ひとたび同時出版の可能性を認めるからには、それが循環型参照を含む作品に限られる必然性はどこにもない(36)。この再考の影響は甚大である。常識的に考えにくい極端な想定を排除するとしても(37)、4、5巻程度の同時出版を認めるなら、例えば「三つ組」が第5巻もしくは第10巻と併せて4巻同時に出版され、全体で第2-5巻ないし第8-11巻の位置を占めた可能性が生ずる(38)。そうなると、第6-9巻の位置が埋まったことで押し出されるように配置の定まった4作品も、可能性の幅が拡大することになる(39)。「四つ組」への参照を含む3作品についても5巻組の同時出版を視野に入れるべきだろう(40)。

このようにして拡大する可能性の全てを列挙することは冗長であろう。い

---

(34)　前述の注3を見よ。

(35)　該当箇所にそれらしき内容は見つけにくく、D5の措辞は『モラリア』の散逸作品を指示する可能性が十分に認められる。Cf. Nikolaidis (2005), 288 n. 20.

(36)　同時出版にあたっては、そこに順環する参照が必ず含まれるように配慮した、という執筆意図は考えにくい。

(37)　『英雄伝』全23巻が同時に出版されるなら、相互参照による前後関係の立証は不可能となる。

(38)　ただし第2巻の位置を占めるためには*Cim.-Luc.*を含めた5巻組の同時出版が条件となる（C44）。

(39)　例えば*Pel.-Marc.*の配置は「第2-4, 6-9巻」となるのみならず、第10巻との同時出版を想定すれば第11巻もあり得る。対するに「二つ組」の位置は大きく変わらない。第11巻以前の空席が2つしか残っていないのに対して、「二つ組」がそこに入るためには3つの空席を必要とするからである（「二つ組」は*Sol.-Publ.*を参照しているため（C20）、その分の空席も必要なのである）。

(40)　例えば*Pyrrh.-Mar.*の可能な位置は、「四つ組」との同時出版を視野に入れると「第11, 13-23巻」となる。

ずれにせよ修正された見取り図は、不確定の余地が大きく一目では見渡しにくいものになる。言い換えれば、この見取り図の導出にあたって論理性は見かけほどには徹底されておらず、徹底すれば逆に明快さが失われるのである。じつのところその明快さは、同時出版の仮説が実際以上に可能性の幅を狭めたことによって成立していたのだと言える(41)。あるいは表面上の論理性の裏では、個別作品に対する暗黙の了解が作用していたのかもしれない(42)。このようにしてJonesの見取り図は、その前提を受け入れたとしてなお批判されるべきなのである。

しかしJonesの論考が研究史上の意義を認められつつも結論の受け入れを留保される最大の理由は、同時出版の仮説につく疑問符である。その後の研究の主たるものは、まずもって循環型参照に対してこれとは別の解決の道筋を探るところから始められるが(43)、その判断は妥当と言える。複数の巻が同時に出版されたこと自体の蓋然性は決して否定されるものではない(44)。しかしながらテクスト上に根拠となるものが何一つ見られないということの重みは否定しがたく(45)、むしろ循環型参照の中には出版の同時性を否定するように見える箇所もある(46)。その上に、先に確認したようにこの仮説に

(41) とりわけ「三つ組」を含む4作品でもって第6-9巻の位置を占有させたことが大きい。結局のところ、これによって相互参照の絶対数の不足という先に触れた第三の問題点が回避されていたとも言える。

(42) 例えば*Pel.-Marc.*の位置について、前述の注33と注39を併せて見よ。

(43) Cf. Pelling (1979) 80-82 (=Pelling (2002) 7-10), Delvaux (1995), Nikolaidis (2005), Verdegem (2010) 91-96. もちろんVan der Valk (1982), Stadter (1989) xxvii-xxix等、その成果を概ね受け入れる向きもある他、Hamilton (1999) xl-xliii等は判断を保留しつつも懐疑的である。

(44) その補強として、例えば次のような点を指摘できよう。古代の伝記叙述というジャンルでは、伝統的に個別性よりも普遍性が意識され、集合的な伝記の形が採られてきたこと(第1章[松原]34頁を参照)、またこれと隣接するジャンルである歴史叙述では、しばしば数巻が組にして出版されたこと(リウィウスの5巻組、タキトゥス『年代記』の6巻組を比較せよ)等である。

(45) Cf. Nikolaidis (2005) 296 n. 46.

(46) 「四つ組」の根拠の1つであるC45は、数ある相互参照の中でも参照先に該当する記述の全く存在しない唯一の例である。書いたつもりが書いていなかったという、作家本人の勘違いによるとするのが妥当だろうが、その場合、同時出版ではなく時の隔たりを想定するほうが自然である。なお、記憶違いによるミスはこの作家においてよく指摘されるところであるが、一概に非難すべきものではない。当時使われた巻子本は冊子本に比べて取り回しが遙かに困難であったため、大部の著作を連続的に執筆するにあたって作家が典拠を繙かずに記憶

よって必ずしも明快な見取り図が得られるわけではないとなると、その導入が否定されるのは当然と言えよう。

かくしてJonesの結論はその前提から否定されることになる。だがそれでは、『英雄伝』各巻の順序問題の解明に向けて次の一歩はどのように踏み出されるのか。まずは循環型参照の問題に新たな解決を求める必要があるわけだが、そのために目下採られている道筋は疑問を抱かせるものである。

そこで鍵となるのは、同時出版ならざる同時準備という想定である。ただしこの想定自体は、極めて説得力の高いものである。プルタルコスが『英雄伝』の執筆の際に複数の作品の準備、すなわち基礎的な調査ないし草稿の執筆を並行して行っていたということは、幾つかの事例の分析を通じて明らかにされつつある(47)。作家の元には幾つかの作品が並行して準備されていたと考えて良かろう。そこで循環型参照の問題に立ち返るに、プルタルコスが相互参照を行う際には、それら未発表作品の調査メモないし草稿も参照対象に含めたのだと考えれば問題は解決できる、というわけである(48)。

しかしながら草稿への参照というこの解決法は、幾つかの点で疑問が残る。まず第一に、一見したところそれで作者の執筆状況は説明できるようにも映るが、そこには読者の視点が欠如していないだろうか。読者とはすなわち『英雄伝』の刊行当時の読者、あるいは作家が想定した理想的な読者である。その読者は、「誰某の書に記されている（γέγραπται）」という現在完了形の表現が、自分の与り知らぬ、いつ刊行されるとも知れぬ著者の未発表原稿を指しうると認めるのか。あるいは作者は、読者にそのような文章を読ませることを良しとするのか。これはプルタルコスが作家として読者をどれだけ意識していたかという評価に関わる問題である。彼はたとえ不注意であろうとも、

---

に頼る場面が多かったのは無理からぬところであり、我々はむしろその際に発揮された記憶力の高さに驚嘆すべきなのである。Cf. Pelling (1979) 92-94 (=Pelling (2002) 20-22).

(47) Pelling (1979) において、共和政末期に属する8つのローマ人伝の詳細なテクスト分析を通じて、そのうち特に6作品（*Pomp.*, *Crass.*, *Caes.*, *Cat. Mi.*, *Brut.*, *Ant.*）の準備が同時に進められた可能性が高いことが説得的に示された。これはあくまで基礎調査ないし草稿執筆の同時性であって、作品としての刊行時期とは別の話である。例えば『スパルタ人たちの名言集』は、そのような調査メモの一部が何らかの経緯で後代に伝わったものだと考えられる：cf. Stadter (2014)。またJonesに先立つBrożek (1963) も、主として相互参照の参照関係の分析をもとに、同時準備の蓋然性を強調していた。

(48) Cf. Pelling (1979) 80-82 (=Pelling (2002) 7-10), Nikolaidis (2005) 290-297.

不誠実な作家では決してない[49]。その作家が読者に向けて「記されている(γέγραπται)」と現在完了形で書くとき、該当する記述は理想的な読者の書架で閲覧可能な状態になければならない――この想定こそ、まずもって前提とすべきことではないだろうか[50]。

以上はプルタルコスの作家としての評価に関わる疑問であるが、もう一点、文献学的な態度としてもこの解決法には疑問が残る。なぜならひとたび手元の草稿を指して相互参照を行うことがあり得ると認めるなら、その疑いは40を超える相互参照の全てについてかかることになり、ひいては作品の前後関係を表す指標としてのその有効性が否定されるからである。伝記Aにおいて「それについては伝記Bに記されている(γέγραπται)」と書かれていても、伝記Bが未刊である可能性が常に残る以上、刊行の前後関係は不明となる。結果的に同時出版を否定する諸研究は問題解決のための客観的な指標を失い、主観的な解釈に基づく一覧を提示するにとどまることになった[51]。しかしながらこれは、問題解決の手順として正しいと言えるだろうか。草稿への参照という想定は、3つの循環型参照の含む矛盾に説明を与えるために提示されたものである。その際、立脚点となる同時準備の想定は十分な説得力が認められるものの、草稿への参照という想定そのものは、そこから導かれる必然的な結論では全くないのみならず、先にも論じたとおり、作家の誠意とい

(49) プルタルコスの読者に対する意識の評価として、例えばStadter (1988) を見よ。また第8章[勝又]では、同時代の諸作家との比較の中でこの問題が主題的に考察される。対するにプルタルコスの不注意については注46を参照せよ。

(50) プルタルコスは、未刊の書を参照するときには「今後記される書の中で……示されるだろう(γραφησομένοις ... δηλωθήσεται)」(参照C7) と未来形を使うことを知っている作家なのである。なお現在形はその特性に基づき、未来形の代わりにも (C8; cf. C7)、現在完了形の代わりにも使われるが (C32; cf. C31)、どちらの場合も同一作品内で先行する参照によって前後関係が明示されることに注意せよ。対するにC29の場合は、現在分詞「記されつつある(γραφομένοις)」の作用が決定的であり (cf. C28)、やはり未来形の代用と理解できる。

(51) 例えばこの問題を主題的に扱う詳細な研究であるNikolaidis (2005) 299において、*Pel.-Marc.*が第2巻の位置を占めると結論づけられるが、その主たる理由は、ギリシア人伝の主題選定に見えるボイオティア人としての愛郷心という点で第1巻の*Epaminondas-Scipio*と関連性が深いからである。解釈として一定の説得力は認められるが、客観的な根拠に基づいた論証には程遠く、そこで結論として導かれる発表順序一覧に対しては留保が必要である。このようにして伝記主人公の選定における作家の意図を解釈し、これを主たる根拠として順序問題の解明を試みる方法は、Van der Valk (1982), Delvaux (1995) や、Jonesに先立つTheander (1958) にも共通するものである。

うことに照らし合わせるならむしろ蓋然性の低い想定と言える。対するにこの想定の採用は必然的な帰結として、40を超える相互参照の指標としての有効性の否定を、つまりは『英雄伝』各巻の順序解明に向けて目下我々が手にしている最大の文献学的資料の棄却を、含んでいるのである。このような重大な想定を是とする前に、取るべき道筋が他にあるのではないだろうか。すなわちまずは循環型参照に対する説明として他の可能性を探ること、言い換えるなら「記されている（γέγραπται）」の文言の中に作家の誠意を認めつつ、循環型参照の矛盾を説明する別の方法を検討することこそが求められているのであり、その精査を経て不可能と認められた時点ではじめて相互参照の有効性を否定すべきなのではないだろうか。

そこで本章においては以上の疑問を大と見て、ここで現在の一般的な解決法とは決別し、以下、相互参照を最大限に活かす道を探ることにしたい。既に見てきたように、Jonesの最大の功績は、あくまで客観的な論拠に基づいて順序問題の解決を試みたことにあると言える。たしかに同時出版の仮説は受け入れがたいものの、この基本的な姿勢こそ受け継ぐべきだろう。はたしてそれは可能であろうか。

## 第3節　改訂挿入の可能性

循環型参照の矛盾を前にして、「記されている（γέγραπται）」という現在完了形の中に作家プルタルコスの誠意を認めつつ、順序問題の指標として相互参照を最大限活かすことは可能なのか。実際のところ同時出版の仮説を退けるとき、残る道は一つと思われる。作家本人が出版後に改訂を行い、後の巻への相互参照を前の巻に挿入したという、Zieglerによって示された考えである[52]。

『英雄伝』に作家本人の手による改訂版があったという想定は、通常、認めがたいとされてきた。改訂があったにしては間違いや作品間の齟齬が多すぎること、比較的短期間に大部の執筆が行われており改訂の暇があったとは考えにくいこと、改訂版で相互参照を挿入したにしてはその総数があまりに

(52)　Ziegler (1951) 901; cf. Pelling (1979) 81 (=Pelling (2002) 8-9).

少ないこと等が根拠として挙げられる(53)。しかしこれに対するZieglerの答えは明快であって、ここで言う改訂は、そのような全面的な改訂版である必要はないのである。古代の作家の場合、著者が手元の本に施した小さな修正が後に流通し、現在に伝わる写本の祖となった可能性は十分に考えられるからである。

ところで循環型参照の鍵を握るものとしてStoltz以来繰り返し疑われてきたのは、付録一覧の参照C6、C14、C23である。ならばこの3箇所について作家本人の手による小規模な改訂挿入を想定すれば問題は解決するのかといえば、そうは言えまい。前節にみた草稿に対する参照の想定と同様にして、この想定もまた破壊的な影響を及ぼしかねないからである。ひとたび改訂挿入の可能性を認めるなら、その疑いは全ての相互参照にかかるのであり、結局のところその指標としての有効性が否定されかねない。すなわちこの想定を導入するからには、どれが改訂挿入であり、どれがそうでないのかを特定する道筋も併せて考える必要がある(54)。作家はいかなる場合に改訂挿入を行うのか。その痕跡はテクスト上に検出可能なのか。これらの問いへの答えは、現在完了形で未刊の作品を参照可能か否かといった一般論からではなく、具体的に本文を確認することから求められるべきであろう。

参照C23（*Dion* 58.10）から始めてみよう。C45-46（*Tim.*13.10, 33.4）との間で循環を構成する箇所である。ここで興味深いのは、C23とC46が互いにごく近い箇所を参照し合っていることである。すなわちC23の「それらについてはティモレオンの伝記の中で詳細が記されている」の「それら」とは、直前の「というのも当人［＝ヒケテス］はティモレオンに捕まって殺され、その娘二人はシュラクサイ人たちがディオンのための報復として殺したから

(53) Cf. Michaelis (1875) 8-9, Stoltz (1929) 62, Verdegem (2008) 174. なお、前節でも述べたとおりStoltz（1929）の研究は相互参照の真正性を詳細かつ網羅的に再検討しているが、そこで検討されるのは著者本人の手によるか後代の挿入かという点に限られ、著者本人の手による改訂挿入の可能性について具体的な検討はほとんどなされていないことに注意せよ。併せて後述の注59を見よ。

(54) Ziegler（1951）901-903がこの点を考慮しないのは疑問が残る。循環型参照の矛盾について、後からの挿入と考えて事足れりとする短絡的な結論を戒めるGeiger（1979）61 n. 47の言葉を、我々はここで反芻すべきだろう。いわく、数千頁に渡る作品の中で、40を超える真正な相互参照があり、3つだけが後から挿入され、この3つ全てが循環を引き起こしたという、その想定の愚しさを考えるべきなのである。

である」(*Dion* 58.10) を指し、参照先の『ティモレオン伝』を見ればたしかに32章でヒケテスとその息子の拿捕と殺害が、続く33章の第1節でシュラクサイ人による妻女の処刑が語られる。ところがそこから数行をおいた第4節に参照C46は存するのである。そしてそこで言われる「だがそれらのことはディオンについての書の中で詳しく記されている」の「それら」とは、その直前の「というのもヒケテスとはディオンの妻アレテと姉妹アリストマケと未だ幼い息子を生きながらにして海に沈めた男だからである」(*Tim.*32.4) を指し、参照先の『ディオン伝』の58章8-9節を見ればたしかにアリストマケとアレテの殺害が語られる。ところがその直後の第10節に参照C23は存するのである。この近接性は単なる偶然だろうか。

もう一つ注目すべきは、両作品の伝える情報の微妙な差異である。『ディオン伝』でヒケテスもろともに殺害されたのは娘のみであるが、『ティモレオン伝』では息子と妻も死んでいる。ここでディオンを主人公とする伝記の文脈的意図を考えるとき、この欠落は不可解である。なぜならそこではヒケテスの悲惨な結末が、ディオンに対する非行の当然の報いとして語られており、非行とはすなわちディオンの妻、姉妹、息子の殺害である。相応の報いを語るなら、ヒケテスの娘のみならず妻と息子も殺されたとする『ティモレオン伝』の伝える情報は、落とすべからざるもののはずである。プルタルコスが伝記主人公の生涯を辿るその文脈に即して、言い換えれば「伝記叙述上の妥当性の原則」に従って、記述する情報の取捨選択を行うことはよく知られるところだが(55)、ここに見られる欠落はまさにこの原則に相反する。単なる不注意でないとすれば、この差はそれぞれの伝記の執筆時点で作家が得ていた情報量の差を表し、『ディオン伝』の執筆時点では未だ『ティモレオン伝』に示される情報を得ていなかったと考えるのが自然であろう(56)。

(55)　Cf. Pelling (1985) 323 (= (2002) 53): 'the law of biographical relevance'. 敢えて単純化して言えば、伝記主人公に好意的な記述となりがちだということである。なお、プルタルコスの伝記叙述における情報の意識的な取捨選択については、これとは別の観点から第3章[佐藤]で詳しく論じられる。

(56)　Stoltz (1929) 83が強調するところである。このヒケテスなる人物は、『ディオン伝』では主人公の死後の顛末に関連して58章で言及されるのみだが、『ティモレオン伝』では作品冒頭から33章に至るまで再三にわたって登場する。後者の執筆にあたり調査を深め、より多くの情報を得るのは当然の成り行きと言える。

では両作品の前後関係をこのように認めるとして、織り合わさるがごとき2つの相互参照は何を意味するか。考えられるのは、こういうことではないだろうか。プルタルコスは『ティモレオン伝』の執筆時に、ヒケテスの最期をめぐる顛末について書き進めるうち、その誘因となったディオンの妻子の惨殺に言及する必要に迫られた。そこで既刊の『ディオン伝』でこの話題を扱っていたことを思い出し、実際に手元の本を開いて直接にその内容を参考にしたのではないか。そして執筆中の『ティモレオン伝』の原稿に参照C46を書くわけだが、それにとどまらず、参考にした箇所の直後へと目が移り、執筆中のヒケテスに関する話題を見出して、序でとばかりに改訂挿入として手元の『ディオン伝』の本の中に参照C23を書き加えたのではないだろうか。

要するに、プルタルコスは作品執筆中に過去の自分の作品を実際に開いて直接に参考にすることがあり、その際ごく近辺に執筆中の作品に関わる記述を見つけると、既刊の作品中に改訂挿入として相互参照を書き加える場合がある――このように想定すると、織り合わさるような循環型参照の背後の事情がきれいに説明できるだろう。

そしてこの想定は、参照C6（*Brut.* 9.9）からも補強される。C10-11（*Caes.* 62.8; 68.7）との間で循環を構成する箇所であるが、ここで注目すべきはC10との関係である。C6が「カエサルについての書の中で詳しく記されているとおり」として参照するのは、『カエサル伝』の60-61章におけるカエサルの阿諛追従者たちの動きの話であるが、いったんそれは置いておく。むしろ重要なのは、C10の「ブルトゥスについて記された書の中で私が示した理由」云々のほうである。これはカエサルに対するカッシウスの個人的な敵意の由来を指し、その所在は『ブルトゥス伝』の8章6-7節にあたる。その位置はC6の存する9章9節から現在の校訂本にして1頁を隔てており一見すると遠いように見えるが、そうではない。じつのところ『カエサル伝』62章ではカエサルに対するブルトゥスとカッシウスの関係性が語られており、第6節以降、再三にわたり『ブルトゥス伝』の8-9章と同じ話題を扱っているのである[57]。特にC6の直前で語られる、ブルトゥスを決起へと促した各種の落

(57) そこには字句レベルに至る共通性が見出される：*Caes.* 62.6 ~ *Brut.* 8.3; *Caes.* 62.7 ~ *Brut.* 9.5-7; *Caes.* 62.9-10 ~ *Brut.* 8.1-2; cf. Pelling (2011) ad locc.; Moles (2017) ad locc.

書きの話は、C10のちょうど直前で触れられている（*Brut.* 9.5-7 ~ *Caes.* 62.7)。両者の記述の差異は先の例と異なり必ずしも前後関係の証左とならないものの(58)、ここでもやはり執筆中における自著の参照という図式が適用可能である(59)。

ところでここには、もう少し大がかりな挿入を疑わせる痕跡が見られる。C6の直前で語られる話が、『ブルトゥス伝』の伝記的な文脈に必ずしも沿わないのである。すなわち、各種の落書きが行われた原因をカエサルの阿諛追従者（κόλακες）に求める9章8節以下の趣旨は、そもそも少々乱暴な議論であるとともに(60)、そこにはカエサル本人に対して好意的な意図、言い換えれば後者の伝記に即した文脈的な妥当性が見出される(61)。加うるに、文章構成の観点から見ると、カッシウスの動機とブルトゥスのそれとが対比的に語られる文脈の中で(62)、カッシウスのくだりは直接話法文で閉じられている(63)。ならばブルトゥスの話もまた、当初は直接話法で閉じられていたとは考えられないだろうか(64)。多少なりと大胆に推測するならこういうことになるだろう。プルタルコスは『カエサル伝』の62章を執筆中に手元の『ブルトゥス伝』を直接に開いて参考にした。そして草稿に参照C10を書き込むとともに、開いた本の中に改訂として、今まさに執筆中の伝記的文脈の枠組みのままに、その57章や60-61章を念頭にカエサル擁護の一節を、具体的には「原因となったのはカエサルの阿諛追従者たちである」(9.8）から参照C6

(58)　両者の間には単なる引き写しでは説明の付かない異同があり（e.g. *Caes.* 62.6 “ἀναμενεῖ τοῦτο τὸ δέρμα Βροῦτος” ~ *Brut.* 8.3 “τί δέ; οὐκ ἂν ὑμῖν δοκεῖ Βροῦτος ἀναμεῖναι τουτὶ τὸ σαρκίον;” *Caes.* 62.7 “καθεύδεις ὦ Βροῦτε” ~ *Brut.* 9.7 “Βροῦτε καθεύδεις”)、執筆にあたって別の動機が働いていたようにも見える。Cf. Pelling (2011), ad locc.

(59)　実際、Stoltz (1929) 89-91もまた本論と同様に、C6とC23のテクスト分析を通じて、現在完了形を字義通りに解釈する限りこれが著者の手で後から挿入されたと考えるしかないとの結論に至る。しかしながら改訂版の可能性を否定するStoltzは（注53を見よ)、この挿入を著者の手元の（刊行前の）原稿に対するものと考えたうえでその可能性を言下に否定し、最終的にはC6の真正性を否定することになる。

(60)　Cf. Moles (2017) ad loc.: ‘rather elliptical argument’.

(61)　C6が参照するのは*Caes.* 60-61だが、遡って*Caes.* 57.2-3でも別の話題の中でカエサルの不評の原因がやはり「阿諛追従する者たち（οἱ κολακεύοντες)」に関連づけられている。なお、伝記叙述上の妥当性については、注55を見よ。

(62)　*Brut.* 9.1-4（カッシウス）~ 9.5-9.（ブルトゥス)。

(63)　「さあファウストゥスよ、……」(9.4)。

(64)　「おまえは真にブルトゥスではない」(9.7)。

に至るまでの数行を、挿入したのではないだろうか。

以上、十全の立証は困難であるものの、もしそこに一定の蓋然性を認めるとすれば、この例が示唆するのは、改訂挿入の場合に参照の文言のみならず、その元となる話題を含めた数行程度のやや大がかりな挿入がなされる可能性である。

対するにC14（*Cam.* 33.10）は別の意味で興味深い。B1, C39, C31-32（*Thes.*1.4, 21.1, *Num.* 9.15, 12.13）との間で３作品の循環を構成する箇所である。ここで「彼［＝ロムルス］についての書の中で記されているとおり」というのは彼が「山羊の沼」と呼ばれる場所で民衆に向けて演説中にこの世界から姿を消したことを指し、たしかに『ロムルス伝』の27章にそれに相当する記述がある。しかしこの場合も重要なのはそこではなく、C14の存する直前で語られる逸話、すなわちラティニ人の襲来とピロティスないしトゥトラという名の女性の活躍、そしてこれを由来とするノナエ・カプラティナエの祝祭といった一連の話題である（*Cam.*33.3-9）。これは参照先の『ロムルス伝』の29章３節から10節で語られていることであり、その内容は概して『カミルス伝』のほうが情報量が多いものの(65)、一部には新情報に基づくと解釈できるような違いも見られ、決定的な論拠とまでは言えないが、やはり２作品の前後関係を想定して不自然はない(66)。やはりここでも『ロムルス伝』を執筆中の作家が、既刊の『カミルス伝』を直接に参考にしたのであろう。そして繙いた箇所の直後に、目下執筆中の伝記で詳述される話題が出ていることに目を留め、改訂挿入として相互参照を書き加えたと考えることができる。

ただし先の２例と大きく異なるのは、『ロムルス伝』から『カミルス伝』への参照がないこと、すなわち既刊に改訂挿入を行いながら、執筆中の草稿には参照を記さなかったことである。もっともプルタルコスは全ての可能な

---

(65) 例えば『カミルス伝』に含まれる支配者層の対応（33.5）や敵陣の奪取（33.6）は『ロムルス伝』には含まれない。

(66) とりわけラティニ人を指揮するリウィウス・ポストゥミウスの名が『カミルス伝』に欠けている他、活躍する女性の名として伝わる２つの名前のどちらを主たる記録とみなすかにも差がある（「またある人たちによればὡς δ' ἔνιοι λέγουσι」*Cam.* 33.4, *Rom.* 29.7）。ラティニ人の襲来に始まる一連の話題はカミルスの時代に属することで伝記叙述上の妥当性も当該伝に高く、その文脈で敵の指揮官の名を省略するのは少々不自然と言って良かろう。

場合において相互参照を行うような作家ではなく[67]、おそらくこのこと自体に特別の意味を見る必要はないのだろう。しかしそこから導かれる帰結には注意が必要である。想定されるモデルに従う限り、もしプルタルコスが丁寧に参照を書き記す作家であったなら、全ての改訂挿入は２作品間で循環を成したはずである。だが実際はそうではない。C14の場合は偶然にも『ロムルス伝』が『ヌマ伝』を参照し『ヌマ伝』が『カミルス伝』を参照したために、３作品間の循環が成立して我々はC14に疑いの眼を持つことができた。しかし、もしこの連鎖が起きていなかったならと考えたらどうだろうか。２作品間で循環しない改訂挿入の存在は、一見したところ何の変哲もない相互参照においても改訂挿入を疑う必要を意味するのである。

ただしこの想定の影響は、前節で見た草稿への参照の場合とは異なり、破壊的なものとならないことにも注意が必要である。まずもって丁寧に相互参照が行われるなら改訂挿入は全て２作品間で循環を成したはずなのであり、今のところ我々の知る改訂挿入３つのうち２つがそうであることは決して偶然ではない[68]。そして残念ながらプルタルコスはそういう作家ではなく、通常の相互参照であっても改訂挿入を疑う余地が常に残るわけだが、それは文献学的議論を通じて立証ないし反駁が可能である。すなわちもしそれが改訂挿入ならば、参照の文言に隣接した箇所に参照先作品の執筆に寄与した一節が含まれるはずであり、また時に参照先作品の文脈的意図が痕跡として混入する。改訂挿入であるか否かの検証は、それらの論点に基づいて具体的に議論可能であり、言い換えるなら、合理的な根拠のない限り伝承された本文に対する過度な懐疑論は無用である。

そこでそのような文献学的検証の試みとして、参照C15（*Cat. Ma.* 12.4）を取り上げてみたい。ギリシア諸都市の騒擾を鎮めるフラミニヌスの活躍ぶりについて、「彼についての書の中で記されているとおり」の決まり文句でもって『大カトー伝』から『フラミニヌス伝』（15.2-4）を参照させる、一見し

(67)　もしプルタルコスが丁寧に相互参照を記す作家であったなら、その数は何倍にもなっていたはずである。

(68)　これはGeigerの戒め（注54を参照）に対する答えでもある。もちろん、残る１つが循環していることは偶然としか言いようが、一度きりの幸運を認めることはそれほど愚かしい想定ではないだろう。

たところ何の変哲もない相互参照である。しかしながら改訂挿入の疑いをもって見るなら、その文言の直前（*Cat. Ma.* 12.1-3）にはアンティオコス３世の引き起こしたギリシアの騒擾とそれに対処すべく派遣されたマニウス・アキリウス・グラブリオ[69]の記述があり、参照先の直前部（*Flam.*15.1）と内容的に一致する。加えてC15の数節おいた先にはテルモピュライにおけるアンティオコス３世の敗退が詳細に語られるが（*Cat. Ma.* 13.1-14.1）、これは参照先では一言で片付けられる話題である（*Flam.* 15.5）。改訂挿入のモデルに従うなら、『フラミニヌス伝』の15章の執筆時に、アンティオコス３世に対処するアキリウス・グラブリオのくだりを書くにあたって既刊の『大カトー伝』を参照し、その際にC15を改訂挿入したと想定できる。

さらに、先のC6の場合と同様に、ここでも参照先の文脈的意図が混入している可能性が認められる。「騒擾を起こした者たちの大部分はティトゥス・フラミニヌスが混乱なしに（ἄνευ ταραχῆς）確保し宥めた」（*Cat. Ma.* 12.4）という言葉は、参照先に見られる混乱を単純化しているのみならず[70]、ギリシアで活動したローマ使節が他にいなかったかのような印象を与えるもので[71]、伝記の主人公を際立たせようとする作家の意図をうかがわせるものと解釈することができる。

当然ながらこれらの観察は、立証と言うには不足がある。改訂挿入ならざる通常の相互参照としても何ら矛盾があるわけではないからである。しかしながら２作品の前後関係の指標として評価するとき、参照C15の有効性を留保させるには十分と言えるのではないだろうか。すなわち両作品の前後関係の裏付けとして参照C15は不十分であり、他の観点を含めて総合的に評価する必要性が認められるのである。

以上、循環型参照の矛盾を前にして、作家プルタルコスの誠意を認めつつ、

(69) 前191年の執政官である。この人物への言及は、『大カトー伝』と『フラミニヌス伝』以外では、プルタルコスの全作品中で１箇所にごく簡単に行われるのみである：*Sull.* 12.9-10; cf. Ziegler & Gärtner (1998) 23; O'Neil (2004) 4.

(70) 「そのうちのある者たちは姿を見せるやただちに大人しくさせ、またある者たちは危険な症状を見せ始めていたが……静まらせて過ちを犯すのを防いだ。だが少数の者たちは既にアイトリア人によって完全に取り込まれ損なわれており、彼から離反した」（*Flam.* 15.3-4）。

(71) 前192年には、アンティオコス３世に対処すべくフラミニヌスを含む４名が使節としてギリシアに派遣されたことが、Liv. 35.23.5には語られている。Cf. Smith (1944) 94.

指標として相互参照を最大限活かす可能性を探ってきた。焦点となる３つの循環型参照の具体的なテキスト分析を通じて得られた、執筆中における既刊の自著への改訂挿入という想定を是とするなら、循環型参照に合理的な説明が与えられるとともに、他の一般的な相互参照についてもそれが改訂挿入であるか否かの文献学的な判断が可能となる。もちろんここに行われた議論は多分に推測を含む仮説であり、その意味で本章に示された改訂挿入のモデルはさらなる検証を必要としている。プルタルコスの相互参照の研究は、今後、その執筆・出版の過程についての一層精密な分析を交えながら進められる必要があるだろう。

しかしながらここで『英雄伝』各巻の順序解明の問題に立ち返るに、指標としての相互参照の有効性を保持するための一定の見通しがひとまずのところ得られたと言うことはできよう。循環型参照の矛盾は、作家の執筆・刊行の過程を詳らかにすることで説明可能であり、挿入が行われたとしてもその痕跡はテキスト上に検出され得る。順序問題の解明のための最大の文献学的資料を全て棄却するのは、未だ早計と言える。

## 第４節　得られる見取り図と今後の展望

それでは以上の分析を踏まえ、相互参照の指標としての有効性を条件付きで認めたうえで、これを手がかりとして『英雄伝』各巻の順序について我々はどこまでを復元できるのか。残念ながらそれほど大きなことは言えない。見取り図としては結局のところ、Zieglerによって示された、前期（10巻以前）・後期（12巻以降）という分類にとどめるのが妥当である[72]。以下、主たる根拠となる参照の記号と併せて挙げる（†は改訂挿入を示す）。

（第10巻以前）
・『デモステネスとキケロ』（第５巻：A1）
・『ペリクレスとファビウス』（第10巻：A3）
・『キモンとルクルス』（C33）

（72）　Ziegler (1951) 902.

・『ペロピダスとマルケルス』(C24-25)
・『リュサンドロスとスラ』(C34)

(第12巻以降)
・『ディオンとブルトゥス』(第12巻:A2)
・『アエミリウスとティモレオン』(C45-46, †C23)
・『アレクサンドロスとカエサル』(C10-11, †C6)
・『アゲシラオスとポンペイウス』(C36) (73)
・『デメトリオスとアントニウス』(D2)
・『ピュロスとマリウス』(C26 & C10-11, †C6) (74)
・『ポキオンと小カトー』(C19) (75)

(不確定)
・『アギスとクレオメネスとティベリウス・グラックスとガイウス・グラックス』
・『アリステイデスと大カトー』
・『エパメイノンダスとスキピオ』(76)
・『コリオラヌスとアルキビアデス』
・『セルトリウスとエウメネス』
・『ソロンとプブリコラ』
・『テセウスとロムルス』(†C14) (77)
・『テミストクレスとカミルス』(†C14) (78)

---

(73) C7-8ゆえに、*Alex.-Caes.*より後の巻である。
(74) C26ゆえに、*Alex.-Caes.*より後の巻である。
(75) C18ゆえに、*Ages.-Pomp.*より後の巻である。
(76) これを第1巻とする仮説は敢えて採用を留保する。一定の説得力は認められるものの、直接的な論拠に乏しいからである(注25を参照せよ)。再考を促す論拠の一つとして、『ペロピダス伝』においてエパメイノンダスが再三話題に上がりながら、一度として作品としての『エパメイノンダス伝』が参照されることがないということが挙げられよう。Georgiadou (1997), 32-37の示すところに従えば、『ペロピダスとマルケルス』という作品は2つのペア、すなわちペロピダスとエパメイノンダスに対してマルケルスとファビウス・マクシムスが対比される側面が随所に見られる。ところでファビウス・マクシムスが作品として取り上げられるのは第10巻である。エパメイノンダスもまた、その頃の巻で取り上げられたのかもしれない。
(77) C42ゆえに第5巻より後の巻である。
(78) D5の参照先を*Lyc.* 30と認めるなら、C34と併せることで*Lyc.-Num.*, *Them.-Cam.*は第10

・『ニキアスとクラッスス』
・『ピロポイメンとフラミニヌス』
・『リュクルゴスとヌマ』（†C14）[79]

以上、この極めて慎ましい分類でもはっきりするのは12作品のみであり、11作品は相互参照のみに頼る限り不確定である。これに付録一覧のB-D群によって示される局所的な前後関係を加味したものが、相互参照によって得られる全体像である。第2節で確認したJonesの見取り図に比べると、遙かに後退したようにも見えるだろうか。しかしそうではない。相互参照について第1節に確認した第二の問題、すなわち循環型参照の矛盾に一定の解決を与えることで我々は客観的な指標を再び手にし、改めて確かな地点に立ったのである。

しかし同時にこの先に向けて大きく浮かび上がるのは、相互参照の第三の問題、すなわちその絶対数の不足である。相互参照は目下我々の手にしている最大の指標であるもののそれだけでは不十分であり、今後に向けてまずもって他の指標を導入した多角的な根拠に基づく問題解決が必要となる。

その端緒は既に開かれていると言って良い。例えば、複数の伝記に共通する話題の分析が挙げられよう。本章第3節においてC23の分析中に示されたように、2作品に含まれる情報量の差異を伝記叙述上の妥当性に照らしながら分析することは、時に作品の前後関係を証しうる[80]。同様の手法は他の作品にも拡大しうるだろう。

あるいは『モラリア』との関係性も論じられ始めている。例えば伝記主人公の『モラリア』における言及頻度が一定の指標となる可能性が指摘される。そこでほとんど言及のない人物とはすなわち、晩年になってようやく伝記執筆のために調査した人物と考えることができるかもしれない[81]。

---

巻以前に加えられるが、注35に示した理由により控えるべきだろう。

(79)　前注を見よ。

(80)　前述の注47に挙げたPelling (1979) による同時準備の立証は、まさに共通する話題のテクスト分析に立脚している。そしてその際には、共和政末期のローマ人伝8作品のうちの2作品（*Cic., Luc.*）の執筆準備が先行していることも示された。

(81)　Geiger (1981) 92-94は、ギリシア人伝がヘレニズム期に属する5作品に注目し（*Agis et Cleom.-TG et CG, Demetr.-Ant., Phil.-Flam., Pyrrh.-Mar., Sert.-Eum.*）、その主人公の

他にも、未だ研究は進んでいないものの、単語の選択や配列等を中心とした文体分析や[82]、「比較部」の類型分類等[83]、新たな指標の探索も求められよう。そしてそれと並行して、相互参照についての考察もまた継続される必要がある。本考察は、あくまでこれを最大限活かす道を探るべきとの前提で進められた試論であり、最終的な結論では決してないからである。

『英雄伝』各巻の順序問題は、今後、こういった論点を総合しつつ考察される必要がある。現状の見取り図からすると茫漠たる道筋のような印象を受けるかもしれないが、悲観する必要はない。いや、問題解明の意義を考えるなら、我々に悲観している猶予はないのである。

## おわりに

以上、『英雄伝』各巻の発表順序の解明に向けて、特に指標としての相互参照の有効性と限界を中心に見てきた。あらためて確認すれば、そこには3つの問題、すなわち真正性への疑い、循環型参照の矛盾、そして絶対数の不足があり、とりわけ第二の難点は深刻であるが、作家の手による改訂挿入の可能性を検討することで、その解決に向けて一定の見通しを得ることができた。しかしながらそれと同時に絶対数の不足という第三の難点が際立つこともまた確認された。発表順序の解明に向けて、相互参照のさらなる検討と並

---

『モラリア』における言及頻度が他のギリシア人伝に比して一様に低いこと、またペアとなるローマ人伝のそれも概して低いことを指摘し、いずれも作者の晩年の作に含まれるとの見解を示した。未だ検証の必要があるものの、有力な論点と言える。あるいはStadter (2014) 668-669に依れば『スパルタ人たちの名言集』においては、『英雄伝』に取り上げられるスパルタ人5名のうち、3名は15以上の項目を持つ(アゲシラオス79、リュクルゴス31、リュサンドロス15)。対するにアギス4世とクレオメネス3世には1項目ずつしかない。この作品は『英雄伝』のための準備調査にあたると推定されており、その成立時点でこの二人の伝記の執筆準備が開始されていなかった可能性が考えられる。またVerdegem (2008) は『ローマをめぐる問答集』と『英雄伝』各巻の時期的関連性を考察している。

(82) ただし伝記叙述部は、その執筆準備が刊行時期と必ずしも一致しない可能性があることに注意が必要である。また母音連続は指標となり得ない。この作家は文中の母音連続を一貫して避けるからである。

(83) 比較部は、伝記叙述部と異なり刊行時期との大きなずれを考えにくいことが利点となる。分類の基準としては、全体の分量、扱われる話題の配列法、分析の視点の差、結語や転換点の有無等が指摘できる。Cf. Prieth (1908) 12-14, Duff (1999) 252-286.

行して、他の指標の探索ならびにその成果の総合が行われる必要がある。

繰り返しになるが、『英雄伝』が現在の標準的刊本において『テセウスとロムルス』から始められる現状は大いなる不幸と呼ぶべきである。それは逐次的に刊行されたおそらくは未完のプロジェクトだったのであり、最新巻はその都度最終巻であった。各巻の十全な解釈のためには、それぞれの時点での既刊と未刊を念頭に置くことが必須である。『英雄伝』各巻の発表順序の解明は、プルタルコス研究に突きつけられた重要課題である。

ところで本章で試みられたのは、プルタルコスの挑戦の瞬間へと立ち返る作業でもあった。『英雄伝』に相互参照が書き込まれる瞬間、それは作者が作品に挑戦を込める瞬間であるとともに、読者がその挑戦を受け止める瞬間をも内包している。挑戦の全貌を解明する文献学の試みは、今改めて出発点に立っているのである。

## 付・『英雄伝』の自己言及一覧

〔[分類番号（*現在形、**未来形）] 作品箇所（→参照先）本文［示される前後関係（前>後）]〕

（A）巻数の明示

[A1] *Dem.* 3.1 : γράφοντες ἐν τῷ βιβλίῳ τούτῳ, τῶν παραλλήλων βίων ὄντι πέμπτῳ, περὶ Δημοσθένους καὶ Κικέρωνος 対比伝記集の第5巻にあたるこの巻においてデモステネスとキケロについて書き記すにあたり［*Dem.-Cic.* = 5］

[A2] *Dion* 2.7 : ἐν τούτῳ δέ, δωδεκάτῳ τῶν παραλλήλων ὄντι βίων 対比伝記集の第12巻にあたるこの巻では［*Dion-Brut.* = 12］

[A3] *Per.* 2.5 : τοῦτο τὸ βιβλίον δέκατον συντετάχαμεν, τὸν Περικλέους βίον καὶ τὸν Φαβίου Μαξίμου τοῦ διαπολεμήσαντος πρὸς Ἀννίβαν περιέχον その第10巻として、ペリクレスの伝記と、ハンニバルに対して戦い抜いたファビウス・マクシムスのそれとを含むこの巻を私は綴った［*Per.-Fab.* = 10］

（B）発表順序の明示

[B1] *Thes.* 1.4（→*Lyc.-Num.*）: τὸν περὶ Λυκούργου [...] καὶ Νομᾶ [...] λόγον ἐκδόντες, ἐδοκοῦμεν οὐκ ἂν ἀλόγως τῷ Ῥωμύλῳ προσαναβῆναι ……リュクルゴスと……ヌマについての話を著した私としては、ロムルスへと遡ってゆくのは決して不自然でないと思われた［*Lyc.-Num.* > *Thes.-Rom.*］

（C）一般的な相互参照

[C1]*Ages.* 4.3 (→*Lyc.* 5.10 f.): ὡς ἐν τοῖς περὶ Λυκούργου γέγραπται リュクルゴスについての書の中で記されているとおり[*Lyc.-Num.* > *Ages.-Pomp.*]

[C2]*Ages.* 20.9 (→*Lyc.* 17-18): ὡς ἐν τοῖς περὶ Λυκούργου γέγραπται リュクルゴスについての書の中で記されているとおり[*Lyc.-Num.* > *Ages.-Pomp.*]

[C3]*Ages.* 28.6 (→fr. 1 S. *Epaminondas*): ὡς ἐν τῷ περὶ Ἐπαμεινώνδου γέγραπται エパメイノンダスについての書の中で記されているとおり[*Epaminondas-Scipio* > *Ages.-Pomp.*]

[C4]*Agis et Cleom.* 33.5 (→*Lyc.* 12; 19): ἣν δ' ἔχει τὸ τοιοῦτον τῆς παιδιᾶς εἶδος ὠφέλειαν, ἐν τῷ Λυκούργου βίῳ γέγραπται このような戯れのかたちにどのような利点があるのかは、リュクルゴスの伝記の中で記されている[*Lyc.-Num.* > *Agis et Cleom.-TG et CG*]

[C5]*Agis et Cleom.* 45.9 (→*Phil.*): ὡς ἰδίᾳ περὶ αὐτοῦ γέγραπται 別個に彼について記されているとおり [*Phil.-Flam.* > *Agis et Cleom.-TG et CG*]

[C6]*Brut.* 9.9 (→*Caes.* 60-61): ὡς ἐν τοῖς περὶ Καίσαρος ἀκριβῶς γέγραπται カエサルについての書の中で詳しく記されているとおり [*Alex.-Caes.* > *Dion-Brut.*]

[**C7]*Caes.* 35.2 (→*Pomp.* 62): ὡς ἐν τοῖς περὶ ἐκείνου γραφησομένοις τὰ καθ' ἕκαστον δηλωθήσεται 彼について今後記される書の中で詳細が示されるであろう[*Alex.-Caes.* > *Ages.-Pomp.*]

[*C8]*Caes.* 45.9 (→*Pomp.* 73-80): ἀλλ' οὗτος μὲν οἵαις [...] τύχαις, ὅπως τε [...] ἀνῃρέθη, δηλοῦμεν ἐν τοῖς περὶ ἐκείνου γράμμασιν だがこの人がどのような顛末で……そしてどのように……殺されたかということは彼についての書物の中で私は示す[*Alex.-Caes.* ? *Ages.-Pomp.*]

[C9]*Caes.* 59.4 (→*Num.* 18): ὡς ἐν τοῖς περὶ ἐκείνου γέγραπται 彼についての書の中で記されているとおり[*Lyc.-Num.* > *Alex.-Caes.*]

[C10]*Caes.* 62.8 (→*Brut.* 8.6-7): δι' αἰτίας ἃς ἐν τοῖς περὶ Βρούτου γε γραμμένοις δεδηλώκαμεν ブルトゥスについて記された書の中で私が示した理由によって[*Dion-Brut.* > *Alex.-Caes.*]

[C11]*Caes.* 68.7 (→*Brut.* 21-53): ἃ δὲ καὶ πράξαντες καὶ παθόντες ἐτελεύτησαν, ἐν τοῖς περὶ Βρούτου γέγραπται 彼らが何をし、どんな目に遭いながら生涯を終えたのかは、ブルトゥスについての書の中で記されている[*Dion-Brut.* > *Alex.-Caes.*]

[C12]*Cam.* 19.6 (→fr. 142 S.): ὡς ἡμῖν ἐν τῷ Περὶ ἡμερῶν ἀποδέδεικται 拙著『日について』の中で論じられているとおり[—]

[C13]*Cam.* 19.12 (→*Quaest. Rom.* 269E): ταῦτα μὲν οὖν ἐν τῷ Περὶ αἰτίων Ῥωμαϊκῶν ἐπιμελέστερον εἴρηται だがそれらについては『ローマをめぐる問答集』のなかでより詳しく述べられている[—]

[C14]*Cam.* 33.10 (→*Rom.* 27): ὡς ἐν τοῖς περὶ ἐκείνου γέγραπται 彼についての書の中で記されているとおり[*Thes.-Rom.* > *Them.-Cam.*]

[C15]*Cat. Ma.* 12.4 (→*Flam.* 15): ὡς ἐν τοῖς περὶ ἐκείνου γέγραπται 彼についての書の中で記されているとおり[*Phil.-Flam.* > *Arist.-Cat. Ma.*]

[C16]*Cat. Mi.* 1.1 (→*Cat. Ma.* 27.7): ὡς ἐν τοῖς περὶ ἐκείνου γέγραπται 彼についての書の中で記されているとおり[*Arist.-Cat. Ma.* > *Phoc.-Cat. Mi.*]

[C17]*Cat. Mi.* 22.4 (→*Cic.* 20.4-5): ὡς ἐν τοῖς περὶ Κικέρωνος γέγραπται キケロについての書の中で記されているとおり[*Dem.-Cic.* > *Phoc.-Cat. Mi.*]

[C18]*Cat. Mi.* 54.10 (→*Pomp.* 65.7-9): ταῦτα μὲν οὖν ἐν τοῖς περὶ Πομπηΐου γέγραπται だが

それらのことはポンペイウスについての書の中で記されている[*Ages.-Pomp.* > *Phoc.-Cat. Mi.*]

[C19]*Cat. Mi.* 73.6（→*Brut.* 13; 53.5-7）: ὡς ἐν τοῖς περὶ Βρούτου γέγραπται ブルトゥスについての書の中で記されているとおり［*Dion-Brut.* > *Phoc.-Cat. Mi.*］

[C20]*Cor.* 33.2（→*Publ.* 23）: ὡς ἐν τοῖς περὶ ἐκείνου γεγραμμένοις ἱστορήκαμεν 彼について記された書の中で私が叙述したように［*Sol.-Publ.* > *Cor.-Alc.*］

[C21]*Cor.* 39.11（→*Num.* 12.3）: ὡς ἐν τοῖς περὶ ἐκείνου γεγραμμένοις δεδήλωται 彼について記された書の中で示されているとおり［*Lyc.-Num.* > *Cor.-Alc.*］

[C22]*Crass.* 11.11（→*Marc.* 22）: τί δ' οὗτος ἐκείνου διαφέρει, καὶ περὶ τῆς κλήσεως, ἐν τῷ Μαρκέλλου βίῳ γέγραπται だが前者と後者がいかに異なるのかや、その呼称についてはマルケルスの伝記の中で記されている[*Pel.-Marc.* > *Nic.-Crass.*]

[C23]*Dion* 58.10（→*Tim.* 32-33）: περὶ ὧν ἐν τῷ Τιμολέοντος βίῳ τὰ καθ' ἕκαστα γέγραπται それらについてはティモレオンの伝記の中で詳細が記されている［*Aem.-Tim.* > *Dion-Brut.*］

[C24]*Fab.* 19.2（→*Marc.* 1.2; 9）: ὥσπερ ἐν τοῖς περὶ αὐτοῦ γεγραμμένοις εἴρηται 彼について記された書の中で言われているとおり［*Pel.-Marc.* > *Per.-Fab.*］

[C25]*Fab.* 22.8（→*Marc.* 20-21）: ὡς ἐν τοῖς περὶ ἐκείνου γέγραπται 彼についての書の中で記されているとおり[*Pel.-Marc.* > *Per.-Fab.*]

[C26]*Mar.* 6.4（→*Caes.* 1.2; 5.2; 6.1）: ὡς ἐν τοῖς περὶ ἐκείνου γέγραπται 彼についての書の中で記されているとおり［*Alex.-Caes.* > *Pyrrh.-Mar.*］

[C27]*Mar.* 10.2（→*Sull.* 3）: ἐπεὶ τὰ καθ' ἕκαστον μᾶλλον ἐν τοῖς περὶ Σύλλα γέγραπται 詳細はむしろスラについての書の中で記されているので［*Lys.-Sull.* > *Pyrrh.-Mar.*］

[**C28]*Mar.* 29.12（→fr. ? *Metellus*]）: ἀλλὰ γὰρ ὅσης μὲν [...], ὃν δὲ [...], βέλτιον ἐν τοῖς περὶ ἐκείνου γραφομένοις εἰρήσεται だがどれほど……どのように……ということについては、彼について記されつつある書の中で語られるほうが良かろう[—]

[*C29]*Nic.* 11.2（→*Alc.* 13; 16）: ὡς μᾶλλον ἐν τοῖς περὶ ἐκείνου γραφομένοις δηλοῦται 彼について記されつつある書の中でむしろ示されるとおり［*Nic.-Crass.* ? *Cor.-Alc.*］

[C30]*Nic.* 28.4（→*Lys.* 16-17.1）: ἀλλὰ ταῦτα μὲν ἐν τῷ Λυσάνδρου βίῳ μᾶλλον διηκρίβωται だがそれらのことはむしろリュサンドロスの伝記の中で詳らかにされている[*Lys.-Sull.* > *Nic.-Crass.*]

[C31]*Num.* 9.15（→*Cam.* 20.4-8）: περὶ ὧν ὅσα καὶ πυθέσθαι καὶ φράσαι θεμιτὸν, ἐν τῷ Καμίλλου βίῳ γέγραπται それらについては、調査や言及が許される限りにおいて、カミルスの伝記の中で記されている[*Them.-Cam.* > *Lyc.-Num.*]

[*C32]*Num.* 12.13（→*Cam.* 17-22）: ἀλλὰ ταῦτα μὲν ἐν τοῖς περὶ Καμίλλου μᾶλλον ἀκριβοῦται だがそのことはむしろカミルスについての書の中で詳しくされる［*Lyc.-Num.* ? *Them.-Cam.*］

[C33]*Per.* 9.5（→*Cim.* 10-17）: ὡς ἐν τοῖς περὶ ἐκείνου γέγραπται 彼についての書の中で記されているとおり[*Cim.-Luc.* > *Per.-Fab.*]

[C34]*Per.* 22.4（→*Lys.* 16-17.1）: ταῦτα μὲν οὖν ἐν τοῖς περὶ Λυσάνδρου δεδηλώκαμεν だがそれらのことはリュサンドロスについての書の中で私は示しておいた。[*Lys.-Sull.* > *Per.-Fab.*]

[C35]*Phil.* 8.6（→*Arat.* 10）: ὡς ἐν τοῖς περὶ ἐκείνου γέγραπται 彼についての書の中で記され

ているとおり[—]

[C36]*Pomp.* 16.8 (→*Brut.*): ὡς ἐν τοῖς περὶ ἐκείνου γέγραπται 彼についての書の中で記されているとおり[*Dion-Brut.* > *Ages.-Pomp.*]

[C37]*Pyrrh.* 8.5 (→fr. 2 S. *Scipio Maior*): ὡς ἐν τοῖς περὶ Σκιπίωνος γέγραπται スキピオについての書の中で記されているとおり[?*Epaminondas-Scipio* > *Pyrrh.-Mar.*](84)

[C38]*Rom.* 15.7 (→*Quaest. Rom.* 285B): περὶ ὧν ἐπὶ πλέον ἐν τοῖς Αἰτίοις εἰρήκαμεν それらについてはむしろ『諸問題』のなかで私は述べている [—]

[C39]*Rom.* 21.1 (→*Num.* 18-19): περὶ αὐτῶν ὅσα καλῶς εἶχεν, ἐν τῷ Νομᾶ βίῳ γέγραπται それらについては、しかるべき限りにおいて、ヌマの伝記の中で記されている[*Lyc.-Num.* > *Thes.-Rom.*]

[C40]*TG et CG* 21.9 (→fr. 3 S. *Scipio Aemilianus*): περὶ μὲν οὖν τούτων ἐν τῷ Σκιπίωνος βίῳ τὰ καθ' ἕκαστα γέγραπται だがそれらについてはスキピオの伝記の中で詳細が記されている[?*Epaminondas-Scipio* > *Agis et Cleom.-TG et CG*](85)

[C41]*TG et CG* 31.5 (→fr. 4 S. *Scipio Aemilianus*): ὡς ἐν τοῖς περὶ ἐκείνου γέγραπται 彼についての書の中で記されているとおり[?*Epaminondas-Scipio* > *Agis et Cleom.-TG et CG*](86)

[C42]*Thes.* 27.8 (→*Dem.* 19): περὶ ὧν ἐν τῷ Δημοσθένους βίῳ γέγραπται それらについてはデモステネスの伝記の中で記されている[*Dem.-Cic.* > *Thes.-Rom.*]

[C43]*Thes.* 29.5 (→fr. 6 S. *Heracles*): ὅτι δ' Ἡρακλῆς πρῶτος [...], ἐν τοῖς περὶ Ἡρακλέους γέγραπται ヘラクレスが最初に……したことについては、ヘラクレスについての書の中で記されている[—]

[C44]*Thes.* 36.2 (→*Cim.* 8): ὡς ἐν τοῖς περὶ ἐκείνου γέγραπται 彼についての書の中で記されているとおり[*Cim.-Luc.* > *Thes.-Rom.*]

[C45]*Tim.* 13.10 (→*Dion* ?): ταῦτα μὲν οὖν ἐν τοῖς περὶ Δίωνος ἀκριβῶς γέγραπται だがそれらのことはディオンについての書の中で詳しく記されている[*Dion-Brut.* > *Aem.-Tim.*]

[C46]*Tim.* 33.4 (→*Dion* 58.8-9): περὶ ὧν ἐν τῷ Δίωνος γέγραπται βίῳ それらについてはディオンの伝記の中で記されている[*Dion-Brut.* > *Aem.-Tim.*]

(D) 箇所を明示しない相互参照

[D1]*Alc.* 13.9 (→*Nic.* 11 [?Arist. 7.3-4]): περὶ μὲν οὖν τούτων ἐν ἑτέροις μᾶλλον εἴρηται τὰ ἱστορούμενα だがそれらのことについてはむしろ別のところで考証が語られている[*Nic.-Crass.* > *Cor.-Alc.*]

[D2]*Ant.* 69.1 (→*Brut.* 50): περὶ οὗ δι' ἑτέρων γεγράφαμεν それについては私は別のところで記している[*Dion-Brut.* > *Demetr.-Ant.*]

[D3]*Brut.* 25.6 (→*Quaest. conv.* 693F ff.): ὑπὲρ ὧν ἐν ἑτέροις μᾶλλον ἠπόρηται それらについてはむしろ別のところで考察されている [—]

[D4]*Cam.* 19.3 (→fr. 100 S.): περὶ δ' ἡμερῶν ἀποφράδων [...] ἑτέρωθι διηπόρηται だが忌み

(84) プルタルコスはおそらくスキピオの伝記を２つ書いており、この参照が『英雄伝』のそれにあたるか否かは不確実である。注２を見よ。

(85) 同上。

(86) 同上。

日については……別のところで考察されている[—]

[D5]*Lys.* 17.11（→fr. ? [?*Lyc.*30; *Agis et Cleom.* 3; *Inst. Lac.*239E-F]）: περὶ μὲν οὖν τούτων καὶ δι' ἑτέρας που γραφῆς ἡψάμεθα Λακεδαιμονίων だがそれらについては別の著作の中で私はラケダイモン人のことを扱った[—]

[D6]*Phoc.* 29.1（→*Dem.* 28-30）: περὶ ὧν ἐν ἄλλοις γέγραπται それらについては他のところで記されている[*Dem.-Cic.* > *Phoc.-Cat. Mi.*]

（巻別一覧）

***Aem.-Tim.***（→）C45, C46;（←）C23.　***Ages.-Pomp.***（→）C1, C2, C3, C36;（←）**C7, *C8, C18.　***Agis et Cleom.-TG et CG***（→）C4, C5, C40, C41;（←）—.　***Alex.-Caes.***（→）**C7, *C8, C9, C10, C11;（←）C6, C26.　***Arist.-Cat. Ma.***（→）C15;（←）C16.　***Cim.-Luc.***（→）—;（←）C33, C44.　***Cor.-Alc.***（→）C20, C21, D1;（←）*C29.　***Dem.-Cic.***（→）A1;（←）C17, C42, D6.　***Demetr.-Ant.***（→）D2;（←）—.　***Dion-Brut.***（→）A2, C6, C23, D3;（←）C10, C11, C19, C36, C45, C46, D2.　***Epaminondas-Scipio***（→）—;（←）C3, C37?, C40?, C41?.　***Lyc.-Num.***（→）C31, *C32;（←）B1, C1, C2, C4, C9, C21, C39.　***Lys.-Sull.***（→）D5;（←）C27, C30, C34.　***Nic.-Crass.***（→）C22, *C29, C30;（←）D1.　***Pel.-Marc.***（→）—;（←）C22, C24, C25.　***Per.-Fab.***（→）A3, C24, C25, C33, C34;（←）—.　***Phil.-Flam.***（→）C35;（←）C5, C15.　***Phoc.-Cat. Mi.***（→）C16, C17, C18, C19, D6;（←）—.　***Pyrrh.-Mar.***（→）C26, C27, **C28, C37;（←）—.　***Sert.-Eum.***（→）—;（←）—.　***Sol.-Publ.***（→）—;（←）C20.　***Them.-Cam.***（→）C12, C13, C14, D4;（←）C31, *C32.　***Thes.-Rom.***（→）B1, C38, C39, C42, C43, C44;（←）C14.

## ・参考文献・


Brożek, M. (1963), 'Noch über die Selbstzitate als chronologischen Wegweiser in Plutarchs Parallelbiographien', *Eos* 53, 68-80.

Delvaux, G. (1995), 'Plutarque: chronologie relative des *Vies parallèles*', *LEC* 63, 97-113.

Duff, T. E. (1999), *Plutarch's* Lives*: Exploring Virtue and Vice*', Oxford.

——— (2008), 'The Opening of Plutarch's *Life of Themistokles*', *GRBS* 48, 159-179.

——— (2011), 'The Structure of the Plutarchan Book', *ClAnt* 30, 213-278.

Geiger, J. (1979), 'Munatius Rufus and Thrasea Paetus on Cato the Younger', *Athenaeum* 57, 48-72.

——— (1981), 'Plutarch's Parallel Lives: The Choice of Heroes', Hermes 109, 85-104 [=in: Scardigli ed. (1995), 165-190].

Georgiadou, A. (1997), *Plutarch's* Pelopidas*: A Historical and Philological Commentary*, Stuttgart.

Hamilton, J. R. (1999), *Plutarch: Alexander*, 2nd ed., London (1st ed. 1969, Oxford).

Jones, C. P. (1966), 'Towards a Chronology of Plutarch's Works', *JRS* 56, 61-74 [= in: Scardigli ed. (1995), 95-123].

Mewaldt, J. (1907), 'Selbstcitate in den Biographieen Plutarchs', *Hermes* 42, 564-578.

Michaelis, C. T. (1875), *De ordine vitarum parallelarum Plutarchi*, Berlin.

Moles, J. L. (2017), *A Commentary on Plutarch's* Brutus, New Castle upon Tyne.

Muhl, J. (1885), *Plutarchische Studien*, Augusburg.

Nikolaidis, A. G. (2005), 'Plutarch's Methods: His Cross-references and the Sequence of the *Parallel Lives*', in: *Historical and Biographical Values of Plutarch's Works* (A. Pérez Jiménez, F. Titchener, eds.), Málaga, 283-323.

O'Neil, E. N. (2004), *Plutarch, Moralia: vol. 16 Index,* Cambridge, MA.

Pelling, C. B. R. (1979), 'Plutarch's Method of Work in the Roman Lives', *JHS* 99, 74-96 [=repr. with a postscript in: Scardigli ed. (1995), 265-318; repr. with revisions in: Pelling (2002), 1-44].

(1985), 'Plutarch and Catiline', *Hermes* 113, 311-329 [=repr. with revisions in: Pelling (2002), 45-63].

——— (2002), *Plutarch and History: Eighteen Studies*, Swansea.

——— (2011), *Plutarch* Caesar*: Translated with an Introduction and Commentary*, Oxford.

Prieth, K. (1908), 'Einige Bemerkungen zu den parallelen Biographien Plutarchs mit besonderer Berücksichtigung der συγκρίσεις', *VII. Jahresbericht des Städtischen Gymnasiums in Wels für das Schuljahr 1907/08*, 1-36.

Scardigli, B., ed. (1995), *Essays on Plutarch's* Lives, Oxford.

Smith, R. E. (1944), 'The Sources of Plutarch's Life of Titus Flamininus', *CQ* 38, 89-95.

Stadter, P. A. (1988), 'The Proems of Plutarch's *Lives*', *ICS* 13, 275-295.

——— (1989), *A Commentary on Plutarch's Pericles*, Chapel Hill, N. C.

——— (2014), 'Plutarch's Compositional Technique: The Anectode Collections and the *Parallel Lives*', *GRBS* 54, 665-686.

Stoltz, C. (1929), *Zur relativen Chronologie der Parallelbiographien Plutarchs*, Lund.

Theander, C. (1958), 'Zur Zeitfolge der Biographien Plutarchs', *Eranos* 56, 12-20.

Van der Valk , M. (1982), 'Notes on the Composition and Arrangement of the Biographies of Plutarch', in: *Studi in onore di Aristide Colonna* (M. Naldini ed.), Perugia, 301-337.

Verdegem, S. (2008), 'Plutarch's *Quaestiones Romanae* and his *Lives* of Early Romans', in: *The Unity of Plutarch's Work* (A. G. Nikolaidis ed.), Berlin, 171-185.

——— (2010), *Plutarch's* Life of Alcibiades*: Story, Text and Moralism*, Leuven.

Wilamowitz-Moellendorf, U. von (1926), *Reden und Vorträge*, Bd. II, Berlin.

Ziegler, K. (1951), 'Plutarchos 2', *RE* 21.1.636-962 [=*Plutarchos von Chaironeia*, Stuttgart, 1949].

Ziegler, K. & H. Gärtner (1998), *Plutarchi vitae parallelae: vol. IV indices*, 3. ed., Stuttgart.

柳沼重剛 (2007)「解説」、プルタルコス『英雄伝 1』(柳沼重剛訳) 所収、京都大学学術出版会、433-453

# あとがき

本書は、西洋古典の中でも近年急速に再評価の進むプルタルコスを対象に、哲学・史学・文学の３分野からなる９つの専門論文を通じて、その新たな作家像に多角的に迫ろうとするものである。

本書の直接の由来は、日本西洋古典学会第66回大会で開催されたシンポジウム「プルータルコスと指導者像」(2015年６月６日、於・首都大学東京）にある。西洋古典学はその本義からして古代哲学・西洋古代史・西洋古典文学や関連諸分野にまたがる多分野共同研究の性質を帯びるものであり、そのあらわれのひとつと言うべきか、日本西洋古典学会では数年来、３年に１度ずつ分野横断的なテーマを掲げて大会シンポジウムが開催されてきた。上述のシンポジウムはその一環として、本書の編著者である佐藤、木原、小池に平山晃司氏（大阪大学）を加えた４名によって共同企画されたものであり、企画班は当日司会・コメンテーターも務めた。そして本書の重要な核をなす３つの章を執筆した瀬口、松原、中谷は、本シンポジウムにおいて哲学・史学・文学それぞれの立場から行われた３つの報告を担当しており、各章の内容の一部は以下の通り公刊されている。

(第６章)「プルタルコスの指導者像と哲人統治の思想」『西洋古典学研究LXIV』(2016年)、91-101
(第１章)「プルタルコス『英雄伝』のコンテクスト」同、103-114
(第７章)「『対比列伝』におけるプルータルコスの「比較」と人物描写」同、116-126

もっとも、当初から紙幅の制限が厳しかったのみならず、その後の研究成果が盛り込まれて３章とも大幅な加筆がなされており、実質的に別の論文と呼んで差し支えないものになっている。その他は書き下ろしである。

ただし本書はシンポジウムの単なる報告刊行物ではない。それというのも本シンポジウムの準備にあたっては、開催の２年前にあたる2013年から上述

7名を共同研究者として本格的な研究会が開始されたからである。この研究は途中、2014〜2016年度科学研究費助成事業・基盤研究（C）『プルータルコス作品の実証的研究：文化・思想的背景に即した総合的再検討』として助成を受けながら、シンポジウム後も継続された。一シンポジウムの準備としてはやや大仰とも言えるこの経緯は、企画班が当時若手研究者として未だ実績に乏しく入念な準備を要したことも一因となっているが、主たる理由は対象として選んだプルタルコスという題材そのものにある。広く世に親しまれ、また学術的な意義も大であるにもかかわらず、特に本邦では研究会発足時点においてこの作家の専門研究はほとんど進んでいなかった。多面的かつ多作の作家を対象にして、欧米で急速に進む再評価を摂取・検討しつつさらに学術的に意味のある結果を示すには、本格的な共同研究が必須だったのである。（もっとも、ここで少しだけ個人的な感慨を述べることが許されるなら、あの時、たとえ意義が大きかろうともほぼゼロからのスタートとしてこのような巨大な題材を選んだのは、まさに若気の至りというか、少々気負いすぎていたように今にして思うところである。）

こうして研究会は発足し、大会シンポジウムにおいて確かな手応えを得たことに勇気づけられつつ、より充実した成果の公刊を目指して研究会は継続された。途中、都合により平山氏は執筆から外れることになるが、趣旨に賛同した研究者として哲学・史学・文学3分野からそれぞれ近藤、澤田、勝又を迎えて研究はむしろ拡大された。本書はその成果を公刊するものでもある。結果として専門分野はもちろん、世代も経歴も活動の場所も異にする9名の研究者による共同執筆となった。研究対象の大きさに比してかけられた時間はおよそ十分とは言い難く残された課題も多いが、今これを公刊することの意義を信じつつ、読者諸氏の忌憚のない批判を待つこととしたい。

本書の刊行は多くの方々に支えられている。第一の感謝は、最初のきっかけを与えてくださった中務哲郎先生（京都大学名誉教授）へのものである。先生は若手研究者主体でシンポジウムを企画することを直接に促され、時に後込む企画班に教え諭し、時に激励してくださった。また高橋宏幸先生（京都大学）は、シンポジウム開催向けていくつもの細やかなアドバイスをくださった。さらに本書の刊行準備にあたっては、内山勝利先生（京都大学名誉教授）から貴重な御助言を頂戴した。加えて、いちいち名前は挙げられないが、シンポジウム当日のみならず研究の過程で折に触れ、御意見や励ましをくださった日本西洋古典学会の会員諸氏にも心から感謝をしたい。ただし言うまでもないことであるが、本書に残る不備や誤りは全て我々の責によるものである。

本書は上述の通り日本学術振興会科学研究費助成事業（学術研究助成基金助成金・課題番号26370361）の研究助成を受けた成果を公刊するものである。刊行の際は日本学術振興会平成30年度科学研究費助成事業（研究成果公開促進費・課題番号18HP5053）の交付を得た。また、出版にあたって京都大学学術出版会の國方栄二氏からいただいた多大な御尽力にも、この場を借りて深く感謝したい。

ひるがえってみるならば、昨今の本邦における学問研究、なかんずく人文諸科学の置かれた厳しい状況を考えるとき、2000年前の一人の作家が行った挑戦を論ずる専門研究書が刊行されるという、その僥倖を可能としてくださった全ての方々にひたすら感謝するばかりである。その昔プルタルコスは、自身にとって既に古典となっていた多くの書物を渉猟しながらさまざまな挑戦を行った。その書は2000年の間に渡って人々に受け入れられ、読み継がれた。そうして時を経てこれを論じようとした本書の試みは、多少なりと大胆に過ぎたかもしれない。不足の認められるところ大であろう。それでも読者諸氏の中に少しでも共感を得るところがあるならば幸いである。そしてこの挑戦がこの先も受け継がれてゆくことを切に願いたい。

2019年２月

執筆者を代表して　小池　登

# 略号表

本書で用いられている略号は、古典文献については*A Greek and English Lexicon*, ed. H.G. Liddell, R. Scott, H.S. Jones, and R. McKenzie (9th edn, 1940), Oxford、*The Oxford Classical Dictionary*, ed. S. Hornblower, A. Spawforth, and E. Eidinow (4th edn, 2012), Oxford、および*Oxford Latin Dictionary*, ed. P. G. W. Glare (2nd edn, 2012), Oxfordに、雑誌等については*L'Année philologique*に依拠した（ただし、雑誌等の略号のうち、Th, Chはそれぞれ T, Cに改めてある）。以下は、上記の例に従わなかったものである。

*BNJ* Worthington, I., ed. (2007-), *Brill's New Jacoby*, Leiden.

DK[6] Diels, H. & W. Kranz (1952), *Die Fragmente der Vorsokratiker*, 6te Aufl.

EK Edelstein, L., and I. G. Kidd eds. (1989), *Posidonius I. The Fragments*, 2nd ed., Cambridge.

*FGH* Jacoby, F., ed. (1923-), *Die Fragmente der griechischen Historiker*, Leiden.

*FHG* Müller, K. W. L., ed. (1841-1873), *Fragmenta Historicorum Graecorum*, Paris.

*FRH* Cornell, T. J., ed. (2013), *The Fragments of the Roman Historians*, Oxford.

*HRR* Peter, H., ed. (1906-1914), *Historicorum Romanorum Reliquiae*, Leipzig.

Marshall Marshall, P. K., ed. (1977), *Cornelii Nepotis Vitae cum fragmentis*, Leipzig.

Wehrli Wehrli, F., ed. (1967-1969), *Die Schule des Aristoteles. Texte und Kommentare*, 2te Aufl., Basel.

*SVF* Arnim, H. F. A. von, ed. (1903-1905), *Stoicorum veterum fragmenta*, Leipzig.

# 索　引

## 人名索引

＊古代の人名に限って収載する。神話に登場する人物も含める。

### ア行

アイアス　241
アイゲウス　222-223
アイトラ　222
アイリオス・アリステイデス　52, 250
アウグストゥス　35, 44, 57, 67
アウレリウス・ウィクトル　58
アエティオス　166
アエミリウス　169
アギス（4世）　303
アキリウス　156
アキリウス・グラブリオ（マニウス・）　299
アキレウス　81, 151, 241-242
アキレウス・タティオス　137
アクィリウス・レグルス　46
アゲシラオス　29, 72, 245, 303
アシニウス・ポリオ　31
アナクサゴラス　164, 168
アプトニオス　242, 244
アポロニオス　268-269
アリアドネ　224
アリアノス　23, 66-67, 69-72, 77, 81, 83, 85-88, 92-93, 95, 250, 255-256
アリステイデス　80, 83-84, 106-107, 120, 122, 273
アリストクセノス　33, 37
アリストテレス　3, 8, 23, 33, 53, 78-79, 81, 88, 110-112, 118-119, 122, 139, 144, 147, 161, 166, 176, 186-187, 190, 194, 198, 208, 243
アリストマケ　294
アリプロン　111
アルキダモス　229
アルキビアデス　23, 42, 107, 236-240, 244
アルケスティス　151
アルレヌス・ルスティクス　46, 193
アレクサンドロス（大王）　1-2, 7, 31-32, 38, 49, 54, 65-96, 135, 162, 165, 167, 191, 194, 232, 235, 255-256, 265, 267
アレクサンドロス（5世）　235
アレテ　294
アンティオコス（アスカロンの）　188
アンティオコス（3世）　299
アンティオペ　223
アンティゴノス（デメトリオスの父）　89, 231, 233-234
アンティゴノス（デメトリオスの子）　233-234
アンティゴノス（カリュストスの）　37
アンティステネス　40
アンティパトロス（ストア派）　148-149
アントニウス　67-68, 134, 219-220, 230-235, 239, 259
アンドロティオン　110-111
アンドロマケ　155-157
アンピクラテス　34
イアソン（キュレネの）　38
イアソン（ニュサの）　34
イオン　40
イソクラテス　37, 47, 53, 125, 161, 243
イドメネウス　40
ウァレリウス・マクシムス　48-49, 53, 69
ウァロ　34-35, 44, 48-49
ウェルギリウス　51
ウォルタキリウス　44
ウォルムニア　133
エウアゴラス（リンドスの）　39
エウナピオス　20, 23, 33, 56
エウポレモス　39
エウマコス　38
エウリピデス　73
エウリュディケ　136
エパメイノンダス　286, 301, 305

エピクテトス　70
エピクロス　166
エポロス　109, 117-119, 121, 125-126, 203
エンペドクレス　39
オッピウス　44
オデュッセウス　241
オネシクリトス　67, 75
オリュンピアス　85, 88, 90-92, 94-95, 135
オリュンピオス（ペリクレスの綽名）　227

カ行
カイキリオス　49
カエサル　30-31, 37, 44, 46, 49, 54, 68-70, 72, 78, 134, 232, 234, 267, 295-296, 305
カッサンドロス　91, 119
カッシウス　45, 295-296
カティリナ　200
大カトー　47, 51
小カトー　45-46, 134-135, 202
カミルス　297, 306
カリグラ　68
カリステネス　77, 81
カリストラトス　220
カリッポス　203
ガレノス　250
カロン　41
カンマ　140
キケロ　21, 23-24, 44, 46, 49, 51, 69, 90, 119, 199, 201, 218-221, 230, 254, 304-305
キモン　107-108
クサンティッポス　111
クサントス　39
クセノポン　27, 29, 33, 35, 38, 42, 53, 57
クセノポン（ハンニバル業績録者）　37
クセノポン（伝記作家）　41
クセルクセス　1, 215
クラウディウス・ポリオ　46
グラックス（ティベリウス・）　25, 215, 271-272
クリアティウス・マテルヌス　45
クリュシッポス　186
クルティウス（・ルフス）　66-69, 73, 76-77, 85, 165
クレア　136, 138
クレアンテス　139
クレイステネス　105, 110-111
クレイタルコス　67
クレイトス　77
クレオパトラ　134, 140, 234-235
クレオパトラ（ピリッポスの新妻）　91
クレオメネス（3世）　303
クレオラ　29
ゲリウス　46
ケルソス　265
コリオラヌス　133, 236-239, 244

サ行
サテュロス（伝記作家）　33, 37, 41-44, 46
サテュロス（役者）　221
サビニ　222
サルスティウス　23, 26
シナトス　140
シレノス　38
スエトニウス　19-21, 24-26, 30, 32-33, 35, 37, 40, 44, 54, 58
大スキピオ（アフリカヌス）　124, 229, 279, 307
小スキピオ（アエミリアヌス）　42, 43, 279, 307
スキュラクス　39, 187
ステシンブロトス　32, 39-40, 56
ストバイオス　142-143, 149-150, 152
スペウシッポス　207
スラ　270, 306
セウェルス　202
セクストス（ボイオティアの）　209-210
セソストリス　241
セネカ　46, 68-69, 76-77, 90, 166, 187
セネキオ（クィントゥス・ソシウス・）　1, 71, 192, 219, 224, 262-265, 267, 282, 286
セネキオ（ヘレンニウス・）　45
ゼノン（キティオンの）　75, 186
セミラミス　241
セレウコス　233
ソクラテス　33, 56, 75, 119-120, 139, 184-185, 190, 237

ソシュロス　38
ソポクレス　73

タ行
ダイマコス　168
タキトゥス　17, 19, 21, 25, 30, 35, 45-46, 52-54, 57-58, 219, 289
ダモン　107-108
テアゲネス　32
ディオゲネス・ラエルティオス　33-34, 37, 42, 139, 145, 166
ディオドロス　66-67, 85, 90, 116-119, 121, 165, 203-204, 206
ディオニュシオス（1世）　57, 202, 206, 208
ディオニュシオス（2世）　42, 125, 192, 202-204, 206-208
ディオニュシオス（ハリカルナッソスの）　26, 29
偽ディオニュシオス　56
ディオン（シュラクサイの）　185, 202-208, 293-295, 307
ディオン・クリュソストモス　52, 69, 71, 80-81, 83, 88, 250, 264
ディカイアルコス　29, 34
ティッサペルネス　238
ティマイオス　29, 38, 47, 203-204, 268
ティマゲネス　31, 39, 44
ティメシアス　124
ティモカレス　38
ティモクセナ　155
ティモニデス　203
ティモレオン　37, 204, 236, 260, 293, 306
ティロ　44
テウクロス　38
テオパネス　44
テオプラストス　21, 33-34, 166, 176
テオポンポス　38
テオン　242
テセウス　28, 222-224, 266
テセウス（伝記作家）　41
テミストクレス　1, 56, 106, 116-119, 124
デメトリオス（マケドニアの）　89, 126, 230-235, 239, 259
デメトリオス（パレロンの）　41, 119-121, 126
デメトリオス（ユダヤ史家）　39
デモクリトス　172-173, 178-179
デモステネス　42, 49, 81, 218-221, 254, 304, 307
デモナクス　261
テルシテス　242
テレポス　39
トゥキュディデス　18, 22-24, 26, 28-29, 31, 40, 56, 110, 118-119, 126, 138, 267-268
トゥトラ　297
ドゥリス　38
ドミティアヌス　4, 37, 45, 47, 53-55, 57-58, 83, 193, 269, 281
トラセア・パエトゥス　45-47, 202
トラヤヌス　4, 54-55, 69, 71, 83, 192, 194, 262, 264

ナ行
ニカンドロス　41
ニキアス　64, 72, 107, 267, 269
ニコラオス　31, 44
ヌマ　196-197, 199-201, 304, 307
ネアンテス（キュジコスの）　34, 38, 40-41
ネアンテス　178
ネストル　241
ネポス　17-21, 23-24, 33, 35, 37, 42-44, 48-50, 53, 119, 203-204, 206
ネロ　4, 45, 54, 68-69

ハ行
パ（イ）ニアス　40, 46
パイニッポス　111
パウサニアス（歴史家）　250
パウサニアス（スパルタ王）　117-118
ハドリアヌス　4, 54, 80, 192
バトン　40
パラリス　125
パルナバゾス　238
パルメニオン　77
ハンニバル　29, 38, 227, 229, 243, 279, 304
ヒエロニュムス（キリスト教作家）　37
ヒエロニュモス（カルディアの）　29

ヒエロン　114
ヒケテス　293-295
ヒッパルコス（カルモスの子）　111
ヒッピアス　29
ヒッポクラテス（アロペケ区民）　111
ヒッポクラテス（医者）　172
ヒッポニコス　238
ヒュギヌス　43-44, 49-50
ピュタゴラス　42, 197, 199, 268
ヒュペルボロス　105-106, 110
ピリスコス　41
ピリストス　28, 31, 41, 202-203, 206, 268
ピリッポス（2世）　38, 42, 57, 65, 67, 85, 88-95, 220
ピロコロス　110
ピロストラトス　23, 33-35, 37, 209, 252, 254, 264, 268-270, 273-274
ピロタス　77
ピロティス　297
ピンダロス　108-109, 112-115, 194
ファビウス・マクシムス　225-230, 243, 279-280, 301, 304
ファンニウス（ガイウス・）　45
プトレマイオス（1世）　67, 120
プトレマイオス（メガロポリスの）　38
プラウトゥス　70
プラクシパネス　21
プラトン　3, 8, 33, 42, 71, 73, 75, 139, 142, 144-145, 151, 161, 174-175, 179, 183-192, 195-198, 200-208, 231, 245
フラミニヌス　298-299
大プリニウス　46, 166
ブルトゥス　45, 134-135, 141, 156-157, 202, 208, 241, 295-296, 305-306
プロティノス　188
プロテウス　269
ペイシストラトス　110-111, 116
ヘクトル　155-156
ヘラクレイデス（シュラクサイの政治家）　202-204, 206
ヘラクレイデス（マグネシアの）　38
ヘラクレイトス　108
ヘラクレス　223, 225, 307
ヘラニコス　29
ペリクレス　1, 26, 56, 81, 107, 138, 221, 225-230, 243, 279-280, 304
ヘルウィディウス　202
ヘルシリア　133, 140
ヘルミッポス　37, 41, 44
ヘロデス・アッティコス　80
ヘロドトス　18, 22-24, 29, 40, 56, 164
ペロピダス　17, 301
ポセイドニオス（ペルセウス業績録者）　38
ポセイドニオス（ストア哲学者）　38
ホメロス　32, 47, 73, 123
ポリアノス　136
ポリュビオス　18, 22, 28-30, 37-38, 47, 53, 57, 67, 73, 89-90
ポルキア　134-135, 140-141, 151, 156-157, 241
ポルピュリオス　33
大ポンペイウス　44, 67-68, 72, 234, 267, 306
ポンペイウス・ストラボ（大ポンペイウスの父）　44
ポンペイウス・トログス　66-68, 85

## マ行

マクシモス（テュロスの）　250
マネトン　39
マラトゥス（ユリウス・）　44
マリウス・マクシムス　58
マルクス・アウレリウス　201, 209-210
マルケルス　43, 49-51, 227, 301, 306
ミヌキウス　227, 243
ムソニウス・ルフス　139, 141-143, 148-154
メガクレス　48, 111-113, 115
メトロドロス　38
メナンドロス（エペソスの）　39
メネマコス　122

## ヤ行

ユウェナリス　51
ユスティヌス　66, 165
ユストス　39
ユリア・ドムナ　264
ユリウス・セクンドゥス　46

ラ行
ラミア　232
ラレンティア　223
リウィウス　29, 31, 49, 54, 69, 73, 289
リウィウス・ポストゥミウス　297
リュクルゴス　201, 303-305
リュサンドロス　168-169, 239, 270-271, 303, 306
リュシマコス　79
ルカヌス　68
ルキアノス　20-22, 33, 35, 53, 137, 250, 255-256, 261-262, 265-266
ルクルス　43, 244
ルクレティウス　166
レオニダス　79
レオンティス　139
レムス　222-223
ロムルス　197, 222-224, 264, 266, 297, 304

## 事項索引

ア行
愛、愛情、恋、エロス　91, 134-137, 144-145, 148-151, 154, 171, 195, 200, 210
悪徳　15, 68-69, 71, 80, 83, 89, 91, 153, 217, 230-231, 233-235, 239, 246, 257, 259, 283
アカデメイア派、古—、新—　4, 188-189
アテナイ、アテナイ人、アテナイ市民　1-2, 28, 38-40, 84, 104-108, 110-111, 113, 116-117, 119-120, 123-124, 168, 178, 198, 202-203, 206, 209, 221-223, 225, 228, 230, 232-233, 235-236, 238
アレクサンドロス模倣　67-70, 75
アレテー　→「徳」
運、幸運、テュケー（τύχη）　73-74, 76, 79-80, 87, 90, 107, 113, 172, 184, 196, 200-201, 207, 231, 234
エスノグラフィ　→「民族誌」
エピクロス派　4, 173, 186, 188
演説（『英雄伝』中の）　25-26, 30, 55
覚書　→草稿
女　→「女性」

カ行
改訂　292-300
カイロネイア　1, 25, 70, 83, 103, 115, 191, 193, 209, 254
語り手　249-275
感情　106, 108, 113-115, 117, 123, 146-148, 155, 157, 172
観想、観想的生活　186-187
記憶違い　241, 289
業績録　38-39, 41, 44-45, 47
教養、教育、パイデイア（παιδεία）　51, 78-81, 139, 142, 155, 174, 194, 198, 255
クレイステネス改革　105
結婚　135-136, 142, 146, 148-151, 154-157, 230
原因、原因探究　167, 171, 173-174, 176-179
恋　→「愛」
幸運　→「運」
国際プルタルコス学会　4, 185, 251
コリントス　76, 89, 202, 204, 206, 260

サ行
ジェンダー　94, 135, 139, 142
シケリア　31, 34, 185, 199, 202-205, 208, 267, 269
自然学　36, 167, 169-171, 173, 175-176, 180, 188
嫉妬、妬み　103-130, 154, 172, 196, 206
写本　24, 35, 43, 48, 279, 281, 293
受容（『英雄伝』の）　16-17, 58
シュラクサイ　31, 50, 114, 125, 192, 202-204, 206-208, 293-294
「書」、ビブリオン（βιβλίον）　47, 217-218, 225, 246, 251
頌辞　25, 35, 37-38, 41-42, 44, 46-47, 53, 56-57
女性　55, 78, 90-91, 94, 133-157, 174, 241
新プラトン主義　188-189　→「中期プラトン主義」
人文学（ヘレニズム期の）　29, 35-36, 39, 45, 49

神話　28, 104, 144, 146, 165-166, 169, 172, 222, 224　→「迷信」
ストア派　4, 46, 68, 74, 135, 139, 142-143, 145-148, 161, 186, 188-189
スパルタ　2, 29, 34, 36, 51, 90, 107-108, 117-118, 168, 198, 229, 238-239, 303
寸言　20, 26-27, 30, 33, 35-36, 44, 49-50
性、性行為、性道徳　135, 137, 151-153
政治家、政治指導者、政治活動　1, 17, 32, 37, 39, 41-43, 46-47, 49, 55, 57, 106, 109, 111, 113-114, 120, 123-126, 184, 191, 197, 203, 207, 209-210　→「伝記（政治的・軍事的指導者の）」
折衷的、折衷主義　136, 162, 189
僭主、僭主政、僭主政治　39, 41-42, 105-106, 110-112, 116, 126, 202-205, 207, 222, 224
戦争　15, 24-25, 28, 30-31, 50, 70, 88, 94, 111, 168, 192, 196-198, 204, 225-226, 234
草稿、備忘録、覚書、メモ　36, 175, 290-291, 296-297
相互参照（『英雄伝』の）　72, 279-308
相互参照（『モラリア』の）　284
ソフィスト　31-32, 37, 52, 89, 117, 250, 252

タ行

ターン（W.W. Tarn）　86-87, 92, 94-95
第1巻（『英雄伝』の）　286, 301
第二次ソフィスト運動、―思潮、―期　4, 55, 69, 80, 82-83, 180, 208, 250, 252, 255, 257, 274
対比　36, 47-59, 78, 141, 215-247, 279, 283-284, 301
脱線、脱線話　78, 164
妥当性（伝記叙述上の）　294, 296-297, 302
弾劾　25, 53, 56-57
中期プラトン主義　3, 6, 136, 188-189, 194-195
哲学的問答法　174, 206
哲人王、哲人統治　73-76, 80, 87, 202, 184-185, 187-188, 190, 192-197, 199-201, 206-210
デルポイ　71, 136, 193, 223, 225
伝記（政治的・軍事的指導者の）　19, 32, 37-48, 53, 57-58　→「政治家、政治指導者、政治活動」
伝記（文人・哲人の）　20, 33-34, 36-37, 39, 41, 43-47, 53, 56-57
伝記化（歴史の）　15-17, 22, 38, 45
伝記と歴史（近現代の）　15-17
伝記と歴史（古代の）　17-32, 48
伝記の形式　19, 21-22
伝記の内容　22, 24, 31
陶片追放　103-130
徳、美徳、徳性、アレテー（ἀρετή）　15, 17, 27, 50, 55-56, 68-69, 71, 73-74, 76, 79-80, 83, 87, 90, 125, 135, 137-139, 141-143, 147, 156-157, 184-185, 189, 194-195, 205, 215-217, 219, 221, 226-232, 234-235, 239, 241, 244-246, 257-261, 272, 275
ドロイゼン（J.G. Droysen）　16, 85-87, 92, 94-95

ナ行

二元論　145-147
妬み　→「嫉妬」

ハ行

パイデイア　→「教養」
発表順序（『英雄伝』の）　279-308
範例文学　35, 49, 53
「比較」、シュンクリシス（σύγκρισις）　21, 47-48, 51, 53, 72, 215-247, 249, 251-252,
ヒストリアー（ἱστορία, historia）　15, 27-31, 36, 39, 45
備忘録　→草稿
ピラントローピア　79, 82, 90
フェミニズム、フェミニスト　138-139, 142-143, 146, 154
プラーグマティケー・ヒストリアー（πραγματικὴ ἱστορία）　17, 23, 30, 39, 57
プラトン主義　136, 141, 144-147, 161　→「中期プラトン主義」
『プロギュムナスマタ』　242
プロロゴス、「前書き」　217-220, 222, 224-226, 228-234, 236-237, 240, 243, 245-246, 251-254, 256-257, 259-260, 263, 267, 269-272, 275

並行性　221, 225-226, 230, 242-243
平和　74, 93, 198-199
ペリパトス派　33, 35, 68, 74, 147, 176
ボイオティア　1, 115, 209, 286-287, 291

マ行
「前書き」→「プロロゴス」
ミラビリア（mirabilia）　163-166, 168-171, 174, 177-178
民族誌、エスノグラフィ　22, 25, 34, 36, 42
迷信　163, 165, 169, 171-174, 177, 180　→「神話」
モンテーニュ　2, 216, 244

ヤ行
勇気、勇敢　78, 90, 135, 137-138, 140, 142, 157, 167, 196, 236
読み手、読者　26, 28, 52, 55-56, 71, 92, 103, 135, 164, 167, 169, 184, 193, 197, 208, 209, 216, 224, 240-246, 249-275, 284, 290-291

ラ行
理性、ロゴス　28, 122, 144-148, 154, 174, 195, 224
列伝体歴史叙述　24, 39, 58

## 出典索引

Achilles Tatius（アキレウス・タティオス）
*Leucippe et Clitophon*（『レウキッペとクレイトポン』）
2.35-38 …… 137

Aetius（アエティオス）
*De placita philosophorum*（『学説誌』）
3 …… 166

Afranius, L., ap. Gell. *NA* 13.8.1-5（アフラニウス）　51

Ammianus Marcellinus（アンミアヌス・マルケリヌス）
*Res gestae*（『歴史』）
26.1.1 …… 24

Ampelius, L.（アンペリウス）
*Liber memorialis*（『覚書』）
15, 17-19 …… 48

Amphicrates Atheniensis, *FHG* IV 300（アンピクラテス、アテナイの）　34

Amyntianus, *FGH* 150 = 1072（アミュンティアノス）　57

Androtion（アンドロティオン）
*Atthis*（『アッティカ史』）
*BNJ* 324 F 6 …… 110-111

Antipater Tarsensis（アンティパトロス）
*SVF* III.63 …… 148

Antisthenes Atheniensis, *FGH* 1004（アンティステネス、アテナイの）　40

Aphthonius（アプトニオス）
*Progymnasmata*（『プロギュムナスマタ』）
242, 244

Appianus（アッピアノス）
*Bellum civile*（『内乱記』）
2.21.149-154 …… 68

Aquillius Regulus, M., ap. Plin. *Ep.* 4.7.2（アクィリウス・レグルス）　46

Aristides（アリステイデス）
*Orationes*（『弁論集』）
26.25-26 …… 84

Aristoteles（アリストテレス）
*Atheniensium respublica*（『アテナイ人の国

制』）
22.3-6 …… 111
22.5 …… 113
*Ethica Nicomachea*（『ニコマコス倫理学』）
1127a …… 33-34
10.7-8 …… 186
*Meteorologica*（『気象について』）　166
*Politica*（『政治学』）
1260a21-22 …… 139
1284a17-22 …… 112
1284b22 …… 112
1287a8-23 …… 187
1302b15-21 …… 112
1324a13-35 …… 186
1325b14-16 …… 186
1325b16-21 …… 186
1332b15-27 …… 187
1333a30-1333b5 …… 186
*Poetica*（『詩学』）
1451b …… 23
*Rhetorica*（『弁論術』）
1367b …… 53
1368a …… 52
ps.-Aristoteles（擬アリストテレス）
*De mundo*（『宇宙について』）
4 …… 166
*Problemata*（『問題集』）　176

Aristoxenus Tarantinus, Wehrli II（アリストクセノス、タラスの）　33

Arrianus（アリアノス）
*Alexandri anabasis*（『アレクサンドロス大王東征記』）　23, 66, 69
1.12.2-5 …… 69, 255
4.10.1 …… 81
7.9.2-5 …… 88
7.11.8-9 …… 87
7.27.1 …… 81
7.29.4 …… 77

Arulenus Rusticus, Q. Iunius, *HRR* II 116; *FRH* 88（アルレヌス・ルスティクス）　46

Asconius Pedianus, Q., *HRR* II 109（アスコニウス）　46

Asinius Pollio, C., *HRR* II 67-70; *FRH* 56（アシニウス・ポリオ）　31

Athenaeus Naucratita, *FGH* 166 = 1074（アテナイオス、ナウクラティスの）　39

Augustus, C. Iulius Caesar（アウグストゥス）
*Res gestae*（『業績録』）　35

Aurelius Victor（アウレリウス・ウィクトル）
*De Caesaribus*（『皇帝列伝』）　58

Ausonius（アウソニウス）
*Mosella*（『モセラ』）
305-307 …… 48

Baton Sinopensis, *FGH* 268（バトン、シノペの）　40

Caecilius Calactinus, ap. Plut. *Dem.* 3.2, *Sud.* s. v. Καικίλιος（カイキリオス、カレ・アクテの）　49

Cassius Dio（カッシウス・ディオ）
*Historiae Romanae*（『ローマ史』）
1.F1.1 …… 24
37.52.2 …… 68
40.16-26 …… 31

Cato, M. Porcius, $HRR^2$ 55-97 = *FRH* 5 [ed. Chassignet]（大カトー）
*Origines*（『起源論』）　51

Charon Carthaginensis, *FGH* 1077（カロン、カルタゴの）　34, 41

Cicero（キケロ）
*Brutus*（『ブルトゥス』）　44
*De amicitia*（『友情について』）

12.42……119
*De divinatione*（『占いについて』）
2.22……46
*De officiis*（『義務について』）
1.90……69, 90
*De oratore*（『弁論家について』）
2.4……51
2.63……24
*De republica*（『国家論』）
2.2……51
*Epistulae ad Atticum*（『アッティクス宛書簡』）
13.28.3……69
*Epistulae ad familiares*（『友人宛書簡』）
5.12.4f.……23
*Orator*（『弁論家』）
37……24
39……21
66……24
*Pro Sestio*（『セスティウス弁護』）
141……51

Claudius Pollio, Ti., *FRH* 91（クラウディウス・ポリオ）　46

Cleanthes, ap. D.L. 7.175（クレアンテス）　139

Clearchus Solensis, Wehrli III（クレアルコス、ソロイの）　34

Curiatius Maternus, ap. Tac. *Dial.* 2.1–2, 3.4（クリアティウス・マテルヌス）　45

Curtius Rufus（クルティウス・ルフス）
*Historiae Alexandri Magni*（『アレクサンドロス大王伝』）　66
5.7.1……77
10.5.35……73

Damastes Sigeensis, *FGH* 5（ダマステス、シゲイオンの）　32

*De viris illustribus urbis Romae*（『ローマ共和政偉人伝』）　48

Demetrius Phalereus（デメトリオス、パレロンの）　41, 119–120, 126

Demetrius, *FGH* 722（デメトリオス）　39

Dicaearchus Messenius, Wehrli I（ディカイアルコス、メッセネの）　34

Dio Chrysostomus（ディオン・クリュソストモス）
*De regno*（『王政論』）　81
1–4……69
3.2……264

Diodorus（ディオドロス）
*Bibliotheke*（『歴史叢書』）　118
1.1.5……24
11.54.4–5……117
11.55.1–3……109, 116
16.1.6……90
16.6……204
17……66
17.1.3–4……90
17.117.5……90

Diogenes Laertius（ディオゲネス・ラエルティオス）
*Vitae philosophorum*（『哲学者列伝』）
33–34, 37, 42
2.59……36
6.84……42
7.134……145
7.151ff.……166
7.175……139

Dionysius Halicarnassensis（ディオニシオス、ハリカルナッソスの）
*Antiquitates Romanae*（『ローマ古史』）
26
*Ars rhetorica*（『修辞学論集』）

11.2……………………………………………56

Duris Samius, *FGH* 76（ドゥリス、サモスの）　38

Ephorus（エポロス）
*Historiae*（『歴史』）
*BNJ* 70 F 189……………………………………117

Epicurus（エピクロス）
*Epistula ad Pythoclem*（『ピュトクレス宛書簡』）　166

*Epitome de Caesaribus*（『皇帝略伝』）　48

Euagoras Lindius, *FGH* 619 = 1055（エウアゴラス、リンドスの）　39

Eumachus Neapolitanus, *FGH* 178（エウマコス、ネアポリスの）　38

Eunapius Sardianus,（エウナピオス、サルディスの）
*Vitae sophistarum*（『ソフィスト列伝』）
20, 23
*FHG* IV 7-56　56

Eupolemus, *FGH* 723（エウポレモス）　39

Eutropius（エウトロピウス）
*Breviarium ab urbe condita*（『首都創建以来の略史』）
praefatio（序文）……………………………24

Fannius, C., *FRH* 93（ファンニウス）　45

Florus, Annius（フロルス）
*Epitomae de Tito Livio bellorum omnium annorum DCC*（『リウィウス摘要 千二百年の全戦史』）
1.46.10……………………………………………36

Gellius（ゲリウス）
*Noctes Atticae*（『アッティカの夜』）
3.10.1……………………………………………48
11.8.5……………………………………………48
13.8.1-5…………………………………………51
13.20.14…………………………………………46

Glaucus Rheginus, *FHG* II 23-24（グラウコス、レギオンの）　32

Heraclides Magnesius, *FGH* 187（ヘラクレイデス、マグネシアの）　38

Heraclitus（ヘラクレイトス）
B121 DK……………………………………………108

Herennius Senecio. *FRH* 89（ヘレンニウス・セネキオ）　45

Hermippus Smyrnaeus, *FGH* 1026（ヘルミッポス、スミュルナの）　42

Herodotus（ヘロドトス）
*Historiae*（『歴史』）　23

Hieronymus, S. Sophronius Eusebius（聖ヒエロニュムス）
*Commentarii ad Zachariam*（『『ゼカリヤ書』註解』）
3.14……………………………………………48

Hippocrates（ヒッポクラテス）
*Aphorismi*（『箴言集』）
1.3……………………………………………172

*Historia Augusta*（『ヒストリア・アウグスタ（ローマ皇帝群像）』）　58

Homerus（ホメロス）
*Ilias*（『イリアス』）
6.429-430…………………………………155-156
6.491……………………………………………156
*Odyssea*（『オデュッセイア』）　32

Hyginus, C. Iulius, *HRR* II 72-77; *FRH* 63（ヒュギヌス）　44, 49

Iason Cyrenaeus, *FGH* 182（イアソン、キュレネの）　38

Iason Nysaeus, ap. *Sud.* s.v. Ἰάσων（イアソン、ニュサの）　34

Idomeneus Lampsacenus, *FGH* 338（イドメネウス、ランプサコスの）　40

Ioannes Laurentius Lydus（ヨハネス、リュディアの）
*De magistratibus reipublicae Romanae*（『ローマ国家の行政官職について』）
1.5……44
1.12……48

Ion Chius, *FGH* 392（イオン、キオスの）　39-40

Isocrates（イソクラテス）
*Euagoras*（『エウアゴラス』）　37, 243

Iulius Secundus, ap. Tac. *Dial.* 14.4（ユリウス・セクンドゥス）　46

Iustus Tiberiensis, *FGH* 734（ユストス、ティベリアスの）　39

Juvenalis（ユウェナリス）
*Saturae*（『諷刺詩集』）
3.60-125……51

*Lamprias (Catalogus)*（『ランプリアス・カタログ』）　23, 28, 36, 115, 161, 170, 279, 281

Livius（リウィウス）
*Ab urbe condita*（『ローマ建国以来の歴史』）
pr. 3-10……24
pr. 5……54
9.17-19……69
9.17.7-17……49
9.18.1……73
9.18.8-9……73
9.18.8-19……49
21.1-3……24
28.46.16……29
35.23.5……299
*Periochae*（『リウィウス摘要』）
106……31

Lucanus（ルカヌス）
*Pharsalia*（『内乱』）
10.20-52……68
10.21……68
10.42……68

Lucianus（ルキアノス）
*Alexander*（『偽予言者アレクサンドロス』）　20
2……256
61……265
*Demonax*（『デモナクス』）　20, 35
1-2……261
12-66……35
*De historia conscribenda*（『歴史はいかに記述すべきか』）
7……53
9-12……53
14……53
17……53
23……21
28……24
30……21
38-41……53
51……21
55……21
61-63……53

ps.-Lucianus（偽ルキアノス）
*Amores*（『異性愛と同性愛』）　137

Lucretius（ルクレティウス）
*De rerum natura*（『事物の自然本性について』）

6.96ff.……166

Manetho, *FGH* 609（マネトン）　39

Marathus, Iulius, *HRR* II 70-71; *FRH* 65（マラトゥス）　44

Marcus Aurelius（マルクス・アウレリウス）
*Τὰ εἰς ἑαυτόν*（『自省録』）
1.9……210
1.14……202

Marius Maximus, *HRR* II 121-129; *FRH* 101（マリウス・マクシムス）　58

Megacles, *FGH* 1073（メガクレス）　34, 48

Menander Ephesius, *FGH* 783（メナンドロス、エペソスの）　39

Menander Rhetor（メナンドロス、修辞学者の）
II.327.21-25……52
II.376.31-377.9……52
II.380.9-381.5……52

Metrodorus Scepsius, *FGH* 184（メトロドロス、スケプシスの）　38

Musonius Rufus [ed. O. Hense]（ムソニウス・ルフス）
III（「女性も哲学すべきであること」）……142-143
IV（「娘も息子と同じように教育すべきか」）……142
XII（「性行為について」）……152-153
XIII（「結婚の主要目的とは何か」）……150
XIV（「結婚は哲学することの妨げになるか」）……149-151
XVI（「あらゆる点で親に従うべきか」）143

Neanthes Cyzicenus (I), *FGH* 84（ネアンテス、キュジコスの、I）　34, 41

Neanthes Cyzicenus (II), *FGH* 84 = 171（ネアンテス、キュジコスの、II）　38

Nepos（ネポス）
*De viris illustribus*（『名士伝』）　42-43, 48-49
*De excellentibus ducibus exterarum gentium*（『異邦名将伝』）（『名士伝』より）　37, 43
praefatio（序文）
1.1……18
1.1-7……48
1.8……43
*Miltiades*（『ミルティアデス伝』）
6.2……48
*Themistocles*（『テミストクレス伝』）
8……119
8.1……109
*Dion*（『ディオン伝』）
3.2……48
*Epaminondas*（『エパメイノンダス伝』）　35
1.1-2……18, 48
2.3……48
4.6……43
*Pelopidas*（『ペロピダス伝』）
1.1……48
*Agesilaus*（『アゲシラオス伝』）　57
4.2……48
*Eumenes*（『エウメネス伝』）
8.2-3……48
*De regibus*（『列王伝』）
1.1……43, 48
*Hannibal*（『ハンニバル伝』）
13.4……48-49
*De historicis Latinis*（『ラテン歴史家伝』）（『名士伝』より）　43, 48
*M. Cato*（『大カトー伝』）　20, 43
*Atticus*（『アッティクス伝』）　21, 43, 53
1-12……53
13-20……53
fragmenta（『名士伝』断片）
FF48-50, 52, 60……43

FF56-59 …… 48
*Exempla*（『範例集』）
*HRR* II 26-34 …… 49

Nicander Chalcedonius, *FGH* 700（ニカンドロス、カルケドンの）　41

Nicolaus Damascenus, *FGH* 90（ニコラオス、ダマスコスの）　31, 44

Onesicritus, *FGH* 134（オネシクリトス）　75

Oppius, C., *HRR* II 46-49; *FRH* 40（オッピウス）　30, 44

Origenes（オリゲネス）
*Contra Celsum*（『ケルソス駁論』）　266

Pha(i)nias Eresius, *FGH* 1012（パ（イ）ニアス、エレソスの）　40, 46

Philiscus Milesius, *FGH* 1013（ピリスコス、ミレトスの）　41

Philistus Syracusanus, *FGH* 556（ピリストス、シュラクサイの）　41

Philo Byblius, *FGH* 790 = 1060（ピロン、ビュブロスの）　34

Philochorus（ピロコロス）
*Atthis*（『アッティカ史』）
*BNJ* 328 F 30 …… 110

Philostratus（ピロストラトス）
*Epistulae*（『書簡集』）
73 …… 52
*Vitae Apollonii*（『テュアナのアポロニオス』）　254, 264, 268
1.1-3 …… 254
1.3 …… 264
1.4 …… 269
7.38 …… 270
*Vitae sophistarum*（『ソフィスト列伝』）　34-35, 37, 252
557 …… 209
584-585 …… 273

Pindarus（ピンダロス）
*Pythia*（『ピュティア祝勝歌』）
1 …… 114
1.84-86 …… 114
3 …… 114
3.71 …… 115
7 …… 109, 113, 115
7.17-22 …… 113
10.20 …… 115
11 …… 114
11.25-29 …… 114
*Isthmia*（『イストミア祝勝歌』）
7.39 …… 115

Platon（プラトン）
*Apologia Socratis*（『弁明』）
30E …… 185
31C-32A …… 185
*Phaedo*（『パイドン』）
118A …… 185
*Menon*（『メノン』）
71A-73D …… 139
*Symposium*（『饗宴』）　151
*Respublica*（『国家』）　191, 195, 197
372E …… 197
414B-417B …… 199
422A-423A …… 198
451C-457B …… 139
473C-D …… 185
473D …… 200
499B-499C …… 200
514A-521B …… 184
519D-520E …… 201
520B-C …… 201
540A-C …… 201
540B …… 201
591E …… 186
595B …… 183

607A……183
*Theaetetus*（『テアイテトス』）
176A-B……195
176B……196
176B f.……189
176E……196
*Timaeus*（『ティマイオス』）
48E-52D……145
*Leges*（『法律』）　191
628B……198
803D-E……198
965C……199
*Epistula VII*（『第七書簡』）　203, 205
327A-B……205
327D……207
331D……207
350C-E……207

Plautus（プラウトゥス）
*Mostellaria*（『幽霊屋敷』）
775……70

Plinius Maior（大プリニウス）
*Naturalis historia*（『博物誌』）
2.89ff.……166
2.109.105……166
35.11……48
*HRR* II 109-112; *FRH* 80　46

Plinius Minor（小プリニウス）
*Epistulae*（『書簡集』）
3.5.3……46
4.7.2……46
7.31.5……46

Plutarchus（プルタルコス）
*Vitae Parallelae*（『英雄伝』）
*Theseus*（『テセウス伝』）　217, 222-225, 263-267, 283-284, 286-287, 301, 304-308
1.1……262, 282, 286
1.1-5……263
1.2……27-28, 50, 279-280
1.2-4……283
1.4……297, 304
1.5……28, 224
2……222
3.5……223
5.1……223
8f.……223
18.3……223
19……224
20……224
21.1……297
24f.……223
24.4-5……223
26.5……223
27.1-9……25
27.6……27-28
27.8……254, 307
28.1……27-28
29.5……307
35……224
35.7……223
36.2……307
*Romulus*（『ロムルス伝』）　217, 222-225, 263-264, 283-284, 286-287, 297-298, 301, 304-308
5.4-5……25
6.5……223
7f.……223
7.6-8……25
9.3……223
9.5……223
9.6……223
11f.……223
11.2-5……25
15.7……307
19.4-7……25, 55, 133
21.1……307
27……297, 305
28.2-3……25
29.1……223
29.3-10……297
29.7……297
*Comparatio Thesei et Romuli*（『テセウスとロムルスの比較』）　222, 224

1.1……27
5.2……270
*Lycurgus*（『リュクルゴス伝』）　21, 36, 41-42, 251, 286-287, 301-302, 304-308
1.1……27
5.4-9……42
5.10f.……305
5.10-28.13……21
12……305
17-18……305
19……305
23.3-4……42
30……288, 308
*Numa*（『ヌマ伝』）　196, 199-200, 251, 286-287, 298, 301-302, 304-308
1.7……27
5-6……200
5.4-8……25
6.2-4……26
8……197, 199
8.1-4……50
9.15……297, 306
12.13……297, 306
18……305
18-19……307
19.7……54, 281
20.7-9……196
*Comparatio Lycurgi et Numae*（『リュクルゴスとヌマの比較』）
1.1……36
1.9-10……50
1.9-11……50
4.11-13……50, 197
4.15……201
*Solon*（『ソロン伝』）　41, 251, 286, 288, 301, 306, 308
2.1……42
6.1-7……42
11.1-2……42
14.2……40
19.3-4……30
20.4……152
27.1……252
27.7-9……26
32.3……40
*Publicola*（『プブリコラ伝』）　251, 286, 288, 301, 306, 308
15.2-6……54
15.3-6……25
15.5-6……54
21.10……54
23……306
*Comparatio Solonis et Publicolae*（『ソロンとプブリコラの比較』）
1.1……280, 288
*Themistocles*（『テミストクレス伝』）　23, 215, 251-252, 286-287, 301, 305-306, 308
1.1……286
1.2……40
5.7……108
7.5-7……40
8.3-6……25
8.4-6……25
10.10……25
13.2.5……40
16.2-4……26
22……124
22.2-3……25
22.4-5……106
27.2-8……40
27.3-8……26
28.2-5……26
29.10-11……40
*Camillus*（『カミルス伝』）　215, 251-252, 286-287, 297-298, 301, 305-306, 308
16.1-3……25
17-22……306
17.3-5……26
19.3……307
19.6……305
19.12……305
20.4-8……306
21.3……27
24.1-2……26
26.4-5……26
33.3-9……297

33.4……297
33.5……297
33.6……297
33.10……297, 305
38.5……32
*Pericles*（『ペリクレス伝』）　108, 217, 225–230, 243, 252, 286, 300, 304, 306, 308
2.2–5……257
2.4……27, 225–226
2.4–2.5……27
2.5……36, 226, 272, 279, 281, 304
2.12……36
4.3……108
4.6……164
5.1……228
7.2……108
8.1–4……228
8.3–4……227
8.8……26
9.5……107–108, 306
10.1……107
10.6……26
10.7……40
13.6–14……25
13.16……27
14.1……26
14.3……108
15……228
15.2–3……228
16.3……108
16.7……252
17.1……26
18.1……226
18.1–3……26
19.3……226
20.3–4……226
21……226
21.1……26
22.1……26
22.4……306
28.7……26
33.2……229
33.5–6……26
34.1……226
34.1–5……26
35.2……26
35.5……40
36.7–9……228
38.4……26, 227
39.1……228
39.1–2……227–228
39.4……228
*Fabius*（『ファビウス伝』）　217, 225–230, 243, 286, 300, 304, 306, 308
1.1……27
1.4……228
1.9……38
3.7……228
5.3–4……227
5.6……227
6.2–4……25
7……229
7.7……227
10.2……227
11–13……227
13.1……227
13.2–8……26
17.7……228
19.2……306
19.4……227
20.1……227
22.5……228–229
22.8……306
24.4……228
24.6……38
25.3……229
27.4……229
*Comparatio Periclis et Fabii*（『ペリクレスとファビウスの比較』）　225, 229–230
1.1……27
*Alcibiades*（『アルキビアデス伝』）　23, 217, 236–240, 244, 251, 283–284, 286–287, 301, 306–308
2.1……237
4……237
7.3–5……237

8.5……238
9.1-2……238
10.3-4……238
11.1-3……238
13……306
13f.……238
13.5-6……107
13.6……118
13.9……307
14.8-10……26
16……306
23……238
23.7……238
24-25……238
26……238
27-28……238
28……238
30……238
30-32……238
36……238
37……238
39.1-7……239
39.9……239
*Coriolanus*（『コリオラヌス伝』）　26, 217, 236-240, 244, 251, 283-284, 286-287, 301, 306-308
1.6……50
3.1f.……237
4.3-7……237
4.7……238
11.1-2……238
11.2-6……164
15.4……238
16.5-7……26
21f.……238
23.3-10……26
26.3……239
33.2……306
33.5-10……26, 55
35.2-9……26, 55, 133
36.2-3……26, 55, 133
38.4……28
39.8……239
39.11……306
*Comparatio Coriolani et Alcibiadis*（『コリオラヌスとアルキビアデスの比較』）　236-237, 239, 244
1.1……27
2.4……239
4.4……239
4.8……108
*Timoleon*（『ティモレオン伝』）　251, 283, 286-287, 293-295, 301, 306-308
1-33……294
13.10……293, 307
15.1……27
20.7-9……26
32……294
32-33……306
32.4……294
33.1……294
33.4……293-294, 307
*Aemilius Paullus*（『アエミリウス伝』）
38, 251, 262, 283, 286-287, 301, 306-308
1.1……27, 55, 215, 280
1.1-5……27
1.1-6……261
1.6……27, 36, 286
5.10……27
6.1-3……25
14.1-11……163, 169
14.11……164
19.4……38
20.3……38
21.7……38
25.5-7……54
27.2-5……26
31.6-10……26
36.4-9……26
*Comparatio Timoleontis et Aemilii Paulli*
（『ティモレオンとアエミリウスの比較』）
1.1……27
*Pelopidas*（『ペロピダス伝』）　286-288, 291, 301, 306, 308
2.9……36
2.12……50, 279

16.4-7……25
18.1ff.……176
33.7-10……26
*Marcellus*（『マルケルス伝』）　286-288, 291, 301, 306, 308
1.2……306
1.3……50
1.3-5……50
3.6-7……50
7.4……26
9……306
20-21……306
20.1……50-51
21.2-3……50
22……306
30.5……48-49, 203
*Comparatio Pelopidae et Marcelli*（『ペロピダスとマルケルスの比較』）
3.1……270
*Aristides*（『アリステイデス伝』）　108, 120, 122, 251, 286, 301, 305, 308
1.2……120
1.2-3……106
1.8……40, 120
4.4……40
5.9-10……30
7.1-2……106
7.2……116, 118
7.3-4……108, 307
7.7……107
8.3-5……26
10.9……40
10.9-10……30
12.2-3……26
15.3-4……26
26.3-4……30
*Cato Maior*（『大カトー伝』）　251, 286, 298-299, 301, 305, 308
7.3……27
12.1-3……299
12.4……298-299, 305
12.7……51
13.1-4……25
13.1-14.1……299
23.3……50
27.7……305
*Comparatio Aristidis et Catonis*（『アリステイデスと大カトーの比較』）
1.1……27
5.3……270
*Philopoemen*（『ピロポイメン伝』）　88, 251, 274, 286, 302, 305, 308
8.6……306
*Flamininus*（『フラミニヌス伝』）　251, 274, 286, 298-299, 302, 305, 308
1.1……25
1.4……50
2.5……50
5.7……50
11.7……50
12.13……54
15……299, 305
15.1……299
15.2-4……298
15.3-4……299
15.5……299
*Comparatio Philopoemenis et Flaminini*（『ピロポイメンとフラミニヌスの比較』）
3.5……249
*Pyrrhus*（『ピュロス伝』）　215, 252, 286-288, 301-302, 306, 308
8.5……307
19.1-4……26
19.2……69
*Marius*（『マリウス伝』）　215, 252, 286-288, 301-302, 306, 308
2.2-4……50
6.4……306
9.2-3……26
10.2……306
11.5-12……25
16.7-10……26
29.12……280, 306
*Lysander*（『リュサンドロス伝』）　163, 252, 272, 286-288, 301, 306, 308
11.12……169

11.13……168
12.1-2……168
12.1-9……163
12.2……168
12.8……168
12.9……164
16-17.1……306
17.11……308
29.4……254
*Sulla*（『スラ伝』）　252, 272, 286-288, 301, 306, 308
3……306
12.9-10……299
14.1-6……25
16-19……70
16.1-15……25
17.5-8……25
19.10……25
21.8……28, 282
27.1-2……25
*Comparatio Lysandri et Sullae*（『リュサンドロスとスラの比較』）
1.1……36
3.7……270
5.5……270
*Cimon*（『キモン伝』）　108, 272, 286-288, 300, 306-308
1.1-9……254
2.2……50, 279
2.5……27-28
3.3……272
8……307
10-17……306
13.4-5……30
16.3……107
17.3……107-108
*Lucullus*（『ルクルス伝』）　272, 286-288, 300, 302, 306-308
3.2……203
14.5-8……26
22.1-5……38
42.1……27
43.2……48, 203
*Comparatio Cimonis et Luculli*（『キモンとルクルスの比較』）　244
3.6……274
*Nicias*（『ニキアス伝』）　31, 107, 267, 269, 271, 286-287, 302, 306-308
1.1……27, 31
1.1-5……268
1.4……31
1.5……27-29
5.4-6……26
6.1-2……107
11……307
11.1……107
11.2……306
28.4……306
*Crassus*（『クラッスス伝』）　31, 267, 286-287, 290, 302, 306-308
4.5……25
11.11……306
13.1……27
21.5-21.9……31
23.8-25.14……31
26.6-9……26
27.7-28.3……31
29……31
*Comparatio Niciae et Crassi*（『ニキアスとクラッススの比較』）
3.2……270
*Eumenes*（『エウメネス伝』）　251, 283, 286, 301-302, 308
1.1-3……89
12.3……91
13.1……91
17.6-11……26
*Sertorius*（『セルトリウス伝』）　251, 283, 286, 301-302, 308
8.2-5……25
17.2-3……25
*Comparatio Eumenis et Sertorii*（『エウメネスとセルトリウスの比較』）
1.1……27
*Agesilaus*（『アゲシラオス伝』）　252, 286-287, 301, 305-308

4.2……57
4.3……305
12.5-9……26
13.5……30
15.4……252
19.7……57
19.9-10……29-30
20.9……305
28.6……305
29.2……27
37.5-6……26
38.3-4……26
39.4-6……26
*Pompeius*（『ポンペイウス伝』）　252, 286-287, 290, 301, 305-308
16.8……307
34.1-4……25
62……305
65.7-9……305
73-80……305
74.5-6……26, 55
75.1-2……26
*Alexander*（『アレクサンドロス伝』）　17, 21, 30-31, 54, 66, 71-72, 76-83, 85, 87-92, 95, 135, 162-163, 169, 194, 215, 252, 256, 266-269, 286-287, 301, 305-306, 308
1.1……36, 267
1.1-2……216
1.2……15, 27, 72
1.2-3……257
2.6……91
2.9……91
3.5-9……21
4.4……33
4.7……77-78
4.8……78
4.9……89
4.10……76
5.1-3……76, 89
5.6……78
5.7-8……79
6……79, 89
6.8……65
7-8……79
7.4……25
7.8……78
9.2-3……254
9.3……25, 70
9.4……89
9.5……91
9.9-10……89
9.13……89
10.5……88, 91
10.7……91
13.2……78
14.1-5……76, 79
16.19……91
17.4-6……25
17.9……79
20.7……76
21-23……78
21.3……79
21.9……79
23.1……77
23.6……77
25.6……91
26.1-7……79
26.6-7……25
26.14……78
27.10-11……79
27.11……87
29.1-6……79
29.9……79
30.3-13……26
30.10-11……78
31.8……21
34.2……78
35……78
35.1ff.……162
35.1-15……25
35.2-16……162
35.3-8……167
35.5-6……166
35.11……163
39-42……78
39.7-8……91

39.12-13 …… 91
44.5 …… 79
45.1 …… 76
46.1-3 …… 30
46.1-5 …… 165
47.5 …… 76
47.6 …… 79
48-55 …… 77
51.10 …… 78
58.2 …… 78
58.8 …… 79
64-65 …… 79
71.8 …… 79
75.6-76.9 …… 21
76.1-77.1 …… 30
77.2 …… 91
77.8 …… 91

*Caesar*（『カエサル伝』）　30, 54, 78, 215, 252, 256, 267, 286-287, 290, 295-297, 301, 305-306, 308

1.2 …… 306
5.2 …… 38, 306
6.1 …… 306
11.5-6 …… 68
17.5-7 …… 30
17.9-10 …… 30
35.2 …… 305
35.7-8 …… 26
45.9 …… 305
54.5 …… 38
57.2-3 …… 296
59.4 …… 305
60-61 …… 296, 305
62 …… 295-296
62.6 …… 295-296
62.6f. …… 295
62.7 …… 295, 305
62.8 …… 295, 305
62.9-10 …… 295
68.7 …… 295, 305

*Phocion*（『ポキオン伝』）　215, 252, 286-287, 301, 305-306, 308

3.8 …… 57
4.1 …… 40
10.5 …… 252
17.1-4 …… 26
18.8 …… 25
22.2 …… 25
29.1 …… 308
32.6-10 …… 57

*Cato Minor*（『小カトー伝』）　46, 215, 252, 286-287, 290, 301, 305-306, 308

1.1 …… 305
22.4 …… 305
24.1 …… 27
25.2 …… 45
30.9-10 …… 57
37.1 …… 45
37.10 …… 27
45.5-7 …… 26
54.10 …… 305
69.2-5 …… 26
73.6 …… 135, 306

*Agis et Cleomenes*（『アギスとクレオメネス伝』）　215, 283, 286, 301-302, 305, 307-308

2.7-9 …… 271
2.9 …… 286
3 …… 308
15.4 …… 40
17.5-10 …… 26, 55
33.5 …… 305
45.9 …… 305
52.3-11 …… 26

*Tiberius Gracchus et Gaius Gracchus*（『ティベリウス・グラックスとガイウス・グラックス伝』）　215, 283, 301, 308

1.1 …… 27, 36
15.1 …… 26
21.3 …… 203
21.9 …… 307
24.6-7 …… 26
31.5 …… 307
36.3-4 …… 26, 55

*Comparatio Agidis et Cleomenis cum Tiberio et Gaio Graccho*（『アギスとクレオメネスとティベリウス・グラックスとガイウス・グラ

ックスの比較』)
5.7……272
*Demosthenes*(『デモステネス伝』)　41, 217-221, 252-253, 256, 264, 286, 300, 304-305, 307-308
1.1……262, 282, 286
1.3……219
2-3……254
2.2f.……219
2.3……27
3.1……36, 50, 219, 279, 281, 304
3.2……49
3.3……220
4.4-5……220
4.5-8……221
5.1f.……220
5.7……42
6.1……220
6.4……220
6.5……221
7……221
9.1……38
9.2……221
11.1……220
11.4……42
11.7;……27
12……220
13.2……220
14.2.……220
15.1-2……220
15.5-6……30, 40
19……307
19.2-3……25
22.3……221
22.5-7……221
23.4……40
26.5……221
27……220
28-30……308
28.3……42
30.1-2……42
31.4-6……220
31.7……262
*Cicero*(『キケロ伝』)　196, 200, 217-221, 286, 300, 302, 304-305, 307-308
1.3-6……221
2……220
2.1……54
3……220
3.4-6……220
3.7……220
5.4……221
7.3f.……220
20.4-5……305
21……220
32.5……221
33……220
38……220
39.3……221
39.5……38
41.8……221
45……220
46……220
49……220
*Comparatio Demosthenis et Ciceronis*(『デモステネスとキケロの比較』)　218-219
1.1……27
3.4……199-200
*Demetrius*(『デメトリオス伝』)　217, 230-236, 259, 283-284, 286-287, 301-302, 307-308
1.5……231, 283
1.5-6……259
1.6……231
1.7……36
1.7-8……231
3.1……231-232
4……232
9.5-7……235
14.4……233
16……233
18.4-5……232
19……233
20.1……234
20.4……234
22.2……91

24-25……233
24.1……233
25.3……89
25.6……232
27……233
28.1……232
34.4……232
36……235
41.5-7……232
42.7……89
43.5……234
44.8……233
44.9……232-233
52.3-4……233
53.1……233
53.2……234
*Antonius*（『アントニウス伝』）　31, 140, 217, 230-236, 259, 283-284, 286-287, 290, 301-302, 307-308
1-22……234
2.4……233
4.2……233
4.4……232
5-8……234
7……234
7.1……234
9.5……233
14.6……38
17.5……232
19.4……252
21.1……233-234
25.1……234
26……234
26-29……234
29.2……233
32……234
36……234
37-52……234
43.5……232
45.4……233
54.5……233
56-57……234
56-69……234
62-64……234
66.8……234
68.7-8……254
69.1……307
71……234
73……234
76.1……234
84.4-7……26, 55, 134
87.7-9……54
87.9……54
*Comparatio Demetrii et Antonii*（『デメトリオスとアントニウスの比較』）　230-231, 235
*Dion*（『ディオン伝』）　201-208, 286-287, 293-295, 301, 304-308
1.1……36, 262, 282, 286
1.3-4……208
2.1……36
2.7……50, 279, 281, 304
4.3……208
4.5-6……205
5……204
6-9……204
17.1-2……205
20.4……30
22……207
32……204
36.2-3……208
43.2-5……26
44……206
45-46……206
47.4-5……206
51.2-4……26, 55
52.3……206
52.4……206
53……204
56……204
58……294
58.8-9……294, 307
58.10……293-294, 306
*Brutus*（『ブルトゥス伝』）　201, 286-287, 290, 295-297, 301, 304-308
1.2-3……50

8-9 ……… 295
8.1-2 ……… 295
8.3 ……… 295-296
8.6-7 ……… 295, 305
9.1-4 ……… 296
9.4 ……… 296
9.5-7 ……… 295-296
9.5-9 ……… 296
9.7 ……… 296
9.8 ……… 296
9.9 ……… 295, 305
13 ……… 306
13.4-11 ……… 134
13.7-10 ……… 26, 55
21-53 ……… 305
23.3-4 ……… 157
23.5-7 ……… 156
25.6 ……… 307
33.1 ……… 27
37.2-6 ……… 26
40.6-9 ……… 26
50 ……… 307
50.5-8 ……… 26
53.5 ……… 49
53.5-7 ……… 30, 306
57 ……… 296
*Aratus*（『アラトス伝』）　215
10 ……… 306
15.2-3 ……… 26
16.5-6 ……… 25
*Artaxerxes*（『アルタクセルクセス伝』）215
8.1 ……… 27, 29
9.2 ……… 26
*Galba*（『ガルバ伝』）　24, 215
2.1 ……… 23
2.5 ……… 17, 23, 27, 30
19.2-20.7 ……… 23
*Otho*（『オトー伝』）　23-24, 215

*Moralia*（『モラリア』）
*Quomodo adolescens poetas audire debeat*（『どのようにして若者は詩を学ぶべきか』）
15A-B ……… 183
*Quomodo quis suos in virtute sentiat profectus*（『いかにしてみずからの徳の進歩に気づきうるか』）　192
85A-B ……… 245-246
85B ……… 55
*De capienda ex inimicis utilitate*（『いかに敵から利益を得るか』）
86C ……… 284
*De amicorum multitudine*（『多くの友をもつことについて』）　175
*De fortuna*（『運について』）
97D ……… 79
*De tuenda sanitate praecepta*（『健康のしるべ』）　170
*Coniugalia praecepta*（『結婚訓』）　136
140B ……… 154
140F ……… 149
141B-C ……… 90
142D ……… 138
142E-143A ……… 150
143C-E ……… 152
144B-C ……… 151
144C-D ……… 153
145B-C ……… 155
145D ……… 155
*Septem sapientium convivium*（『七賢人の饗宴』）
156C-D ……… 152
*Regum et imperatorum apophthegmata*（『王と将軍たちの名言集』）　71, 192
172B-E ……… 71
172B-208A ……… 50
172C ……… 284
172D ……… 55
177C-179D ……… 89
186A ……… 107
*Apophthegmata Laconica*（『スパルタ人たちの名言集』）　290, 303
208B-242D ……… 50
239E-F ……… 308
*Mulierum virtutes*（『女性たちの徳（勇敢）』）136, 138, 140

242E-243A……139
242E-263C……50
243B-C……141
243B-D……241
243C……241
244B……284
246B……79
257E-258F……140
260D……79
*Quaestiones Romanae*（『ローマをめぐる問答集』）　303
263D-291C……50
269E……305
285B……307
*Quaestiones Graecae*（『ギリシアをめぐる問答集』）
291D-304F……50
*De fortuna Romanorum*（『ローマ人の運について』）　74, 252
316C-326C……52
326A-C……69, 74
*De Alexandri magni fortuna aut virtute*（『アレクサンドロスの運あるいは徳について［運または徳］』）　73-77, 79-82, 85-88, 90, 93, 194, 252
326D-333C……73
326D-345B……35, 66
326E……78
327C-E……88
327E……78
327F……88
328A……78
328A-329D……75
328B……75
328C……73, 79, 86
328D……73
328D-E……74, 191
329A……75
329B-C……87
329C……74, 86
329E……86
329F-330D……76
330A……79
330E……74-75, 87
331B……76
331B-C……88
331E-332C……76
332C……78-79
332D……79
332E-333A……75
333D-345B……73
333E……79
334C-D……88
336E……79
337B……79
337F……77
338D……78-79
338E……79
339E-F……77
342B-C……76
342F……79
343A……78
*De gloria Atheniensium*（『アテナイ人の名声は戦争によるか知恵によるか』）　252
345E……55
347A……31
*De Iside et Osiride*（『イシスとオシリスについて』）　136, 144, 146
372E-373A……145
381E-F……138
*De virtute morali*（『倫理的徳について』）
441F……146
444B-D……148
448E……148
451E-F……148
452B……148
*De tranquillitate animi*（『心の平静について』）
464F……175
*De curiositate*（『詮索好きについて』）
522D-E……46, 193
*De invidia et odio*（『妬みと憎しみについて』）　122
*De se ipsum citra invidiam landando*（『妬まれずに自分をほめることについて』）　122
541D-E……124

547F ……… 256
*Consolatio ad uxorem*（『妻への慰めの手紙』） 136
609C-E ……… 155
*Quaestiones convivales*（『食卓歓談集』） 163, 170, 176, 180, 192
618D ……… 176
628B-D ……… 178
661B-C ……… 175
663F ……… 175
664D ……… 175
664E ……… 175
665A ……… 175
665C ……… 175
666A ……… 175
680B ff. ……… 170
680C-D ……… 171
681A ……… 171
681B-C ……… 171
681C ……… 172
682E ……… 172
682F ……… 173
683A-B ……… 173
684E ……… 175
685B-C ……… 175
685C ……… 175
685D ……… 175
693F ff. ……… 307
700B ……… 179
*Amatorius*（『エロス談義』）　136-137
750B ……… 176
761B ff. ……… 176
767C-D ……… 151
768B-D ……… 140
769A-B ……… 152
769B-C ……… 138
771C ……… 193
*Maxime cum principibus philosopho esse disserendum*（『哲学者はとくに権力者と語り合うべきことについて』）　71
777A ……… 188
778E ……… 188
*Ad principem ineruditum*（『教養のない権力者に宛てて』）　71
780B ……… 194
780C ……… 195
780E ……… 195
780F-781A ……… 195
*An seni respublica gerenda sit*（『老人は政治活動に従事すべきか』）
787C ……… 124
*Praecepta gerendae reipublicae*（『政治家になるための教訓集［教訓集］』）　51, 83, 122, 284
798C-799A ……… 122
799B ……… 123
799C- 801C ……… 123
799E ……… 90
801E ……… 123
804D-E ……… 123
811C ……… 193
811F-812B ……… 124
813E ……… 51, 191
814C ……… 191
821C-D ……… 125
821D-E ……… 125
824E ……… 191-192
*Vitae decem oratorum*（『十大弁論家列伝』） 20, 37, 41
*Comparationis Aristophanis et Menandri compendium*（『アリストパネスとメナンドロスの比較論摘要』）
853A-854D ……… 50
*De malignitate Herodoti*（『ヘロドトスの悪意について』）
855A-856D ……… 28
855F ……… 118
866B ……… 29, 284
*Quaestiones naturales*（『自然学的諸問題』） 163, 170, 176, 180
911F ……… 175
912B ……… 175
912C ……… 175
912E-F ……… 175
912F ……… 175
913A ……… 175

919B ……………………………………177
*De facie in orbe lunae*（『月面に見える顔について』）　170
*De primo frigido*（『原理としての冷たいものについて』）　170, 175
*Aquane an ignis sit utilior*（『水と火のいずれが一層有用であるか』）　170
*De sollertia animalium*（『動物の賢さについて』）　175
*Bruta animalia ratione uti*（『もの言えぬ動物が理性を用いることについて』）　175
*De animae procreatione in Timaeo*（『『ティマイオス』における魂の生成について』）　145
*Non posse suaviter vivi secundum Epicurum*（『エピクロスに従っては快く生きることは不可能であること』）
1093B-C ……………………………………27

fragmenta（断片）
*Epaminondas*（『エパメイノンダス伝』）　279, 301, 305, 308
*Scipio*（『スキピオ伝』）　279, 286, 291, 301, 305, 307-308
*Nero*（『ネロ伝』）　23
*Pindar*（『ピンダロス伝』）　115

Polybius Megalopolitanus, *FGH* 173（ポリュビオス、メガロポリスの）　38

Polybius（ポリュビオス）
*Historiae*（『歴史』）
1.1-2……………………………………24
1.1.1-4……………………………………27
1.2.8……………………………………27
1.3.1-5……………………………………27
1.35.6-10……………………………………27
3.33.18……………………………………29
3.56.4……………………………………29
5.10.1-5……………………………………90
6.5.2……………………………………28
6.56.6-15……………………………………51
8.10.5-6……………………………………90
8.10.5-10……………………………………67
8.11.3-4……………………………………39
9.1.2-2.7……………………………………28
10.21.5-8……………………………………38, 53
12.25e-g……………………………………28
12.25g……………………………………24
18.14.6……………………………………90
22.16.2-3……………………………………90
29.21.2-6……………………………………67, 73
38.2.13-14……………………………………67
*FGH* 173　38

Polycritus Mendaeus, *FGH* 559（ポリュクリトス、メンデの）　41

Pompeius Trogus（ポンペイウス・トログス）
*Historiae Philippicae*（『ピリッポス史』）
11-12……………………………………66

Posidonius Apamensis, *FGH* 87 [eds. Edelstein and Kidd]（ポセイドニオス、アパメイアの）　38

Posidonius, *FGH* 169（ポセイドニオス）　38

Praxiphanes Mytilenensis, Wehrli IX（プラクシパネス、ミュティレネの）　21

Ptolemaeus Megalopolitanus, *FGH* 161（プトレマイオス、メガロポリスの）　38

Quintilianus（クインティリアヌス）
*Institutio oratoria*（『弁論家の教育』）
2.4.2……………………………………28
2.4.20-21……………………………………52
3.7.15……………………………………53
12.2.30……………………………………51

Sallustius（サルスティウス）
*Bellum Catilinae*（『カティリナ戦史』）　23, 26
*Bellum Jugurthinum*（『ユグルタ戦史』）　26

4.5……24
85……26
*Historiae*（『歴史』） 26

Satyrus, *FGH* 20（サテュロス） 42

Satyrus, *FHG* III 159-166; P. Oxy. 9.1176（サテュロス） 33, 42

Scylax Caryandensis, *FGH* 709 = 1000（スキュラクス、カリュアンダの） 39

Seneca（セネカ）
*De beneficiis*（『恩恵について』）
1.13.3……68
2.16.1……68
*De ira*（『怒りについて』）
3.17.1……77
3.23.1……77
3.23.2……90
*Naturales quaestiones*（『自然学的諸問題』） 166
*Epistulae morales*（『倫理書簡集』）
83.19……77
94.62……68
*HRR* II 98; *FRH* 74 46

Sextus Empiricus（セクストス・エンペイリコス）
*Adversus mathematicos*（『学者たちへの論駁』）
1.252-253……28

Silenus Calactinus, *FGH* 175（シレノス、カレ・アクテの） 38

Sosylus Lacedaemonius, *FGH* 176（ソシュロス、ラケダイモンの） 38

Stesimbrotus Thasius, *FGH* 107 = 1002（ステシンブロトス、タソスの） 32, 39-40

Stobaeus（ストバイオス）
*Anthologium*（『精華集』）
II.31.123……142
II.31.126……142
III.6.23……152
IV.22a.20……149
IV.22c.90……150
IV.25.51……143
IV.67.25……148

Strabo（ストラボン）
*Geographica*（『地誌』）
1.1.23……24
13.1.27……68
15.1.64……75

*Suda*（『スーダ』）
s.v. Ἰάσων（「イアソン」）……34
s.v. Καικίλιος（「カイキリオス」）……49
s.v. Πλούταρχος（「プルタルコス」）……71

Suetonius（スエトニウス） 19-20, 24-26, 30, 32-33, 35, 37, 40, 44, 54, 58
*Divus Julius Caesar*（『神君ユリウス伝』）
7.1……68
44.4……20
53.1……30
*Divus Augustus*（『神君アウグストゥス伝』）
9.1……20
79.2……44
94.3……44
*Divus Claudius*（『神君クラウディウス伝』）
1.5……46
*De grammaticis et rhetoribus*（『文法学者と修辞学者伝』）
27……48

Symmachus（シュンマクス）
*Epistulae*（『書簡集』）
1.2.2……48
1.4.1-2……48

Tacitus（タキトゥス）
*Agricola*（『アグリコラ伝』） 21, 25, 35,

46-47, 53
1-2……53
1.4……25
3……53
3.3……53
7.1……21
9.5……21
10-13……25
18.1-2……21
20.1……21
21.1……21
22.1……21
23.1……21
24……25
24.1……21
25-26……25
25.1……21
28.1……21
29.1……21
30-32……25
33-34……25
35-38……25
42.4-5……57
44……53
44.1……21
*Dialogus de oratoribus*（『弁論家についての対話』）
2.1-2……45
3.4……45
14.4……46
*Historiae*（『同時代史』）
1.2……24
*Annales*（『年代記』）
4.32……24
4.33……24
11.24……51-52

Telephus Pergamenus, *FGH* 505 = 1071（テレポス、ペルガモンの）　39

Teucer Cyzicenus, *FGH* 274（テウクロス、キュジコスの）　38

Theagenes Rheginus, DK[6] 8（テアゲネス、レギオンの）　32

Theon（テオン）
*Progymnasmata*（『プロギュムナスマタ』）　242

Theophanes Mytilenaeus, *FGH* 188（テオパネス、ミュティレネの）　44

Theopompus Chius, *FGH* 115（テオポンポス、キオスの）　39

Theseus, *FGH* 453 = 1078（テセウス）　34, 41

Thrasea Paetus, P. Clodius, *HRR* II 99; *FRH* 81（トラセア・パエトゥス）　45

Thucydides（トゥキュディデス）
*Historiae*（『歴史』）　26
2.45……138
8.73.3……110

Timaeus Tauromenitanus, *FGH* 566（ティマイオス、タウロメニオンの）　38, 203-204

Timagenes Alexandrinus, *FGH* 88（ティマゲネス、アレクサンドレイアの）　31, 39, 44

Timochares, *FGH* 165（ティモカレス）　38

Tiro, M. Tullius, *HRR* II 5-6; *FRH* 46（ティロ）　44

Titinius Capito, Cn. Octavius, *FRH* 95（ティティニウス・カピト）　45

Valerius Maximus（ウァレリウス・マクシムス）
*Facta ac dicta memorabilia*（『著名言行録』）　49, 69

Varro, M. Terentius（ウァロ）
*De Pompeio*（『ポンペイウスについて』）　44
*De vita populi Romani*（『ローマ人の生き方について』）　34-35
*Imagines vel Hebdomades*（『肖像集』）　48-49

Velleius Paterculus（ウェレイウス・パテルクルス）
*Historiae*（『ローマ史』）
2.41……49
2.41.1-2……68

Vergilius（ウェルギリウス）
*Aeneis*（『アエネイス』）
6.847-853……51

Voltacilius Pilutus, L., ap Nep. F56（ウォルタキリウス）　44, 48

Xanthus Lydius, *FGH* 765 = 1001（クサントス、リュディアの）　39

Xenophon Atheniensis, *FGH* 111 = 1118（クセノポン、アテナイの）　36, 41

Xenophon, *FGH* 179（クセノポン）　38

Xenophon（クセノポン）
*Agesilaus*（『アゲシラオス』）　35, 37, 53, 57
1-2……53
3-11……53
*Cyropaedia*（『キュロスの教育』）　33
*Hellenica*（『ギリシア史』）
2.3.56……27

# 執筆者紹介

松原　俊文（まつばら　としぶみ）［第1章］
早稲田大学、中央大学、東洋大学、法政大学大学院・非常勤講師。研究テーマ：ギリシア・ローマ歴史叙述史

**主な業績**

「ディオドロス『シチリア奴隷反乱記』の情報源」（『西洋古典学研究LI』、2003年）、「ローマ共和政偉人伝 *De viris illustribus urbis Romae* 解題・訳」（『地中海研究所紀要』4、2006年）、「『ローマ人の物語』――誰の物語？」（『西洋史論叢』31、2009年）、“Hornblower's Thucydides”, *Hyperboreus: Studia Classica* 18, 2012; “Out of Many, One? An Aspect of the Public Rôle of Roman Historiography”, *Kodai: Journal of Ancient History* 16, 2015.

澤田　典子（さわだ　のりこ）［第2章］
千葉大学教育学部教授。研究テーマ：マケドニア王国史、前4世紀のギリシア政治史

**主な業績**

『アテネ　最期の輝き』（岩波書店、2008年）、『アテネ民主政――命をかけた八人の政治家』（講談社、2010年）、『アレクサンドロス大王――今に生きつづける「偉大なる王」』（山川出版社、2013年）、“Social Customs and Institutions: Aspects of Macedonian Elite Society”, in: J. Roisman & I. Worthington (eds.), *A Companion to Ancient Macedonia*, Wiley-Blackwell, 2010; “Aeschines, Hyperides, Lycurgus”, in: G. Martin (ed.), *The Oxford Handbook of Demosthenes*, Oxford UP, 2018.

佐藤　昇（さとう　のぼる）［編者、第3章］
神戸大学大学院人文学研究科准教授。研究テーマ：古代ギリシアの法と社会、修辞、歴史叙述

**主な業績**

『民主政アテナイの賄賂言説』（山川出版社、2008年）、『歴史の見方・考え方——大学で学ぶ「考える歴史」』（編著、山川出版社、2018年）、"'Aristocracy' and Athenian Diplomacy", in: N. Fisher & H. van Wees (eds.), *Aristocracy in Antiquity: Redefining Greek and Roman Elites*, The Classical Press of Wales, 2015; "Use and Abuse of Legal Procedures to Impede the Legal Process", in: C. Carey et al. (eds.), *Use and Abuse of Law in the Athenian Courts*, Brill, 2018.

近藤　智彦（こんどう　ともひこ）［第4章］
北海道大学大学院文学研究科准教授。研究テーマ：古代ギリシア・ローマ哲学、西洋古典学

**主な業績**

「ヘレニズム哲学」（神崎繁・熊野純彦・鈴木泉編『西洋哲学史II——「知」の変貌・「信」の階梯』講談社，2011年）、「古代ギリシア・ローマの哲学における愛と結婚——プラトンからムソニウス・ルフスへ」（藤田尚志・宮野真生子編『愛・性・家族の哲学①　愛——結婚は愛のあかし？』ナカニシヤ出版、2016年）、"Plato against Plato? Carneades' anti-Stoic strategy", in: Y. Z. Liebersohn, I. Ludlam & A. Edelheit (eds.), *For a Skeptical Peripatetic: Festschrift in Honour of John Glucker*, Academia Verlag, 2017; "Stoic Happiness as Self-Activity", in: A. Altobrando, T. Niikawa & R. Stone (eds.), *The Realizations of the Self*, Palgrave Macmillan, 2018.

木原　志乃（きはら　しの）［編者、第５章］
國學院大學文学部哲学科教授。研究テーマ： 西洋古代哲学史、ギリシア医学思想史

**主な業績**

『流転のロゴス――ヘラクレイトスとギリシア医学』（昭和堂、2010年）、「エンペドクレスとアナクサゴラス」（神崎繁、熊野純彦、鈴木泉編『西洋哲学史Ｉ――「ある」の衝撃からはじまる』（講談社、2011年）。翻訳は、ガレノス『ヒッポクラテスとプラトンの学説１』（共訳、京都大学学術出版会、2005年）、「気息について」（『魂について／自然学小論集』、アリストテレス全集７、岩波書店、2014年）。

瀬口　昌久（せぐち　まさひさ）［第６章］
名古屋工業大学大学院工学研究科教授。研究テーマ：西洋古代哲学・工学倫理

**主な業績**

『魂と世界――プラトンの反二元論的世界像』（京都大学学術出版会、2002年）、『老年と正義――西洋古代思想にみる老年の哲学』（名古屋大学出版会、2011年）、「プルタルコスの指導者像と哲人統治の思想」（『西洋古典学研究LXIV』、2016年）。翻訳は、プルタルコス『モラリア１～２』（京都大学学術出版会、2001年、2008年）、アリストテレス『政治学、家政論』（共訳、アリストテレス全集17、岩波書店、2018年）。

中谷　彩一郎（なかたに　さいいちろう）［第７章］
慶應義塾大学文学部准教授。研究テーマ：ローマ帝政下のギリシア文学とその受容

**主な業績**

“A Re-examination of Some Structural Problems in Achilles Tatius' *Leucippe and Clitophon*”, *Ancient Narrative* 3, 2003; アキレウス・タティオス『レウキッペとクレイトポン』（訳・解説、京都大学学術出版会, 2008年)、「フィレータースの物語」（大芝芳弘・小池登編『西洋古典学の明日へ』、知泉書館、

2010年)、"The First Japanese Translation of *Daphnis & Chloe*", in: Marília P. F. Pinheiro, D. Konstan & B. D. MacQueen (eds.), *Cultural Crossroads in the Ancient Novel*, De Gruyter, 2018.

勝又　泰洋（かつまた　やすひろ）[第8章]

京都大学ほか非常勤講師。研究テーマ：第二次ソフィスト思潮（Second Sophistic）

**主な業績**

"Lucian's Description of Herodotus in the *Herodotus*"（『文芸学研究』16、2012年)、「ピロストラトス『テュアナのアポッローニオス』における「ダミスが言うには」と「彼らが言うには」の表現」(『西洋古典学研究LXV』2017年)、"Narrator Interventions in Philostratus' *Apollonius*"（『神話学研究』1、2017年)。

小池　登（こいけ　のぼる）[編者、序章、第9章]

首都大学東京人文社会学部准教授。研究テーマ：西洋古典学、特にギリシア文学

**主な業績**

『ピンダロス祝勝歌研究』(知泉書館、2010年)、『西洋古典学の明日へ』(共編著、知泉書館、2010年)、「アイスキュロス『ペルサイ』93-101行の位置に関する文献学的考察」(『哲学誌』60、2018年)、「伝サッルスティウス『カエサル宛書簡一』」(訳・解説、『サッルスティウス関連小品集（翻訳・注・解説)』、慶應義塾大学言語文化研究所、2015年)。

『英雄伝』の挑戦
── 新たなプルタルコス像に迫る

2019年 2月28日　初版第一刷発行

編　者　小　池　　　登
　　　　佐　藤　　　昇
　　　　木　原　志　乃

発行人　末　原　達　郎

発行所　京都大学学術出版会
京都市左京区吉田近衛町69
京都大学吉田南構内(〒606-8315)
電話 075(761)6182
FAX 075(761)6190
URL http://www.kyoto-up.or.jp
振替 01000-8-64677

印刷·製本　亜細亜印刷株式会社


ISBN978-4-8140-0198-9　定価はカバーに表示してあります